职业教育·新能源汽车类专业教材

U0891757

Xinnengyuan Qiche Jixie Jichu

新能源汽车机械基础

齐方伟　李连海　马书亮　**主　编**

石欢岩　王　晴　**副主编**

赵　宇　**主　审**

人民交通出版社

北　京

内 容 提 要

本书是职业教育新能源汽车类专业教材。全书包括六个项目、27 个工作任务，主要围绕新能源汽车机械基础核心知识展开，系统讲解制图规范、立体视图绘制等基础技能；深入剖析汽车通用机构、机械传动系统在新能源汽车中的应用；结合行业前沿，阐述常用金属与非金属材料、储能材料、永磁材料特性及轻量化技术，融入车身一体化压铸等新工艺，兼具理论深度与实践指导价值，助力学生掌握新能源汽车机械领域基础理论与技术要点。

本书可作为职业院校、技师院校汽车及新能源汽车类专业的教学用书，也可作为机械相关专业和相关技术人员的培训用书、参考书。

本教材配套电子课件，教师可通过加入“汽车高职教学研讨群”（QQ:64428474）获取课件。

图书在版编目（CIP）数据

新能源汽车机械基础 / 齐方伟，李连海，马书亮主编. — 北京 ：人民交通出版社股份有限公司，2025. 8.

ISBN 978-7-114-20598-9

Ⅰ. U469.7

中国国家版本馆 CIP 数据核字第 2025SC9402 号

书　　名：**新能源汽车机械基础**
著 作 者：齐方伟　李连海　马书亮
责任编辑：孙　璐
责任校对：赵媛媛　魏佳宁
责任印制：张　凯
出版发行：人民交通出版社
地　　址：（100011）北京市朝阳区安定门外外馆斜街 3 号
网　　址：http://www.ccpcl.com.cn
销售电话：（010）85285911
总 经 销：人民交通出版社发行部
经　　销：各地新华书店
印　　刷：北京市密东印刷有限公司
开　　本：787 × 1092　1/16
印　　张：17.25
字　　数：419 千
版　　次：2025 年 8 月　第 1 版
印　　次：2025 年 8 月　第 1 次印刷
书　　号：ISBN 978-7-114-20598-9
定　　价：50.00 元
（有印刷、装订质量问题的图书，由本社负责调换）

前 言

在职业教育高质量发展的时代背景下，为满足职业教育院校培养新能源汽车技术领域高技能人才的需求，本书紧密结合行业标准与企业实践，对机械制图、机械原理、传动机构及材料技术等核心内容进行系统性整合与重构，突出新能源汽车结构特性与应用场景。全书共分六个项目，涵盖制图基础、通用机构、传动系统、金属材料认知及新能源汽车材料等知识内容，严格依据人才培养方案与课程标准精选内容，强化实践导向。

本教材有以下特色：

1. 教学定位精准

理论深度贴合职业教育，突出实用性与岗位衔接，重点培养学生对新能源汽车机械系统的认知维护能力。

2. 模式科学有效

采用“项目引领、任务驱动”模式组织教学，知识递进由浅入深，强化理实一体与专业课程协同。

3. 内容整合创新

有机融合机械制图、机械基础与金属工艺学知识，新增新能源汽车材料、轻量化技术等前沿内容。

4. 资源适配性强

编写团队均来自教学一线，配套资源基于实际教学场景，充分吸纳师生反馈，内容设计兼顾教与学的双向需求。

5. 思政有机融汇

以工匠精神为思政资源内核，引入我国优秀工匠事例，介绍最新行业技术，增强民族自信，培养学生良好的职业道德与敬业精神。

6. 数字资源嵌入

教材在重点知识部分配有动画、视频等数字资源，以更直观的方式讲解关键知识点，进一步促进知识掌握。

本书由吉林科技职业技术学院的齐方伟、李连海、马书亮担任主编，吉林科技职业技术学院石欢岩、王晴担任副主编。吉林科技职业技术学院赵宇担任主审全书由齐方伟负责内容安排及统稿，具体编写分工如下：马书亮、王亭幻、黄靖宇编写了项目一、项目二，齐方伟、石欢岩、白雪编写了项目三、项目四，李连海、王晴、杨宝君、李一丁编写了项目五、项目六，由郭宝、葛鸿明编写了思政资源，王伟、李刚编写了任务工单及练习题。在此表示感谢，另外，感谢小米汽车李智勇经理对本书的指导与支持。

在编写过程中，我们参阅了大量文献资料，谨向相关作者致谢。限于编者水平，书中不足之处恳请读者指正，以便修订完善。

编　者
2025 年 4 月

资源清单

序号	资源名称	页码	序号	资源名称	页码
1	制图相关国家标准简介	2	18	多楔带	170
2	投影法	31	19	链传动的工作原理	174
3	三视图的形成	34	20	外啮合齿轮传动	179
4	三视图的投影规律	36	21	人字齿轮传动	179
5	投影面垂直面的投影	53	22	内啮合圆柱齿轮传动	179
6	识读零件图	90	23	齿轮齿条传动	180
7	零件图的尺寸基准	98	24	齿轮传动的参数	181
8	识读装配图	111	25	两轴式变速器传动机构组成	184
9	活塞连杆总成立体图	116	26	三轴四挡变速器传动机构组成	184
10	识读活塞连杆总成装配图	116	27	定轴轮系	187
11	四杆机构的基本类型	133	28	齿轮传动比	188
12	认识汽车中的四杆机构	134	29	行星齿轮机构变速	192
13	平面四杆机构的特性	137	30	汽车后桥差速器	193
14	凸轮机构的组成	142	31	汽车上的典型零件	217
15	汽车上凸轮机构的应用	142	32	铝合金在汽车上的应用	221
16	凸轮机构的特点	143	33	铜及铜合金在汽车上的应用	223
17	带传动的工作原理及类型	168	34	非金属材料在汽车上的应用	227

资源使用说明：

扫描封面二维码进行注册绑定；长按弹出界面的二维码，关注“交通教育出版”微信公众号并自动绑定资源；公众号弹出“购买成功”通知，点击“查看详情”，进入后，即可查看全部资源，也可扫描书内二维码查看每个具体资源。

目　录

01
项 目 一

制图基本知识

技术图样是贯穿于产品整个生命周期中的一种工程交流语言，是产品在调研、论证、设计、制造加工、安装、使用及维修等过程中得以顺利进行的必备技术资料。就像日常交流的文字语言具有一定的语法规则一样，制图作为一种工程语言，也必须具有一定的绘制标准与规范。为此，我国于 1959 年颁布了机械制图国家标准《机械制图》，之后经过几次重大修改，又陆续颁布了系列国家标准《技术制图》。而在机械图样中，图形的绘制至关重要。本项目就来学习制图的基本知识。

知识目标

(1)了解制图国家标准。
(2)了解常用绘图工具。
(3)掌握常用几何作图方法。

技能目标

(1)能准确掌握图形的形状、结构和尺寸及绘图工具的使用。
(2)能清晰地分辨出图形各个部分的特征和相互关系。
(3)能掌握图形的加工要求、精度等级等关键信息，正确解读零件。
(4)能建立起空间想象力和逻辑思维能力。

素质目标

(1)培养在绘制和解读图纸时的高度严谨态度，确保每一个线条、尺寸和标注都准确无误。
(2)在面对汽车复杂零件图和长时间工作时保持耐心，专注于每一个细节。
(3)不断学习新的制图技术和理念，持续提升自身专业素质。
(4)严格遵守机械制图的相关标准和规范，保证图纸的通用性和规范性。

任务一　学习制图的基本规定

任务导入

本任务聚焦制图领域核心国家标准及其手绘实践应用，旨在引导学生系统掌握我国技术制图规范体系。重点解析《技术制图 图纸幅面和格式》(GB/T 14689—2008)、《技术制图 比例》(GB/T 14690—1993)、《技术制图 字体》(GB/T 14691—1993)、《技术制图 图线》(GB/T 17450—1998)、《机械制图 图样画法 图线》(GB/T 4457.4—2002)、《机械制图 尺寸注法》(GB/T 4458.4—2003)六项国家标准，涵盖图纸幅面、比例设定、字体规范、线型应用、尺寸标注等关键制图要素。需要理解标准条文，掌握传统手绘工具(如绘图板、丁字尺、三角板)使用规范，培养标准化制图思维，为后续专业设计奠定坚实基础。通过理论学习与实践操作，实现从标准认知到手工绘图的完整技能转化，这也是新能源汽车技术人员必要的实践技能。

任务目标

1. 了解制图国家标准。

2. 掌握国家标准中关于图幅和格式、比例、字体、图线和尺寸标注等基本规定。

制图相关国家标准简介

一、图纸幅面、格式与标题栏(GB/T 14689—2008)

1. 图纸幅面尺寸

图纸幅面是指由图纸宽度与长度组成的图面。绘制图样时，应优先采用表 1-1 中规定的 A0、A1、A2、A3、A4 五种基本幅面。必要时也允许加长幅面，但应按基本幅面短边的整数倍增加，如图 1-1 所示。绘制时图纸可以横放或竖放，需要说明的是，表 1-1 中幅面尺寸所用的单位为 mm，这也是实际工程及本教材中所使用的默认单位，即当尺寸数字单位没有明确标出时，默认单位为 mm，当需要使用其他单位时，须明确标出单位符号。

图纸幅面尺寸(单位：mm)　　表 1-1

幅面代号		A0	A1	A2	A3	A4
幅面尺寸	$B \times L$	841 × 1189	594 × 841	420 × 594	297 × 420	210 × 297
周边尺寸	a	25				
	c	10			5	
	e	20		10		

由表 1-1 可知，图纸有五种基本幅面，在幅面尺寸中，B 表示短边，L 表示长边。其中，A0 幅面的图纸最大，A1 幅面为 A0 幅面的一半(以长边对折裁开)，其余幅面都是后一号为前一号幅面的一半。

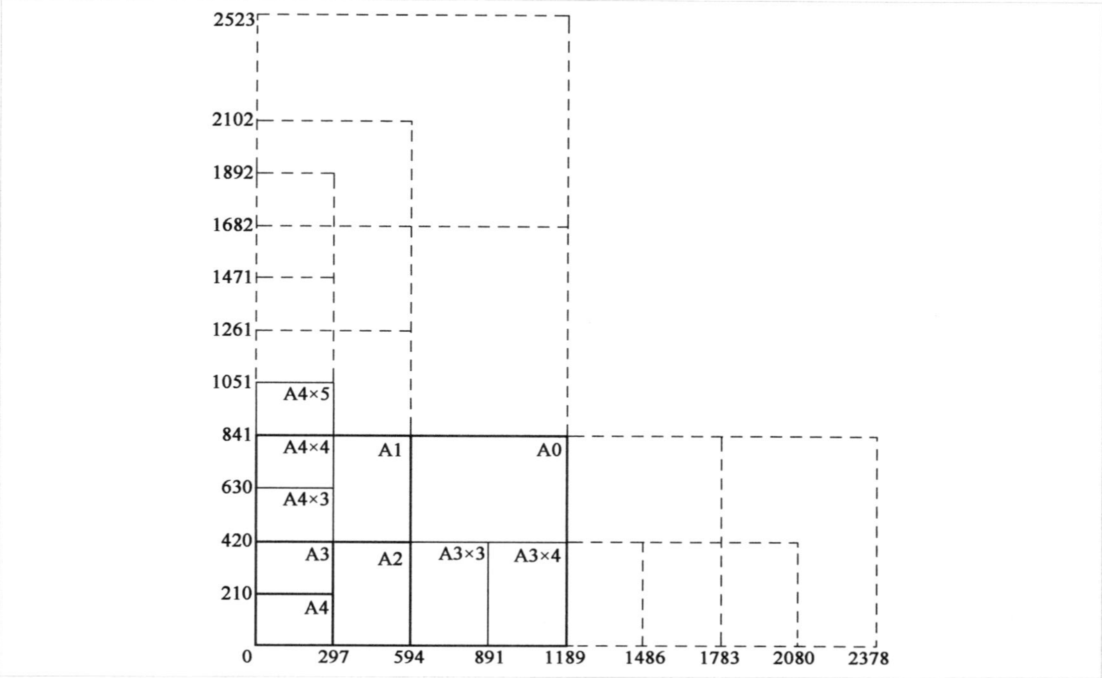

■ 图 1-1　图纸幅面及加长幅面

2. 图框格式

各种幅面的图纸均需画出限定绘图区域的图框,图框用粗实线绘制。图框格式分为不留装订边和留装订边两种。同一产品的所有图样应采用同一种格式。

不留装订边的图纸,其图框格式如图 1-2 所示,其周边尺寸相同,按表 1-1 中的 e 选取。

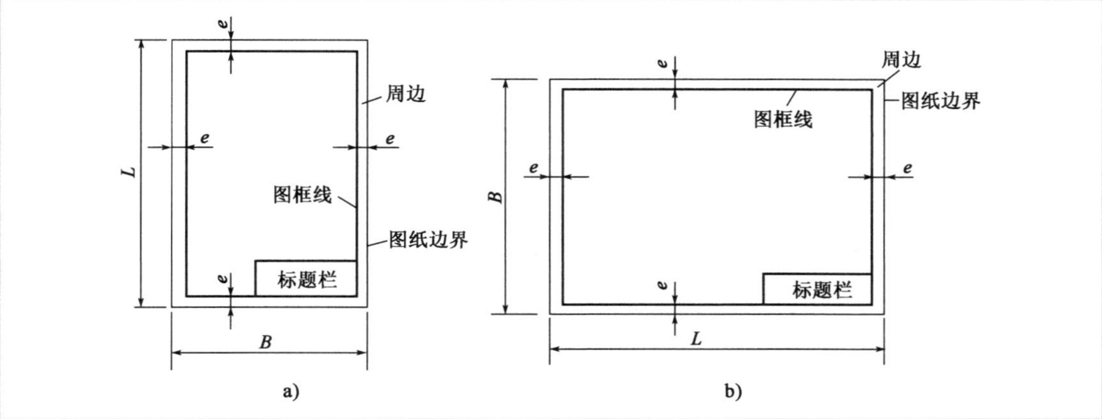

■ 图 1-2　不留装订边的图框格式

留装订边的图纸,其图框格式如图 1-3 所示,其周边尺寸 a 与 c 按表 1-1 中选取。

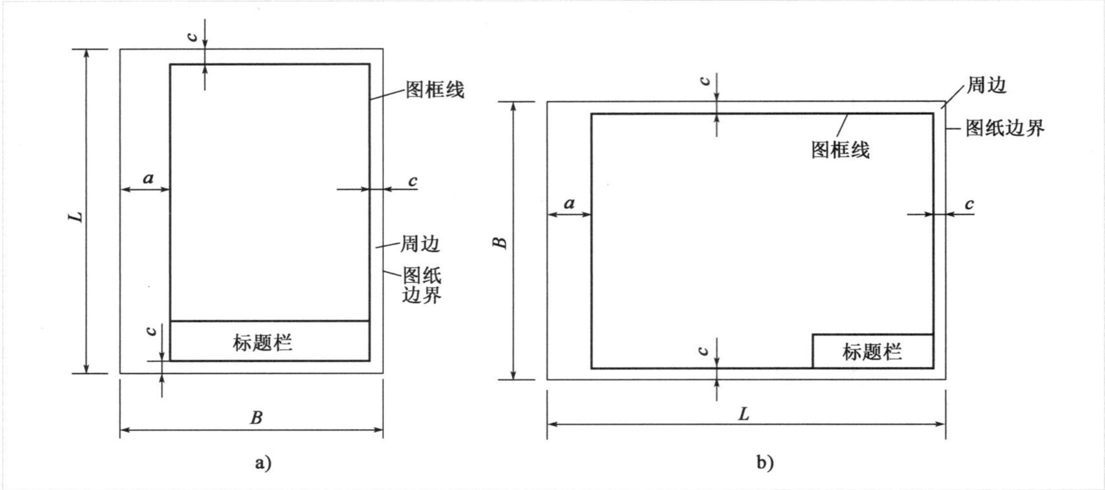

■ 图 1-3　留装订边的图框格式

绘图时，可根据图样实际情况选择图纸横置与竖置两种方式。留有装订边的图纸，一般采用 A4 幅面竖装，A3 幅面横装。从图 1-2 和图 1-3 中可以看出，外边框表示图纸边界，用细实线表示，其大小为幅面尺寸；内边框用粗实线表示，即为图框。图框右下角为标题栏。

3. 标题栏（GB/T 10609.1—2008）

绘图时，必须在每张图纸上画出标题栏，标题栏位于图纸的右下角，底边与下图框重合，右边与右图框重合。标题栏的外框一律用粗实线绘制，内部分格线均用细实线绘制。标题栏用以表达图样名称、图样代号、材料标记等详细信息。标题栏的格式、尺寸与内容如图 1-4 所示。制图课作业可绘制简化的标题栏，如图 1-5 所示。图样的看图方向与标题栏中的文字方向一致。

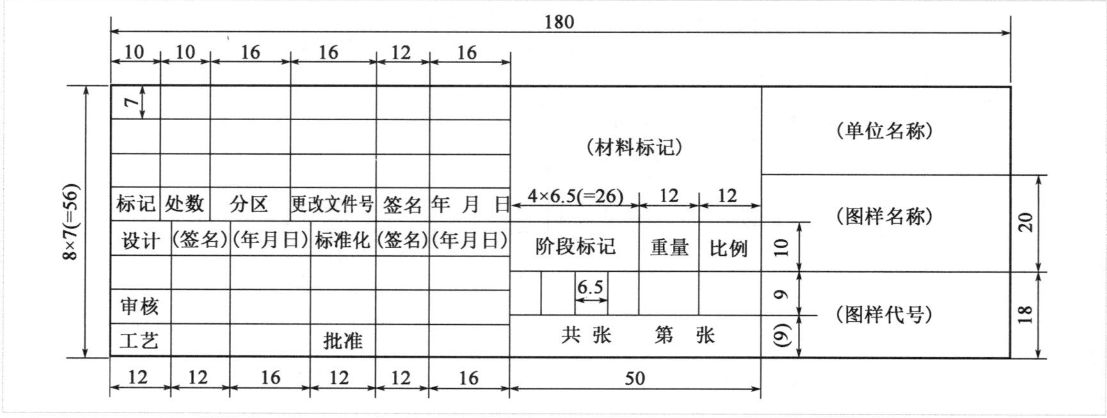

■ 图 1-4　标题栏的格式及尺寸

标题栏中各栏的含义与填写内容及要求见表 1-2。

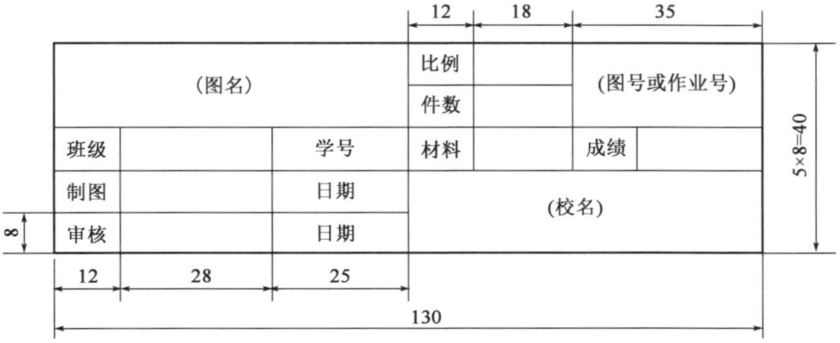

■ 图 1-5　制图作业标题栏

标题栏的填写内容及要求　　表 1-2

区域	栏目	填写要求
更改区	标记	按要求或有关规定填写更改标记
	处数	同一标记所表示的更改数量
	分区	标记图纸中的区域,一般大图幅的图纸会用到
	更改文件号	填写更改所依据的文件号
	签名和年、月、日	填写更改人的姓名和更改的时间
签字区	设计	设计人员签名、时间
	审核	审核人员签名、时间
	工艺	工艺人员签名、时间
	标准化	标准化人员签名、时间
	批准	负责人员签名、时间
名称及代号区	单位名称	绘制图样单位的名称或代号
	图样名称	所绘制图样的名称
	图样代号	按有关标准或规定填写图样的代号
其他区	材料标记	按相应标准或规定填写图样所表达实体的材料
	阶段标记	按有关规定从左到右填写图样各生产阶段
	重量	填写图样所表达实体的计算重量,默认单位为千克(kg)
	比例	填写绘制图样时所采用的比例
	共 张 第 张	填写同一表达对象所绘图样的总张数及该张图样所在的张次
	投影符号	第一角或第三角画法的投影识别符号,采用第一角画法时可省略

二、比例(GB/T 14690—1993)

在一定图纸幅面上表达实际工件时,往往要对实际图样进行相应的缩放,这就涉及比例的问题。比例是指图样中图形的线性尺寸与其实物相应要素的线性尺寸之比。比例有三种类型,分别为原值比例[即为 1∶1 比例,如图 1-6b)所示]、缩小比例和放大比例[如图 1-6a)、c)所示]。

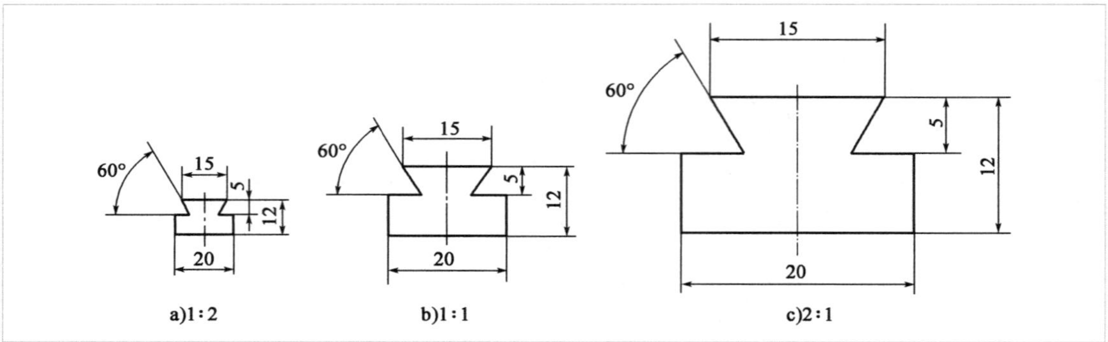

■ 图 1-6　不同比例绘制的同一图形

同一张图纸上,各图比例相同时,在标题栏的比例一格统一注明即可。若同一张图纸上的个别图形选用的比例与标题栏中所注明的比例不同,则对这个图形必须另行注明所用的比例,如图 1-7 所示。

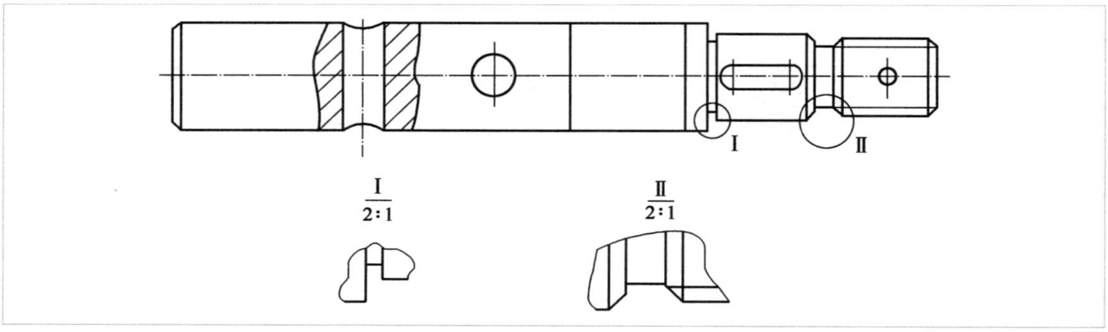

■ 图 1-7　局部放大的比例

选择比例的一般原则为:当表达对象的形状复杂程度和尺寸适中时,优先选用原值比例绘制;当表达对象的尺寸较大时,应采用缩小比例,但要保证复杂部位清晰可读;当表达对象的尺寸较小时,应采用放大比例,使各部位清晰可读;选择比例时,应结合幅面尺寸选择,综合考虑其最佳表达效果和图画的审美价值。比例的选取,一般从国家标准规定的数值中进行选择,具体参见表 1-3。

绘图比例　　表 1-3

比例类型		比例值
原值比例		1∶1
放大比例	优先使用	2∶1　5∶1　1×10^n∶1　2×10^n∶1　5×10^n∶1
	允许使用	2.5∶1　4∶1　2.5×10^n∶1　4×10^n∶1
缩小比例	优先使用	1∶2　1∶5　1∶10　1∶2×10^n　1∶5×10^n　1∶1×10^n
	允许使用	1∶1.5　1∶2.5　1∶3　1∶4　1∶6　1∶1.5×10^n　1∶2.5×10^n　1∶3×10^n　1∶4×10^n　1∶6×10^n

注:n 为正整数。

三、字体(GB/T 14691—1993)

图样上不仅要表达形体的图形,还需要用文字和数字来填写标题栏信息、尺寸标注及书写技术要求等,这些文字与数字在国家标准中对制图中的字体也做了相应的要求。图样中书写的汉字、字母、数字必须要做到“字体工整、笔画清楚、间隔均匀、排列整齐”。

字体的大小以号数表示,字体的号数就是字体的高度(单位为 mm)。字体高度(用 h 表示)的尺寸系列有 1.8、2.5、3.5、5、7、10、14、20。字体高度按$\sqrt{2}$的比率递增。

1. 汉字

汉字应书写成长仿宋体,并应采用国家正式公布的简化字。长仿宋体的书写要领是:横平竖直、注意起落、结构均匀、填满方格。汉字的字高 h 不能小于 3.5mm。其字宽一般为 $h/\sqrt{2}$。书写汉字时,笔画应一笔写成,不要勾描,起落分明、挺拔。长仿宋体汉字示例如图 1-8 所示。

■ 图 1-8 长仿宋体汉字示例

2. 数字和字母

图样上的数字和字母分斜体和直体两种。斜体字的字头向右倾斜,与水平成 75°。字母和数字单独书写时,一般用斜体字,当与汉字混写时,应用直体。用作指数、分数、极限偏差等的数字与字母一般应采用小一号的字体。字母和数字示例如图 1-9 ~ 图 1-12 所示。

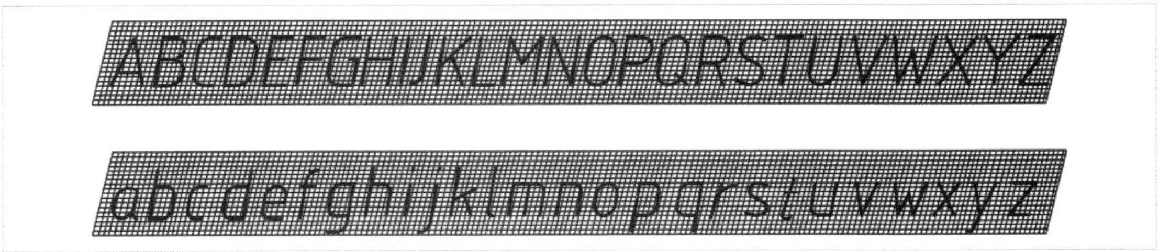

■ 图 1-9 大、小写字母斜体

■ 图 1-10 希腊字母斜体

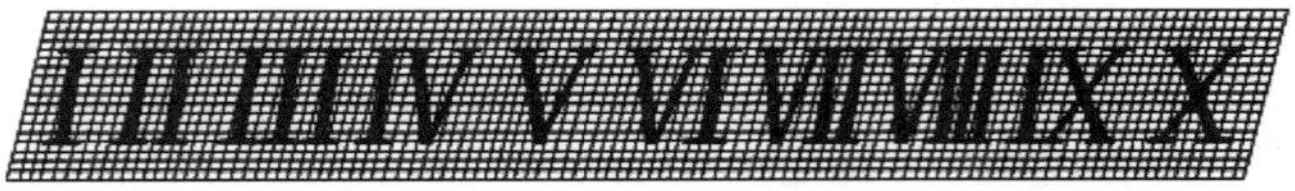

■ 图 1-11　罗马数字斜体

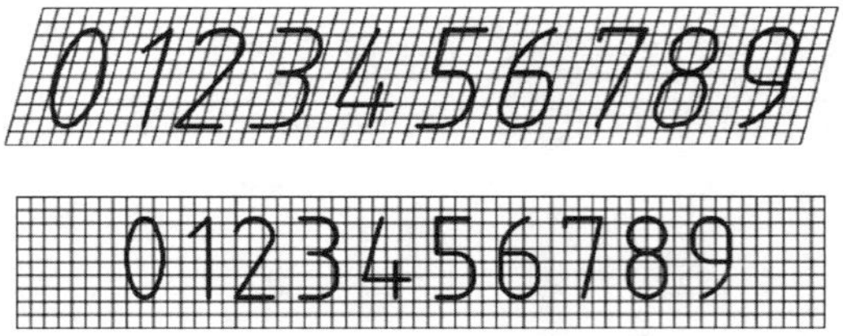

■ 图 1-12　数字斜体和直体

数字和字母的字高不应小于 2.5mm。斜体字的高度和宽度应与相应的直体字相等，如图 1-13 所示。

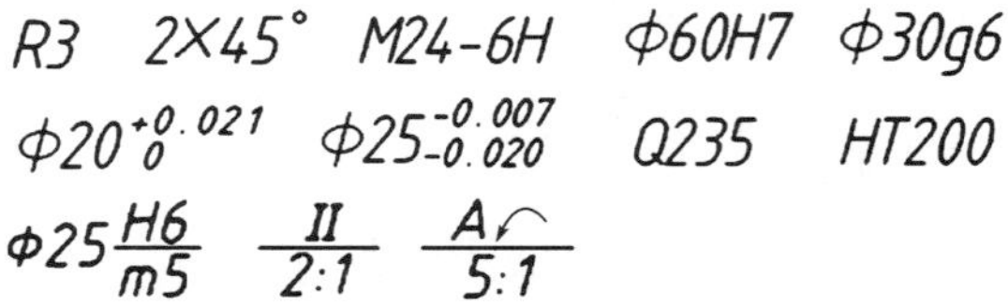

■ 图 1-13　字母和数字综合应用示例

四、图线（GB/T 17450—1998，GB/T 4457.4—2002）

1. 基本线型

图样上表示零件结构的线型有许多种，国家标准中规定了 15 种基本线型的名称、形式、线宽、应用等。此处列出了 9 种常用的线型及主要用途，见表 1-4。图线绘制的基本要求是“线型分明、首尾均匀、线边光滑”。各种线型的应用示例如图 1-14 所示。

线型及其用途　　表 1-4

名称	线型	线宽	主要用途
粗实线		d	可见轮廓线、相贯线、螺纹牙顶线、齿顶圆（线）、剖切符号用线
细虚线		$d/2$	不可见轮廓线
细实线		$d/2$	尺寸线、尺寸界线、剖面线、螺纹牙底线、齿根圆（线）、辅助线
细点画线		$d/2$	轴线、对称中心线、分度圆线、剖切线
波浪线		$d/2$	断裂处边界线、剖视图与视图分界线

续上表

名称	线型	线宽	主要用途
双折线		$d/2$	断裂处边界线、剖视图与视图分界线
细双点画线		$d/2$	极限位置轮廓线、相邻辅助零件轮廓线、假想投影轮廓线
粗点画线		d	限定范围表示线
粗虚线		d	允许表面处理的表示线

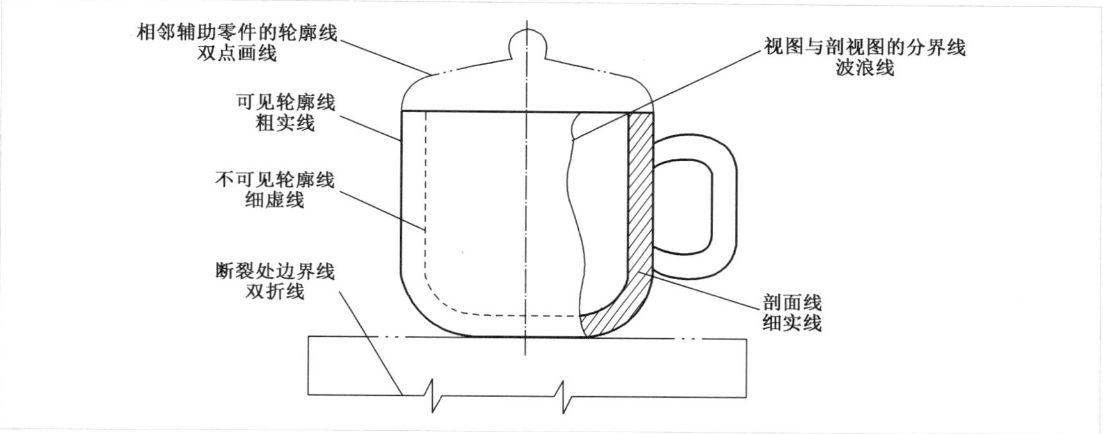

■ 图 1-14 各种线型的应用示例

2. 图线宽度

图线分粗、细两种。用 d 表示粗线的线宽，图线宽度 d 的推荐系列为 0.13mm、0.18mm、0.25mm、0.35mm、0.5mm、0.7mm、1mm、1.4mm、2mm。细线的线宽一般为 $d/2$。粗线的宽度一般按图样的大小和复杂程度在 0.13 ~ 2mm 之间选择，粗线宽度通常采用 0.5mm 或 0.7mm。

3. 图线的画法要点

（1）图线宽度与线段一致性要求。

同一图样上，同类图线的宽度应基本保持一致，虚线、点画线及双点画线的线段长度和间距大小也应各自大致相等。

（2）特定图线超出与末端处理规范。

轴线、对称中心线、双点画线应超出轮廓 2 ~ 5mm。点画线、双点画线的末端应是线段，而不是短画。

（3）小图形中心线替代画法规定。

当所绘制的图形太小，中心线用点画线绘制比较困难时，可用细实线代替点画线。

(4)平行线间距均匀性要求。

平行线(包括剖面线)之间的距离要均匀,两条平行线之间的最小间隙不得小于0.7mm。

(5)图线相交与间隙处理规则。

虚线、点画线与其他图线相交时,应在线段处相交,不能交在空隙或短画处。当虚线是粗实线的延长线时,粗实线应画到分界点,而虚线与分界点之间应留有间隙。

(6)图线重叠绘制优先级。

当两种或两种以上图线重叠时,应按可见轮廓线—不可见轮廓线—轴线、对称中心线—双点画线的顺序画出所需的图线。

绘制图线时应注意的问题示例如图1-15所示。

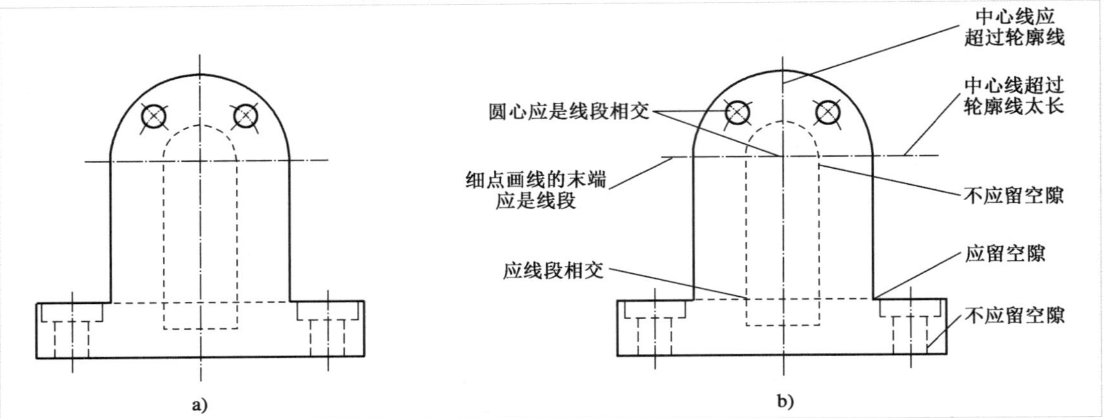

■ 图1-15　绘制图线时应注意的问题示例

五、尺寸标注(GB/T 4458.4—2003)

图样中的图形只能表达机件的形状,机件的大小和相对位置关系则必须通过图样中的尺寸来表达。尺寸是图样中的重要内容之一,是制造和检验机件的直接依据,尺寸的遗漏或错误将给生产带来困难和损失,所以尺寸标注必须严格遵守相关的国家标准规定。标注尺寸时,应做到正确、齐全、清晰。

1. 基本规则

(1)图样尺寸数值权威性。

机件的真实大小应以图样上所注尺寸数值为依据,与图形的大小及绘制的准确度无关。

(2)尺寸标注单位。

图样中的尺寸,以mm为单位时,不需标注单位符号或名称,如采用其他单位,则必须注明相应的计量单位代号或名称。

(3)尺寸标注说明。

图样中所标注的尺寸为该图所示机件的最后完工尺寸,否则应另加说明。

(4)尺寸标注单位规范。

机件的每一个尺寸,一般只标注一次,并应标注在能反映该结构最清晰的图形上。

2. 尺寸组成

一个完整的尺寸由尺寸界线、尺寸线、尺寸终端、尺寸数字四个要素组成,如图1-16所示。

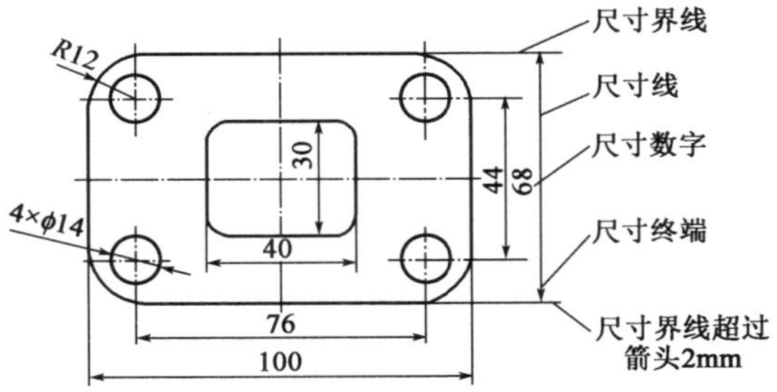

■ 图1-16　尺寸的基本组成

(1)尺寸界线。

尺寸界线表示尺寸的度量范围,用细实线绘制。尺寸界线一般自图形的轮廓线、轴线或对称中心线引出,也可用轮廓线、轴线或对称中心线作为尺寸界线。

尺寸界线一般与尺寸线垂直,并超出尺寸线末端2mm左右。必要时允许倾斜,但两尺寸界线必须相互平行。光滑过渡处(如圆角)标注尺寸时,需用细实线将轮廓线延长,自交点处引尺寸界线,如图1-17所示。

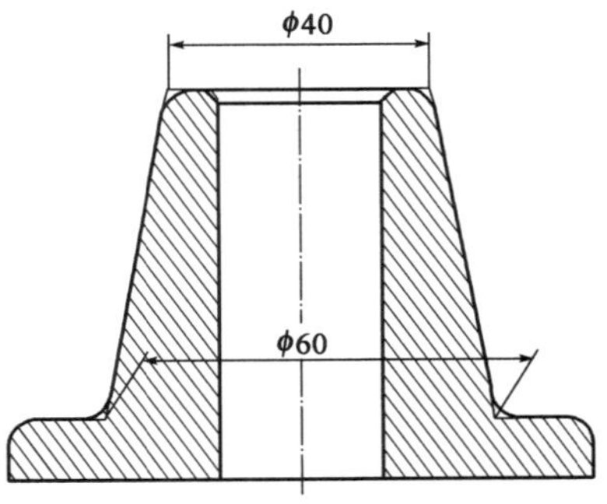

■ 图1-17　尺寸界线的画法

(2)尺寸线。

尺寸线表示尺寸度量的方向,用细实线绘制,同方向尺寸线之间距离应均匀,间隔7～10mm,尺寸线不能用图样上其他图线来代替,也不能与其他图线重合或画在其延长线上,如图1-18所示。

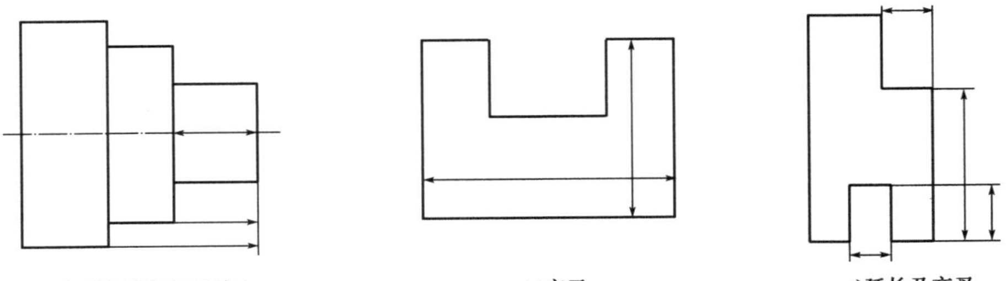

■ 图1-18　尺寸线的错误画法

尺寸线不能相互交叉,而且要避免与尺寸界线交叉。同一图样中尺寸线间距大小应保持一致。

(3)尺寸终端。

尺寸终端有箭头和斜线两种形式,如图1-19所示。

箭头的形式如图1-19a)所示,适用于各种类型的图样,箭头尖端与尺寸界线接触,不得超出也不得离开。

斜线的形式如图1-19b)所示,斜线用细实线绘制,图中 h 代表字高。当尺寸终端采用斜线形式时,尺寸线与尺寸界线必须相互垂直。同一图样中只能采用一种尺寸终端形式。

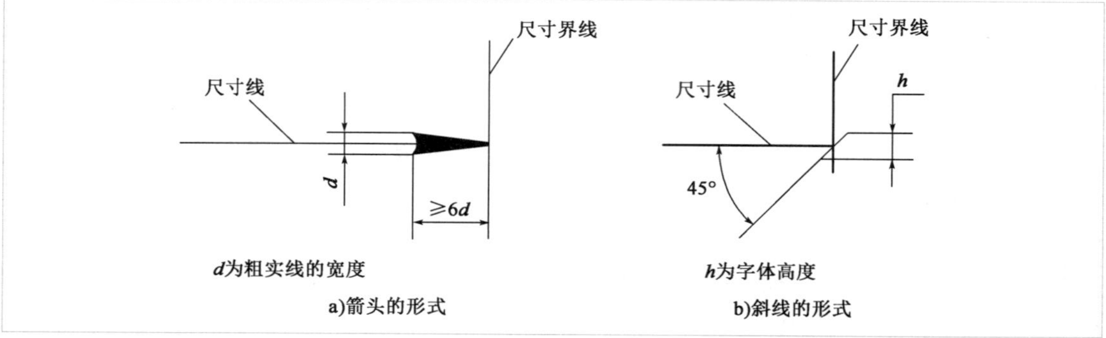

■ 图1-19 尺寸终端

箭头的画法如图1-20所示,当尺寸线太短且没有足够的位置画箭头时,允许将箭头画在尺寸线外边。标注连续的小尺寸可以用圆点代替箭头,如图1-21所示。

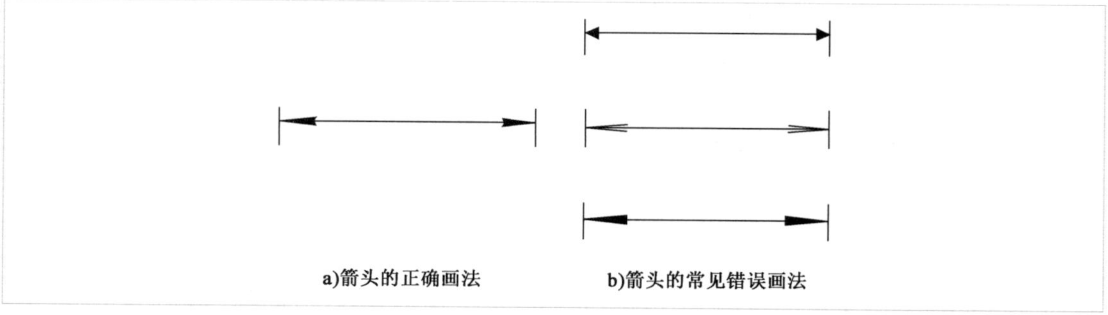

■ 图1-20 箭头的画法

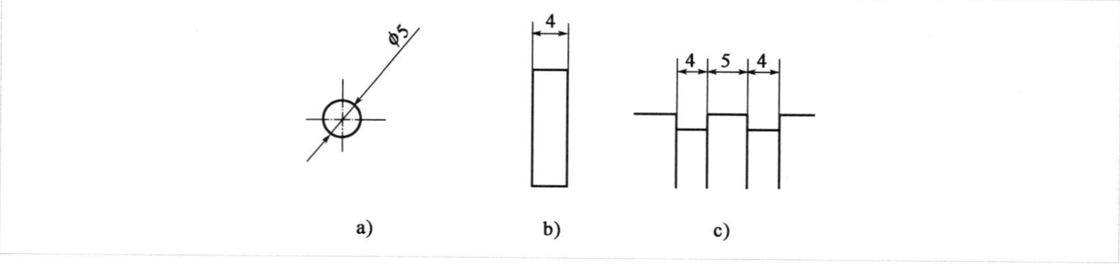

■ 图1-21 标注小尺寸时箭头的画法

(4)尺寸数字。

尺寸数字用来标注机件的实际尺寸大小,一般注写在尺寸线的上方,也允许注写在尺寸线的中断处。在特殊情况下,还可以采用引出线进行注写。同一张图样上,尺寸数字字高要求一致。尺寸数字不允许被任何图线通过;否则,必须将图线断开,如图 1-22 所示。

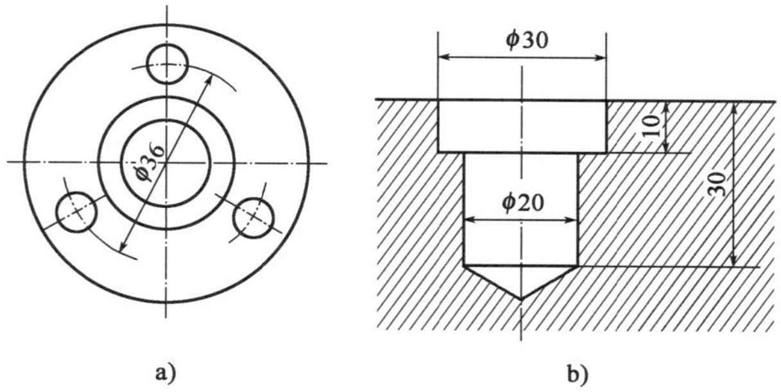

■ 图 1-22　尺寸数字的标注法

3. 尺寸的基本标注方法

(1)线性尺寸。

线性尺寸的尺寸线应与所注线段平行,其间隔不应小于 5mm。各个互相平行的尺寸,从小到大依次向外排列,避免交叉,相互间隔尽量保持一致,一般为 5 ~ 10mm,如图 1-23 所示。

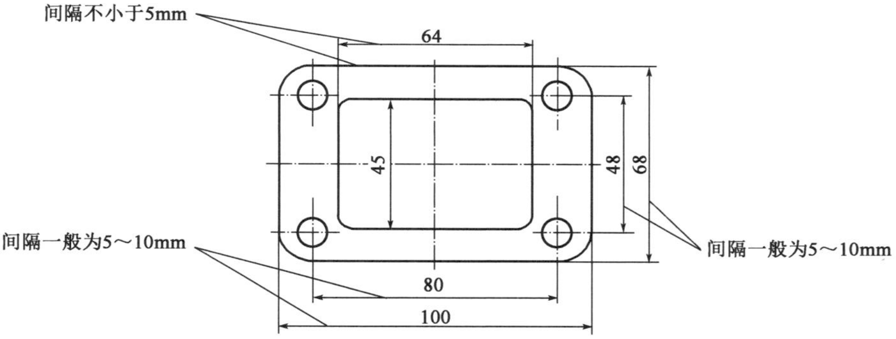

■ 图 1-23　线性尺寸的尺寸线画法

线性尺寸的数字通常注写在尺寸线的上方,尺寸数字的注写方向如图 1-24 所示,水平方向的尺寸数字字头向上;竖直方向的尺寸数字注写在尺寸线的左侧,字头向左;倾斜方向的尺寸数字字头保持向上趋势。应尽量避免在图示 30°范围内标注尺寸,当无法避免时,可按图 1-24所示的形式标注。

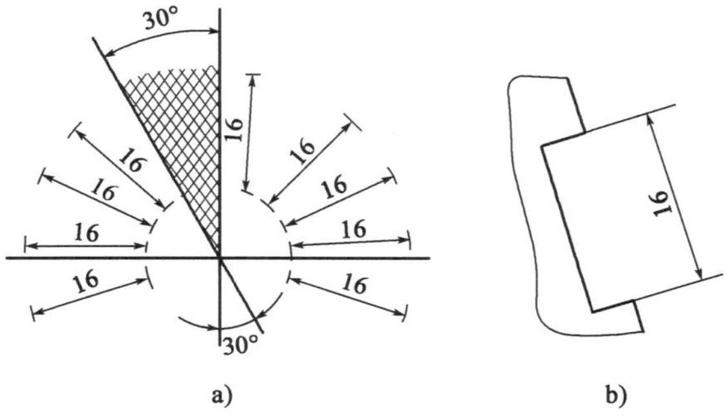

■ 图 1-24　线性尺寸数字的标注法

(2)圆和圆弧尺寸。

对于整圆和大于半圆的圆弧,一般标注直径尺寸,在尺寸数字前面加注直径符号“ϕ”。标注时,应以圆周为尺寸界线,尺寸线通过圆心,如图 1-25a)所示。圆弧直径尺寸线应画至略超过圆心,只在尺寸线一端画箭头,箭头指向并止于圆弧,如图 1-25b)所示。

对于小于或等于半圆的圆弧,一般标注半径尺寸,在尺寸数字前面加注半径符号“R”。标注时,尺寸线应从圆心出发引向圆弧,并只画一个箭头,如图 1-26 所示。

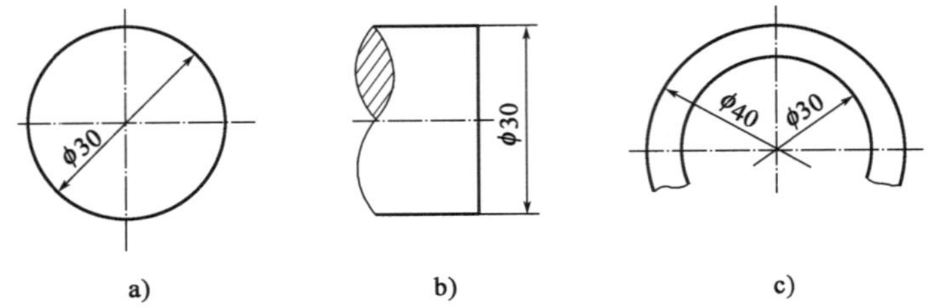

■ 图 1-25 直径尺寸的标注法

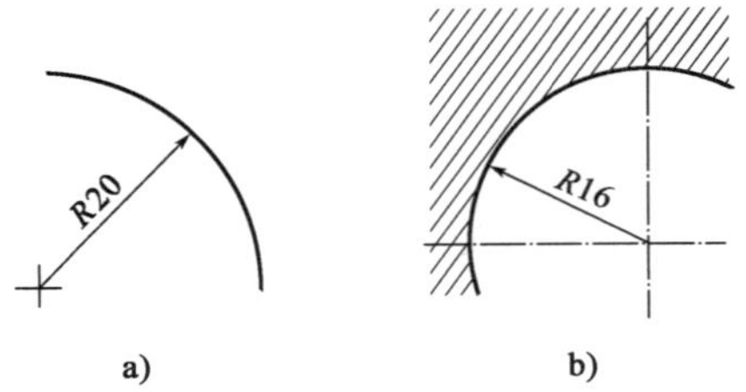

■ 图 1-26 半径尺寸的标注法

当圆弧半径过大或在图纸范围内无法标出圆心位置时,可按图 1-27a)的折线形式标注;若无须标出圆心位置,则只需画出靠近箭头的一段尺寸线,如图 1-27b)所示。标注球面的直径或半径时,应在 ϕ 或 R 的前面加注 S,如图 1-27c)所示。

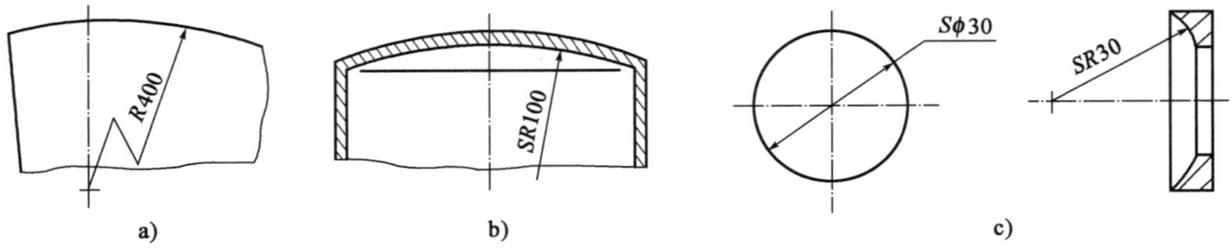

■ 图 1-27 其他圆弧的标注法

当圆弧过小或没有足够的位置在尺寸界线之间画箭头或注写尺寸数字,以及狭小尺寸的尺寸数字注法,可按图 1-28 所示方式进行标注。

(3)角度尺寸。

角度尺寸的尺寸界线应沿径向引出,尺寸线画成以该角的顶点为圆心的圆弧,如图 1-29a)所示;角度数字一律水平书写,一般注写在尺寸线的上方或中断处,也可引出标注,如图 1-29 所示。

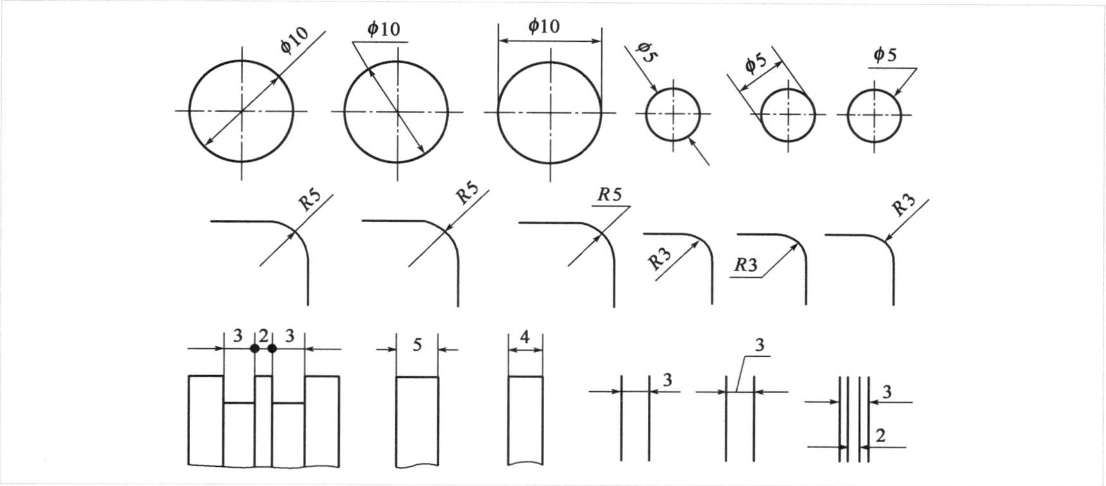

■ 图 1-28 狭小尺寸的标注法

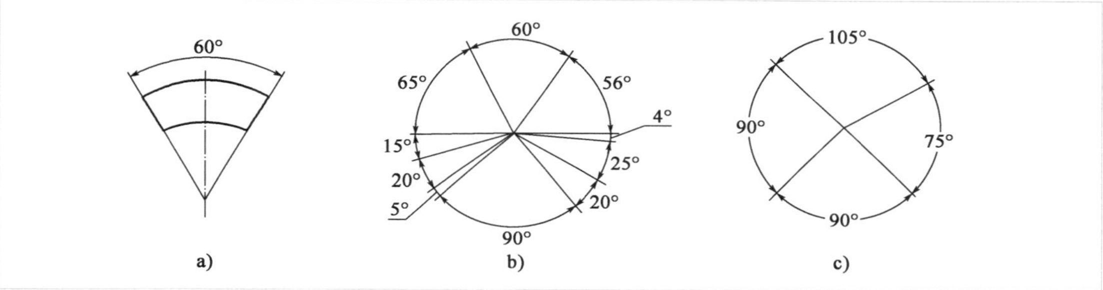

■ 图 1-29 角度尺寸的标注法

(4)对称图形的尺寸标注。

对称图形应把尺寸标注对称分布,当对称的图形只画出一半或大于一半时,尺寸线应略超过对称中心线或断裂处边界线,此时应在尺寸线的一端画出箭头,如图 1-30 所示。

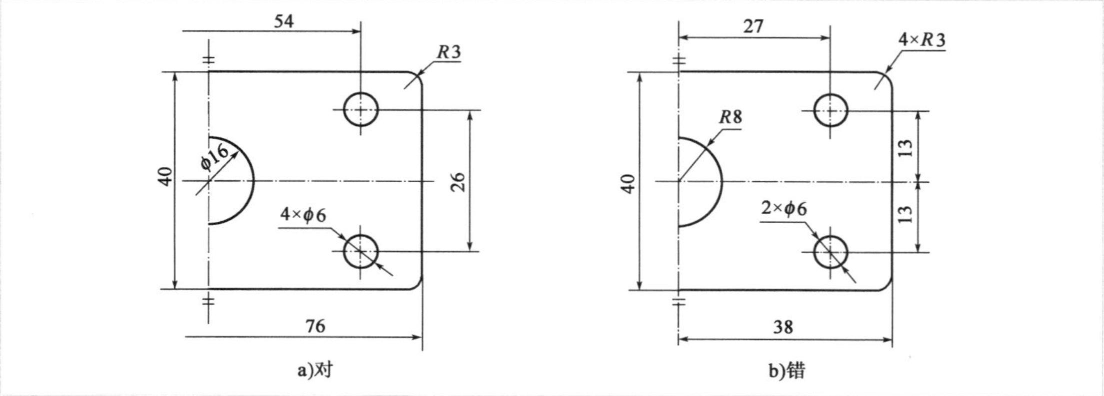

■ 图 1-30 对称图形尺寸的标注法

4. 尺寸简化标注

标注尺寸时,应尽可能使用符号和缩写词。表 1-5 所示为机械制图常用的符号和缩写词。

机械制图常用的符号和缩写词　　表 1-5

名称	符号或缩写	名称	符号或缩写	名称	符号或缩写
直径	ϕ	正方形	□	深度	↧
半径	R	厚度	t	沉孔或锪平	⌴
球直径	$S\phi$	45°倒角	C	埋头孔	⌵
球半径	SR	参考尺寸	(　)	均布	EQS

图 1-31 所示的是使用符号和缩写词简化标注的图例。

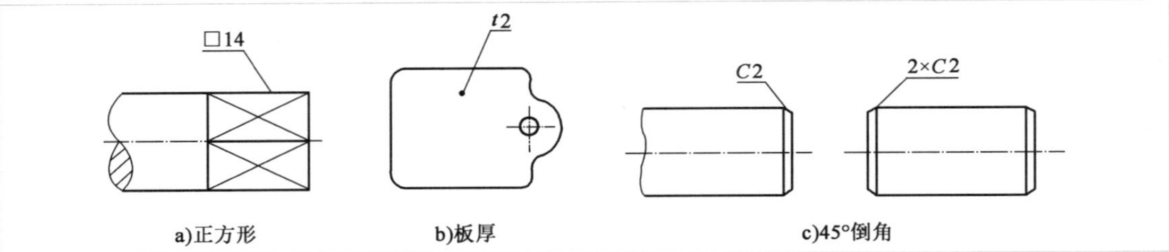

■ 图 1-31　使用符号和缩写词的简化标注

六、绘图工具及使用方法

为了保证绘图质量，提高绘图速度，必须正确熟练地使用绘图工具。下面介绍手工绘图时一些常用绘图工具及其使用方法。

1. 铅笔

铅笔一般根据铅芯的软硬不同，分为 H～6H、HB、B～6B 共 13 种规格，铅芯的软硬用字母 B 和 H 表示，B 前面的数字大，表示铅芯软而黑；H 前面的数字大，表示铅芯硬而淡。6H 的铅芯最硬，6B 的铅芯最软。绘图时常用 H 或 2H 的铅笔打底稿或加深细线，用 HB 的铅笔写字，用 B 或 2B 的铅笔加深粗线。

一般画细线和写字时的铅芯磨成圆锥形，画粗线时磨成四棱柱形，如图 1-32 所示。画图时，铅笔可略向前进方向倾斜，尽量使铅笔靠紧尺面，且铅芯与纸面垂直。

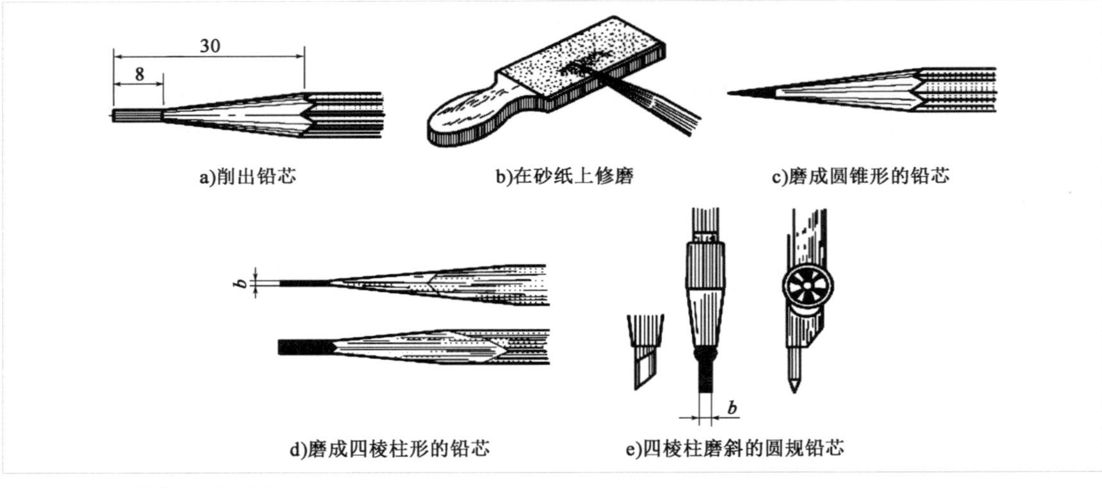

■ 图 1-32　铅芯的形状及使用

2. 图板

图板是用来铺放及固定图纸的矩形木板，画图时，需将图纸平铺在图板上。常用的图板规格有 A0、A1 和 A2 三种，其尺寸较同号图纸略大（每边约加长 50mm），图板面必须平整，两侧短边为工作边（也称作导边），要求光滑平直，如图 1-33 所示。

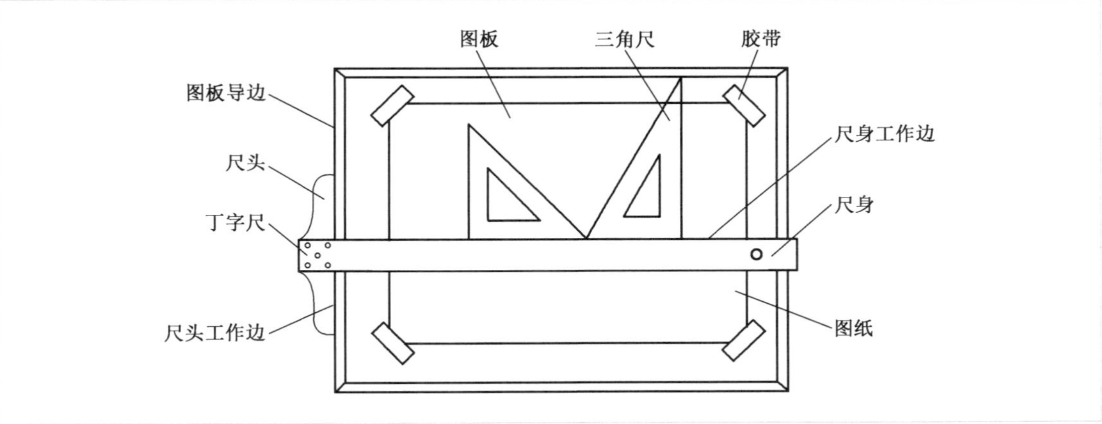

■ 图 1-33　图板与丁字尺

3. 丁字尺

丁字尺由尺头和尺身两部分组成。尺头的内边缘为丁字尺的导边，尺身的上边缘为工作边，如图 1-33 所示。丁字尺主要用来画水平线，使用时须用左手扶住尺头并使尺头内侧紧靠图板的左导边，上下滑移到所需的位置，如图 1-34a）所示，然后沿丁字尺工作边自左向右画水平线，如图 1-34b）所示。禁止直接用丁字尺画铅垂线，也不能用尺身下缘画水平线。

4. 三角板

一副三角板有 45°、45°和 30°、60°两种。三角板还常与丁字尺配合画铅垂线，如图 1-35 所示，还可画出与水平线成 30°、45°、60°以及 15°倍数角的各种倾斜线，如图 1-36 所示。用两块三角板配合也可画出任意直线的平行线和垂直线，如图 1-37 所示。

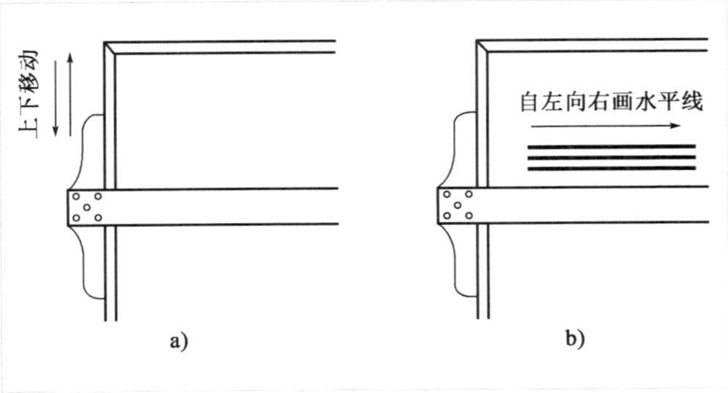

■ 图 1-34　用丁字尺画水平线

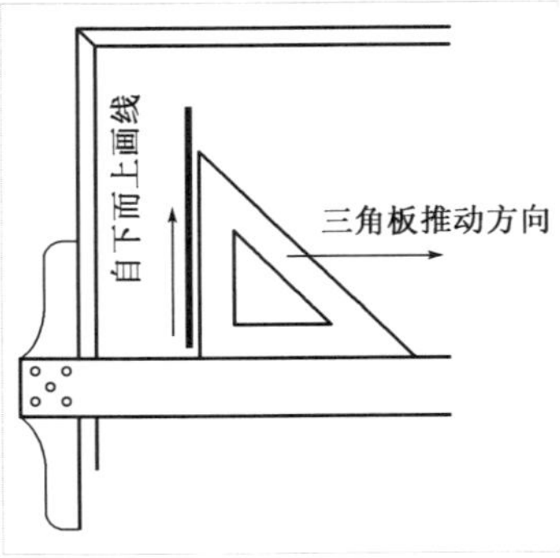

■ 图 1-35　用丁字尺和三角板画垂直线

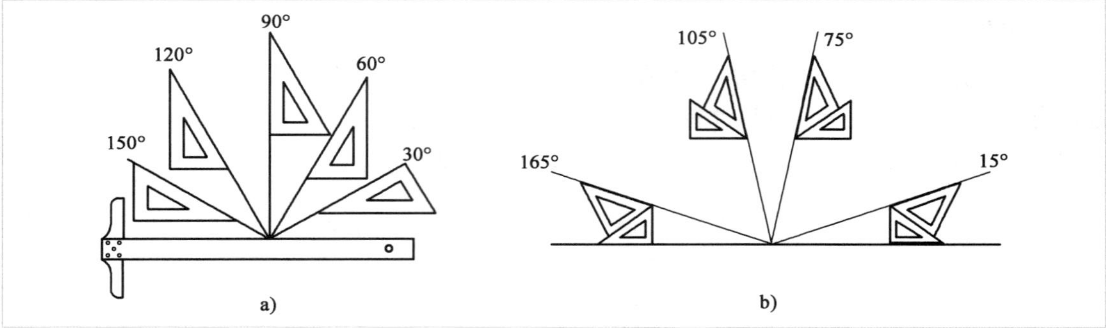

■ 图 1-36 三角板与丁字尺作图

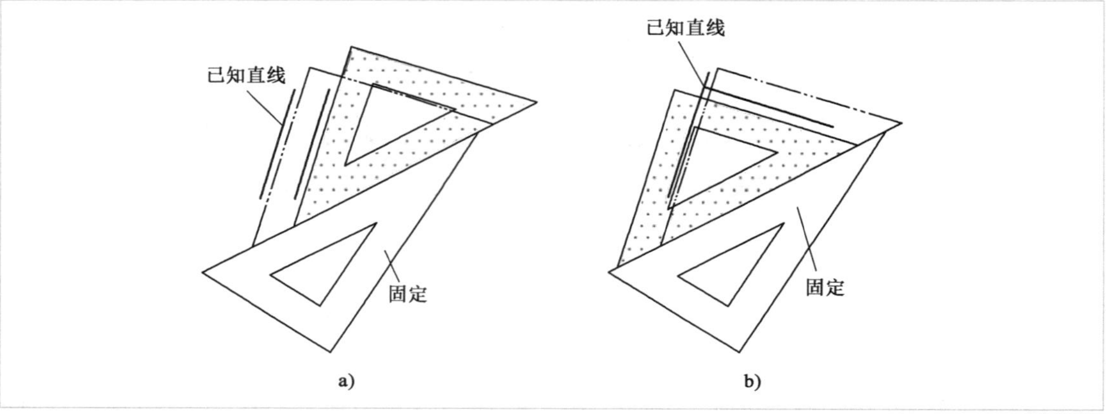

■ 图 1-37 两块三角板画平行线和垂直线

5. 圆规

圆规是用来画圆或圆弧的工具。圆规的一脚上装有钢针,用来定心;另一脚上有肘形关节,可换装 3 种不同的插脚和接长杆,如图 1-38 所示,装上铅芯插脚画铅笔线的圆,装上鸭嘴插脚画墨线圆,装上钢针插脚可以当分规用,装上接长杆可以画直径较大的圆。

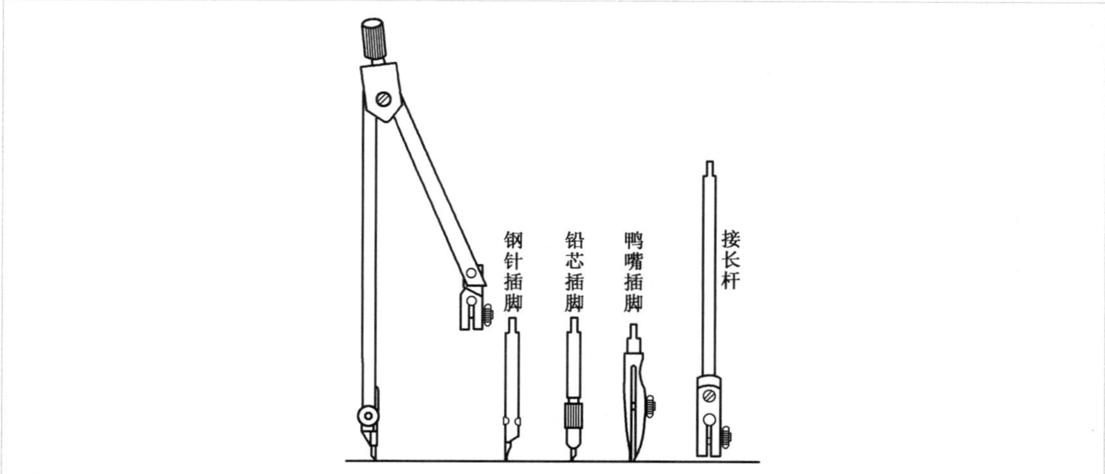

■ 图 1-38 圆规及插脚

用圆规画铅笔线底稿时，装 HB 铅芯，铅芯应磨成圆锥形或斜形，如图 1-39a）所示；用圆规描粗或加深圆时，则用 B 或 2B 铅芯，铅芯磨成四棱柱形，如图 1-39b）所示。

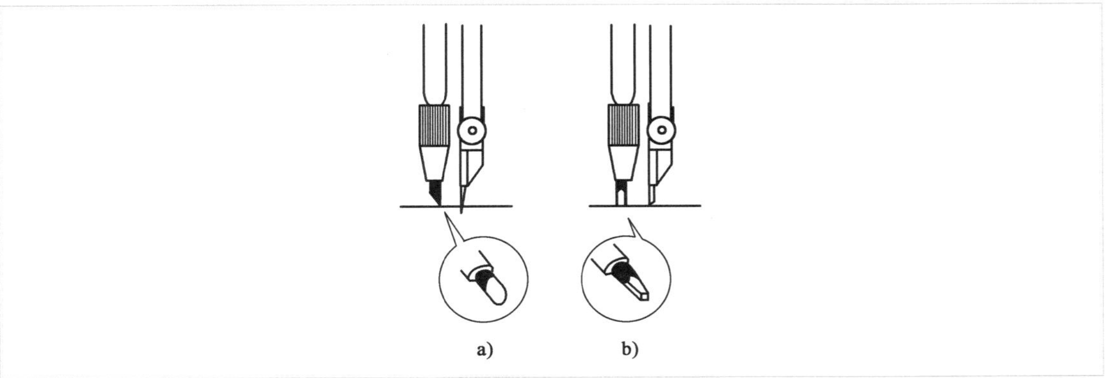

■ 图 1-39 铅芯形状

画圆时，若半径较大，应调整钢针和铅芯插脚与纸面垂直，如图 1-40a）所示；若半径较小，应使圆规两脚向里倾斜，如图 1-40b）所示。画大圆时，要装上接长杆，再将铅芯插脚装在接长杆上使用，如图 1-40c）所示。

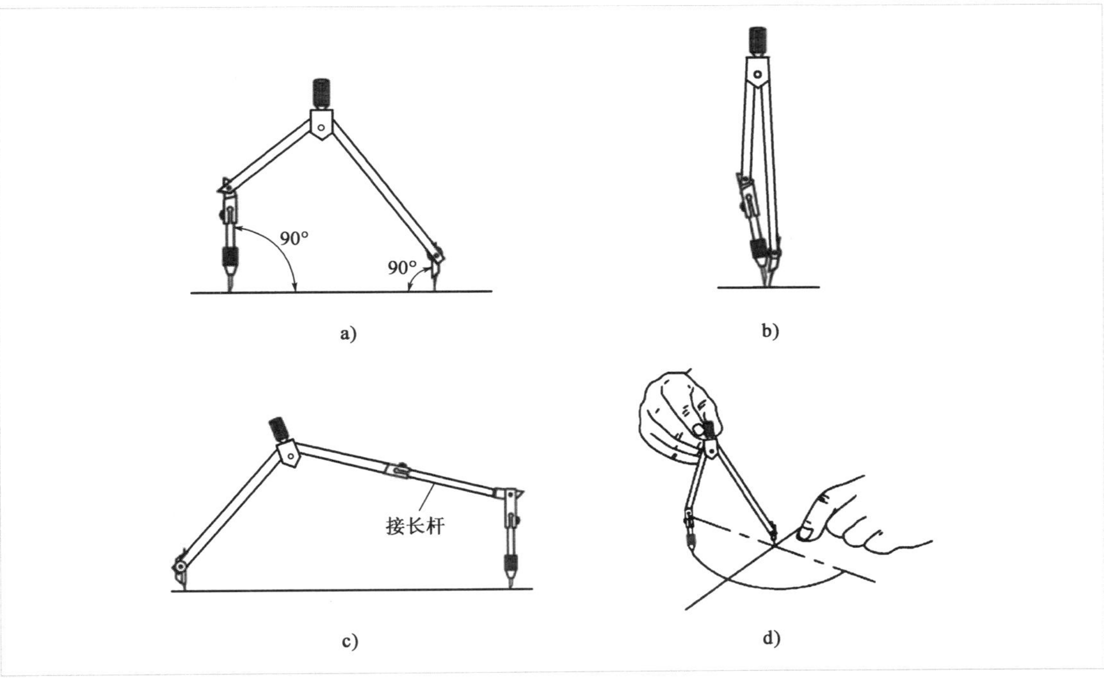

■ 图 1-40 圆规的用法

6. 分规

分规是用来截取尺寸、等分线段或圆弧的工具。分规的两脚端部均为固定的钢针，当两脚合拢时，两个针尖应平齐，分规的使用方法如图 1-41 所示。

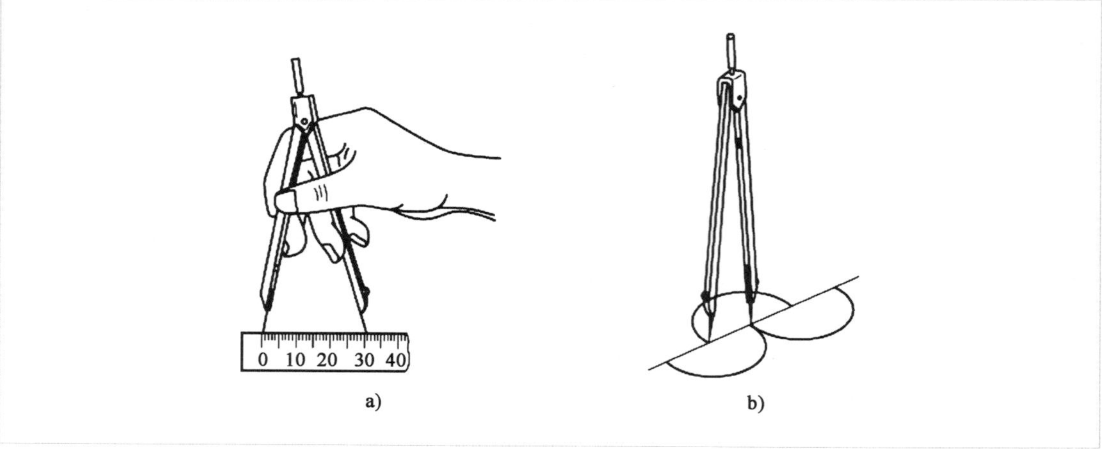

■ 图 1-41 分规的使用用法

7. 曲线板

曲线板是用来画非圆曲线的工具,曲线板的轮廓线是由多段不同曲率的曲线所组成的。曲线板的用法如图 1-42 所示。使用时,应先将需要连接成曲线的各点徒手用细线轻轻地描出一条曲线轮廓,然后在曲线板上选用与曲线完全吻合的一段进行描绘。吻合的点越多,每段就可描得越长,所得曲线也就越光滑,每描一次须不少于 4 个吻合点。描每段曲线时,至少应包含前一段曲线的最后两个点(即与前段曲线应重复一小段),这样才能保证连接时的光滑,如图 1-42 所示。

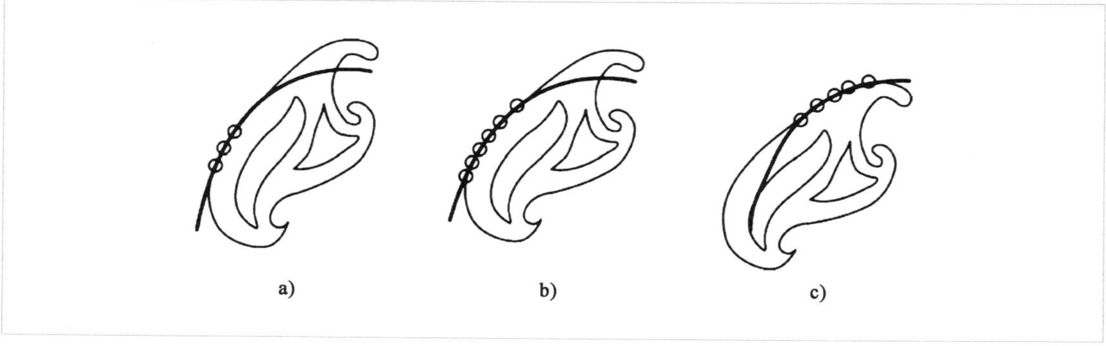

■ 图 1-42 曲线板的用法

8. 擦图片

擦图片是为擦去铅笔制图过程中不需要的图线或错误图线,并保护邻近图线完整的一种制图辅助工具,其厚度大约为 0.3mm,一般采用塑料或不锈钢制成,如图 1-43 所示。擦图片上有许多不同形状的槽孔,包括长条形、方形、三角形、圆弧条形、圆形等,除擦除直线外,也可作模片绘制各种曲线、转角及较小的图形。在线条密集的情况下,因有擦图片的遮挡,避免了把不该擦去的部分一并擦去。

使用擦图片时,选择擦图片上适宜的孔洞对准需擦除的图线,并将不需擦除的部分盖住,将擦图片压紧图纸,用橡皮擦去位于孔洞中的线条。擦除时尽量用最少的次数将其擦净,以免将图纸表面擦毛,影响制图质量甚至损坏图纸。

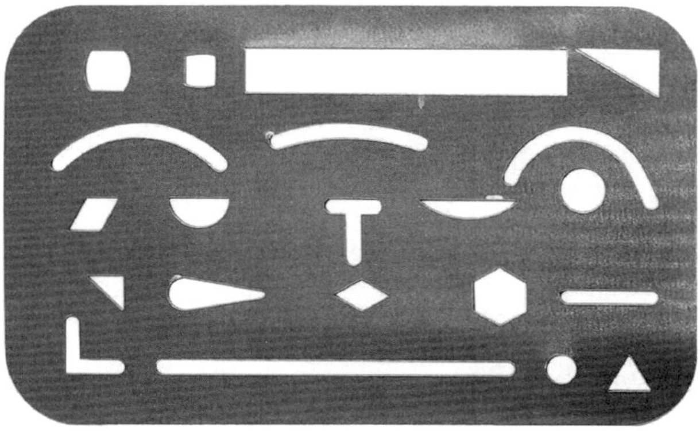

■ 图 1-43 擦图片

七、绘图的一般方法和步骤

1. 选比例,定图幅

根据所画图形的要求,选取合适的画图比例和图纸幅面。

2. 画图框及标题栏

按国家标准规定的幅面尺寸,先用细实线画出图框和标题栏。

3. 布置图面

图形在图纸上的布置位置应尽量均匀,不宜偏置或过于集中于某一角。要考虑到尺寸标注和文字说明等有足够的位置。

4. 绘制底稿

选用 H 或 2H 的铅笔绘制全部图形的底稿,尽量画得轻、细,以便擦拭和修改。

5. 铅笔描深

描深前要仔细核对底稿,修正错误,擦净多余的底稿线和污迹。描深时,应根据不同线型选择不同型号的铅笔,并保证线型符合国家标准的规定。

6. 标注尺寸

图形描深后,应将尺寸界线、尺寸线和尺寸终端都一次性画出,注写尺寸数字和符号。尺寸标注力求正确、清晰,符合国家标准。

7. 填写标题栏和文字说明

标题栏内容应认真填写,一般采用 10 号、7 号、5 号字。

学习制图的基本规定任务工单

学生信息

班级：

姓名：

学号：

任务目标

1. 了解机械制图的基本概念和重要性。
2. 熟悉制图国家标准的各项规定。
3. 掌握机械制图的基本技能和方法。

理论知识学习

制图国家标准简介。

1. 图纸幅面与格式(GB/T 14689)。

(1)图纸幅面尺寸。

(2)图框与标题栏。

2. 比例(GB/T 14690)。

原值、缩小、放大比例。

3. 字体(GB/T 14691)。

(1)字号与字体类型。

(2)汉字、字母与数字的书写规范。

4. 图线(GB/T 17450、GB/T 4457.4)。

(1)基本线型与线宽。

(2)图线的画法与应用。

5. 尺寸标注(GB/T 4458.4)。

(1)基本规则与标注方法。

(2)尺寸界线、尺寸线尺寸终端与尺寸数字。

实践操作

参照图1-44所示实操练习图绘图。

要求：A4纸上绘制图形，缩放比例1∶2，完成正确的尺寸标注。

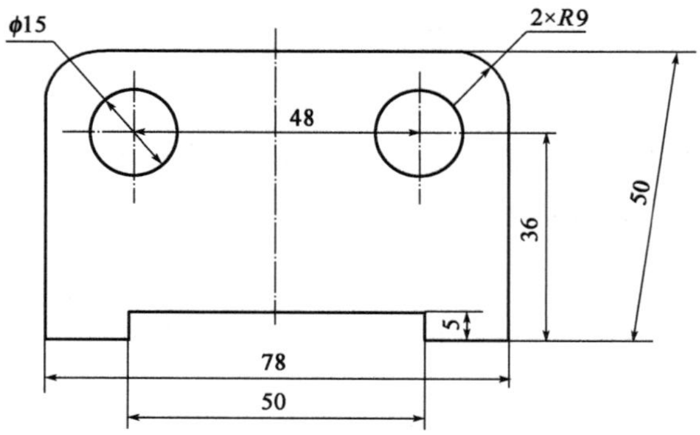

■ 图1-44　实操练习图

续上表

总结与反思

1. 本次任务的主要收获是什么？

2. 在学习过程中遇到了哪些困难？如何解决的？

3. 对未来学习的建议与期望。

任务二　绘制几何图形

任务导入

虽然机件的轮廓形状是多种多样的，但它们的图样基本上都是由直线、圆弧和其他一些曲线所组成的几何图形。因此，为了正确地画出图样，必须掌握各种几何图形的作图方法以及平面图形的画法，为新能源汽车绘制图纸奠定基础。

任务目标

1. 了解常用几何作图。
2. 掌握等分圆周、斜度锥度、圆弧连接等几何作图的作图方法。
3. 了解平面图形中的尺寸分析和线段分析。
4. 掌握平面图形的画法。

一、等分圆周

用绘图工具作圆的内接正六边形的方法有两种，如图 1-45 所示。

第一种方法：用三角板和丁字尺作图，如图 1-45a）所示。

第二种方法：以点 A、D 为圆心，以已知圆的半径画圆弧，交圆于 B、C、E、F，即得圆周六等分点，依次连接 $ABCDEFA$ 即得圆内接正六边形，如图 1-45b）所示。

用圆规画正五边形的方法如图 1-46 所示。

二、斜度和锥度

1. 斜度 S

斜度是一直线对另一直线或一平面对另一平面的倾斜程度。其大小是以它们之间夹角的正切表示，如图 1-46a）所示，并把比值化为 $1:n$ 的形式，即

$$S = \tan \partial = H : L = 1 : (L/H) = 1 : n$$

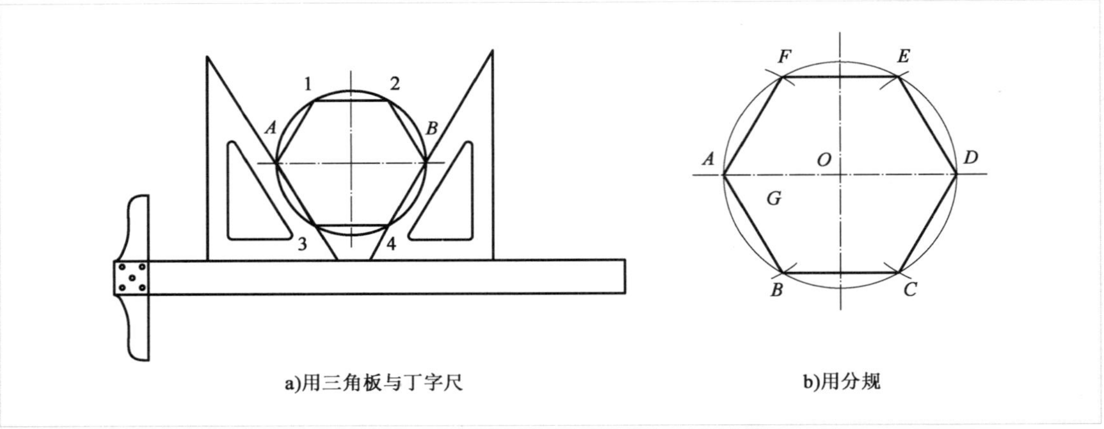

■ 图 1-45　正六边形画法

符号的倾斜方向应与斜度方向一致，图 1-47a）中 h 为字高。若已知直线段的斜度为 1 ∶ 4，其作图方法如图 1-47b）所示。

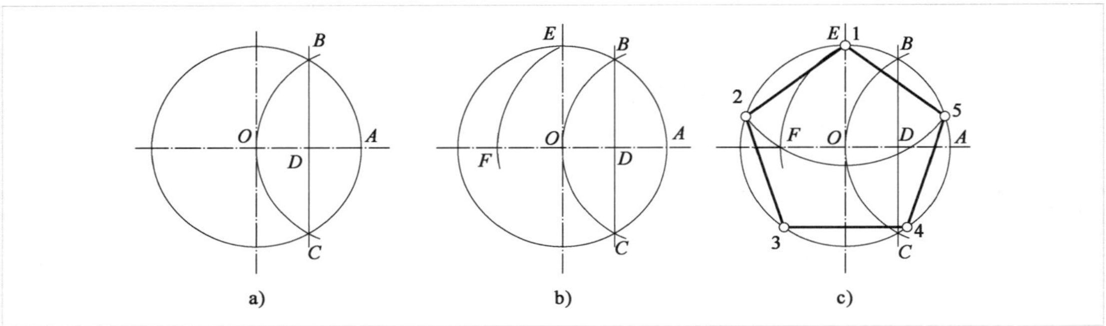

■ 图 1-46　用圆规画正五边形的方法

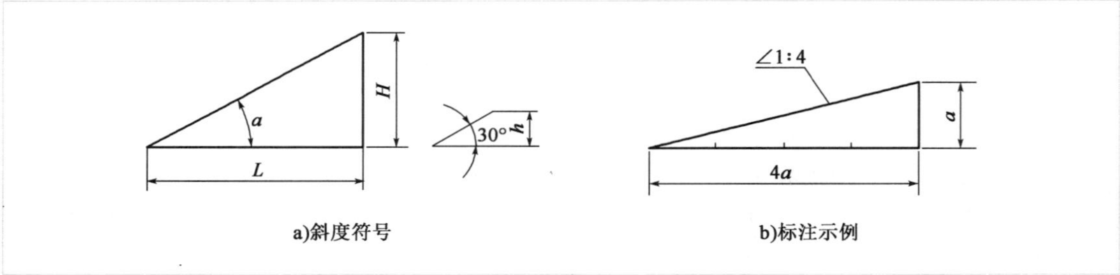

■ 图 1-47　斜度、倾斜度符号及画法

2. 锥度 C

锥度是指正圆锥的底圆直径与圆锥高度之比，即 $D:L$。而圆台锥度就是两个底圆直径之差与圆台高度之比，如图 1-48a）所示，即

$$C=(D-d)/L=2\tan(\alpha/2)=1:n$$

锥度符号按图 1-48a）绘制，符号方向应与锥度方向一致。若已知直线段的锥度为 1 ∶ 3，其作图方法如图 1-48b）所示。

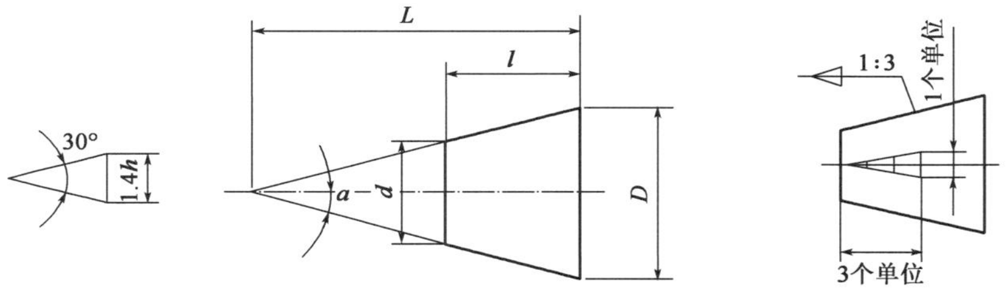

a)锥度符号　b)标注示例

图 1-48　锥度、锥度符号及画法

三、圆弧连接

在绘制机械图样时，经常需要用一个已知圆弧来光滑连接（即相切）两个已知线段（直线段或曲线段），称为圆弧连接。此圆弧称为连接圆弧，两个切点称为连接点。为了保证光滑连接，必须正确地作出连接弧的圆心和两个连接点，且保证两个被连接的线段都要正确地画到连接点为止。

1. 连接两相交直线

连接两相交直线的作图步骤如下，如图 1-49a）所示。

求圆心：以半径 R 为距离分别作两条直线的平行线，其交点 O 即为所求连接圆弧的圆心。

求切点：过 O 点分别向两直线作垂线，垂足 K_1、K_2 即为切点。

画圆弧：以 O 为圆心，以 R 为半径，在两切点之间画圆弧，即完成作图。

2. 连接两圆弧

用圆弧连接两已知圆弧，可分为三种情况：连接圆弧与两已知圆弧外切；连接圆弧与两已知圆弧内切；连接圆弧与一已知圆弧外切与另一已知圆弧内切。连接圆弧与两已知圆弧外切及内切连接的作图步骤如下，如图 1-49b）、c）所示。

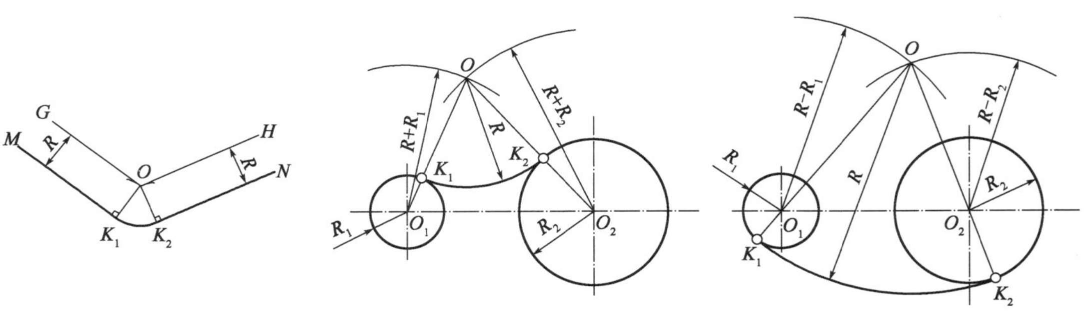

a)连接两相交直线　b)外切连接两圆弧　c)内切连接两圆弧

图 1-49　连接两圆弧

求圆心：

外切时，分别以 O_1、O_2 为圆心，以 $R+R_1$、$R+R_2$ 为半径。

内切时，分别以 O_1、O_2 为圆心，以 $R-R_1$、$R-R_2$ 为半径。

求切点，作连心线 OO_1、OO_2 或 OO_1、OO_2 的延长线，与已知圆弧相交于 K_1、K_2，即为切点。

画连接弧，以 O 为圆心、半径为 R，自点 K_1 至点 K_2 画圆弧，即为所求。

3. 连接直线与圆弧

用圆弧连接已知直线与圆弧的作图步骤如下，如图 1-50 所示。

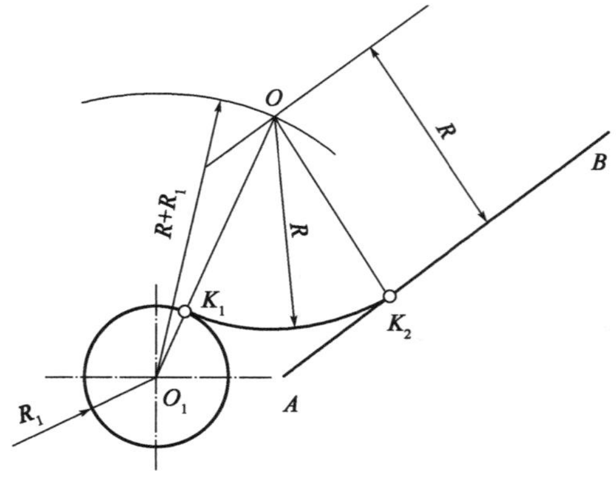

■ 图 1-50 连接直线与圆弧

求圆心：作距离 AB 为 R 的平行线，以 O_1 为圆心，(外切时，以 $R+R_1$ 为半径；内切时，以 $R-R_1$ 为半径)，作圆弧交直线于点 O，O 即为所求的圆心。

求切点：过 O 向直线 AB 作垂线，垂足 K_2 即为切点，OO_1 连线与已知圆弧的交点 K_1 为另一切点。

画连接弧：以 O 为圆心，以 R 为半径，在两切点之间画圆弧。

四、尺寸分析和线段分析

平面图形中的尺寸可以分为定形尺寸和定位尺寸两大类。

定形尺寸用于确定线段的长度、圆弧的半径(圆的直径)和角度等尺寸，如图 1-51 中的 $\phi16$、$\phi10$、$R40$、$R48$ 等。

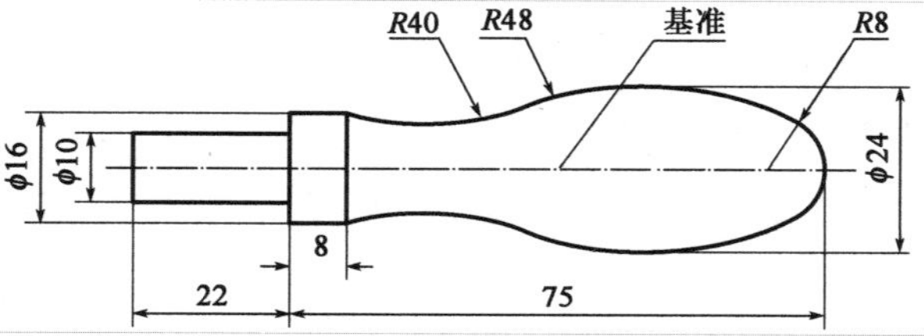

■ 图 1-51 手柄

定位尺寸用于确定线段在平面图形中所处位置的尺寸，称为定位尺寸，如图 1-51 中的尺寸 8、22 等。定位尺寸应从基准出发标注，平面图形中常用的尺寸基准多为图形的对称线、较大圆的中心线或图形的轮廓边线等。

定形尺寸与定位尺寸这两类尺寸在绘制平面图形时经常出现。

平面图形中的线段经常由直线和圆弧组成，根据定位尺寸完整与否，可分为以下三类。

1. 已知线段

定形尺寸和定位尺寸都齐全的线段，如图1-51所示中的尺寸$R8$。

2. 中间线段

已知定形尺寸和一个定位尺寸。

3. 连接线段

已知定形尺寸而无定位尺寸的线段。作图时由于缺少定位尺寸会影响作图，因此，平面图形的线段中，如缺少一个定位尺寸，必须同时补充一个连接条件；如缺少两个定位尺寸，则应同时补充两个连接条件，这样才能作图。

画图时应先画已知线段，再画中间线段，最后画连接线段。

五、平面图形的画图步骤

平面图形的绘制，应在进行线段分析的基础上，先画出已知线段，再画出中间线段，最后画出连接线段。以图1-52手柄为例，作图步骤如下。

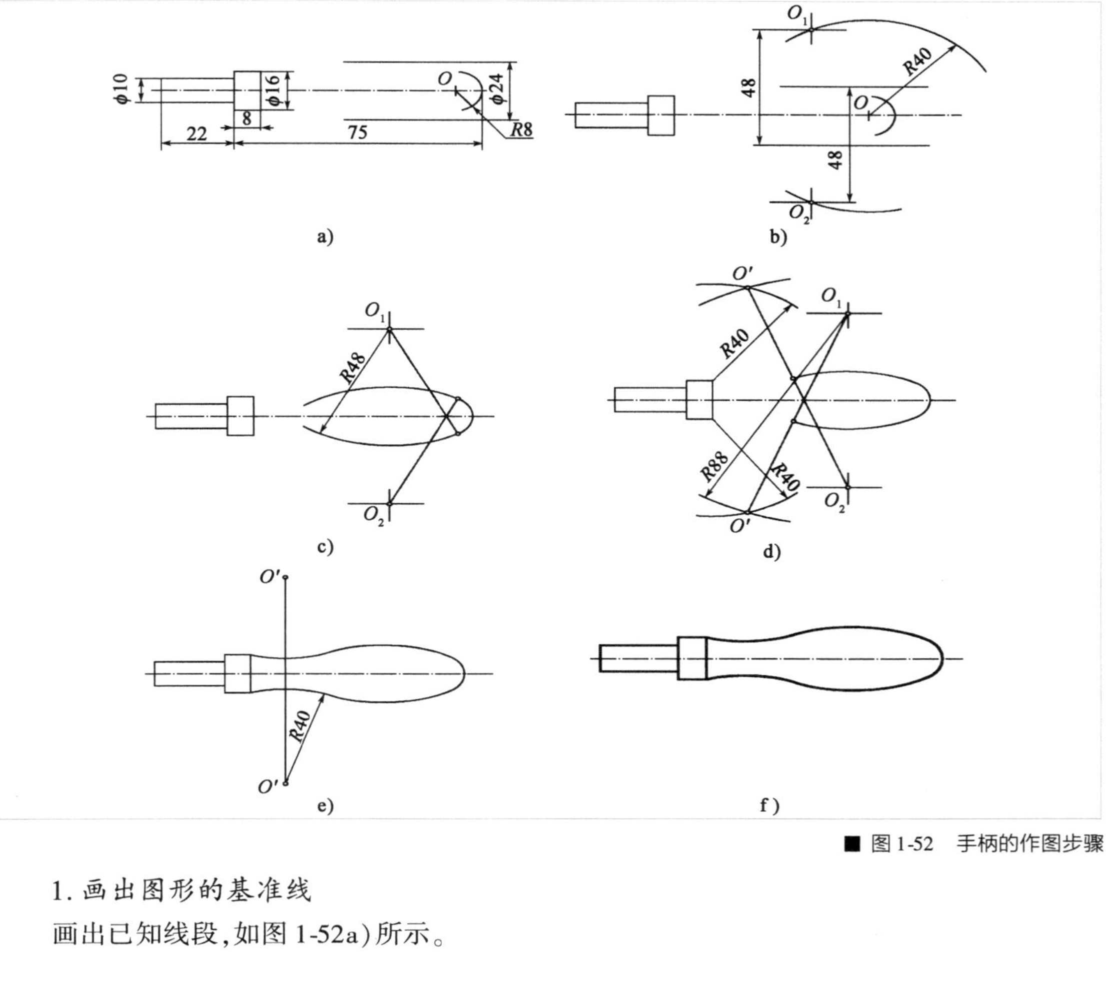

■ 图1-52 手柄的作图步骤

1. 画出图形的基准线

画出已知线段，如图1-52a)所示。

2. 画中间线段

大圆弧 $R48$ 是中间圆弧,圆心位置尺寸只有一个垂直方向是已知的,水平方向位置需根据 $R48$ 圆弧与 $R8$ 圆弧内切的关系画出,如图 1-52b)、c)所示。

3. 画连接线段

$R40$ 的圆弧只给出半径,但它通过中间矩形右端的一个顶点,同时又要与 $R48$ 圆弧外切,所以它是连接线段,应最后画出,如图 1-52d)、e)所示。

4. 校核作图过程

擦去多余的作图线,描深图形,如图 1-52f)所示。

5. 标注尺寸

标注尺寸要完整、清晰,遵守国家标准的规定,如图 1-51 所示。

绘制几何图形任务工单

学生信息

班级：

姓名：

学号：

任务目标

1. 了解常用几何作图。
2. 掌握等分圆周、斜度锥度、圆弧连接等几何作图的作图方法。
3. 了解平面图形中的尺寸分析和线段分析。
4. 掌握平面图形的画法。

理论知识学习

1. 等分圆周。
2. 斜度和锥度。

(1)斜度。

(2)锥度。

3. 圆弧连接。

(1)连接两相交直线。

(2)连接两圆弧。

4. 尺寸分析和线段分析。

(1)已知线段。

(2)中间线段。

(3)连接线段。

5. 平面图形的画图步骤。

(1)画出图形的基准线。

(2)画中间线段。

(3)画连接线段。

(4)校核作图过程。

(5)标注尺寸。

实践操作

1. 在半径为30mm的圆内绘制内接正六边形。
2. 参照图1-53所示实操练习图绘图。

要求：A4纸绘制平面图形，缩放比例1∶1，并完成正确标注。

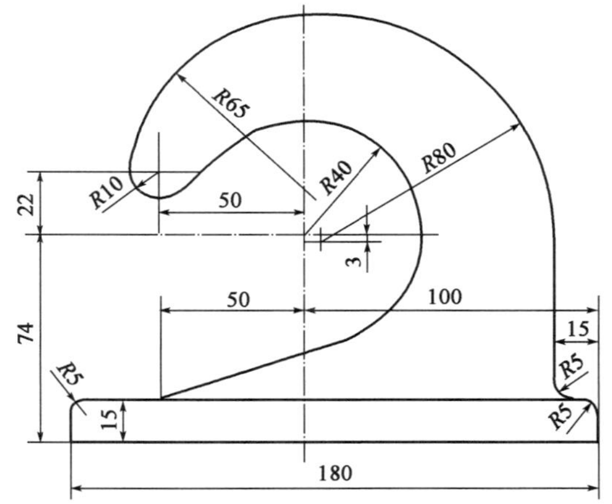

■ 图1-53 实操练习图

续上表

总结与反思 1. 本次任务的主要收获是什么？ 2. 在学习过程中遇到了哪些困难？如何解决的？ 3. 对未来学习的建议与期望。

任务三　根据投影法绘制三视图

任务导入

本任务聚焦投影法与三视图在工程制图中的核心应用，旨在掌握通过二维图形表达三维空间物体的关键技术。投影法作为制图基础，涉及正投影、斜投影等多种方法，用于将三维物体转化为二维平面图形；三视图则通过主视图、俯视图、左视图三个正交投影，全面展现物体的形状与尺寸。通过本任务的学习，需要理解投影法的基本原理，掌握三视图绘制规则与对应关系，培养空间想象能力，实现二维图形与三维物体的准确转换。通过理论学习与实践绘图，为后续新能源汽车复杂零件设计与表达奠定坚实基础。

任务目标

1. 理解投影的概念，正投影的基本特性。
2. 掌握三视图的形成原理和投影规律。
3. 能够绘制和阅读基本形体的三视图。

一、投影法基本知识

1. 投影法

投影法源自生活中的投影现象。在日常生活中，当灯光或日光照射在物体上时，在地面或前面就会产生影子，这种现象称为投影。人们在长期的生产实践中经过科学地抽象和分析，总结出了影子与物体之间的几何关系，逐步形成了投影法。

如图 1-54 所示，以光源 S 为投射中心，平面 P 为投影面，在光源 S 和平面 P 之间有一个 $\triangle ABC$，连接 SA 并延长与平面 P 相交于点 a。点 a 就是空间点 A 在平面 P 上的投影，SA 称为投影线，同理，b、c 是 B、C 的投影。将 a、b、c 三点连成 $\triangle abc$，即为空间 $\triangle ABC$ 在投影面 P 上的投影。这种将物体投射到投影面上获得图样的方法称为投影法。

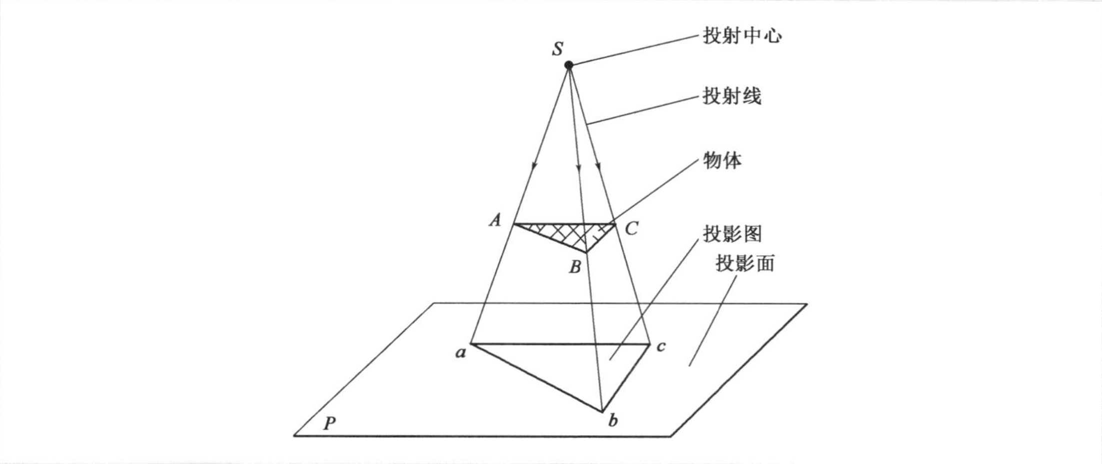

■ 图 1-54 投影的形成

2. 投影法的分类

投影法

投影法分为中心投影法和平行投影法两类。

(1)中心投影法。

投射线汇交于一点的投影法称为中心投影法,如图 1-54 所示,所有投射线都从投射中心 S 发出。中心投影法所得的投影大小会随投射中心、物体、投影面三者距离的变化而变化,所以中心投影法不能反映物体的真实大小,一般工程图样不采用这种投影法绘制,建筑物的透视图常用这种方法绘制。

(2)平行投影法。

投射线相互平行的投影法称为平行投影法,如图 1-55 所示。在平行投影法中,投射线相互平行,若改变物体与投影面的距离,投影的形状和大小不变。

平行投影法按投射线是否垂直于投影面,又分为斜投影法和正投影法。

①斜投影法是指投射线与投影面倾斜的平行投影法,如图 1-55a)所示。所得投影称为斜投影。

②正投影法是指投射线与投影面垂直的平行投影法,如图 1-55b)所示。所得投影称为正投影。

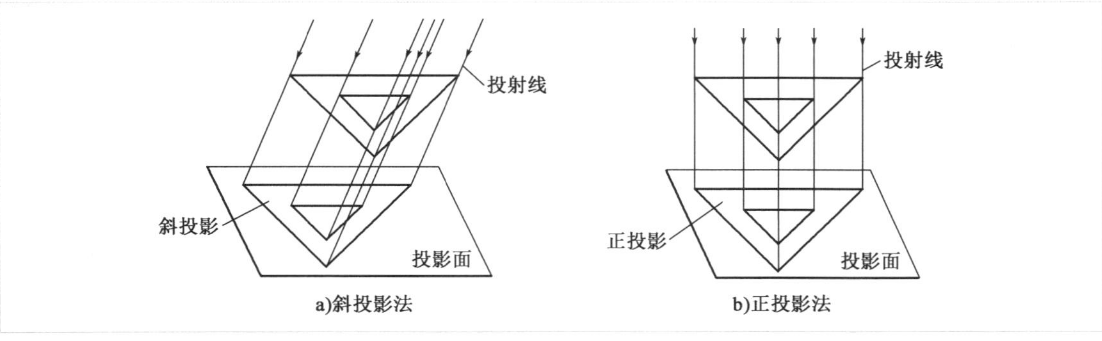

■ 图 1-55 平行投影法

由于正投影法能真实地反映物体的形状和大小，不仅度量性好，而且作图简便，因此，它是绘制机械图样主要使用的投影方法。在后续章节中，不作特别说明的“投影”均指正投影。

3. 正投影法的特性

正投影法之所以在机械制图中得到广泛应用，是由正投影法的一系列特性所决定的。正投影法的基本特性如下。

(1)真实性。

当线段或平面平行于投影面时，其投影反映线段的实长或平面的实形，如图 1-56a)所示。

(2)积聚性。

当线段或平面垂直于投影面时，线段的投影积聚成点，平面的投影积聚成线段，如图 1-56b)所示。

(3)类似性。

当线段或平面倾斜于投影面时，线段的投影变短，平面的投影为原图形的类似形，如图 1-56c)所示。

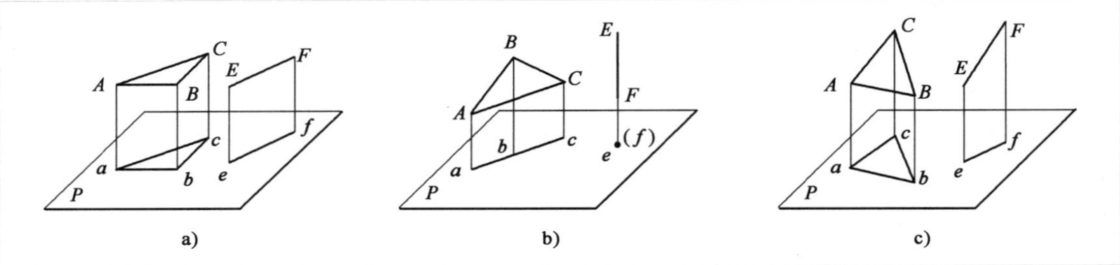

■ 图 1-56　正投影法的基本特性

根据正投影法的基本特性还可以延伸出来以下附加特性。

①平行性。若空间两直线相互平行，则其投影一定相互平行或重合。如图 1-57a)所示，直线 AB、CD 在空间相互平行，则它们在投影面 P 内得到投影 ab 与 cd 必然相互平行。

②从属性。若空间点在直线上，则点的投影也必然在该直线的投影上。如图 1-57b)所示，空间点 M 在直线 AB 上，其投影 m 必然在直线 AB 的投影 ab 上。

③定比性。空间直线上两线段之比等于其投影上对应的两线段之比。如图 1-57b)所示，空间点 M 将直线分成 AM、MB 两段，则 $AM : MB = am : mb$。

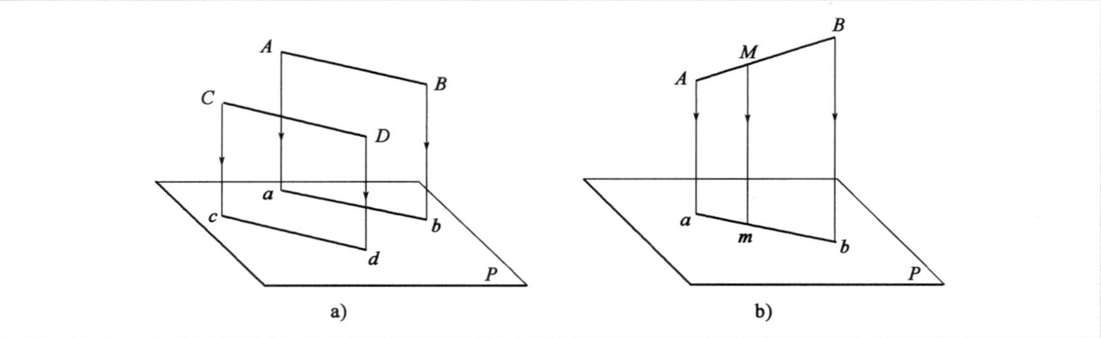

■ 图 1-57　正投影法的附加特性

二、投影法基本知识

1. 三面投影体系的建立

由于空间立体是具有长度、宽度、高度的三维形体，要想表达立体的真实形状、大小，用一个正投影图显然不能确定其空间形状。如图 1-58 所示，分别在三个四棱柱的前方叠加三棱柱、挖切小四棱柱、叠加小四棱柱，将它们向投影面 P 进行正投影，它们投影图的形状及大小完全相同。

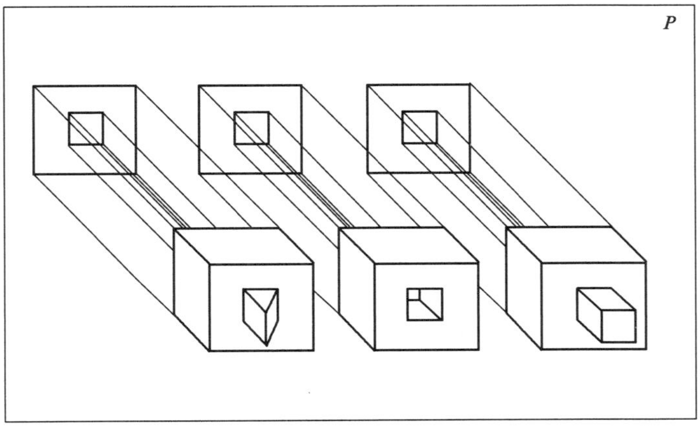

■ 图 1-58 单一投影面不能完全表达立体的形状大小

仅靠一个投影面上的投影不能表达立体的形状，而实际上，用两个投影面上的投影也不能完全表达立体的形状大小。如图 1-59 所示，在 P_1 与 P_2 两个相互正交的投影面上得到的投影完全相同，但空间的两个形体形状却不相同。所以，两个投影面也不能完全反应立体的形状大小。

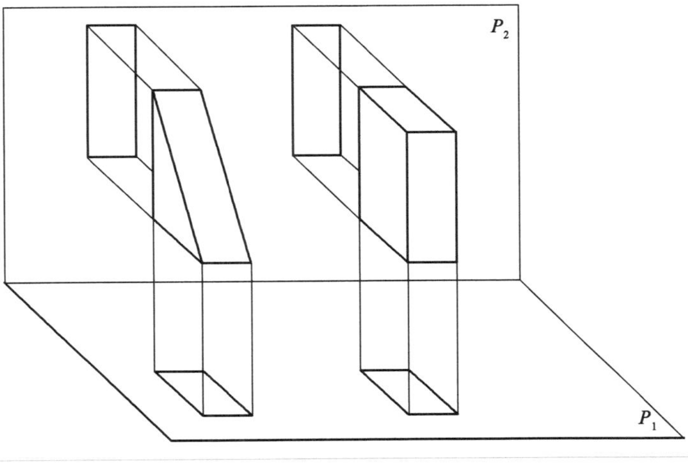

■ 图 1-59 两个投影面不能完全表达立体的形状大小

因此，在机械制图中，为了能够准确地反映物体的长、宽、高的形状及位置，通常用三面投影体系来表达物体的形状与大小，基本表达方法称作三视图（三面投影图）。如图 1-60a）所示，国家标准规定设立的三个相互垂直的投影面称为三面投影体系。

（1）三个投影面。

三面投影体系中有三个投影面，这三个投影面两两垂直相交。位于水平位置的投影面称为水平投影面，简称水平面，用 H 表示；在观察者正前方的投影面称为正投影面，简称正平面，用 V 表示；位于观察者右方的投影面称为侧投影面，简称侧平面，用 W 表示。

（2）三条投影轴。

三个投影面分别垂直相交于三条交线，称为三面投影体系的投影轴。其中，水平面 H 与正平面 V 的交线称为 OX 投影轴；水平面 H 与侧平面 W 的交线称为 OY 投影轴；正平面 V 与侧平面 W 的交线称为 OZ 投影轴。

（3）一个原点。

三条投影轴的交点 O 称为原点。

正投影面 V 保持不动，水平投影面 H 向下旋转 90°，侧投影面 W 向右旋转 90°，这时 OY 轴一分为二，落在 H 面上的 OY 轴用 OY_H 表示，落在 W 面上的 OY 轴用 OY_W 表示，这样就得到展开后的三面投影体系，如图 1-60b）所示。

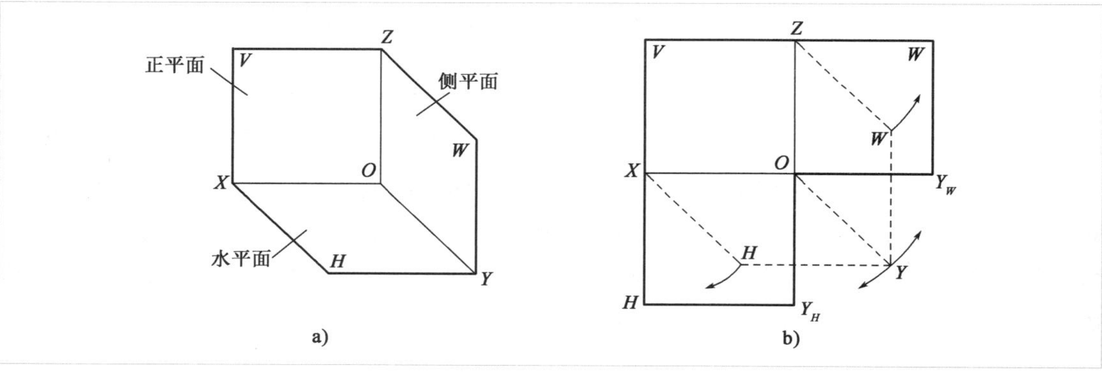

■ 图 1-60　三面投影体系的建立与展开

2. 三视图的形成

如图 1-61 所示，将工件适当置于三面投影体系中，分别向下、向后、向右观察，并向三个投影面进行投影，再按照上面描述的展开，就得到工件的三视图。这三个视图分别为主视图（正面投影，从工件的前方向后投影，在 V 面上所得到的视图）、俯视图（水平投影，从工件的上方向下投影，在 H 面上所得到的视图）和左视图（侧面投影，从工件的左方向右投影，在 W 面上所得到的视图）。

三视图的形成

3. 三视图的位置关系及视图的方位

三视图的位置关系以主视图为准，俯视图在正下方，左视图在正右方，如图 1-61c）所示。

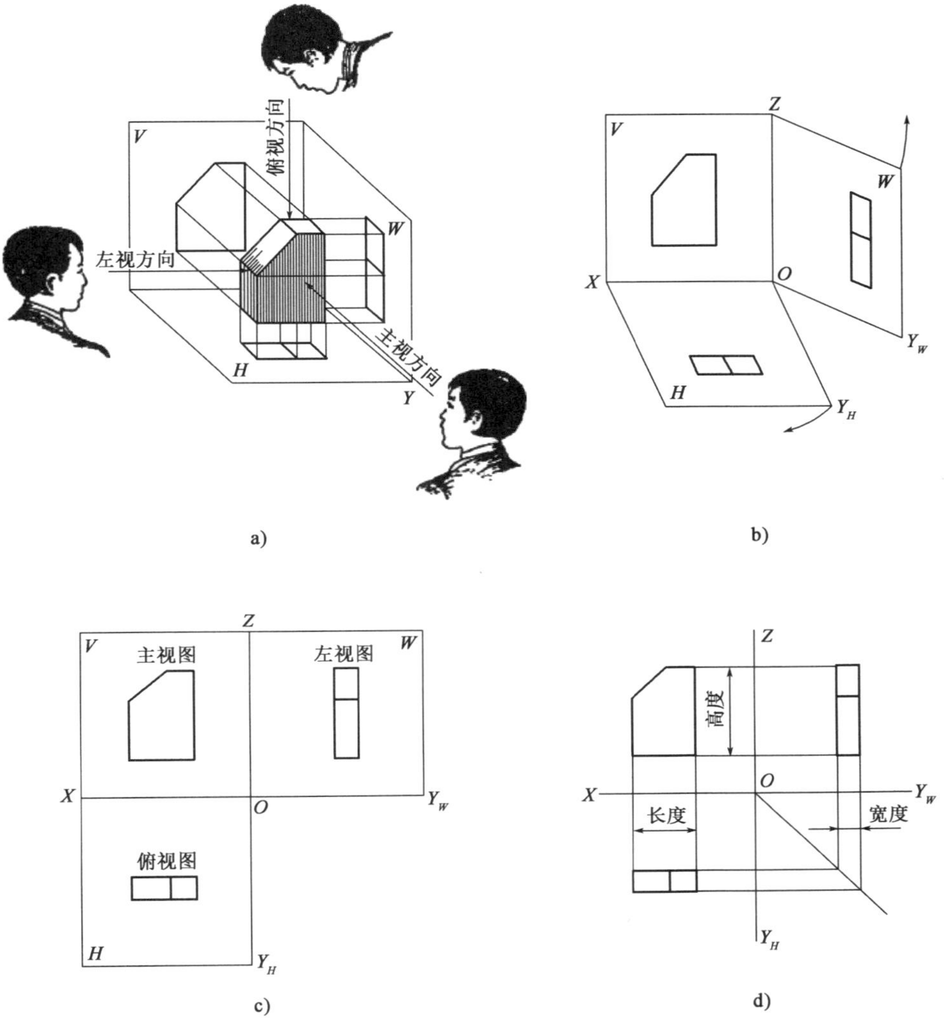

■ 图 1-61 三视图的形成过程

方位关系是指看图者以主视图的投射方向来观察物体，看物体的上、下、左、右、前、后六个方位在三视图中的对应关系，如图 1-62 所示。

(1)主视图反映物体的左、右和上、下方位，即反映了物体的长度和高度。

(2)俯视图反映物体的左、右和前、后方位，即反映了物体的长度和宽度。

(3)左视图反映物体的前、后和上、下方位，即反映了物体的宽度和高度。

由图 1-61 可知，俯视图、左视图靠近主视图的一边，均表示物体的后面，远离主视图的一边均表示物体的前面。

4. 三视图的投影规律

如图 1-62 所示，根据三视图的位置关系可知，三视图之间存在如下投影规律：

（1）主俯视图长对正：主、俯两个视图对应部分左、右方向长度相等，且两个视图需对正。

（2）主左视图高平齐：主、左两个视图对应部分上、下方向高度相等，且两个视图需平齐。

三视图的投影规律

（3）俯左视图宽相等：俯、左两个视图对应部分前、后方向宽度相等。

以上规律称为三视图的“三等规律”，是画图和看图的基本规则。需要注意的是，俯视图是在竖直方向 OY_H 轴表示物体的宽度，而左视图是在水平方向 OY_W 轴表示物体的宽度，在绘图和读图时应分辨清楚。

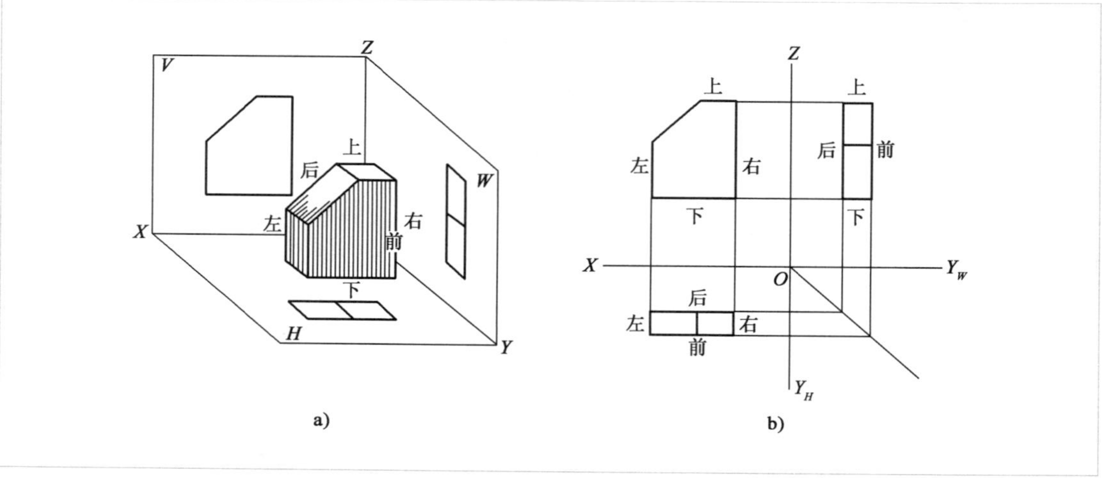

■ 图 1-62 视图和物体的方位对应关系

5. 三视图的作图方法

将物体处于人和投影面之间，人的视线垂直于投影面，将会看到物体在投影面的投影。在绘制三视图的过程中，要符合三等关系，视图的位置要按规定放置。

三视图的作图方法和步骤如下：

（1）分析物体的形状。

如图 1-63a）所示，物体由底板、竖板 1 和竖板 2 组成，底板上有孔，竖板 1 上有槽。

（2）选择主视图方向。

尽量使物体上的线、面相对于投影面呈平行或垂直的位置，最好将反映物体形状特征的方向作为主视图方向，尽量使其余两视图的虚线少。

（3）作图。

①画基准线（中心线、边线），各视图之间的距离要适当。

②按国家标准中的规定使用线型，先作底稿再加深，不画边框和投影轴。

③分析物体的形状，从特征明显的视图入手，将三个视图结合起来画，分别画出每个面的投影，而不是画出每一条线的投影。

④每个尺寸只需量一次，由三等关系再画到另外两个视图上。保持宽相等，可借助 45°辅助线，或用直尺、分规量取。

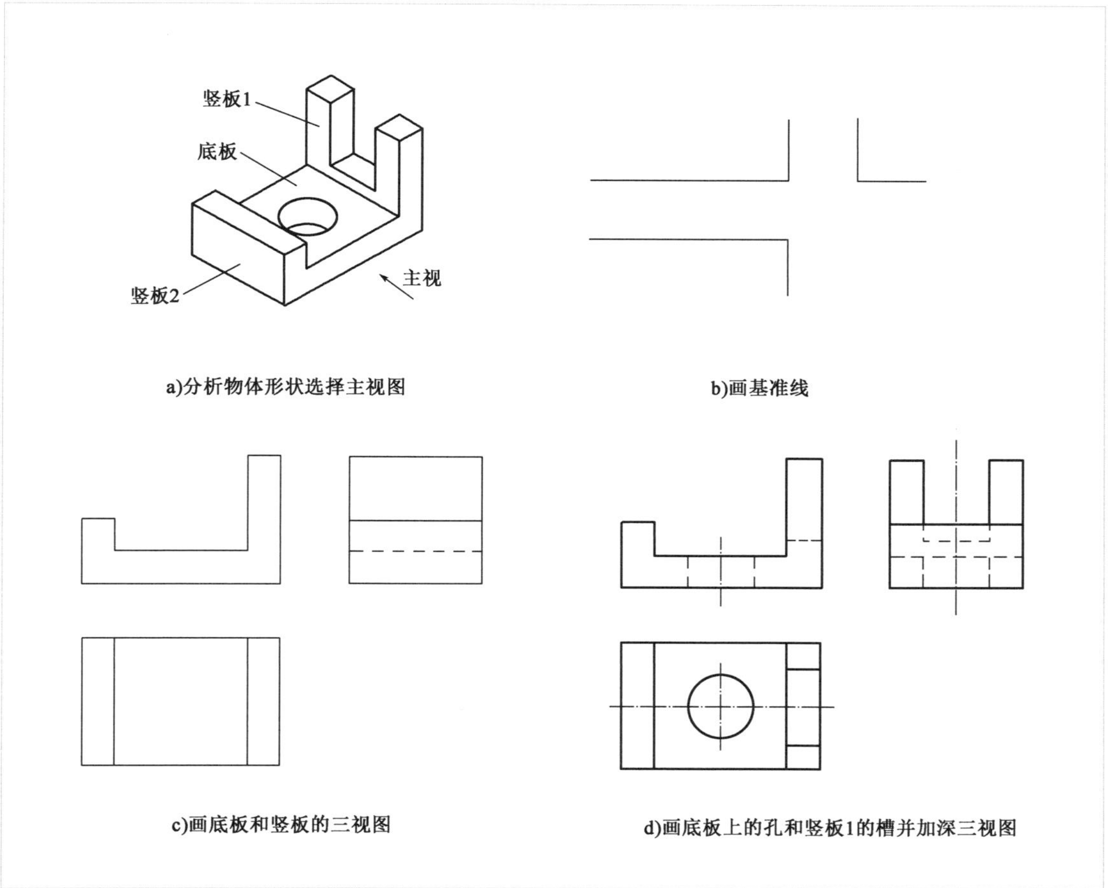

■ 图1-63 三视图的作图步骤

根据投影法绘制三视图任务工单

学生信息

班级：

姓名：

学号：

任务目标

1. 理解投影的概念，正投影的基本特性。
2. 掌握三视图的形成原理和投影规律。
3. 能够绘制和阅读基本形体的三视图。

理论知识学习

投影法基本知识

(1) 投影法。

(2) 投影法的分类。

(3) 正投影法的分类。

实践操作

1. 参照图 1-64 练习阅读基本形体的三视图。

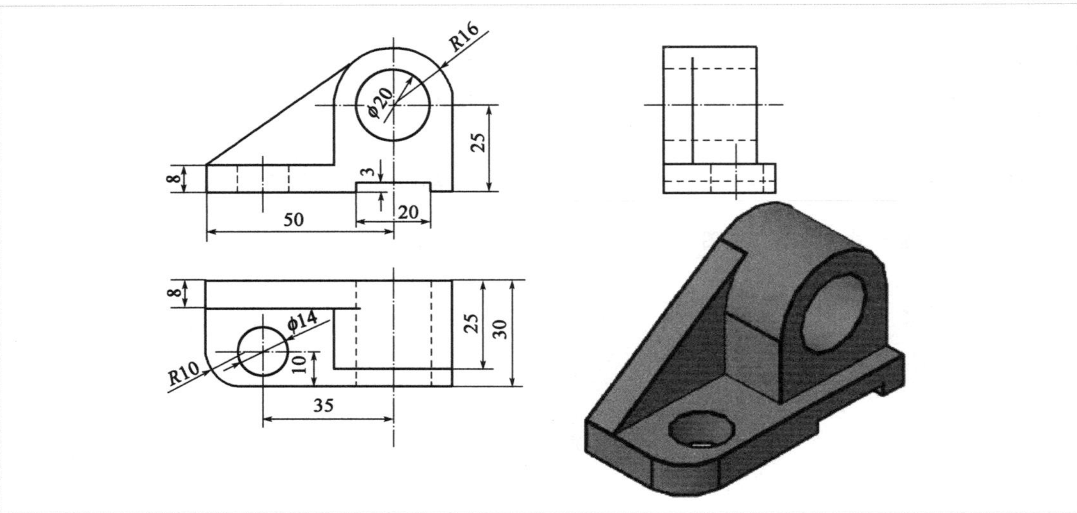

■ 图 1-64　实操练习图 1

2. 参照图 1-65 练习绘制基本形体的三视图。

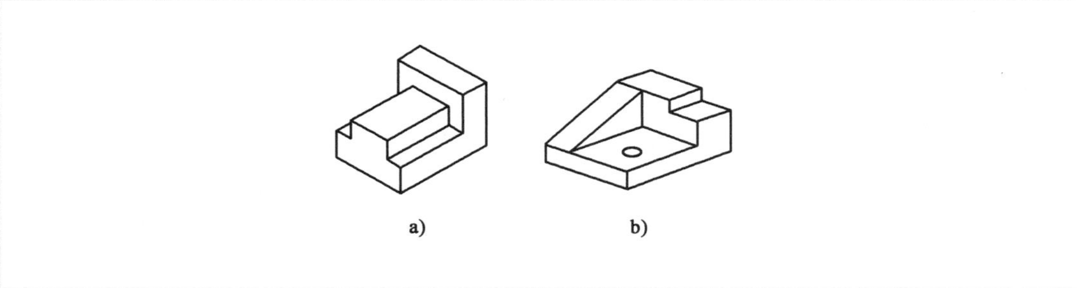

■ 图 1-65　实操练习图 2

续上表

总结与反思 1. 本次任务的主要收获是什么？ 2. 在学习过程中遇到了哪些困难？如何解决的？ 3. 对未来学习的建议与期望。

任务四　绘制基本几何元素的投影

任务导入

立体是由面(平面、曲面)围成的，而面是由无数条直线(或曲线)组合而成，直线与曲线是由一系列的点构成的。点、线、面是组成立体的基本几何元素，因此，研究立体投影的基础与前提是研究点、线、面的投影问题。那么，空间的点、线、面应如何用投影表达？根据投影又如何来分析空间几何体的形状呢？

任务目标

1. 理解点、线、面三面投影的形成。
2. 掌握点的投影规律并能够根据点的坐标判断点的位置。
3. 掌握各种位置直线的特点及投影特性。
4. 掌握各种位置平面的特点及投影特性。

一、点的投影

1. 点的投影标记

空间点用大写字母 A、B、C、D 等标记；空间点在 H 面上的投影用小写字母 a、b、c、d 等标记；空间点在 V 面上的投影用小写字母加“′”标记，如 a'、b'、c'、d'等；空间点在 W 面上的投影用小写字母加“″”标记，如 a''、b''、c''、d''等。

2. 点的三面投影

点的投影仍然是一个点。如图 1-66a)所示，空间一点 A 分别向三个投影面作垂线，所得的三个垂足 a、a'、a''就是点 A 在 H 面、V 面和 W 面上的投影。再将投影图按照图 1-66b)展开，即得点 A 的三面投影图。在三面投影图中，为了绘制“宽相等”的关系，通常作一条与投影轴成45°角的辅助线，如图 1-66b)所示，或以原点为圆心，利用圆规以相应宽度作弧，如

图 1-66c)所示。三个投影及与该辅助线之间的连线统称为投影连线。几何元素的投影图中，通常不画投影面的边框，但应画出投影轴和投影连线。

3. 点的投影规律

(1)点的两面投影连线垂直于投影轴。

即 $a'a \perp OX$ 轴；$a'a'' \perp OZ$ 轴；$aa_{Y_H} \perp OY_H$轴；$a''a_{Y_W} \perp OY_W$轴，如图 1-66 所示。

(2)点的投影到投影轴的距离等于点到相应投影面的距离。

即 $a'a_X = a''a_{Y_W}$ = 点到 H 面的距离 Aa；$a''a_Z = aa_X$ = 点到 V 面的距离 Aa'；$a'a_Z = aa_{Y_H}$ = 点到 W 面的距离 Aa''，如图 1-66 所示。

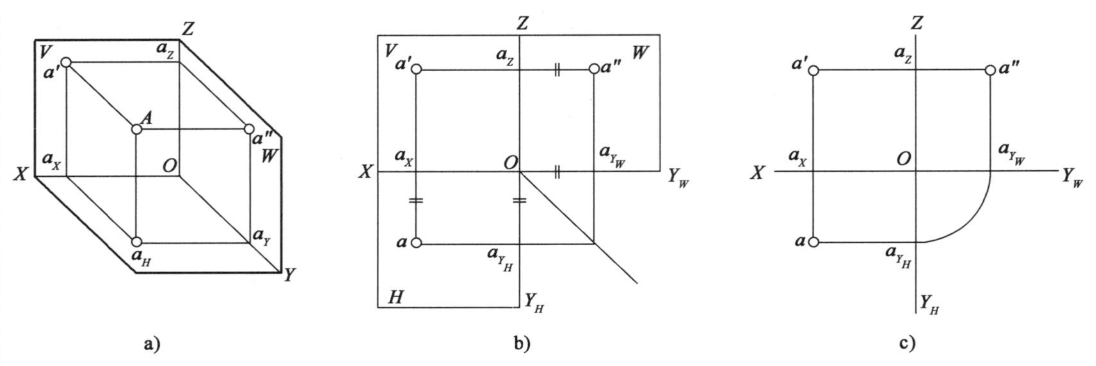

■ 图 1-66 点的三面投影

例 1-1 如图 1-67a)所示，已知 A、B 两点的两面投影，分别求作其第三面投影。

解 作图如图 1-67b)所示，以 A 点为例说明求作第三面投影的过程：根据点的投影规律，先过 a'作垂直于 OX 轴的连影线；过 a''作垂直于 OY_W 轴的连影线，与 45°辅助线交于一点；过该交点作垂直于 OY_H 轴的垂线，与过 a'所作的连影线交于一点，即为所求 A 点的 H 面投影 a。

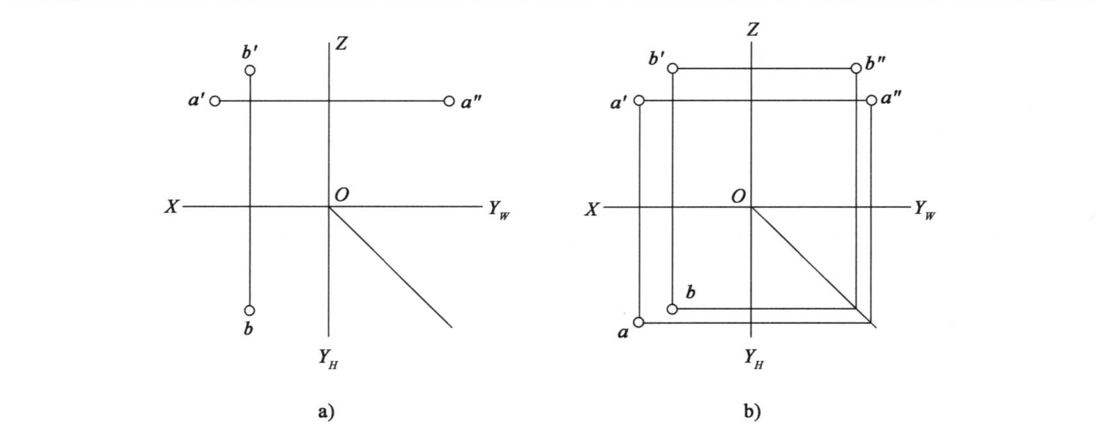

■ 图 1-67 已知点的两面投影求作第三面投影

4. 点的三面投影与坐标关系

空间点的位置可以用三个坐标值(x,y,z)表示，如图 1-68a)所示。这些坐标值反映在点的三个投影中,就是点到投影轴的距离。图1-68b)所示为$A(x,y,z)$的三面投影图。

所以,

空间点A到W面的距离$=a'a_Z=aa_{Y_H}=x$;

空间点A到V面的距离$=aa_X=a''a_Z=y$;

空间点A到H面的距离$=a'a_X=a''a_{Y_W}=z$。

若已知点的两面投影,根据点的投影规律,可求得第三面投影,且点的空间坐标(x,y,z)也已知。

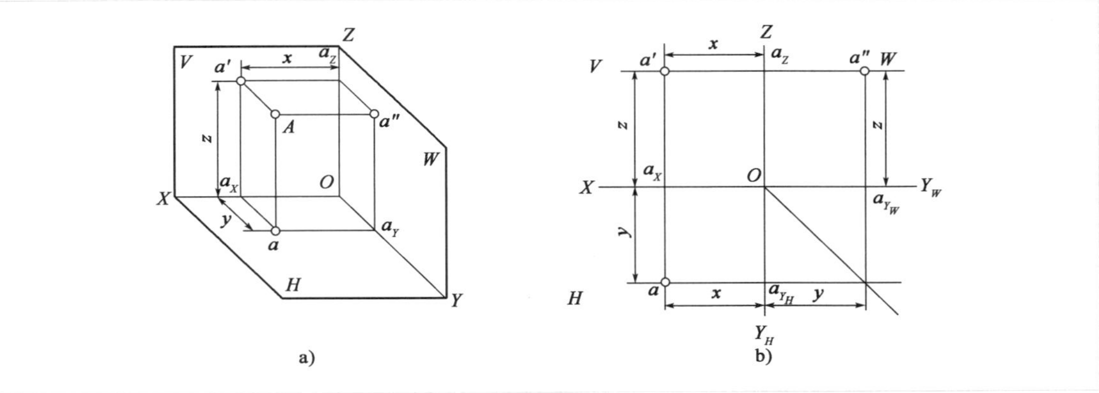

■ 图1-68 点的投影与坐标的关系

例1-2 如图1-69所示,已知点$A(20,15,10)$,求作A点的三面投影。

解 画投影轴,作45°辅助线。在投影轴上量取坐标值得$Oa_X=20$,$Oa_Z=10$,$Oa_{Y_H}=15$,$Oa_{Y_W}=15$。

过a_X、a_Z、a_{Y_H}、a_{Y_W}分别作投影轴的垂线,垂线的交点即为点的三面投影。如图1-69所示。

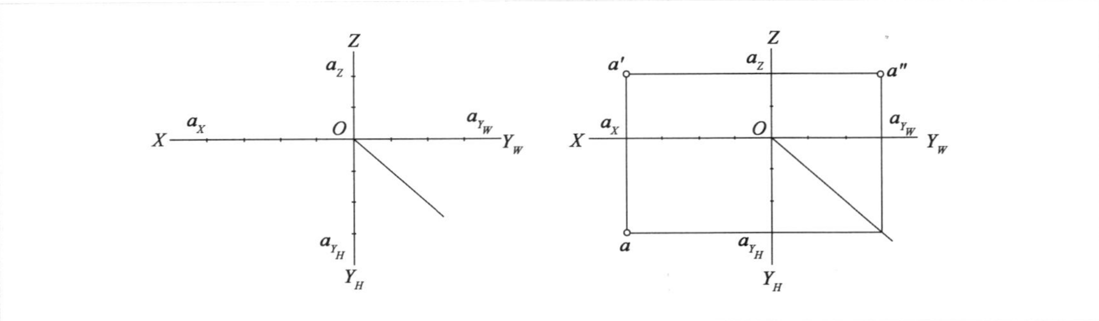

■ 图1-69 已知点的坐标作点的三面投影

5. 两点的相对位置与重影点

(1)两点的相对位置关系。

两点的相对位置是指空间两点上、下,左、右,前、后的相对位置关系,如图1-70a)所示。在两个点的三面投影中可以看出它们的相对位置。

两点在空间的相对位置由两点的坐标差来确定。X坐标值确定左、右相对位置关系,X值大者在左边,X 值小者在右边;Y 坐标值确定前、后相对位置关系,Y 值大者在前边,Y 值小者在后边;Z 坐标值确定上、下相对位置关系,Z 值大者在上边,Z 值小者在下边。

如图 1-70b)所示,要判断 A、B 两点的空间位置关系,可以选定其中一点为基准,然后将另一点的坐标与选定点的坐标进行比较。图中 A 点在 B 点的左、上、后方,B 点在 A 点的右、下、前方。

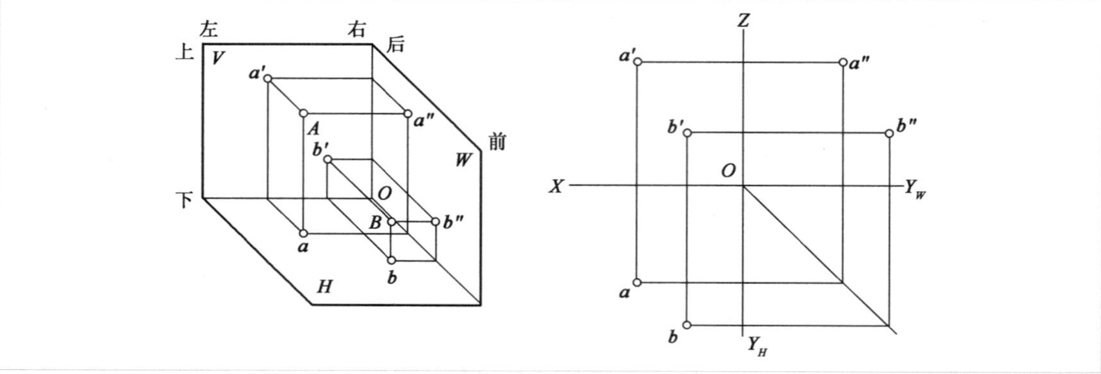

■ 图 1-70　两点的相对位置

(2)重影点。

当空间的两点处在对某个投影面的同一条投射线上时,它们在该投影面上的投影重合为一点,此两点称为对该投影面的一对重影点。如图 1-71 所示,A、B 两点对 H 面的投影重合,故其对 H 面为一对重影点;C、D 两点对 V 面的投影重合,故其对 V 面为一对重影点。

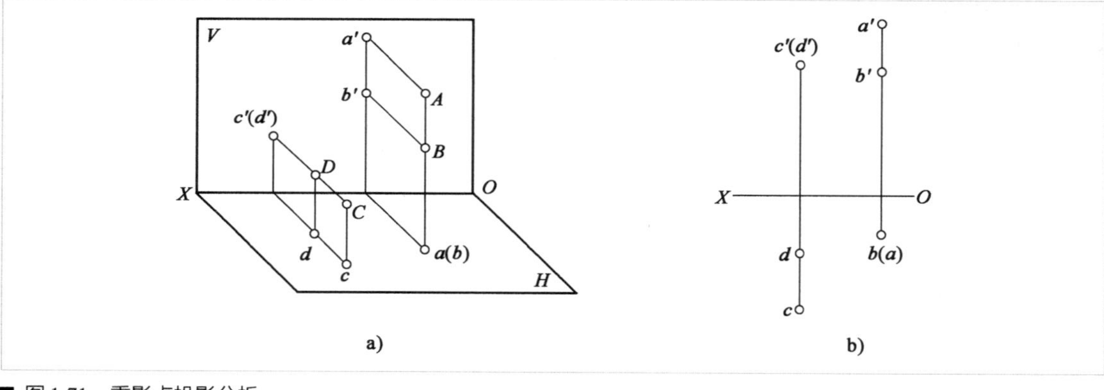

■ 图 1-71　重影点投影分析

重影点必然有两个坐标值是相等的,而另外一个坐标值不同。重影点在投影面上的投影重合后,即产生了可见性的问题。在某投影面上重影的两点中,距离该投影面较远的点为可见点,而距离该投影面较近的点为不可见点;或比较两点数值不同的那一个坐标值的大小,坐标值大者可见,坐标值小者不可见。图 1-71 中,A、B 两点是对 H 面的一对重影点,A 点距离 H 面较远,且 A 点的 z 值大于 B 点的 z 值,所以投影 a 可见,b 不可见。一般把不可见的投影加一括弧,如 b)。C、D 两点对 V 面重影,c'可见,d'不可见,表示为 c' (d')。

6. 特殊位置点的投影

当点位于投影面上、坐标轴上、原点上时的投影情况,如图 1-72 所示。

在投影面上的点，如图1-72a)所示，其投影有一个坐标为零，在投影面上的投影与该点重合，在相邻投影面上的投影分别在相应投影轴上。

在投影轴上的点，如图1-72b)所示，其投影有两个坐标为零，在这条轴上的两个投影面中的投影都与该点重合，在另一投影面上的投影与原点 O 重合。

在原点上的点，如图1-72c)所示，三个坐标值均为零，投影就在原点处。

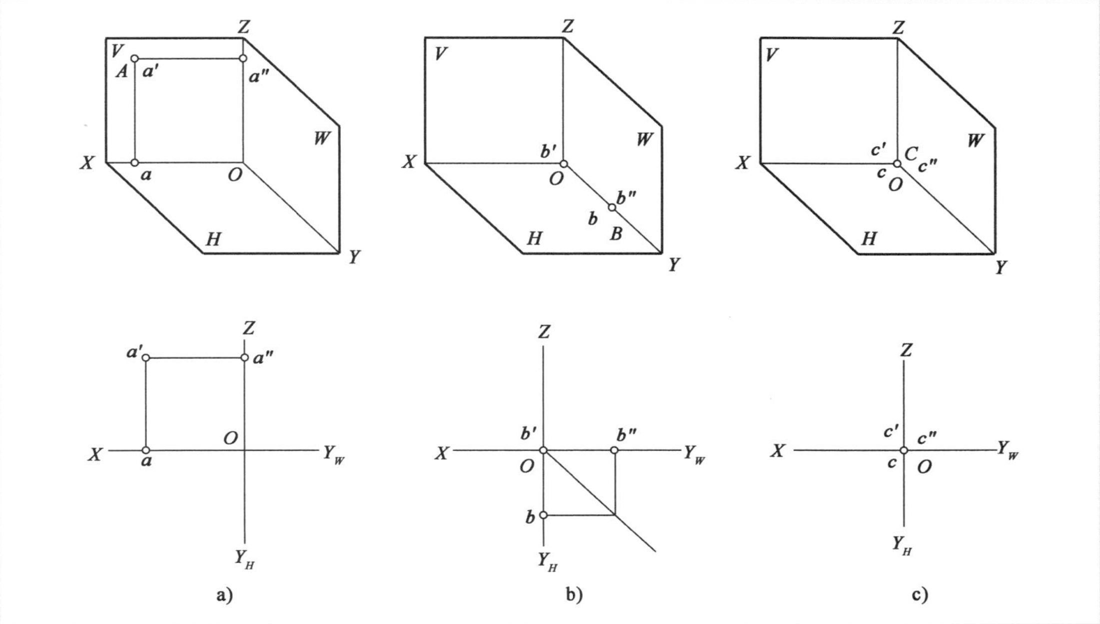

■ 图1-72 特殊位置点的投影

各种位置点的投影特征如下：

(1)点在空间，(x,y,z)三个坐标值都不为零。

(2)点在投影面上，(x,y,z)三个坐标值有一个为零。

(3)点在投影轴上，(x,y,z)三个坐标值有两个为零。

(4)点在原点，(x,y,z)三个坐标值都为零，三个投影都重合于 O 点。

二、直线的投影

直线段是工件相邻平面的交线，它们的投影是零件视图轮廓的重要组成部分。实际上，直线由两点决定，直线的投影由线上两点的投影决定，因此直线的投影问题仍可归结为点的投影问题。

1. 直线的投影通过其两端点的同面投影连接表示

例如，直线 AB 的水平投影为线段 ab，正面投影为 $a'b'$，侧面投影为 $a''b''$。

2. 直线对单个投影面的投影特性

直线对单一投影面有三种相对位置关系，分别为垂直、平行和倾斜。

(1)真实性。

如图1-73a)所示，当直线 AB 与投影面相平行时，直线在投影面上反映为一条与其长度相

等的直线段 ab($ab=AB$),直线的投影的这种性质称为真实性。

(2)积聚性。

如图 1-73b)所示,当直线 AB 与投影面相垂直时,直线上所有的点在投影面上重合为一点,直线的投影的这种性质称为积聚性。

(3)类似性。

如图 1-73c)所示,当直线 AB 与投影面相倾斜,呈一角度 α 时,直线在投影面上反映为一条比原长度缩短的直线段 ab($ab<AB$),直线的投影的这种性质称为类似性。

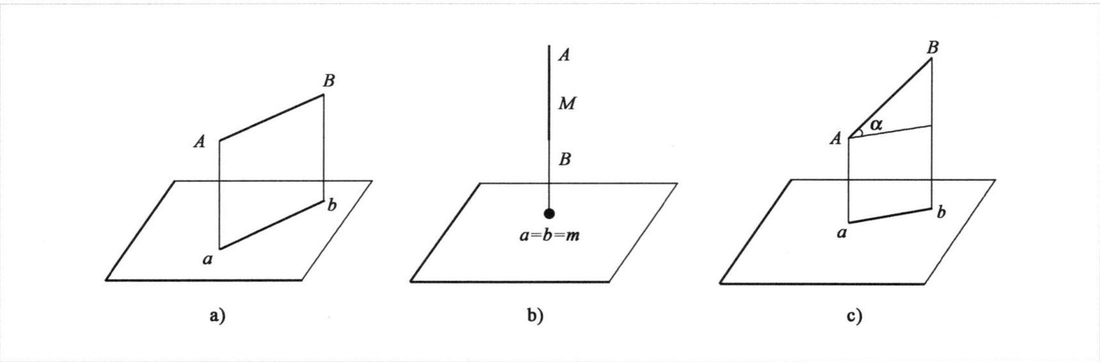

■ 图 1-73 直线在单个投影面中的投影

3. 直线的三面投影

两点确定一条直线,直线的投影也可由直线上的两个端点的同面投影(即同一投影面的投影)确定,如图 1-74 所示,分别作空间直线 AB 的两个端点 A、B 在三个投影面上的投影,将 A、B 两点的同面投影分别相连,则得到直线 AB 在三个投影面内的投影。一般情况下,直线的投影仍为直线。

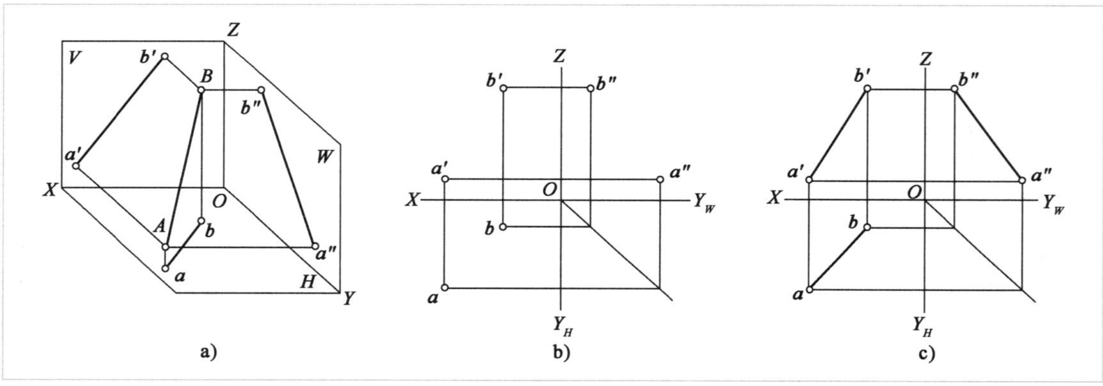

■ 图 1-74 直线的投影

4. 各种位置直线的投影特性

(1)投影面垂直线。

垂直于一个投影面而与另外两个投影面平行的直线称为投影面垂直线。垂直于水平面 H 的直线称为铅垂线;垂直于正平面 V 的直线称为正垂线;垂直于侧平面 W 的直线称为侧垂线。

投影面垂直线的投影特性为在与其垂直的投影面上，投影积聚为一点；在另外两个投影面上的投影反映线段的实长且垂直于某一投影轴，见表 1-6。

投影面垂直线的投影特性　　表 1-6

名称	铅垂线	正垂线	侧垂线
立体图	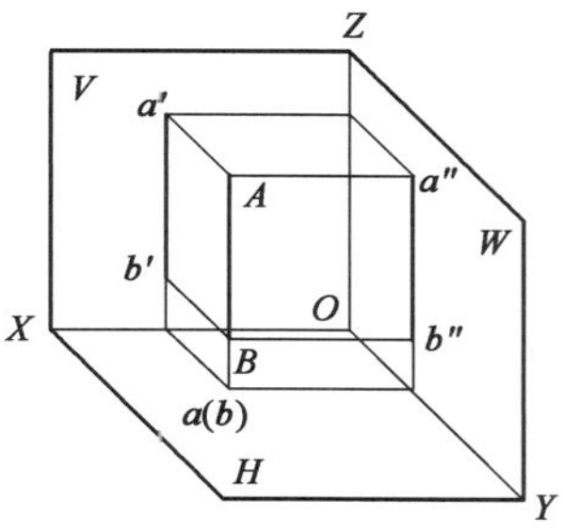	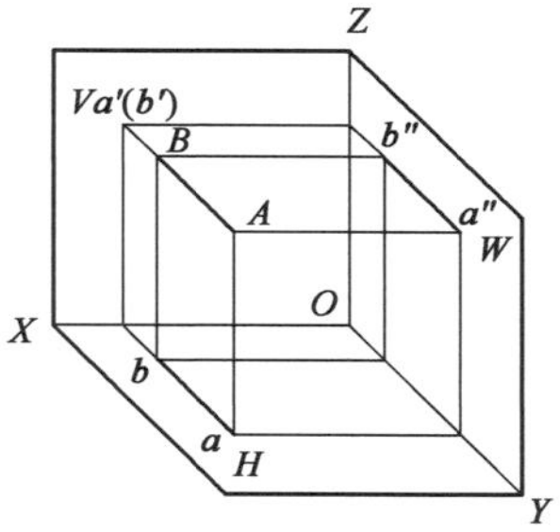	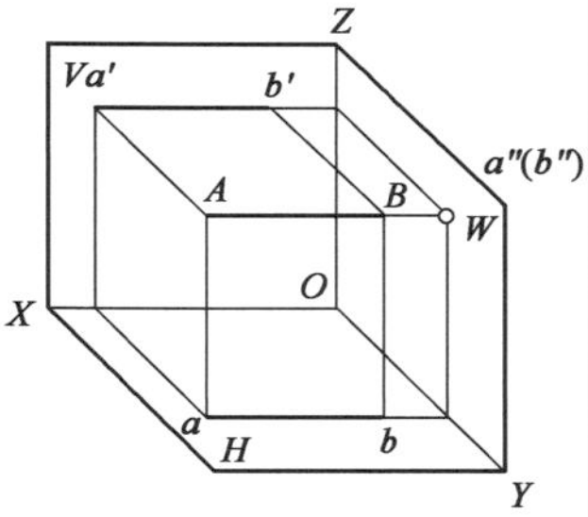
投影图	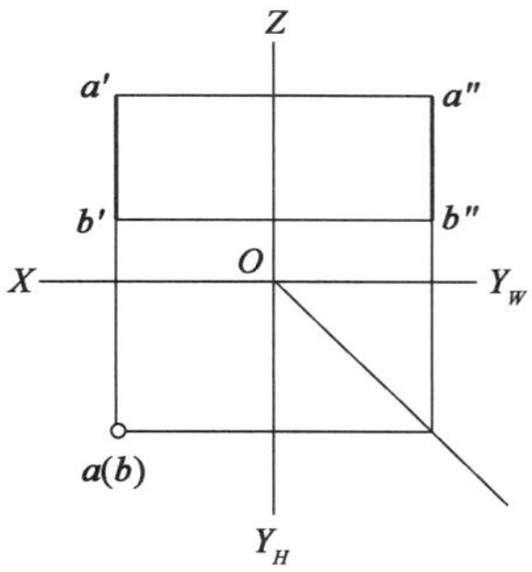	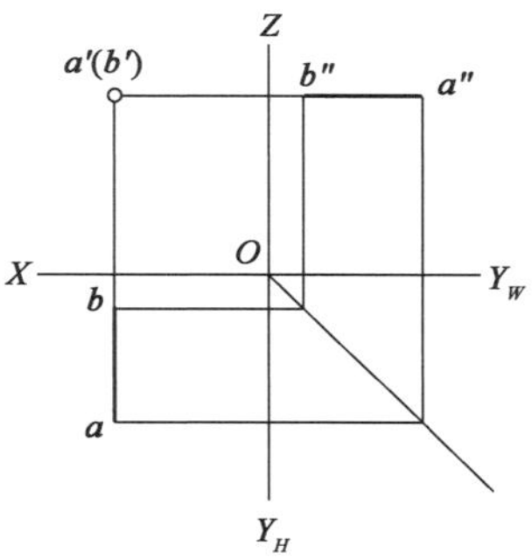	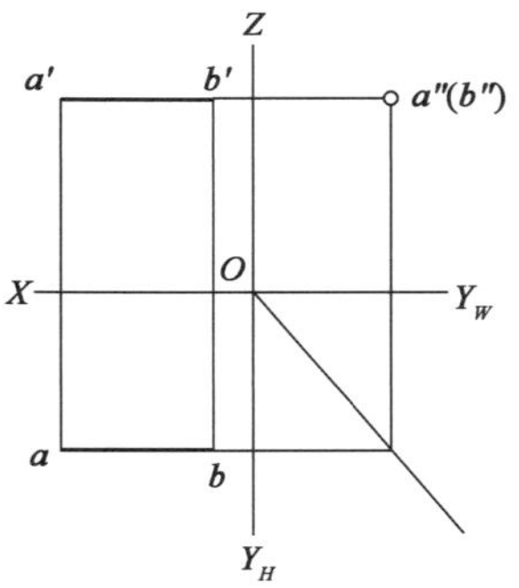
投影特性	①水平投影积聚为一点； ②其他两个投影反映实长，且分别垂直于 OX 轴与 OY_W 轴	①正面投影积聚为一点； ②其他两个投影反映实长，且分别垂直于 OX 轴与 OZ 轴	①侧面投影积聚为一点； ②其他两个投影反映实长，且分别垂直于 OZ 轴与 OY_H 轴

(2) 投影面平行线。

平行于一个投影面且与另外两个投影面相倾斜的直线称为投影面平行线。平行于水平面 H 的直线称为水平线；平行于正平面 V 的直线称为正平线；平行于侧平面 W 的直线称为侧平线。

投影面平行线的投影特性为在与其平行的投影面上反映线段的实长，且反映与另外两个投影面倾角的大小；在另外两个投影面上的投影是较空间直线缩短了的直线段，且平行于投影轴，见表 1-7。

投影面平行线的投影特性 表 1-7

名称	水平线	正平线	侧平线
立体图	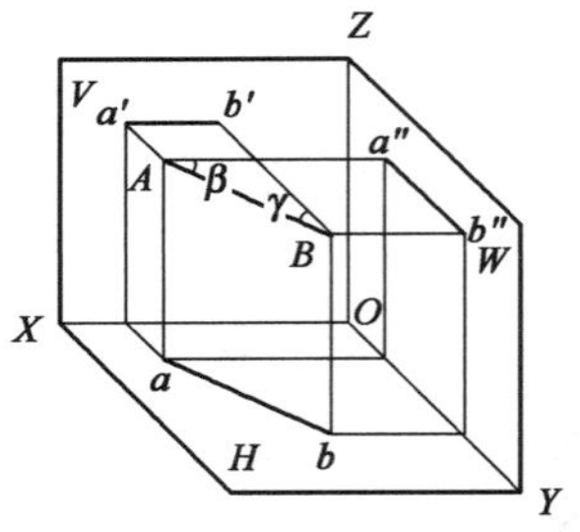	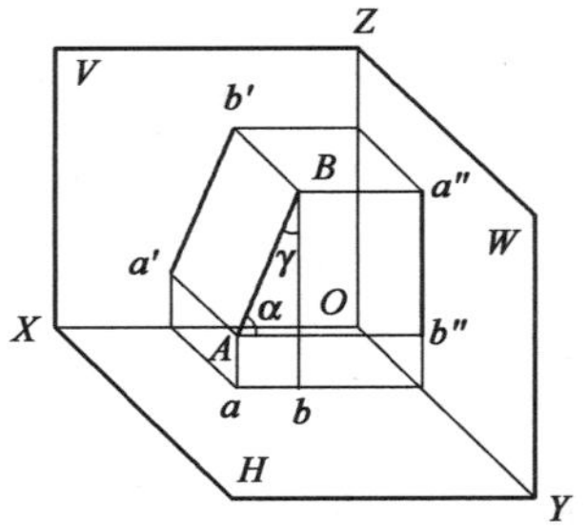	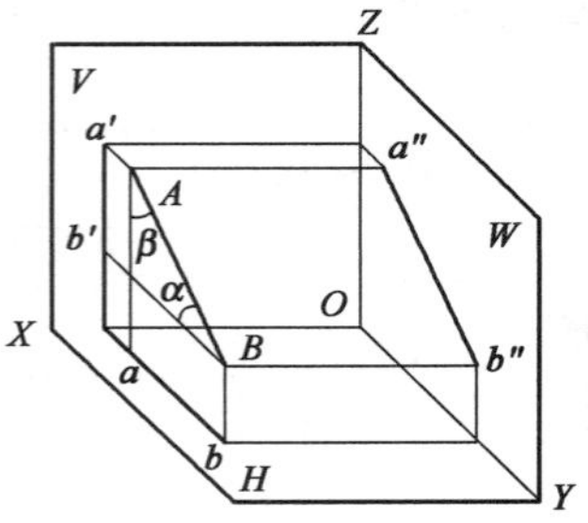
投影图	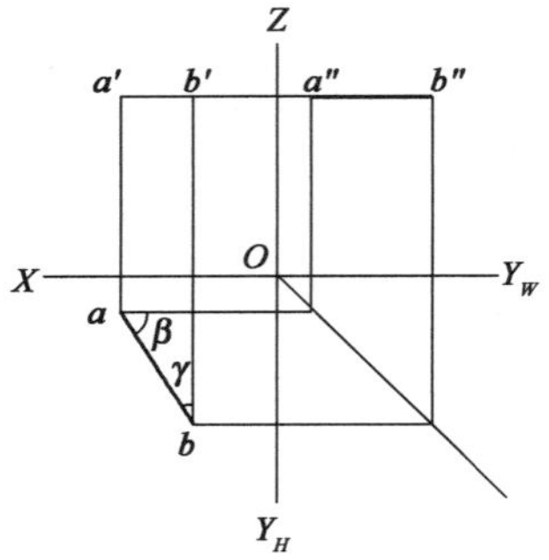	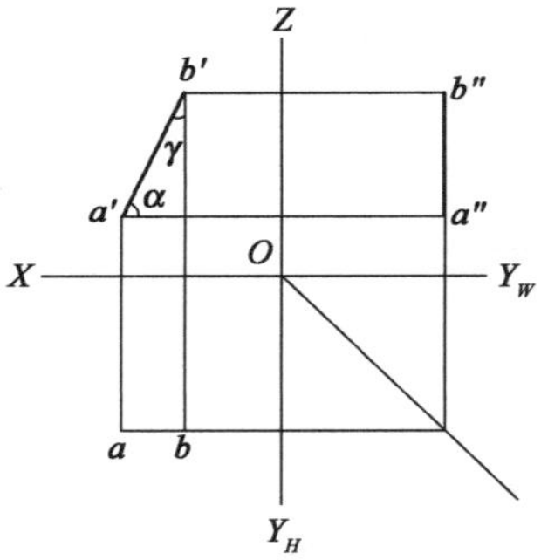	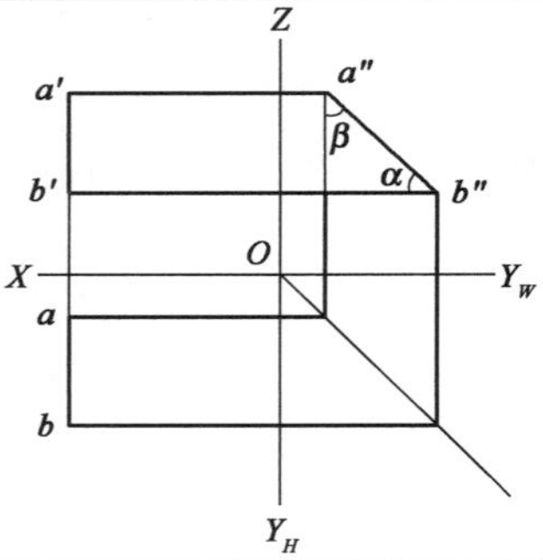
投影特性	①水平投影反映实长，且反映与正投影面的夹角 β，与侧投影面的夹角 γ； ②其他两个投影处于水平位置，分别平行于 OX 轴与 OY_W 轴	①正面投影反映实长，且反映与水平投影面的夹角 α，与侧投影面的夹角 γ； ②水平投影处于水平位置，侧面投影处于竖直位置，分别平行于 OX 轴与 OZ 轴	①侧面投影反映实长，且反映与水平投影面的夹角 α，与正投影面的夹角 β； ②其他两个投影处于竖直位置，分别平行于 OY_H 轴与 OZ 轴

(3)一般位置直线。

与三个投影面都倾斜的直线称为一般位置直线。一般来说，直线与投影面倾斜所夹角度特指两者所夹的锐角。如图 1-75 所示，直线 AB 分别与三个投影面倾斜，并与 H 面的夹角为 α，与 V 面的夹角为 β，与 W 面的夹角为 γ，AB 即为一条一般位置直线。

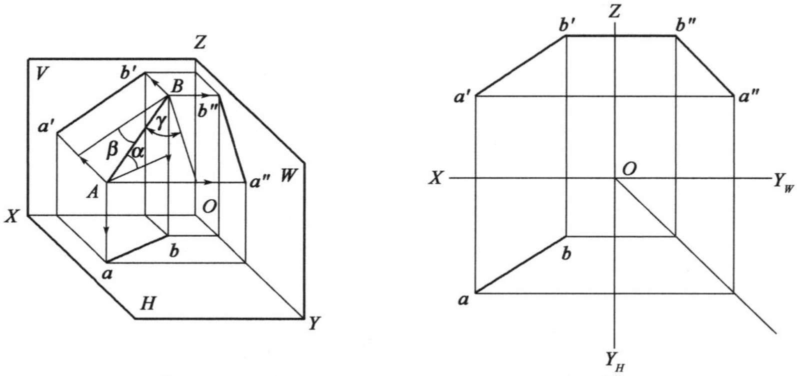

a) b)

■ 图 1-75 一般位置直线

一般位置直线的投影特性为：在三个投影面上的投影皆为较空间直线缩短的直线段，且与投影轴都相互倾斜。需特别强调的是，一般位置直线在三个投影面上的投影皆不能直接反映直线与投影面之间的夹角。

5. 点与直线的相对位置关系

点与直线的相对位置关系有两种：点在直线上和点在直线外。

根据点与直线的三面投影判断点与直线相对位置的方法：若点的投影分别在直线的三面投影上，则可判断点在直线上，如图 1-76a）所示；反之，若点的投影有一个不在直线的同面投影上，则该点必不在此直线上，如图 1-76b）所示。

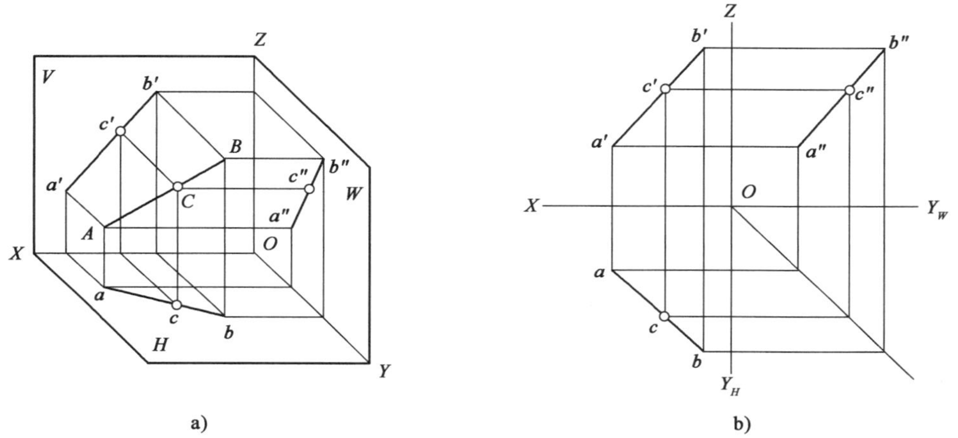

■ 图 1-76　直线上点的投影

例 1-3 判断如图 1-77a）所示点 K 与直线 CD 的相对位置关系。

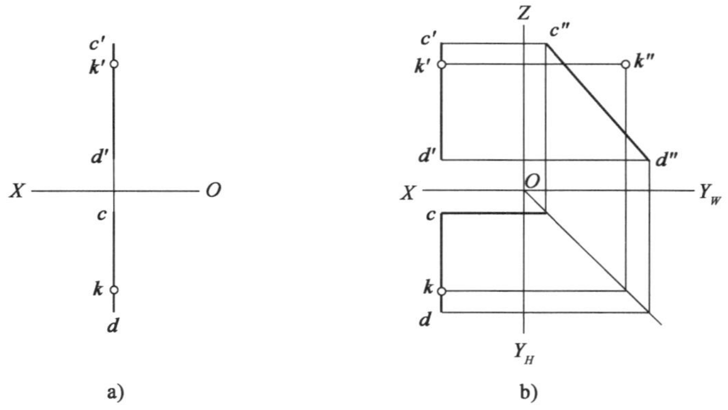

■ 图 1-77　判断点与直线的相对位置关系

解 首先根据点 K 和直线 CD 的两面投影作出第三面投影，如图 1-74b）所示。根据三面投影关系可以看出，点 K 的两面投影都在直线 CD 上，但 W 面投影不在直线 CD 上，故可以判断出点 K 在直线 CD 外。

6. 两直线的相对位置关系

空间两直线的相对位置关系有三种：平行、相交和交叉。

平行与相交的直线在同一平面内，称为共面直线；两交叉直线不在一个平面内，称为异面直线。

(1)两直线平行。

由正投影的投影特点可知，若空间两直线平行，则它们的同面投影必然相互平行。反之，如果两直线的各个同面投影相互平行，则此两直线在空间也一定相互平行，如图1-78所示。

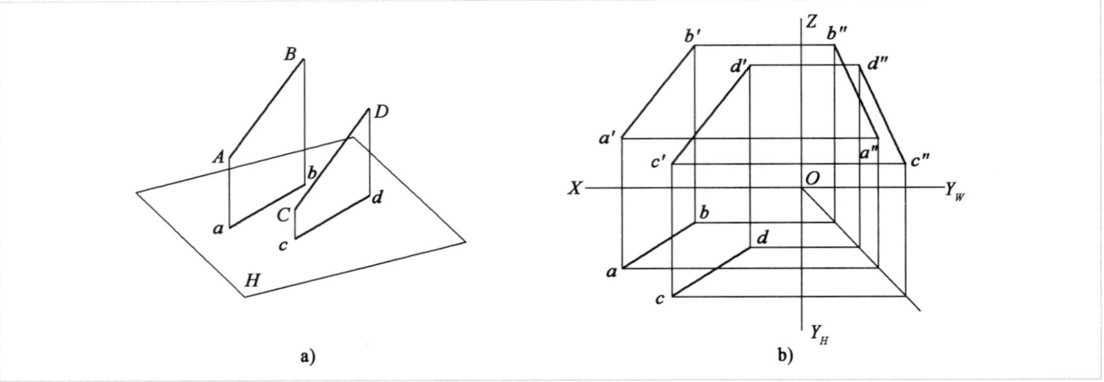

■ 图1-78 平行两直线

若两直线为一般位置直线，在任意两投影面上的同面投影相互平行，就可判断两直线在空间一定相互平行；而对于一些特殊位置直线，须通过三面投影才可判断其是否平行，如图1-79a)所示，根据直线 *AB* 与 *CD* 的水平投影与正面投影可以判断它们都是侧平线，这时还不能判断它们二者是否平行。如图1-79b)所示，分别作直线 *AB* 与 *CD* 的侧面投影，它们并不平行，据此可判断直线 *AB* 与 *CD* 并不平行。

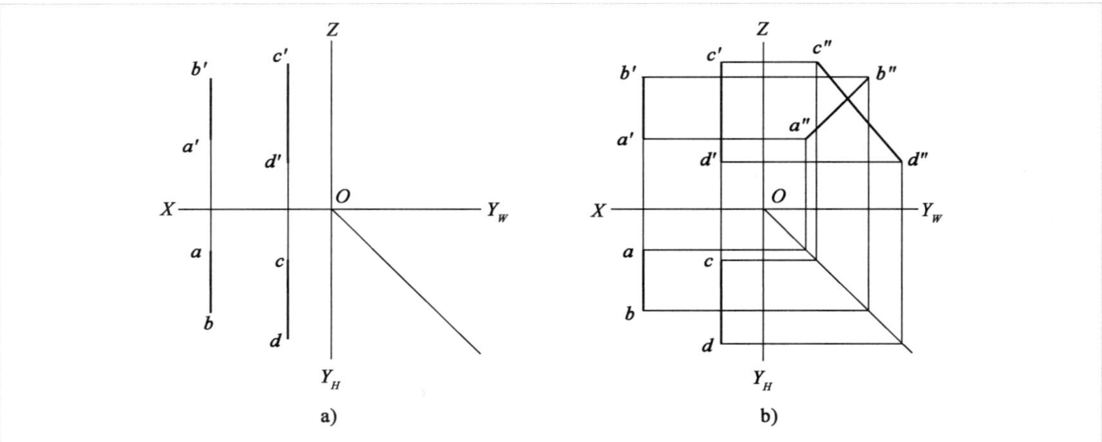

■ 图1-79 特殊位置两直线平行的判断

(2)两直线相交。

如果两直线在空间相交，则其同面投影必有交点，且交点符合点的投影规律。反之，两直线的同面投影有交点,且交点符合点的投影规律,则两直线在空间必相交。若投影的交点不符合点的投影规律,则空间两直线不相交。如图 1-80 所示,空间两直线 *AB* 与 *CD* 相交,其同面投影分别相交,且交点 *K* 符合点的投影规律(连影线垂直于投影轴)。

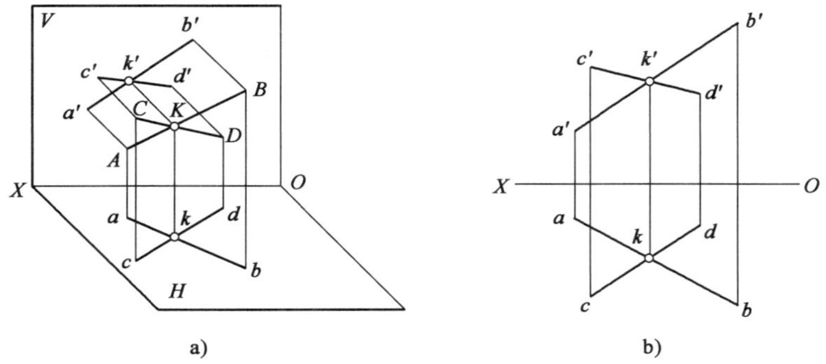

■ 图 1-80　相交两直线

若两直线为一般位置直线,在任意两投影面上的同面投影有交点,且交点符合点的投影规律,就可判断此两直线在空间一定相交;而对于一些处于特殊位置的直线,须通过三面投影来共同判断空间两直线位置。如图 1-81 所示,图中一般位置直线 *AB* 与侧平线 *CD* 的水平投影和正面投影都相交,交点 *F* 符合点的投影规律,但根据第三面投影可知,交点 *F* 并不符合点的三面投影规律,所以空间直线 *AB* 与 *CD* 不相交。

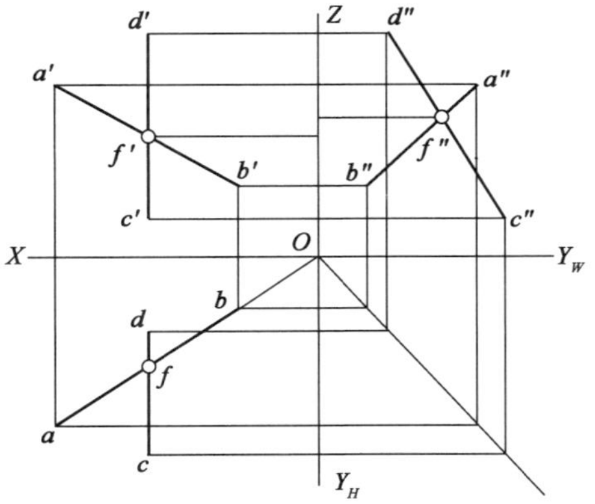

■ 图 1-81　判断两直线在空间是否相交

(3)两直线交叉。

空间两直线既不平行也不相交,称为两直线交叉,又称两直线异面。交叉两直线的各面投影既不符合平行两直线的投影特性,也不符合相交两直线的投影特性。交叉两直线的同面投影可能平行也可能相交,但交点不符合空间点的投影规律,不是两直线共有点的投影。

如图 1-82 所示,直线 *AB* 与 *CD* 是空间两条交叉直线,虽然它们的同面投影是相交的,但同面投影的交点之间并不符合投影规律。其中在水平投影中 1(2)属于一对重影点,结合正面投影可知，1 点属于直线 AB 上的点，2 点属于直线 CD 上的点，因 AB 在上，CD 在下，因此 1 点可见，2 点不可见，用 1(2) 表示；在正面投影中 3′(4′)属于一对重影点，结合水平投影可知，3′点属于 CD 上的点，4′点属于 AB 上的点，因 CD 在前，AB 在后，因此 3′点可见，4′点不可见，用 3′(4′)表示。

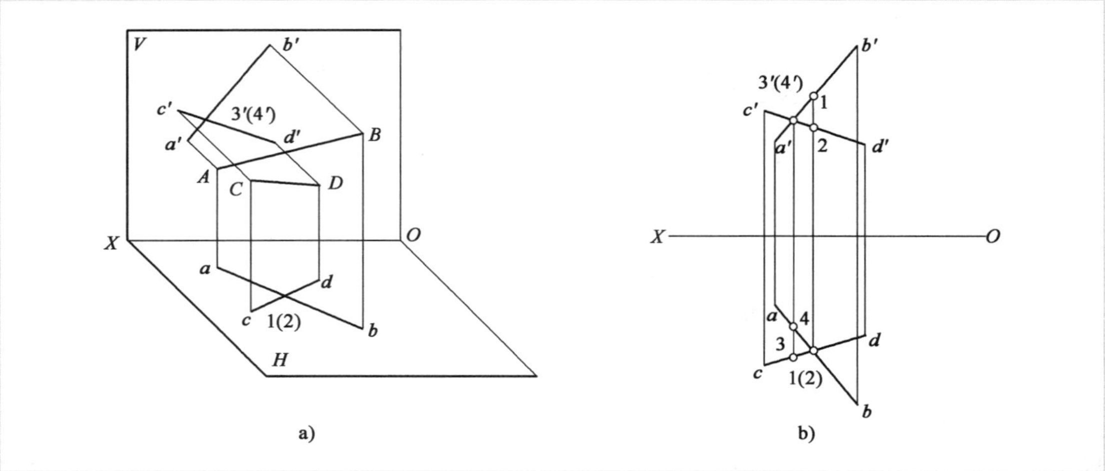

■ 图 1-82 交叉两直线

例 1-4 如图 1-83 所示，根据已知投影判断图中两直线的相对位置关系。

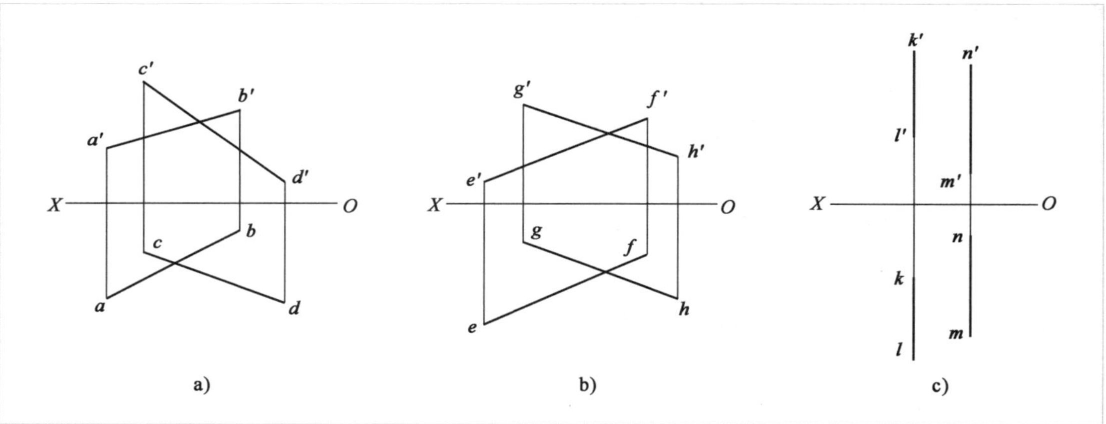

■ 图 1-83 判断两直线的相对位置关系

解 作图，具体如下。

①如图 1-84a)、b)所示，分别从同名投影的交点向 OX 轴作垂线。

图 1-84a)中，两垂线不重合，说明直线 AB 与 CD 交叉。

图 1-84b)中，两垂线重合(符合点的投影规律)，说明直线 EF 与 GH 相交。

②根据图 1-84c)中两直线的两面投影可以得出直线 KL、MN 为两条侧平线，有平行或交叉两种可能性，须作出第三面投影才能作出判断，如图 1-84c)所示。

由于直线 KL 与 MN 的三面投影都互相平行，所以空间直线 KL 与 MN 平行。

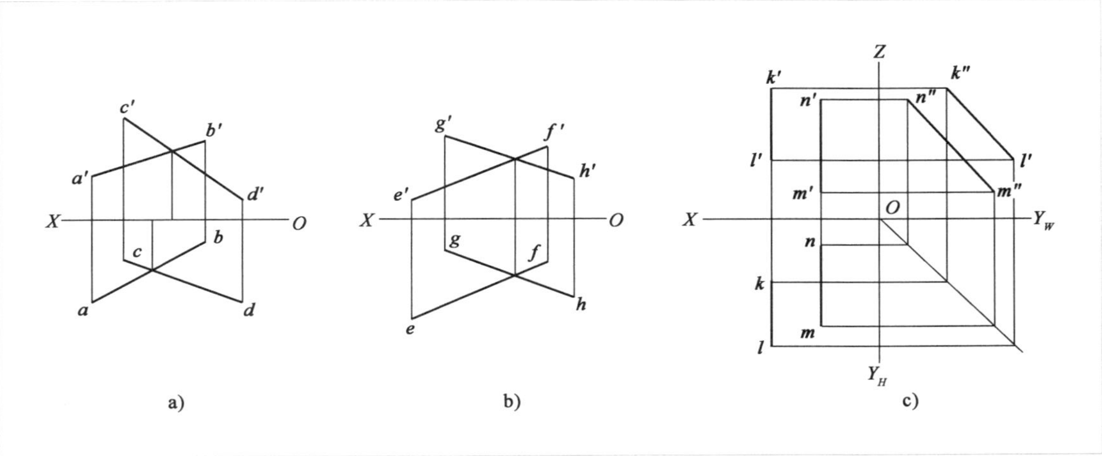

■ 图 1-84 判断两直线相对位置关系求作过程

三、平面的投影

1. 平面的表示方法

由平面几何可知,不在同一直线上的三个点可以确定一个平面。在制图中,表示平面的方法可归结为五类,如图 1-85 所示。

(1)不在同一直线上的三点,如图 1-85a)所示。

(2)一直线和直线外一点,如图 1-85b)所示。

(3)相交两直线,如图 1-85c)所示。

(4)平行两直线,如图 1-85d)所示。

(5)任意平面图形(如三角形、四边形、圆等封闭图形),如图 1-85e)所示。

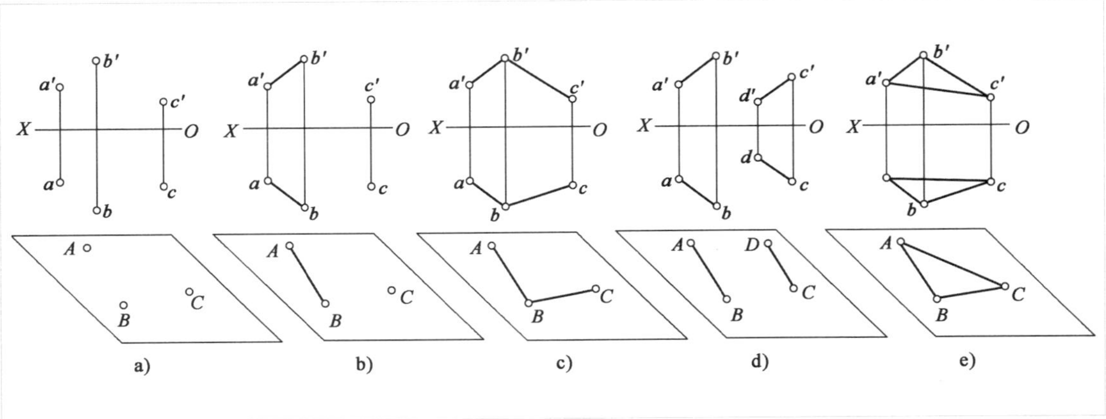

■ 图 1-85 平面的表示方法

2. 平面对单个投影面的投影特性

(1)平面平行于投影面。

图 1-86a）中，当平面平行于投影面时，平面 *ABC* 在投影面上投影为反映其真实形状、大小的图形，这反映了正投影的真实性。

（2）平面垂直于投影面。

图 1-86b）中，当平面垂直于投影面时，平面 *ABC* 在投影面上投影为一条直线段，这反映了正投影的积聚性。

（3）平面倾斜于投影面。

图 1-86c）中，当平面与投影面倾斜时，平面△*ABC* 在投影面上投影为一个较原图形缩小的三角形，这一投影既不反映原三角形的真实形状、大小，与原图形也没有相似性，这反映了正投影的类似性。

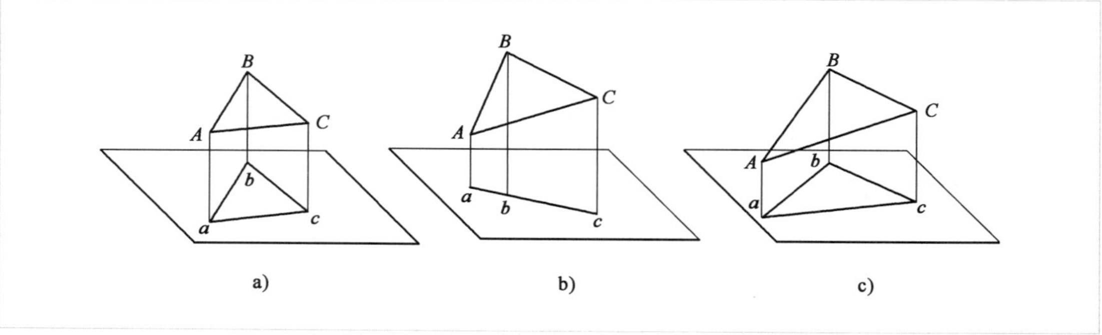

■ 图 1-86　平面对单个投影面的投影特性

3. 平面的三面投影

平面图形的边和顶点是由一些线段及其交点组成的，因此，这些线段投影的集合就表示了该平面图形的投影。所以画平面图形的三面投影图时，应先画出平面图形各顶点的投影，然后将各顶点同面投影依次连接，即为平面图形的三面投影，如图 1-87 所示。

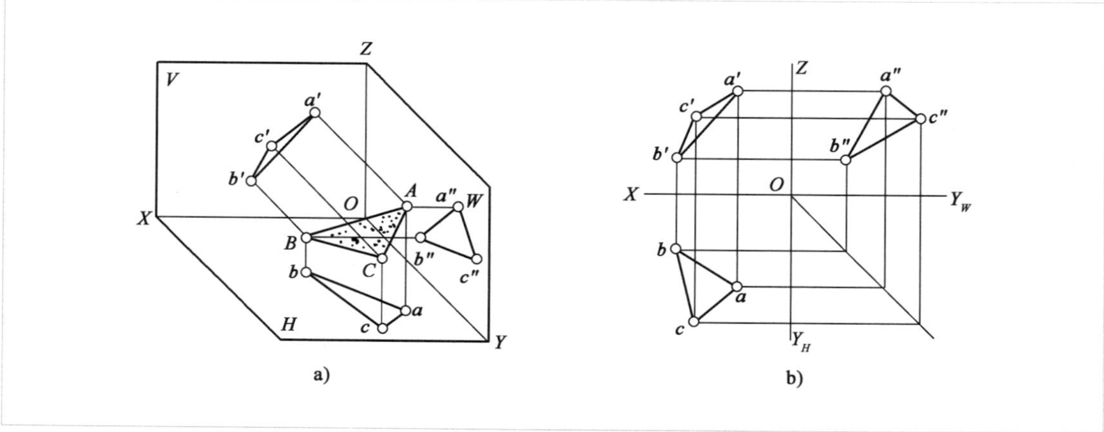

■ 图 1-87　平面的三面投影

4. 各种位置平面的投影特性

（1）投影面垂直面。

垂直于一个投影面而与另外两个投影面倾斜的平面称为投影面垂直面。垂直于 *H* 面的平面称为铅垂面；垂直于 V 面的平面称为正垂面；垂直于 W 面的平面称为侧垂面。

投影面垂直面的投影特性为在与其垂直的投影面上具有积聚性，积聚成一条直线，直线与两投影轴的夹角反映空间平面与另两投影面的夹角；在与平面倾斜的两面投影具有类似性，见表 1-8。

投影面垂直面的投影

投影面垂直面的投影特性　　表 1-8

名称	铅垂面	正垂面	侧垂面
立体图	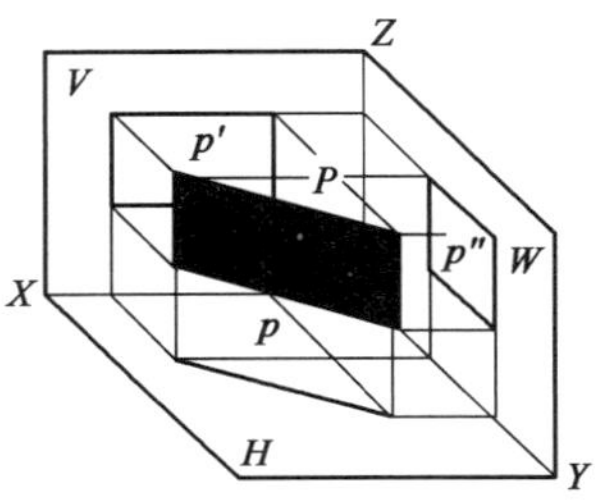	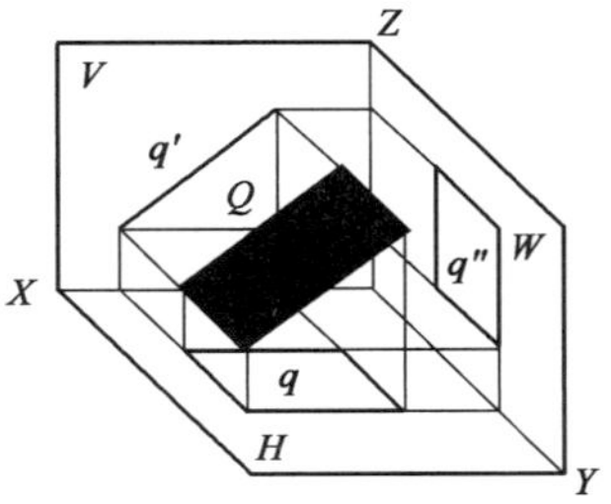	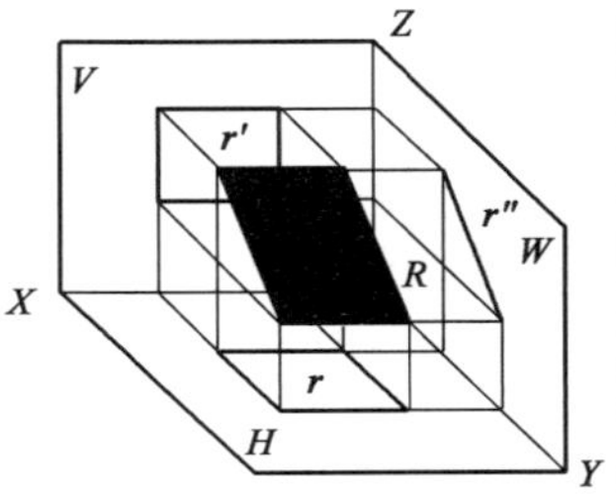
投影图	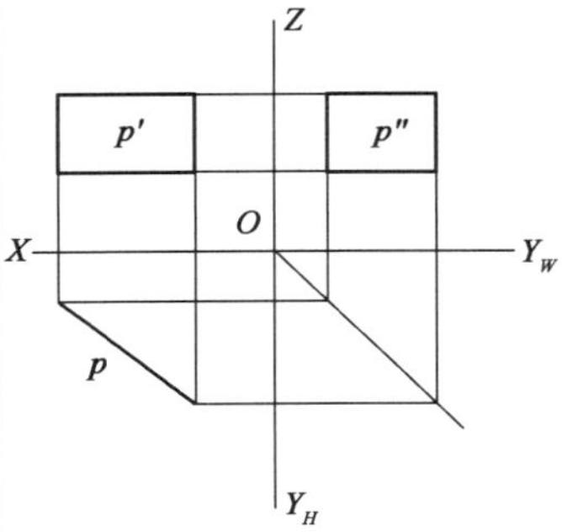	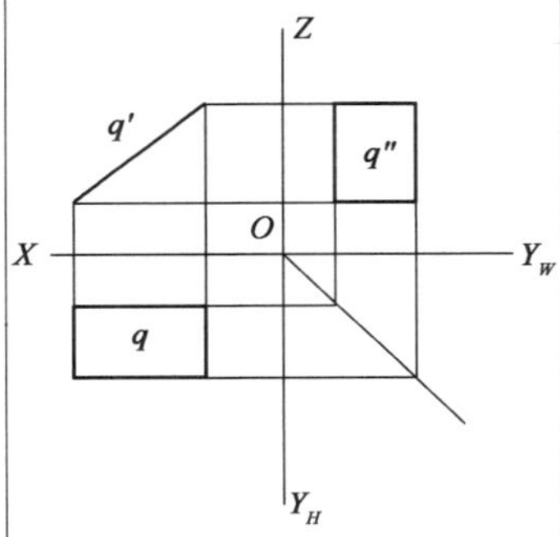	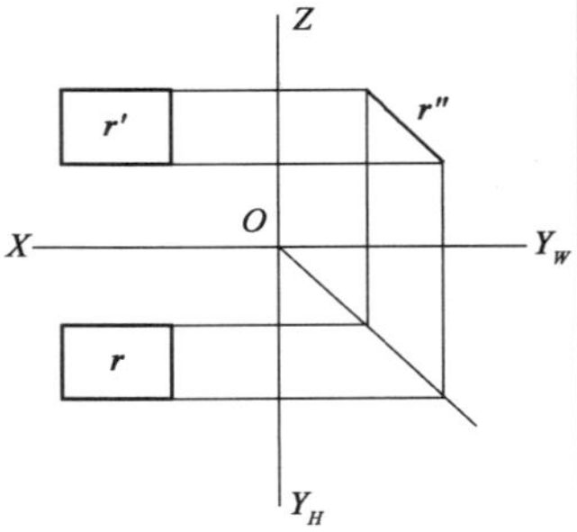
投影特性	①水平投影积聚为一直线段，与 OX 与 OY_H 轴的夹角分别反映与正投影面的夹角 β 和与侧投影面的夹角 γ；②正面投影与侧面投影反映原形的类似性	①正面投影积聚为一直线段，与 OX 与 OZ 轴的夹角分别反映与水平投影面的夹角 α 和与侧投影面的夹角 γ；②水平投影与侧面投影反映原形的类似性	①侧面投影积聚为一直线段，与 OY_W 与 OZ 轴的夹角分别反映与水平投影面的夹角 α 和与正投影面的夹角 β；②水平投影与正面投影反映原形的类似性

(2)投影面平行面。

平行于一个投影面的平面称为投影面平行面。一平面平行于一个投影面，必定与另外两个投影面垂直。平行于 H 面的平面称为水平面；平行于 V 面的平面称为正平面；平行于 W 面的平面称为侧平面。

投影面平行面的投影特性：在与其平行的投影面上具有真实性，反映原图的实形；在另外两个投影面上的投影具有积聚性，分别积聚成与两投影轴平行的直线，见表 1-9。

投影面平行面的投影特性　　表 1-9

名称	水平面	正平面	侧平面
立体图	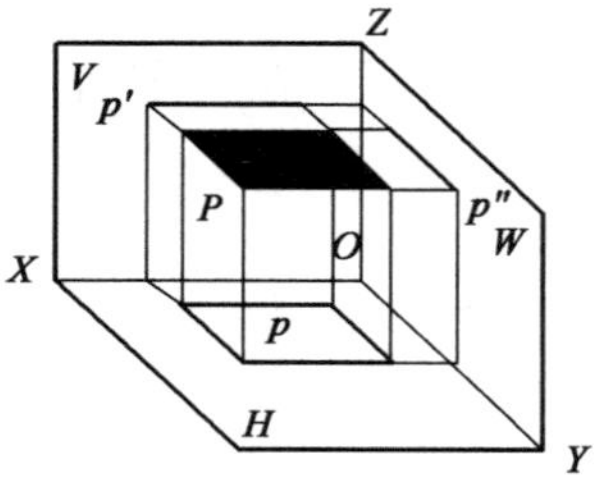	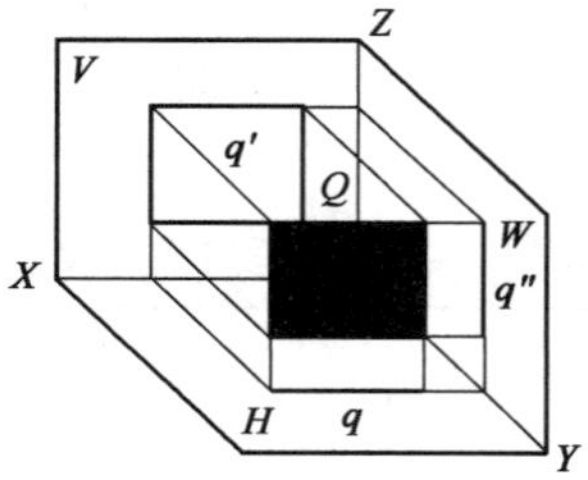	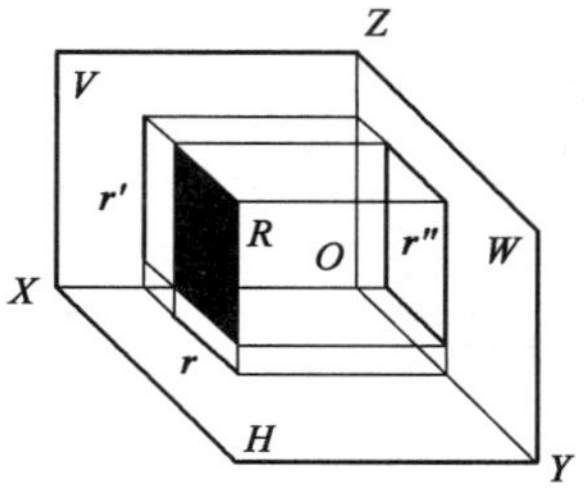
投影图	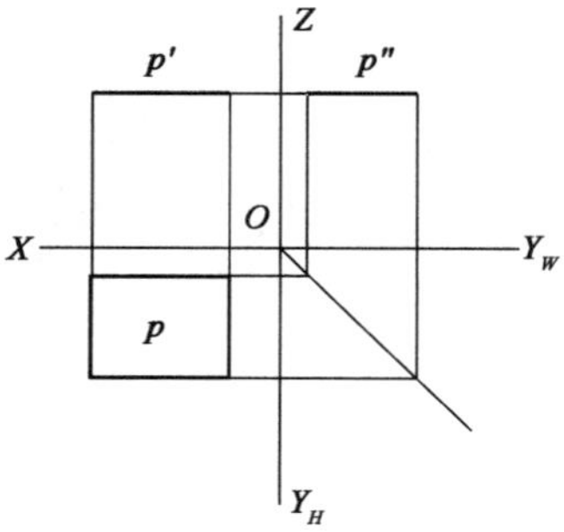	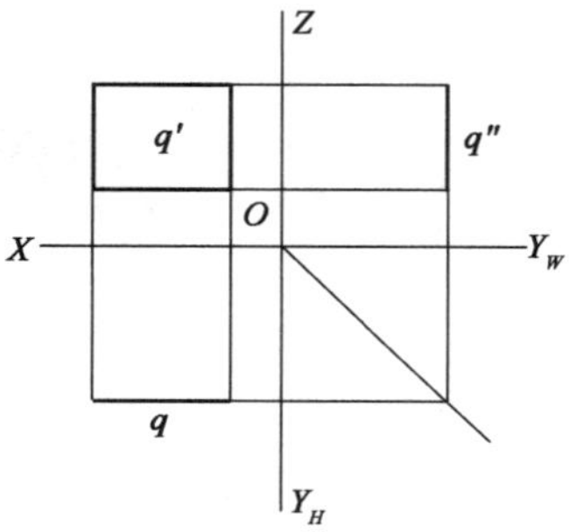	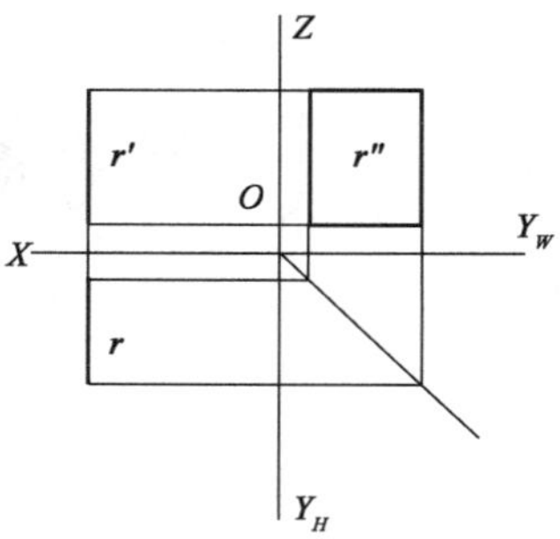
投影特性	①水平投影反映实形； ②正面投影积聚成一直线段，与 *OX* 轴平行； ③侧面投影积聚成一直线段，与 OY_W 轴平行	①正面投影反映实形； ②水平投影积聚成一直线段，与 *OX* 轴平行； ③侧面投影积聚成一直线段，与 *OZ* 轴平行	①侧面投影反映实形； ②水平投影积聚成一直线段，与 OY_H 轴平行； ③正面投影积聚成一直线段，与 *OZ* 轴平行

(3)一般位置平面。

与三个投影面都倾斜的平面称为一般位置平面。

一般位置平面的投影特性是它在三个投影面上都反映了正投影的类似性。如果用△*ABC* 表示平面，那么它在三个投影面上的投影都是比原形小的三角形，三个投影都不反映实形，与原形也不具有相似性，如图 1-84 所示。

5. 平面上的直线和点

(1)平面上的直线。

直线在平面上的几何条件如下。

①若一直线经过平面内的两点，则此直线必在该平面内。如图 1-88a)所示，两相交直线 *AB* 和 *BC* 确定平面 *P*，*M* 点和 *N* 点分别位于直线 *AB* 和 *BC* 上，则直线 *MN* 在平面 *P* 内。

②若一直线经过平面内的一个点，并且平行于平面上的另一条直线，则此直线必在该平面内。如图 1-88b)所示，直线 *AB* 和 *BC* 确定平面 *P*，过 *C* 点作直线 *EF*，则直线 *EF* 在平面 *P* 内。

例 1-5 如图 1-89a)所示，平面由△*ABC* 决定，已知△*ABC* 的两面投影及平面内一直线 *MN* 的正面投影 *m′n′*，求作 *MN* 的水平投影。

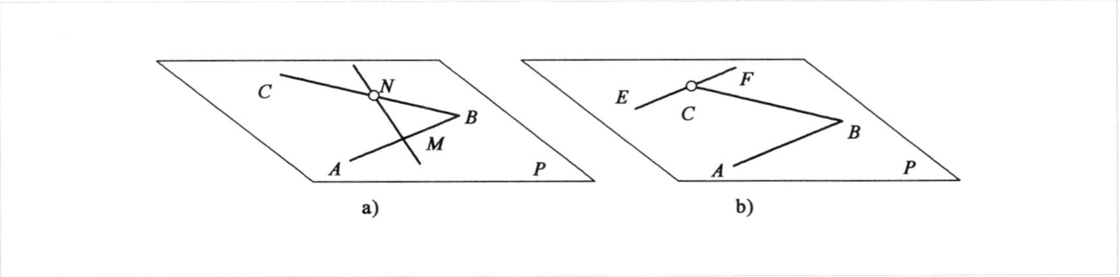

■ 图 1-88 平面内的直线

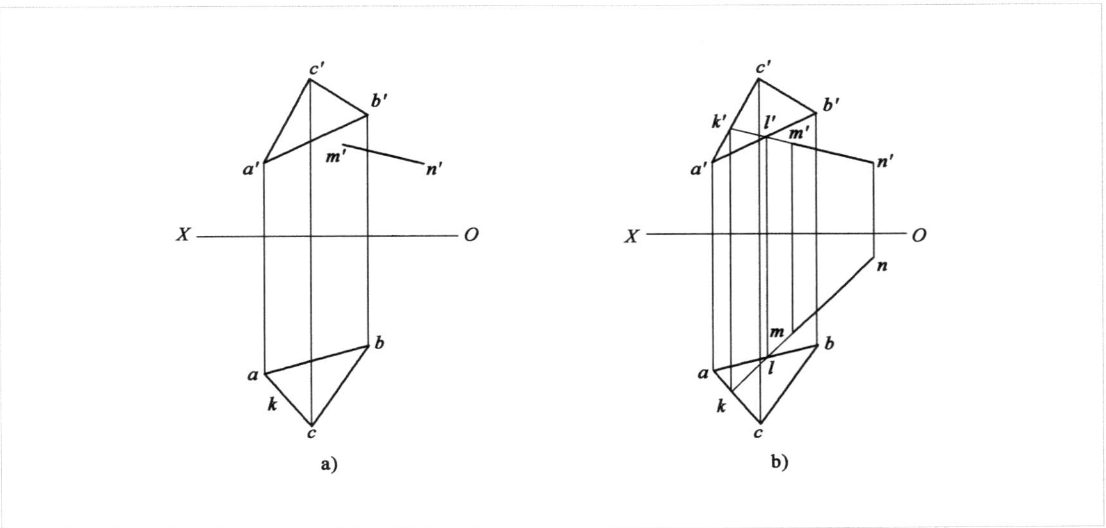

■ 图 1-89 求面上任意直线

解 作图

如图 1-89b) 所示。

①延长 $n'm'$，分别与 $a'b'$、$a'c'$ 交于 l'、k'，则点 K、L 分别属于直线 AB 与直线 AC 上。

②根据正投影的从属性，求作点 K、L 的水平投影 k、l，连接 k、l 并延长。

③分别过 m'、n' 作 OX 轴的垂线(连影线)并延长，与 kl 的延长线交于 m、n 两点，连接 m、n，即得 MN 的水平投影。

(2) 平面上的点。

点在平面上的几何条件：若点在平面内的一直线上，则该点必在平面上。因此在平面上取点，必须先在平面上作一条辅助线，然后再在该直线上取点，这是在平面的投影图上确定点所在位置的依据。

例 1-6 如图 1-90a) 所示，平面由 $\triangle ABC$ 决定，K 为平面上一点，已知 $\triangle ABC$ 的两面投影及点 K 的正面投影，求作其水平投影。

解 作图，如图 1-90b) 所示。

①连接 c'、k'，与 $a'b'$ 交于 m'，因 C、M 都是属于平面内的点，因此直线 CK 是属于平面内的直线。

②M 是属于直线 AB 上的点，作出 M 的水平投影 m。

③连接 c、m，过 k' 作 OX 的垂线(连影线)并延长，交于 k，即得点 K 的水平投影。

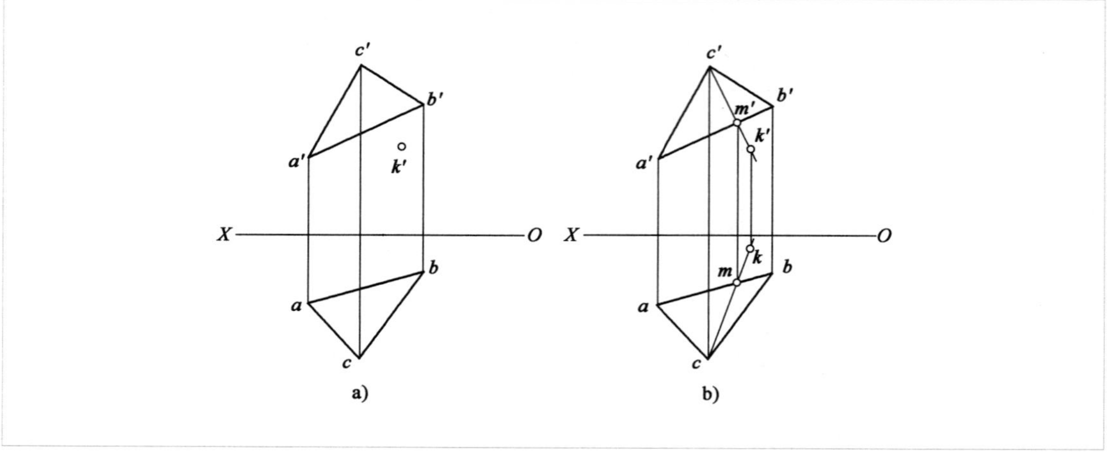

■ 图 1-90 求面上任意点

绘制基本几何元素的投影任务工单

学生信息

班级：

姓名：

学号：

任务目标

1. 理解点、线、面三面投影的形成。
2. 掌握点的投影规律并能够根据点的坐标判断点的位置。
3. 掌握各种位置直线的特点及投影特性。
4. 掌握各种位置平面的特点及投影特性。

理论知识学习

1. 点的投影。
(1)点投影标记。
(2)点的三面投影。
(3)点的投影规律。
(4)点的三面投影与坐标关系。
(5)两点的相对位置与重影点。
(6)特殊位置点的投影。
2. 直线的投影。
(1)直线对单个投影面的投影特性。
(2)直线的三面投影。
(3)各种位置直线的投影特性。
(4)直线与点的相对位置关系。
(5)两直线的相对位置关系。
3. 平面的投影。
(1)平面的表示方法。
(2)平面对单个投影面的投影特性。
(3)各种位置平面的投影特性。

实践操作

1. 请在图 1-91 上补全 a 点投影。

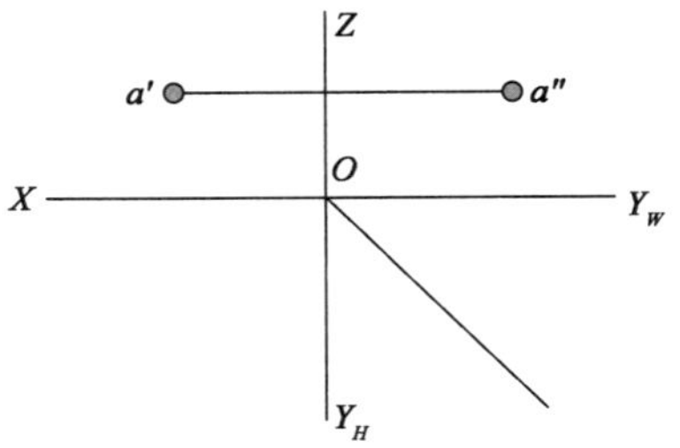

■ 图 1-91 实操练习图 1

续上表

2. 请依据图 1-92 完成平面投影练习。

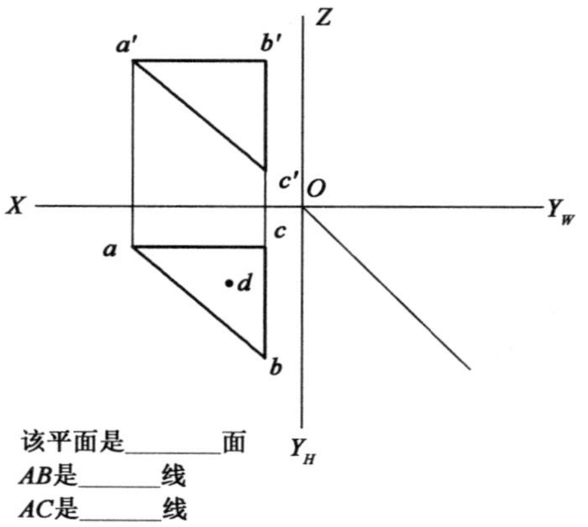

■ 图 1-92 实操练习图 2

3. 补全图 1-93 所示图形的投影。

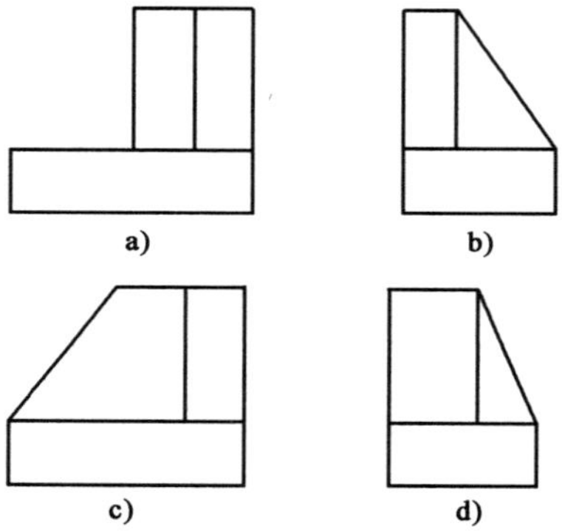

■ 图 1-93 实操练习图 3

总结与反思

1. 本次任务的主要收获是什么？

2. 在学习过程中遇到了哪些困难？如何解决的？

3. 对未来学习的建议与期望。

练 习 题

一、填空题

1. 国家标准中规定常用的图纸幅面有________、________、________、________和________五种。

2. 标题栏一般绘制在图纸的________，标题栏中的文字方向即________方向。

3. 绘制图样时一般优先选用________比例，1∶5为________比例，4∶1为________比例。

4. 图样中的汉字应书写成________体。

5. 图样中表示形体的可见轮廓用________绘制，不可见轮廓用________绘制，基准线用________绘制。

6. 尺寸标注的四要素为________、________、________和________。

7. 投影法分为________和________。

8. 三视图的三等规律为________、________和________。

二、选择题

1. 标注尺寸时，尺寸线通常用(　　)线型表示。

A. 粗实线　　B. 细实线　　C. 虚线　　D. 点画线

2. 图样上的尺寸单位通常是(　　)。

A. 厘米　　B. 毫米

C. 米　　D. 英寸

3. 标题栏一般位于图纸的(　　)。

A. 左下角　　B. 左上角

C. 右下角　　D. 右上角

4. 图样中，机件的不可见轮廓线通常用(　　)线型表示。

A. 粗实线　　B. 细实线

C. 虚线　　D. 点画线

5. 标注水平尺寸时，尺寸数字的字头方向应朝(　　)。

A. 上　　B. 下

C. 左　　D. 右

6. 图样中，对称中心线和轴线通常用(　　)线型表示。

A. 粗实线　　B. 细实线　　C. 虚线　　D. 点画线

三、判断题

1. 绘图时,比例“1:1”表示图样与实物等大。 ( )

2. 标题栏中的文字方向应与图纸的长边方向一致。 ( )

3. 在机械制图中,尺寸线和尺寸界线都应使用细实线绘制。 ( )

4. 标题栏应位于图纸的左下角,一般包含以下四个区:更改区、签字区、名称及代号区、其他区,标题栏中的文字方向为水平。 ( )

5. 比例是指图中图形与其实物相应要素的线性尺寸之比。 ( )

四、作图题

1. 找出图 1-94a)中尺寸标注的错误,并在图 1-94b)中进行正确的标注。

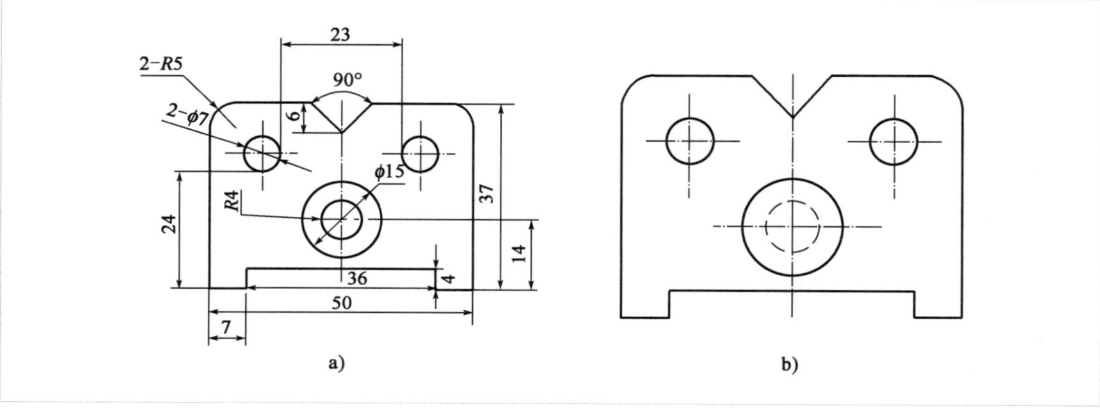

■ 图 1-94 练习题图 1

2. 完成以下点、线、面投影的练习。

(1)如图 1-95 所示,已知点的两面投影,求作第三面投影。

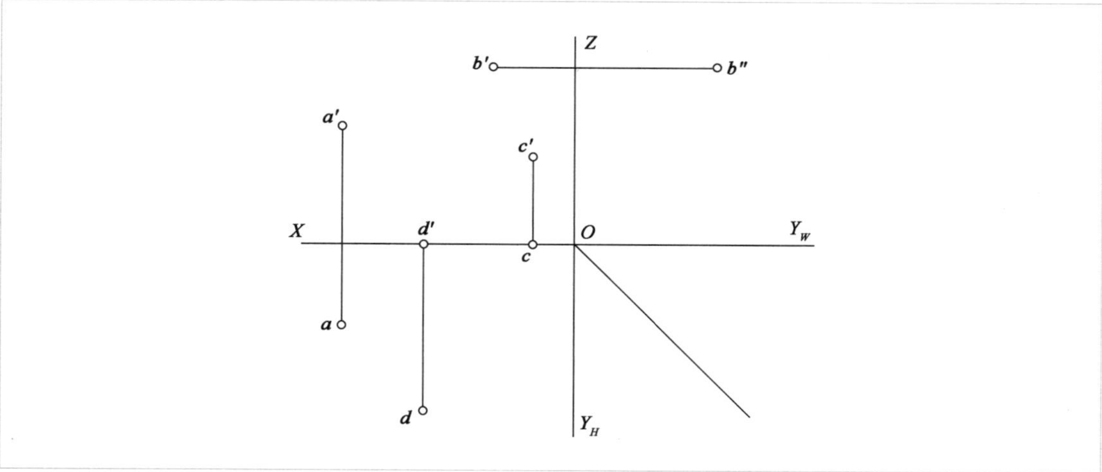

■ 图 1-95 练习题图 2

（2）如图 1-96 所示，比较 A 与 B、C 与 D、E 与 F 点的相对位置，并在投影图上对不可见的点按规定用括号将字母括起来。

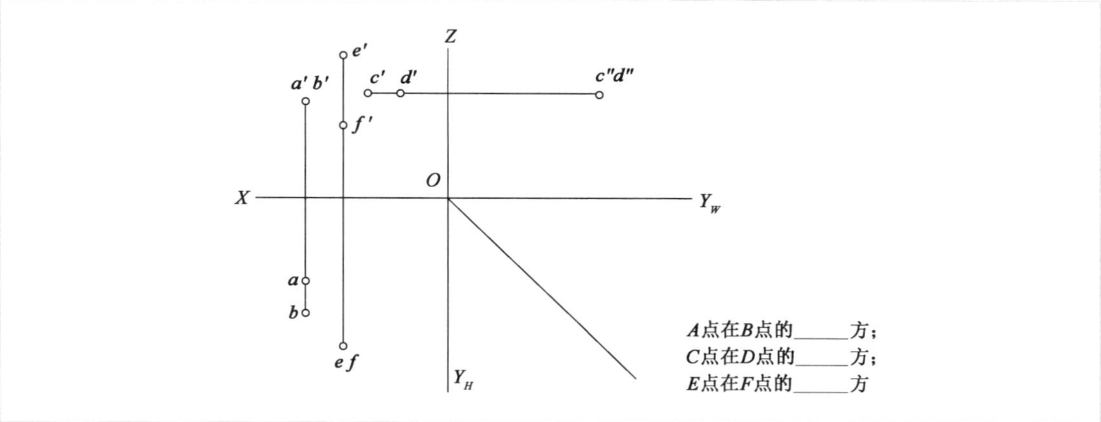

■ 图 1-96　练习题图 3

工匠精神

工匠精神是一种专注精神,它是一种对技艺深度聚焦与沉浸的态度。工匠们心无旁骛地钻研自身业务,将全部精力倾注于工作的每一处细节,对专业有着深沉的热爱与坚守。注重品质,沉稳踏实,一以贯之,并且有恒心,沉浸于自己的技艺天地,默默耕耘。

80后数控图纸"解构师"——陈闰祥

作为一名80后劳模,"国防匠人"陈闰祥有着一种追求卓越的工作态度。自2006年参加工作以来,他在我国多项国防重点装备中负责高速铣加工、数控编程、质量改进等工作,秉承"质量在我心中,质量在我手中"的人生格言,精益求精。

2006年,大专毕业的陈闰祥进入中国电子科技集团第三十八研究所工作,成为一名普通的开机床工人。平凡岗位上的陈闰祥,一直不断学习,从数控加工工艺到数控机床维护,从基础的MasterCAM软件到Creo、VERICUT等。在不出错的基础上,陈闰祥总是想着与时间赛跑。因为所有产品都会经过投标,如果反应不够快,质量不够好,就不容易满足市场需求。

随着产品精度要求越来越高,相应的加工难度也越来越大。陈闰祥所在的研究所在产品集成化方面对制作加工轻薄化的要求越来越高,但薄板类零件铣削加工效率低是一个普遍的问题,传统真空吸附装夹的方法容易出现切削液渗漏或夹紧力不够等问题。针对这个问题,陈闰祥通过反复实验,创造性地在胶带不同位置增加通气孔和利用胶带的柔性,实现了薄板零件的装夹稳定可靠,大幅提升了薄板类零件铣削加工效率。可能很多人想不到,陈闰祥也曾在职业规划上遇到"瓶颈"。那段时间,他不断地问自己能干什么,想干什么。

2014年夏天,巴基斯坦外宾来到陈闰祥的车间参观,陈闰祥用英文向他们介绍设备相关情况。经过他的讲解,外国友人由衷地竖起了大拇指。"帮助他们解决一些在异国他乡遇到的问题,很有成就感"。陈闰祥深深感受到了自己不断学习所带来的变化。2016年,陈闰祥带领"精益求精"QC小组远赴泰国,参加被誉为"质量奥林匹克"的第41届国际质量管理会议(ICQCC)。凭借15分钟全程英文演讲以及锐意创新的勇气,陈闰祥和搭档获得国际评委的一致认可,并从众多选手中脱颖而出,一举斩获最高奖项——金奖。

提起劳动成果,陈闰祥是满满的自豪。"9·3阅兵中首次公开的空警—500新型预警机上,就有我们参与制造的雷达。我们有为国防贡献自己力量的意愿,希望通过我们的努力让结果更好,所以我不断思考,因为一直在想,所以就很容易有收获。"

02
项目二

基本立体视图

在新能源汽车的设计与制造领域,精准把握物体的三维形态是创新研发的关键一环。随着科技的不断进步,新能源汽车以其独特的魅力,引领着未来出行的方向。而在这个充满挑战与机遇的领域里,视图知识中的基本立体视图知识显得尤为重要。本项目就来学习基本立体视图的内容。

知识目标

(1)掌握基本立体的特点,进行视图分析。
(2)掌握各种简化画法和规定画法的图示方法。
(3)掌握平面与平面立体相交、平面与回转立体相交的画法。
(4)了解相贯线的概念及其性质。

技能目标

(1)能熟练地运用这些表达方法完整、清晰地表达出立体图形的特点。
(2)能够根据给定图形,准确画出截交线。
(3)能够根据给定两立体形状,准确画出相贯线。
(4)能熟练掌握截交线、相贯线的作图步骤。

素质目标

(1)通过作图,强化严谨的思维和态度。
(2)能够提升自主学习和合作探究的能力,通过自主学习和合作探究,加深对知识的理解和掌握。
(3)加强对知识的尊重和学习热情,愿意深入学习和掌握相关领域的知识,培养“工匠精神”。
(4)能够提升分析和处理实际问题的能力,培养勇于探索、合作的精神。

任务一　绘制基本立体的三视图

任务导入

在新能源汽车机械设计中,复杂机件常由棱柱、棱锥、圆柱、圆球等基本几何体组合而成。掌握这些基本立体的三视图绘制,是准确表达机件结构的关键。本任务将学习如何绘制基本立体的三视图,从理解各立体的结构特征出发,掌握从三个正交方向投影成二维图形的方法。通过本任务的学习,需要了解三视图的基本原理,学习标准化的绘图步骤,并通过实物观察与练习,提升空间想象与绘图能力。最终目标是能够独立完成简单机件的三视图表达,为后续复杂设计奠定基础。

任务目标

1. 掌握基本立体的特点,进行视图分析。
2. 利用绘图步骤进行立体图形的绘制。
3. 掌握各种简化画法和规定画法的图示方法。
4. 能熟练地运用这些表达方法完整、清晰地表达出立体图形的特点。

一、平面立体的三视图

基本立体根据其表面的几何性质可分为平面立体和曲面立体两类。

表面都是由平面围成的立体,称为平面立体,如棱柱、棱锥等。

1. 棱柱

(1)棱柱的三视图。

棱柱的表面由多个棱面和上、下两个底面组成。两相邻棱面的交线称为棱线,各棱线相互平行。当棱线与底面垂直时,称为直棱柱;倾斜时称为斜棱柱;当直棱柱的上、下底面为正多边形时,称为正棱柱。

为便于画图和看图,常使棱柱的主要表面处于与投影面平行或垂直的位置。如图 2-1a)所示,其上、下底面平行于 H 面,在俯视图上反映实形,前、后棱面在主视图上反映实形,六个棱面在俯视图上积聚成直线并与六边形的边重合,六棱柱的 6 条棱线的水平投影积聚在六边形的 6 个顶点上。

画棱柱的三视图时,一般先画反映实形的底面的投影,然后再画棱面的投影,并判断可见性。正六棱柱的画图步骤如下[如图 2-1b)所示]:

①画对称中心线。

②画出反映上、下两个底面实形(正六边形)的水平投影。

③根据棱柱的高度按三视图的投影关系画出其余两视图。

(2)棱柱表面上的点。

平面立体表面上取点首先要根据点的投影位置和可见性确定点在哪个面上。对于特殊位置平面上点的投影,可以利用平面的积聚性求出。对于一般位置平面上的点,则用辅助线的方法求出。

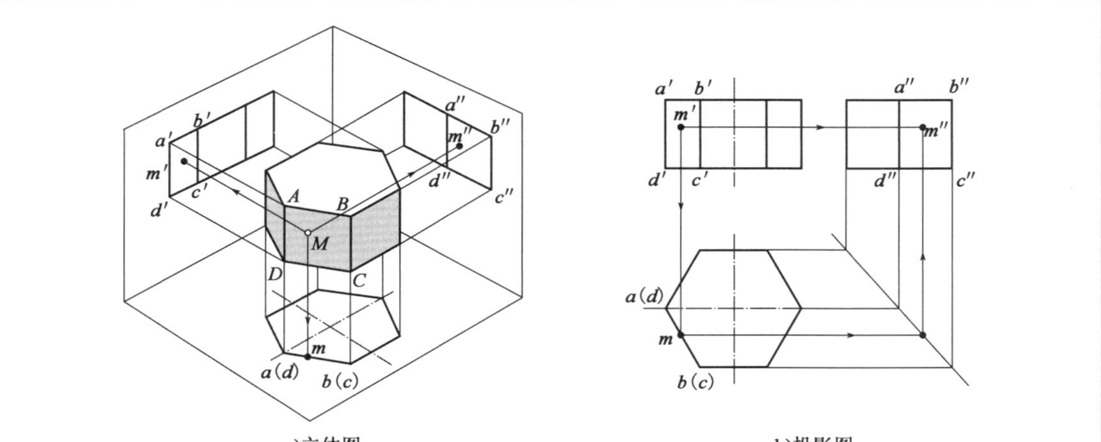

a)立体图　　b)投影图

■ 图 2-1　正六棱柱

例 2-1 如图 2-1b)所示,已知正六棱柱表面上点 M 的正面投影 m',求其另两个投影并判断可见性。

解 由图 2-1 可知,由于 m'可见,点 M 在左前棱面上,该棱面水平投影有积聚性,因此点 M 的水平投影 m 可利用"长对正"直接求出,由 m 和 m'利用"高平齐""宽相等"即可求出 m''。

棱柱处于不同位置,其三视图也不同。在识图的过程中,应多看、多画其三视图,熟记其形体特征。图 2-2 为不同位置的棱柱体及其三视图。画棱柱体的三视图时,应先画多边形,再画其他两面投影。

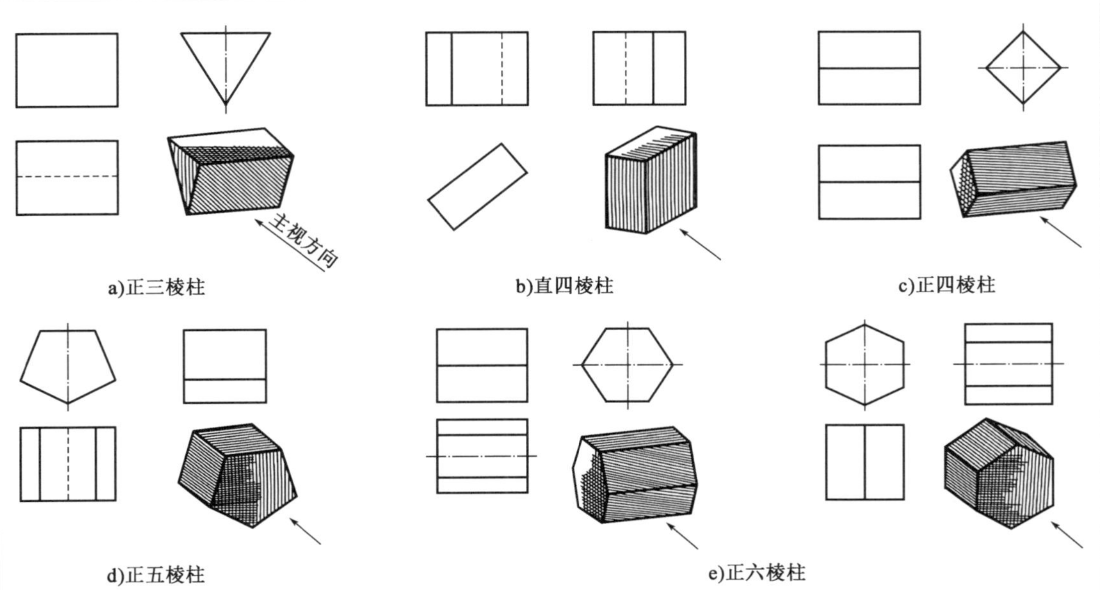

a)正三棱柱　b)直四棱柱　c)正四棱柱　d)正五棱柱　e)正六棱柱

■ 图 2-2　不同位置的棱柱体及其三视图

2. 棱锥

(1)棱锥的三视图。

棱锥的表面由底面和多个棱面组成,各条棱线汇交于一点(锥顶),各棱面都是三角形,底面为多边形。正棱锥的底面是正多边形,侧面为等腰三角形。如图2-3a)所示为一正三棱锥,它的底面为一正三角形 *ABC*,三个棱面都是等腰三角形 *SBC*、△*SAB* 和△*SAC*。底面在俯视图上反映实形,正面、侧面投影均积聚为直线段;棱面△*SAC* 在左视图上积聚成直线;其余两棱面三面投影都是类似形。

画棱锥的三视图时,先画底面和顶点的投影,再画各棱线的投影,并判断可见性,如图2-3b)所示。

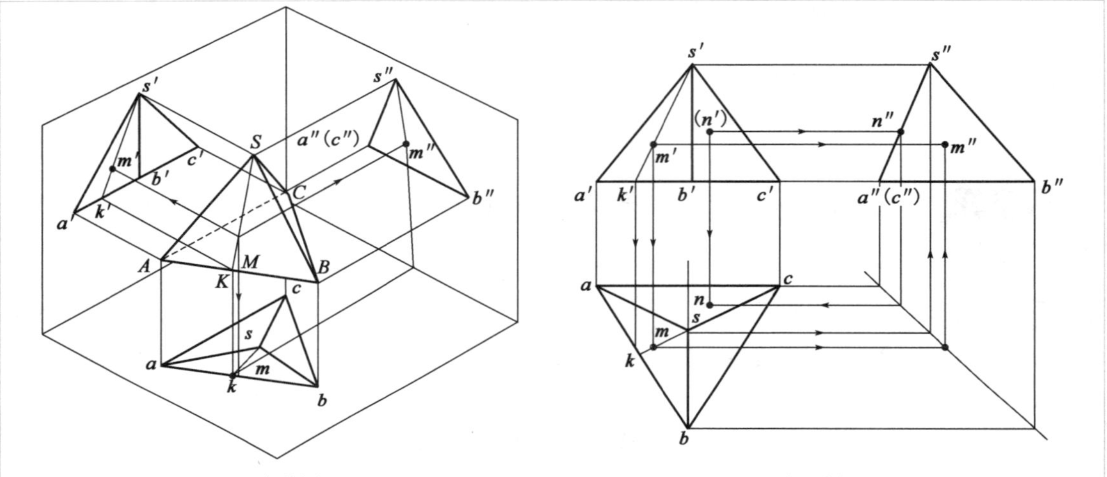

■ 图2-3 三棱锥的三视图及表面点的投影

(2)棱锥表面上的点。

正三棱锥的表面有特殊位置平面,也有一般位置平面。特殊位置平面上的点的投影,可利用该平面投影的积聚性直接作图;一般位置平面上的点的投影,可通过在平面上作辅助线的方法求得。现举例说明。

例2-2 如图2-3所示,已知三棱锥表面上点 *M*、*N* 的正面投影,求作 *M*、*N* 的其余两投影。

解 由于 n' 不可见,可知点 *N* 在棱面△*SAC* 上,且平面 *SAC* 的侧面投影有积聚性,可利用积聚性求 n'',再由 n' 和 n'' 求出 *n*。点 *M* 处在△*SAB* 棱面上,为一般位置平面,需要通过在平面上作辅助线的方法,求出点 *M* 的其余两投影。

作图步骤:

①过 n' 利用"高平齐"作投影连线求得 n'',利用45°辅助线由 n' 和 n'' 求得 *n*。

②过点 *M* 作辅助线 *SK*,即连 $s'k'$ 交于底边 $a'b'$ 于 k',并求得 *sk*,由 m' 作投影连线交 *sk* 上得 *m*,由 *m* 和 *m* 求得 m''。

③判断可见性,△*SAC* 水平投影可见,侧面投影有积聚性,所以 *n* 和 n'' 均可见。棱面△*SAB* 的三投影均可见,因此点 *M* 的三面投影也都可见。

图 2-4 所示为常见的正棱锥体及其三视图。由图中可看出，正棱锥体是由一个正多边形底和若干个具有公共顶点的等腰三角形侧面构成。三视图的特征：一个视图的外形轮廓为正多边形，其他两视图的轮廓均为三角形线框。棱锥体被平行于底面的平面截去上部，所剩部分叫棱锥台，简称棱台，如图 2-5 所示。

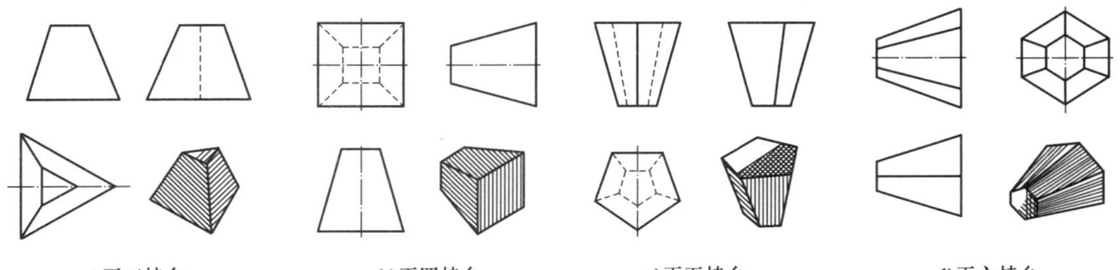

■ 图 2-4　常见的正棱椎体及其三视图

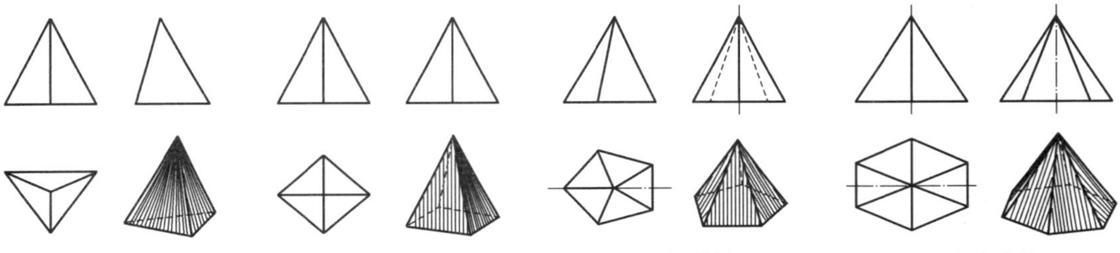

■ 图 2-5　正棱椎体及其三视图

二、曲面立体的三视图

曲面立体是表面全部由曲面或者曲面和平面围成的立体，如圆柱、圆锥、圆球等，常见曲面立体也称为回转体。曲面立体是由一条母线绕一条固定的轴线旋转一周形成的曲面，母线在回转面上的任意位置称为素线。

1. 圆柱

(1) 圆柱的形成。

圆柱由上下底面及圆柱面组成。圆柱面可看成母线绕与其平行的轴线旋转而成。

(2) 圆柱的三视图。

当圆柱的轴线垂直于 H 面时，圆柱面的俯视图积聚在圆周上。圆柱面在主视图中的轮廓线是圆柱面上最左、最右两条素线的投影，在左视图中的轮廓线是圆柱面上最前、最后两条素线的投影。圆柱体的上、下底面俯视图为圆（实形），主、左视图积聚为直线。由此可见，圆柱的主、左视图为大小相同的矩形，俯视图为圆，如图 2-6 所示。

画图时，先画中心线，再画积聚性投影圆，最后画其余两视图。画图步骤如下：

①画基准线，即画俯视图的中心线及轴线的正面和侧面投影。

②画出投影为圆的俯视图。

③根据圆柱体的高画出另两个视图,如图 2-6b)所示。

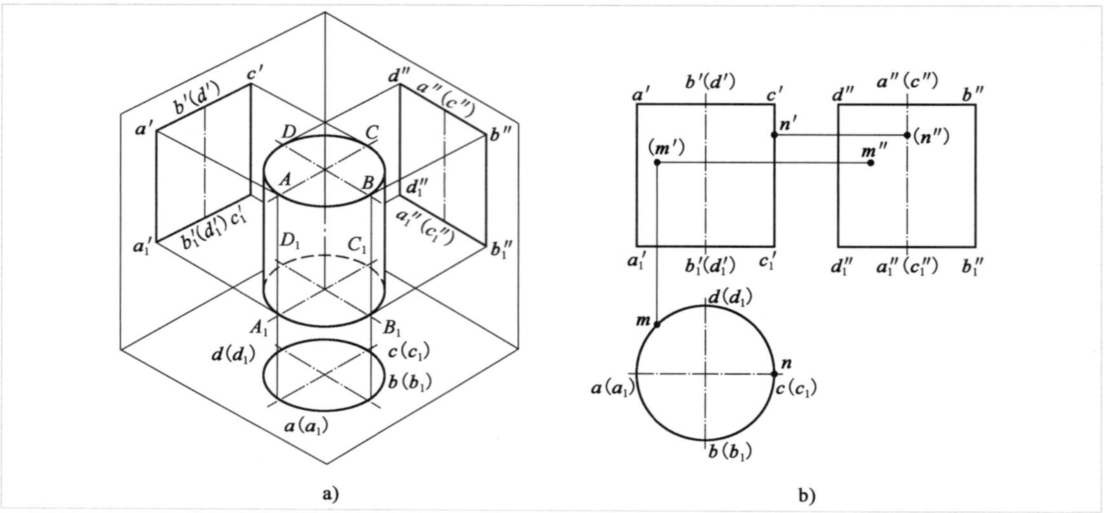

■ 图 2-6　圆柱体的三视图与表面上的点

(3)利用积聚性作图。

圆柱表面上取点,由于圆柱面投影有积聚性,可利用积聚性作图。

例 2-3 如图 2-6b)所示,已知圆柱面上点 M、N 的正面投影 m' 和 n',求水平投影和侧面投影。

解 由于圆柱面的水平投影有积聚性,所以圆柱面上两点 M、N 的水平投影也在该圆上,可直接求出 m、n,由 m'、n' 和 m、n 可求出 m''、n''。作图步骤同六棱柱表面点的投影。

2. 圆锥

(1)圆锥的形成。

圆锥由圆锥面与底平面组成。圆锥面可看成由一条母线绕与它相交的正六棱台的轴线回转而成。圆锥面上过锥顶 S 的任一直线称为素线。

(2)圆锥的三视图。

如图 2-7a)所示,当圆锥的轴线垂直于水平投影面时,圆锥的俯视图是圆。主视图为一等腰三角形,三角形的底边是圆锥底平面的积聚投影,两腰是圆锥面上最左、最右两条素线的投影。左视图也是等腰三角形,三角形的底边是圆锥底平面的积聚投影,两腰是圆锥面上最前和最后两素线的投影。

画图时,应先画中心线和轴线,再画投影为圆的视图,最后画锥顶和轮廓线的投影。画图步骤如下。

①画俯视图的中心线及轴线的正面和侧面投影。

②画投影为圆的俯视图。

③根据圆锥体的高画出另两个视图,如图 2-7b)所示。

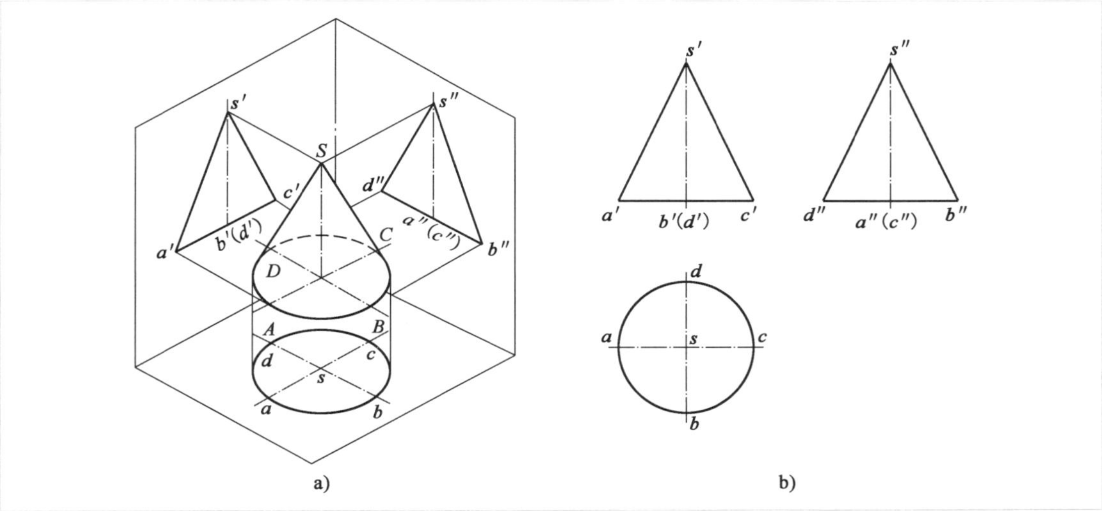

■ 图 2-7　圆锥的三视图

（3）圆锥表面上取点。

由于圆锥面投影无积聚性，所以求圆锥表面上的点可用辅助素线法和辅助圆法。

例 2-4 如图 2-8a）所示，已知点 M 的正面投影 m' 和点 N 的水平投影 n，求 M、N 两点的其余两投影。

解 由于圆锥的三面视图均无积聚性，所以圆锥面上求点方法必须用辅助素线法和辅助圆法，求出辅助素线或辅助圆的三面投影，然后在线或圆上确定点的投影。作图步骤如图 2-8b）所示。

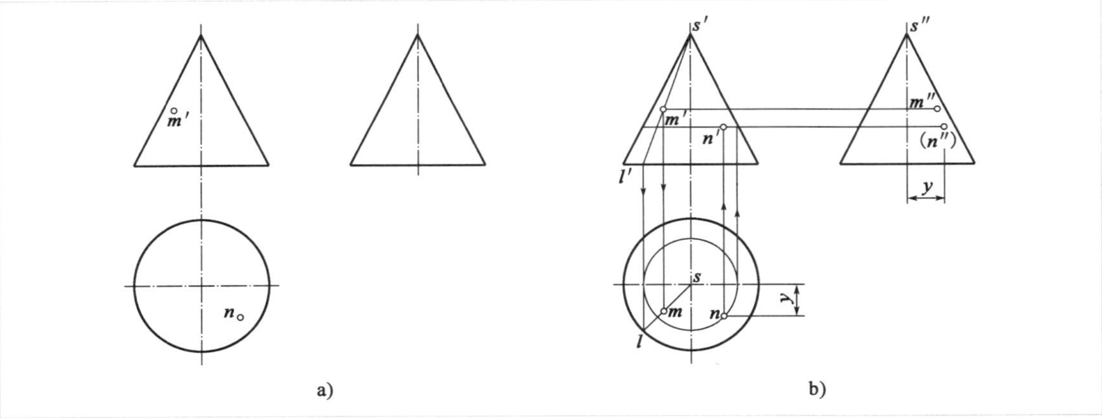

■ 图 2-8　圆锥体表面上的点

方法一：用辅助素线法求解。先过 m' 与锥顶 s' 作辅助素线 $s'l'$，求出 sl，再利用直线上点的从属性求出 m，由 m'、m 可求出 m''。

方法二：用辅助圆法求解。过 n 作辅助圆的水平投影，此水平圆与圆锥底平面圆同心。其正面投影和侧面投影为垂直于轴线的直线，长度为水平圆的直径，n'、n''在此线上。

可见性判断：由于点 M 在左前圆锥面上，所以三面投影均可见；点 N 在右前圆锥面上，所以 n''不可见。

圆锥被平行于其底面的平面截去其上部，剩余部分叫圆台，如图 2-9 所示。

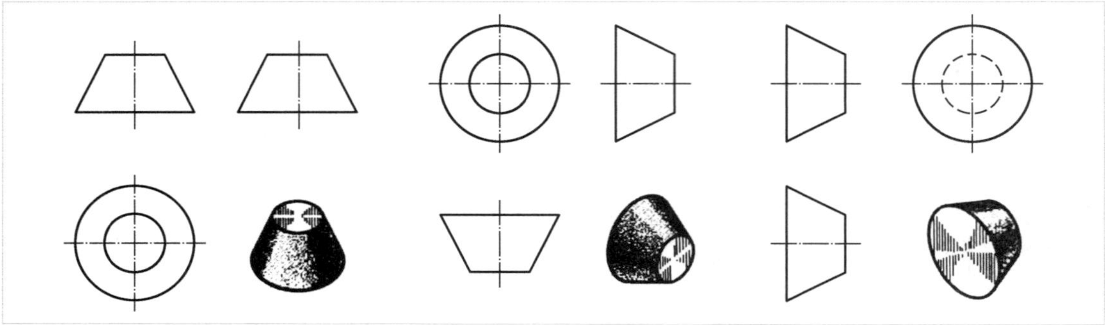

■ 图 2-9　圆台及其三视图

3. 圆球

(1)圆球的形成。

圆球是球面围成的实体。球面可以看成由一个圆母线绕其自身的直径即轴线旋转而成。

(2)圆球的三视图。

圆球从任意方向投影都是圆，因此其三面投影都是直径相同的圆。3 个圆分别是球面在 3 个投影方向上转向轮廓素线圆 A、B、C 的投影，如图 2-10 所示。A 在主视图中是 a'，它是前后半球可见与不可见的分界圆，在俯视图和左视图中都积聚成直线 a 和 a''，并与中心线重合；同理，B 在俯视图上反映为 b，是上下半球可见和不可见的分界圆；C 在左视图上反映为 c''，它是左右半球可见与不可见的分界圆。

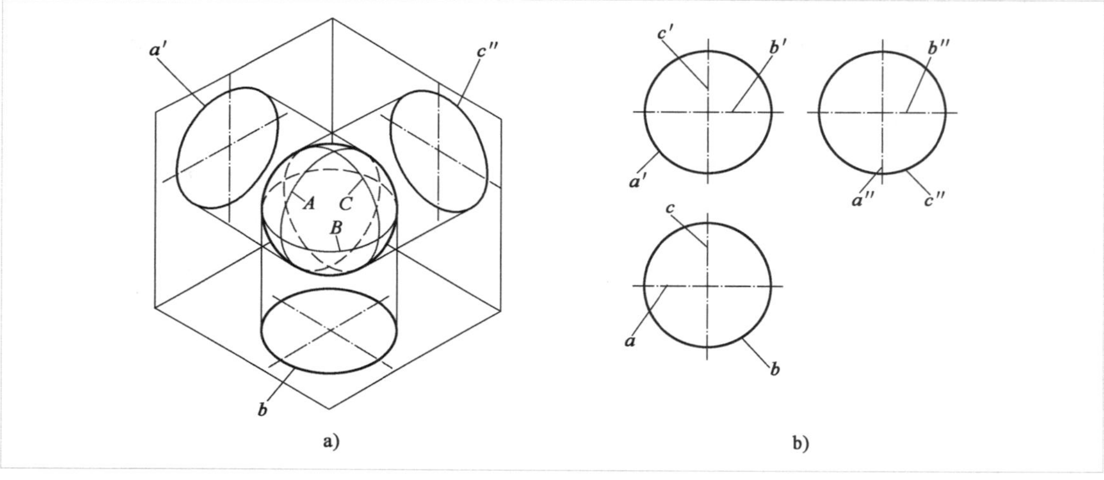

■ 图 2-10　圆球的三视图

画圆球的三视图时，先画中心线，再画圆球的轮廓线并加深。画图步骤如下。

①画三个视图的中心线。

②画出三个直径等于圆球直径的圆。

(3)圆球表面上的点。

可以用辅助圆法来确定圆球面上的点的投影。圆球面的辅助圆可以是平行于 V 面、H 面或 W 面的圆。当点处于圆球的最大圆上时，可以直接求出点的投影。

绘制基本立体的三视图任务工单

学生信息

班级：

姓名：

学号：

任务目标

1. 掌握基本立体的特点。
2. 掌握各种简化画法和规定画法的图示方法。

理论知识学习

1. 平面立体的三视图。

(1)棱柱。

(2)棱锥。

2. 曲面立体的三视图。

(1)圆柱。

(2)圆锥。

(3)圆球。

实践操作

1. 参照图 2-11 练习绘制平面立体的三视图。

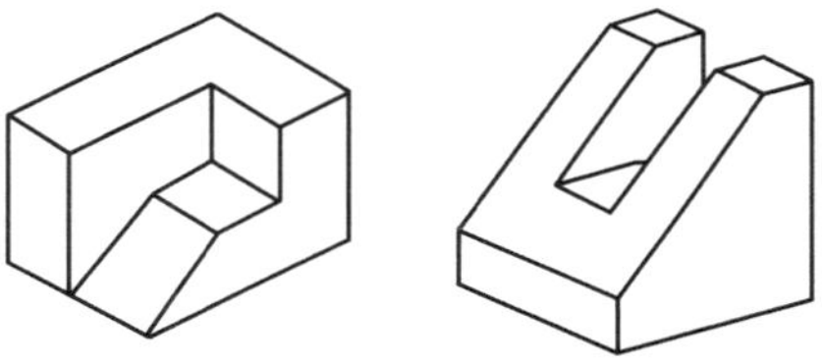

■ 图 2-11　实操练习图 1

2. 参照图 2-12 练习绘制曲面立体的三视图。

■ 图 2-12　实操练习图 2

总结与反思

1. 本次任务的主要收获是什么？

2. 在学习过程中遇到了哪些困难？如何解决的？

3. 对未来学习的建议与期望。

任务二　绘制截交线

任务导入

在机械设计中,截交线是平面与立体相交时在立体表面形成的交线,准确绘制截交线是表达机件结构的关键。本任务将学习截交线的基本知识,包括其定义、性质及在机械工程中的应用。通过本任务的学习,需要了解截交线的形成原理,掌握不同类型截交线的绘制方法,如平面与棱柱、棱锥、圆柱、圆球相交时的截交线表现。通过实物观察与绘图实践,提升空间想象能力与绘图精度。最终目标是能够独立完成常见几何体截交线的绘制,为后续复杂机件设计打下坚实基础。

任务目标

1. 要掌握平面与平面立体相交、平面与回转立体相交的画法。
2. 进行视图分析,学会利用绘图步骤进行立体图形的绘制。
3. 掌握各种简化画法和规定画法的图示方法。
4. 能熟练地运用这些表达方法完整、清晰地表达出截交图形的特点。

如图2-13a)所示,当立体被平面 P 所截时,该平面 P 称为截平面。它与立体表面的交线称为截交线。

截交线的形状取决于立体的形状及截平面与立体的相对位置。截交线具有下列性质。

(1)由于立体表面是封闭的,因此截交线一般是封闭的平面图形。

(2)截交线是截平面和立体表面的共有线,截交线上的点是截平面和立体表面的共有点。

(3)由截交线的性质可知,求截交线实质上是求截平面与立体表面上的一系列交点,并顺次相连,即得截交线的投影。

一、平面与平面立体相交

平面与平面立体相交的截交线是由直线组成的封闭的平面多边形,多边形的各条边是截平面与平面立体各表面的交线,多边形的顶点是平面立体的各棱线与截平面的交点。因此,作平面立体的截交线,就是求出截平面与平面立体各棱线的交点,然后依次连接各点同面投影,并判断其可见性即得截交线的投影。

1. 分析

由于截平面与正六棱锥的6个棱面相交,所以截交线是六边形,六边形的顶点是正六棱锥的6条棱线与截平面的交点。截交线的正面投影积聚在 P_V 上,水平投影与正六棱柱的投影重合,侧面投影为六边形的类似形。

2. 作图步骤

(1)先画出没有截切的正六棱柱的左视图,如图2-13b)所示。

（2）根据截平面与各条棱线交点的正面投影 a'、b'、c'、d'、e'、f' 和水平投影 a、b、c、d、e、f，根据直线上点的投影特性，求出各定点的侧面投影 a''、b''、c''、d''、e''、f''，如图 2-13c）所示。

（3）依次连接 a、b、c、d、e、f、a 和 a''、b''、c''、d''、e''、f''、a''，判断轮廓其他形体可见性，擦去多余的线，作图结果如图 2-13d）所示。

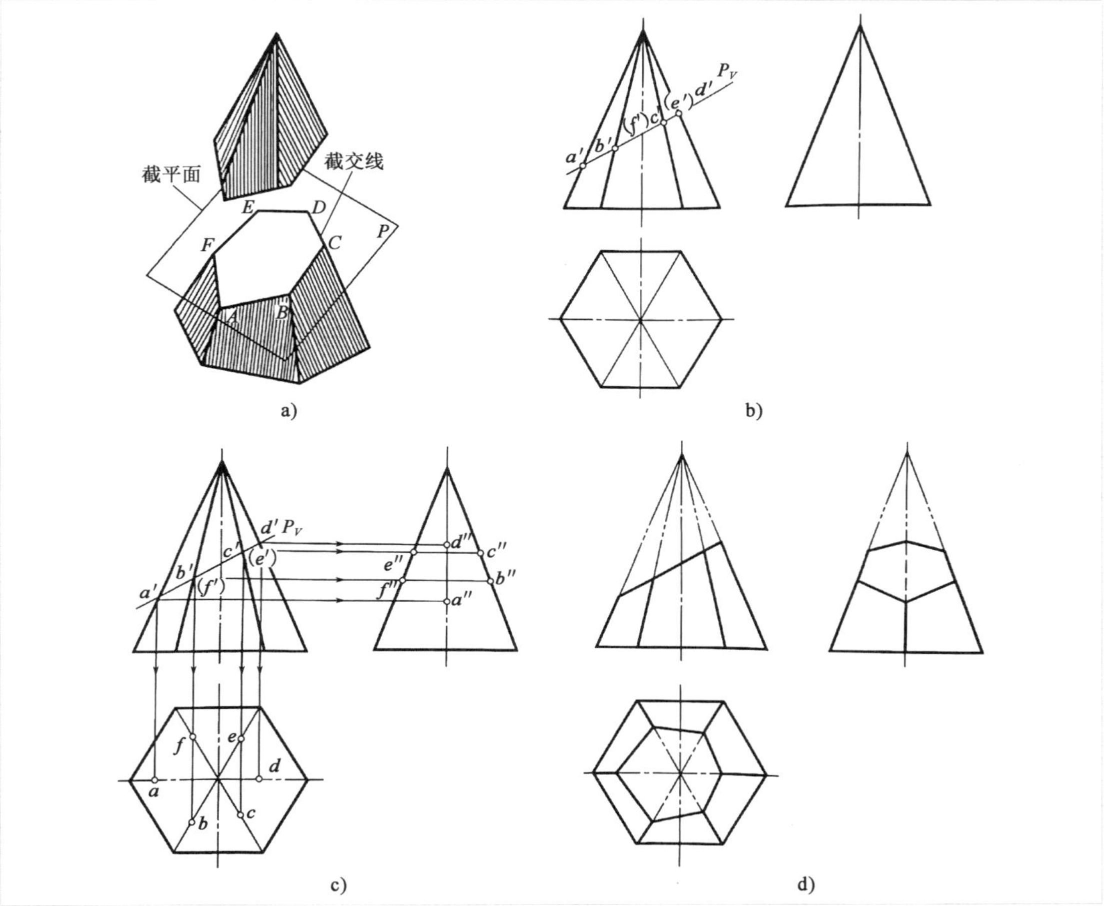

■ 图 2-13 正六棱锥被截切的画法

二、平面与回转立体相交

平面与回转立体相交，截交线是一条封闭的平面曲线，或由平面曲线和直线或完全由直线所组成的平面图形。

1. 作图步骤

平面与回转立体截交线的作图步骤如下。

（1）分析截交线。

根据平面与回转面的相对位置，分析截交线的形状及其在投影面上的投影特点。

（2）求共有点。

先求出特殊点（即确定截交线范围的最高、最低、最前、最后、最左和最右点），后求一般点

(前面介绍的立体表面上取点方法)。

(3)判断可见性。

依次光滑连接各点的同面投影,并补全回转面轮廓线的投影。

下面分别介绍平面与圆柱、圆锥、圆球回转体表面相交截交线的画法。

2. 平面与圆柱相交

由于截平面与圆柱轴线的相对位置不同,所以圆柱的截交线有 3 种形状,见表 2-1。

圆柱截交线的形式 表 2-1

截平面的位置	与轴线平行时	与轴线垂直时	与轴线倾斜时
轴测图	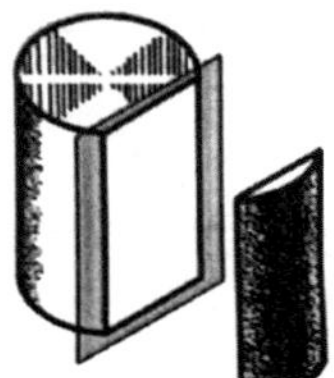	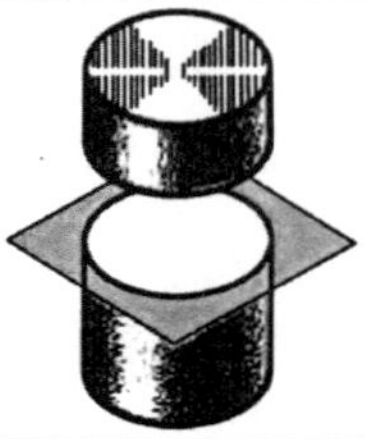	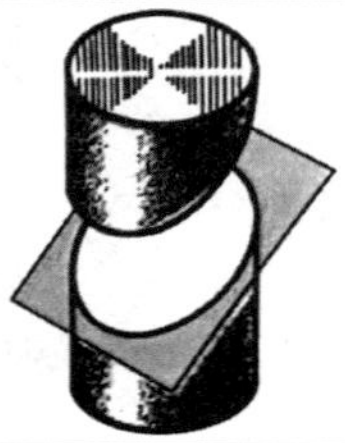
投影图	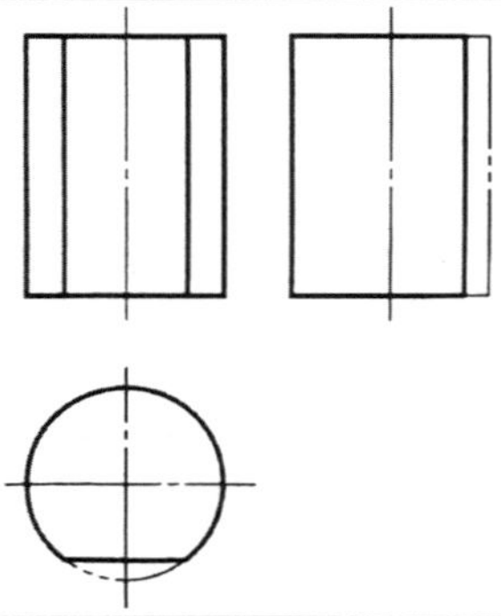	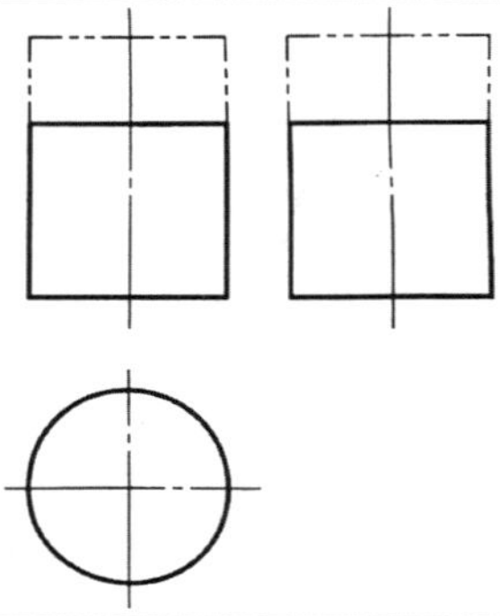	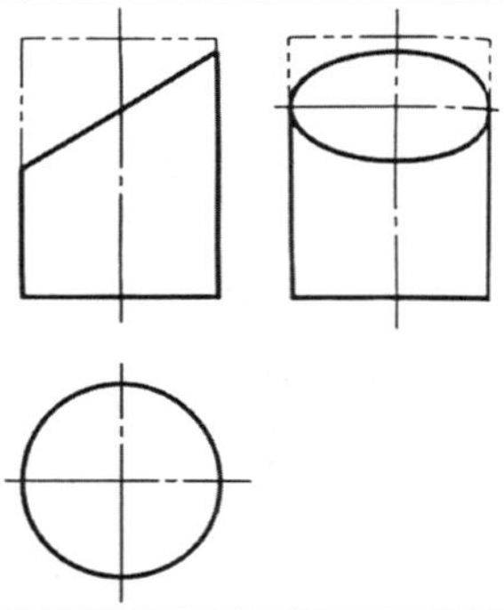
截交线的形状	矩形	圆	椭圆

圆柱的截交线求法:圆柱的投影有积聚性,可利用积聚性求出截交线的投影。表 2-1 中的前两种情况,直接按截平面的位置找好投影关系即可得到截交线。第 3 种情况的截交线是椭圆,椭圆的形状和大小,随截平面对圆柱轴线的倾斜程度不同而变化,但长短轴中总有一轴与圆柱的直径相等。因此,需先找出系列的特殊点,即截交线上极限位置点、截交线的特征点和回转轮廓线上的点等,再找出一般点,最后光滑连接这些点即得到截交线。

例 2-5 如图 2-14a)所示,求圆柱被正垂面斜切的截交线。

解 截平面为正垂面斜切圆柱,因此截交线是椭圆。椭圆的正面投影有积聚性,水平投影与圆柱面的投影重合为圆,侧面投影为椭圆。根据投影规律,可由正面投影和水平投影求出侧面投影。

作图如图 2-14b)所示。

(1)求特殊位置点。

先求出截交线上的特殊位置点,即首先求长、短轴的 4 个端点的投影。分别是最低点和最高点、最前点和最后点,也在圆柱的最左、最右、最前和最后素线上。根据水平投影 1、3、5、7

和正面投影1′、3′、5′、7′可求出侧面投影1″、3″、5″、7″。

(2)再求截交线上的一般位置点。

在截交线上任取一般点，根据水平投影2、4、6、8和正面投影2′、4′、6′、8′，可求出侧面投影2″、4″、6″、8″。

(3)绘制截交线侧面投影。

依次光滑连接各点，即可得到截交线的侧面投影，如图2-14c)所示。

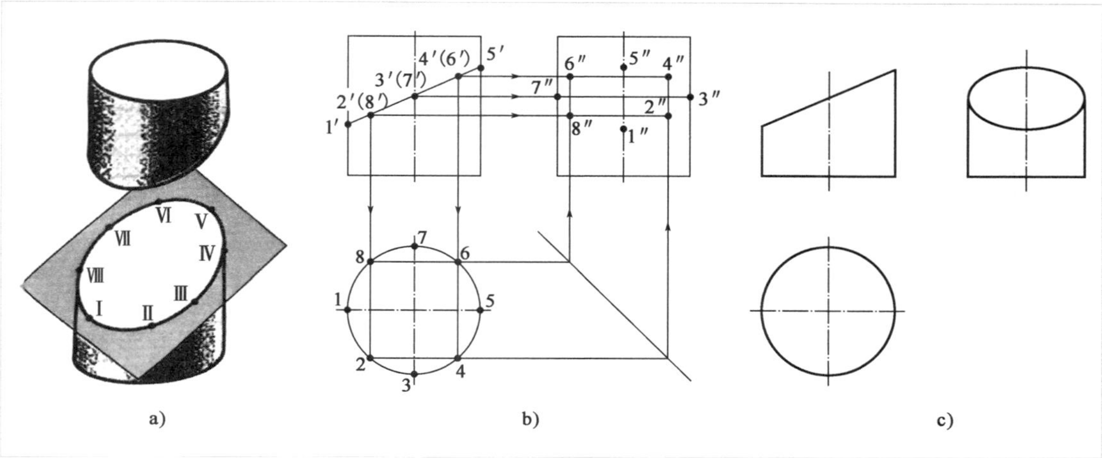

■ 图2-14 圆柱被截平面斜切

例2-6 如图2-15a)所示，画被切圆柱的三视图。

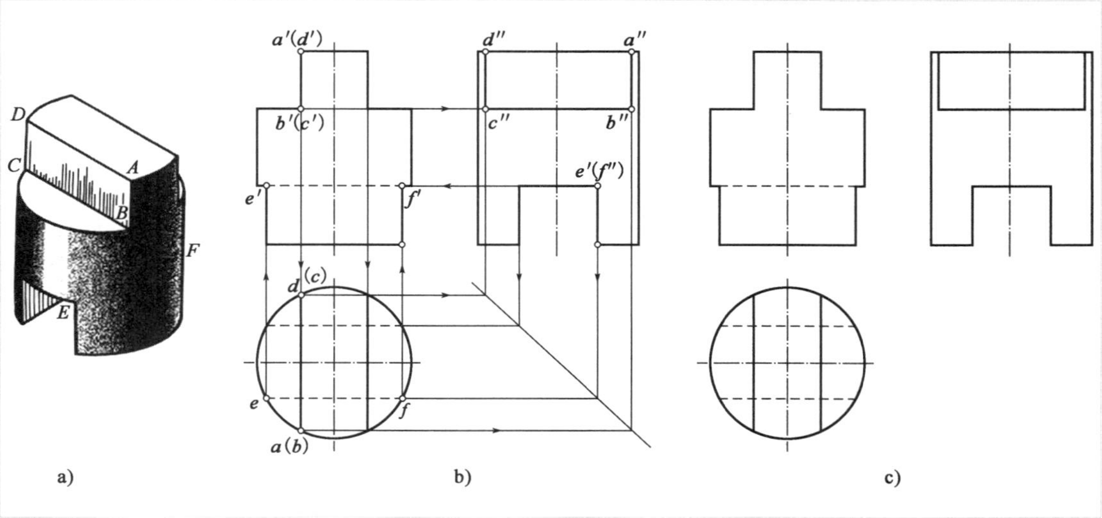

■ 图2-15 被切圆柱三视图的画法

解 该圆柱的上端切口由左、右两个平行于圆柱轴线的对称的侧平面及两个垂直于圆柱轴线的水平面截切而成。其下端开槽是用前、后两个平行于圆柱轴线的对称的正平面及一个垂直于圆柱轴线的水平面截切而成。侧平面、正平面与圆柱表面的截交线都为直线，水平面与圆柱表面的截交线都为圆弧，由于它们都分别垂直于相应的投影面，因此，圆柱上部切口和下部开槽部分截交线的投影均可用积聚性法求出。

作图如图 2-15b)所示：

(1)先画出完整圆柱的三视图。

(2)画上端切口部分。

由于截平面分别为侧平面和水平面，圆柱截交线的正面投影都有积聚性，侧平面的水平投影也有积聚性，故应按切口部位的尺寸依次画出正面投影和水平投影，再根据这两面投影求出截交线的侧面投影 $a''b''c''d''a''$。

(3)画下端开槽部分。

作图时应注意两点：①因圆柱最左、最右素线在开槽部位均被切去一段，故主视图的外形轮廓线在开槽部位向内“收缩”，其收缩程度与槽宽有关。②注意区分槽底正面投影的可见性——弓形面的投影是可见的，画成粗实线；中间部分($e'\rightarrow f'$)是不可见的，画成细虚线。

3. 平面与圆锥相交

由于截平面与圆锥轴线的相对位置不同，其截交线有 5 种不同的形状，见表 2-2。

圆锥体截交线 表 2-2

截平面的位置	与轴线垂直	过圆锥顶点	平行于任一素线	与轴线倾斜	与轴线平行
轴测图	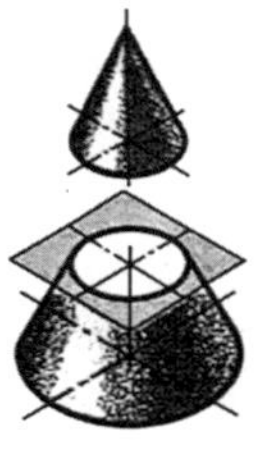	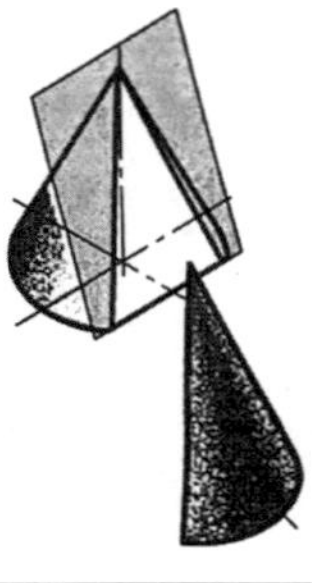	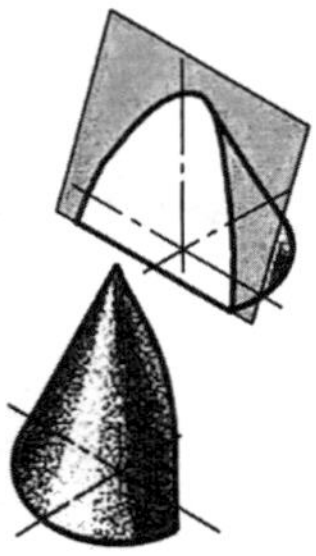	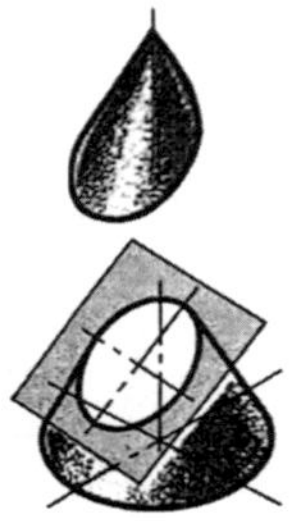	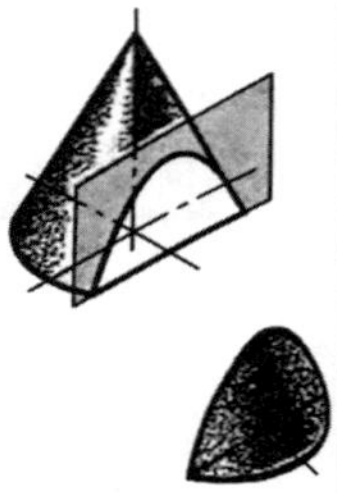
投影图	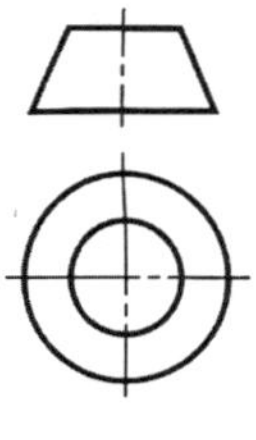	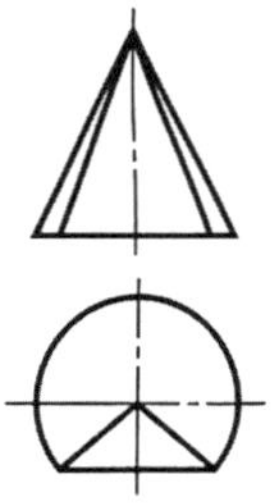	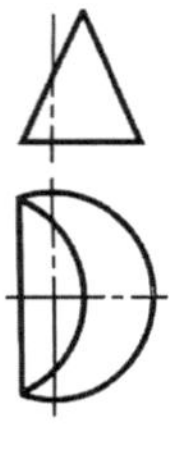	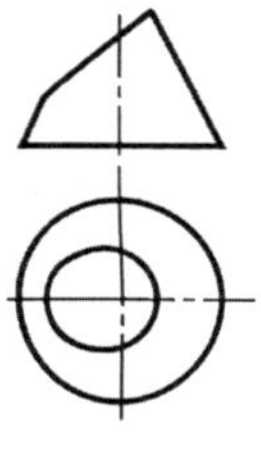	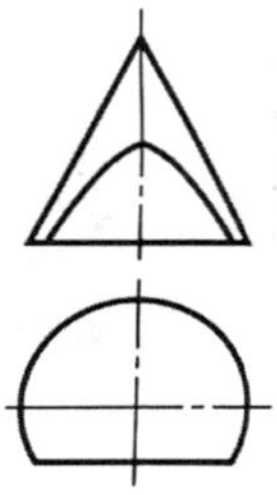
截交线的形状	圆	等腰三角形	封闭的抛物线	椭圆	封闭的双曲线

4. 平面与圆球相交

圆球被任意平面截切，得到的截交线都是圆。当截平面是投影面平行面时，截交线在所平行的投影面上的投影是一个圆，其他两面的投影均为直线；当截平面是投影面垂直面时，截交线在所垂直的投影面上积聚为直线，其他两面的投影为椭圆。如图 2-16 所示的是圆球被水平面截切的求解过程。

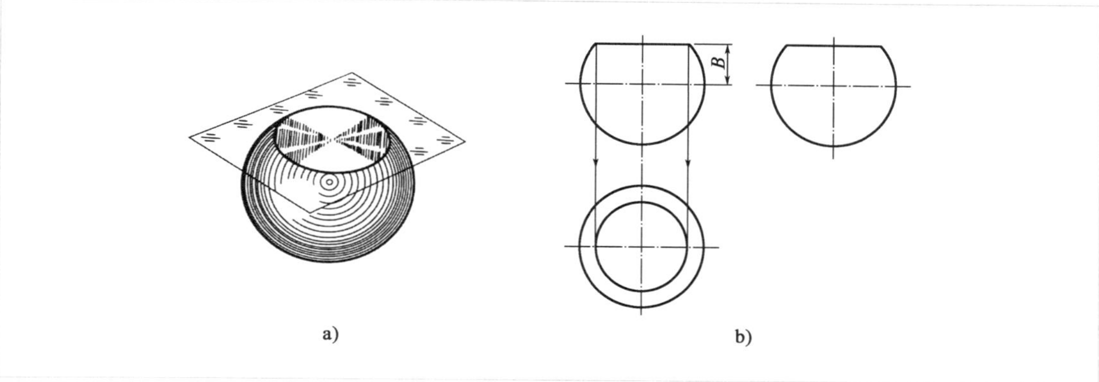

■ 图 2-16 圆球被水平面截切的求解过程

例 2-7 如图 2-17a)所示,已知一开槽半圆球的主视图,求其俯视图和左视图。

解 开槽半圆球是由两侧平面与一水平面截切而成的。侧平面与半圆球的截交线在左视图上的投影是圆的一部分,在俯视图上的投影积聚为直线;水平面与半圆球的截交线在俯视图上的投影是圆的一部分,在左视图上的投影积聚为直线;且在左视图上有部分为不可见。

注意:左视图中半球的轮廓线在开槽处被截切。

作图步骤:

(1)求出水平面与球面的交线。

交线的水平投影为圆弧,侧面投影为直线,如图 2-17b)所示。

(2)求侧平面与球面的交线。

交线的侧面投影为圆弧,水平投影为直线,如图 2-17b)所示。

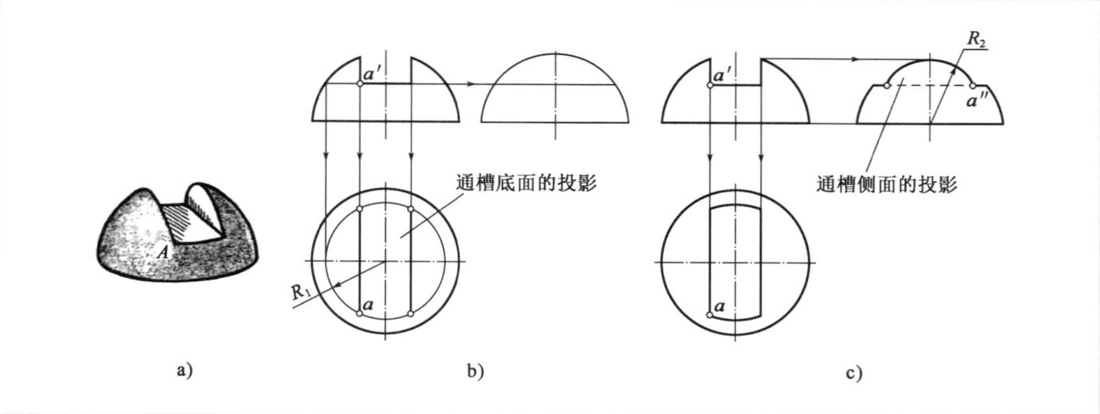

■ 图 2-17 开槽半圆球视图

(3)补全投影。

补全半圆球轮廓线的侧面投影,并作出两截平面的交线的侧面投影(为虚线),完成全图。

绘制截交线任务工单

学生信息

班级：

姓名：

学号：

任务目标

1. 掌握平面与平面立体相交、平面与回转立体相交的画法。
2. 掌握各种立体图形的绘制方法。
3. 掌握各种简化画法和规定画法的图示方法。

理论知识学习

1. 平面与平面立体相交。
2. 平面与回转立体相交。

(1)平面与圆柱相交。

(2)平面与圆锥相交。

(3)平面与圆球相交。

实践操作

1. 参照图2-18分析立体的截交线，补画第三视图。

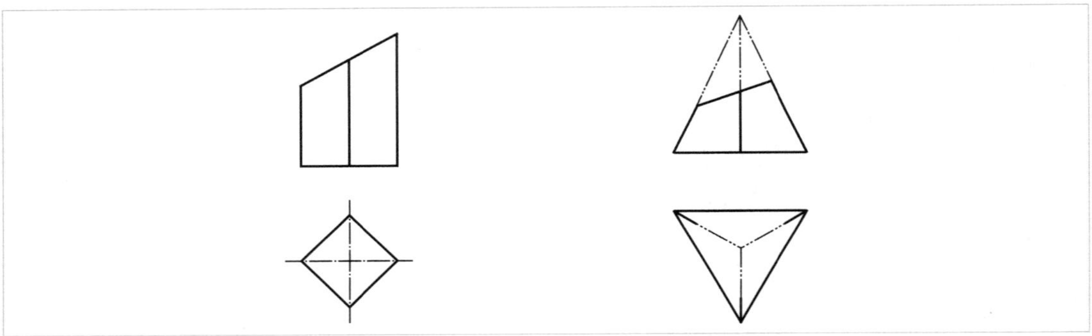

■ 图2-18 实操练习图1

2. 参照图2-19练习绘制平面与回转立体截交线。

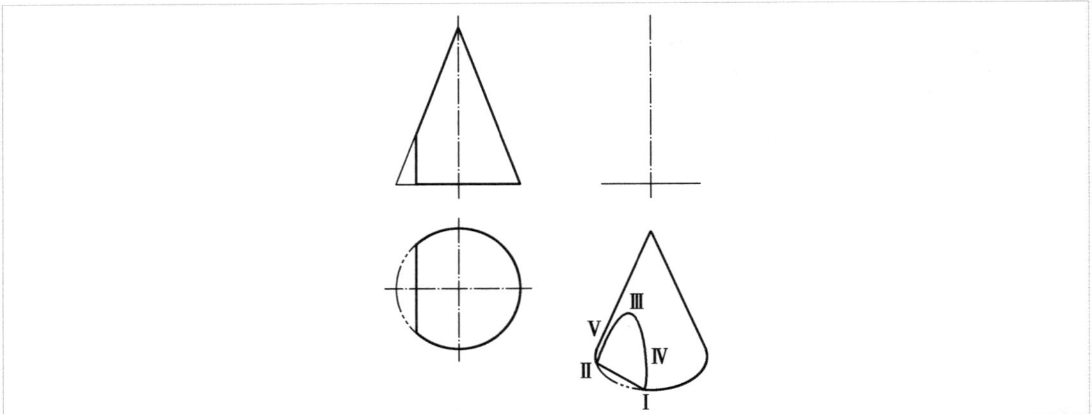

■ 图2-19 实操练习图2

续上表

总结与反思 1. 本次任务的主要收获是什么？ 2. 在学习过程中遇到了哪些困难？如何解决的？ 3. 对未来学习的建议与期望。

任务三　绘制相贯线

任务导入

在机械设计中，当两个立体相交时，其表面会产生独特的交线，称为相贯线。准确绘制相贯线，是表达复杂机件结构的关键技能之一。本任务将学习相贯线的基本知识，包括其定义、性质及在机械工程中的应用。通过本任务的学习，需要了解相贯线的形成原理，掌握不同类型相贯线的绘制方法，如圆柱与圆柱、圆柱与圆锥相交时的相贯线表现。通过实物观察与绘图实践，提升空间想象与绘图精度。最终目标是能够独立完成常见几何体组合相贯线的绘制，为后续复杂机件设计打下坚实基础。

任务目标

1. 了解相贯线的概念及其性质。
2. 掌握相贯线的具体画法。

一、相贯线的概念及其性质

两立体表面相交在两立体表面所产生的交线称为相贯线，如图 2-20 所示。

a)弯头　b)三通　c)盖

■ 图 2-20　相贯线示例

两曲面立体的相贯线有下列基本性质。

1. 共有性

相贯线为相交两立体表面所共有,也是相交回转体的分界线,相贯线上的所有点是两回转体表面的共有点。

2. 封闭性

由于立体表面都是封闭的,所以相贯线一般是封闭的空间曲线,特殊情况下是平面曲线或直线。

二、相贯线的画法

一般按如下步骤求相贯线。

1. 求特殊点

特殊点包括曲面转向线上的点和极限位置点,即最高、最低、最前、最后、最左、最右的点。

2. 求一般点

用积聚法、辅助平面法求一般点。

3. 判断可见性,光滑连接

当相贯线上的点同时处于两立体表面的可见部分时,这些点为可见点;否则,为不可见点。然后,用粗实线或虚线依次光滑连接。

例 2-8 如图 2-21a)所示为两正交圆柱,求其相贯线。

分析:两圆柱轴线垂直相交,相贯线为前后、左右对称的一条闭合空间曲线。由于大小两圆柱的轴线分别为侧垂线和铅垂线,因此,小圆柱的水平投影积聚为圆,相贯线的侧面投影是大圆柱与小圆柱共有部分的侧面投影,即一段圆弧。只需求出相贯线的正面投影。

作图方法如图 2-21b)所示。

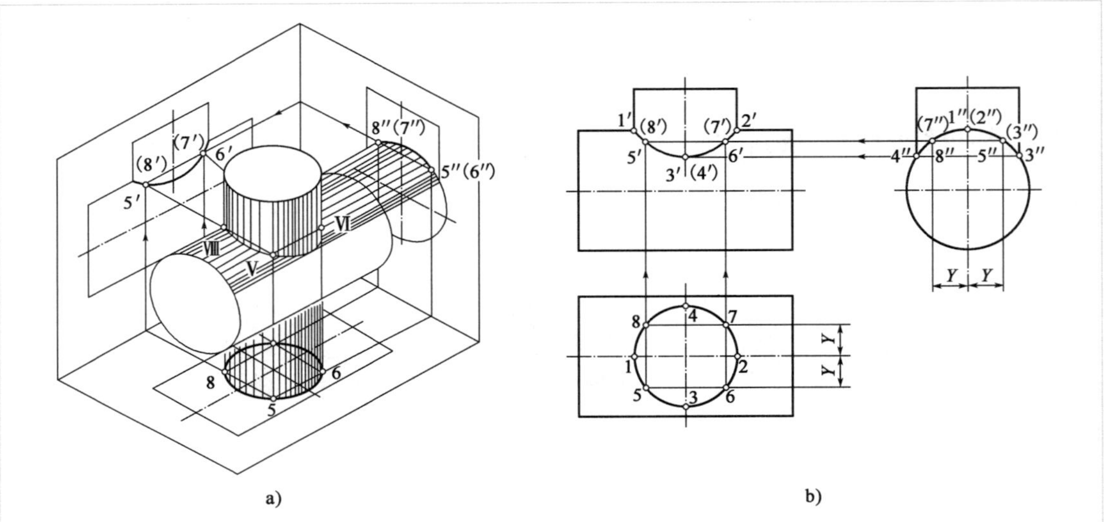

■ 图 2-21 两正交圆柱的相贯线

三、相贯线的近似画法

相贯线的作图步骤较多,如对相贯线的准确性无特殊要求,当两圆柱垂直正交且直径相差较大时,可采用圆弧代替相贯线的近似画法。如图2-22所示,用大圆柱的 $D/2$ 为半径作圆弧来代替。

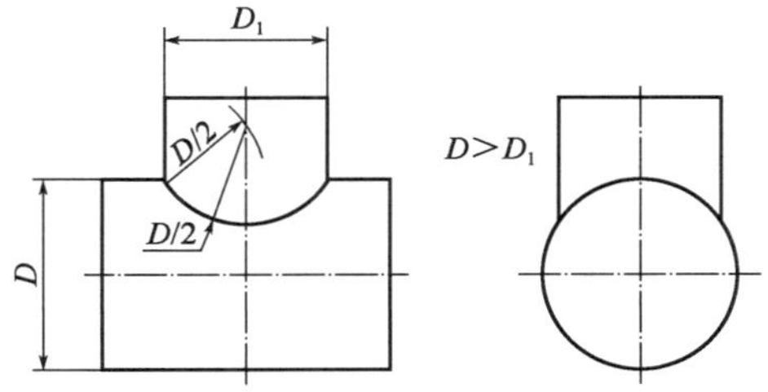

■ 图2-22 相贯线的近似画法

注意:画相贯线时要判定相贯线的弯曲方向,需要补画的相贯线一般为两个圆柱都是非圆的视图中,相贯线的弯曲方向是大圆柱的轴线方向弯曲。如图2-23所示为常见的两正交圆柱直径大小变化引起相贯线的变化。

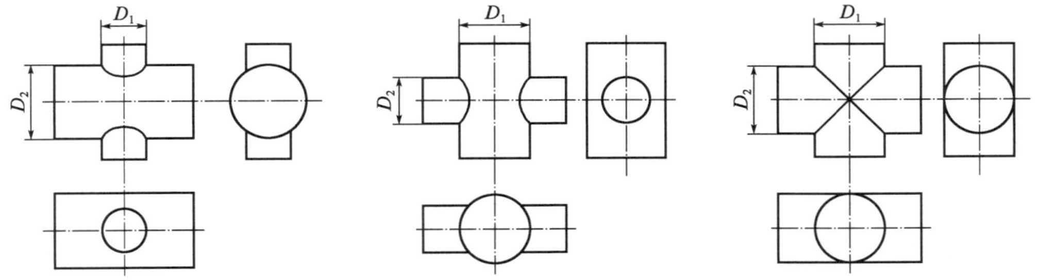

a) $D_1<D_2$　　b) $D_1>D_2$　　c) $D_1=D_2$

■ 图2-23 两正交圆柱直径大小变化引起相贯线的变化

图2-24所示为两正交圆柱相贯的三种情况。

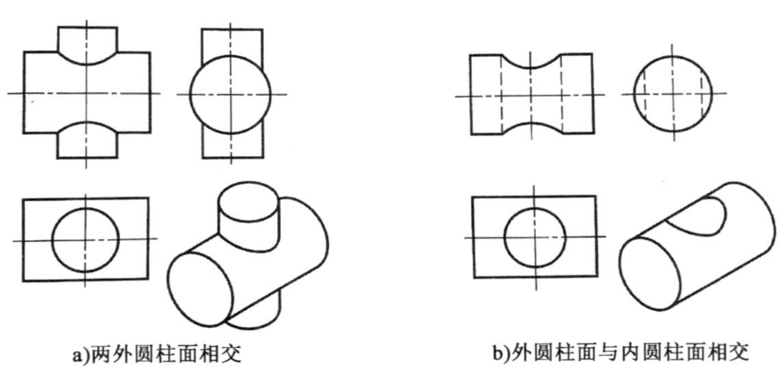

a)两外圆柱面相交　　b)外圆柱面与内圆柱面相交

■ 图 2-24

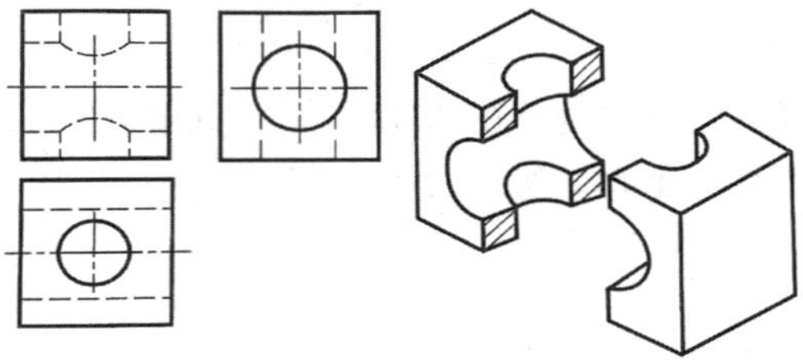
c)两内圆柱面相交

■ 图 2-24 两正交圆柱相贯的三种情况

四、相贯线的特殊情况

一般情况下,相贯线是一条封闭的空间曲线,但在特殊情况下,可成为直线或平面曲线。

两圆柱轴线平行或两圆锥共顶时,相贯线为直线,如图 2-25 所示。

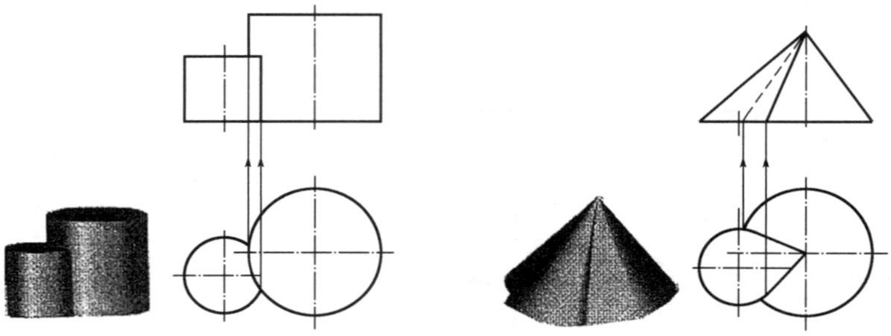
a) b)

■ 图 2-25 相贯线为直线

两回转体具有公共轴线时,相贯线为垂直于轴线的圆;当回转体的轴线平行于某投影面时,相贯线在该投影面上的投影积聚成一直线段,如图 2-26 所示。

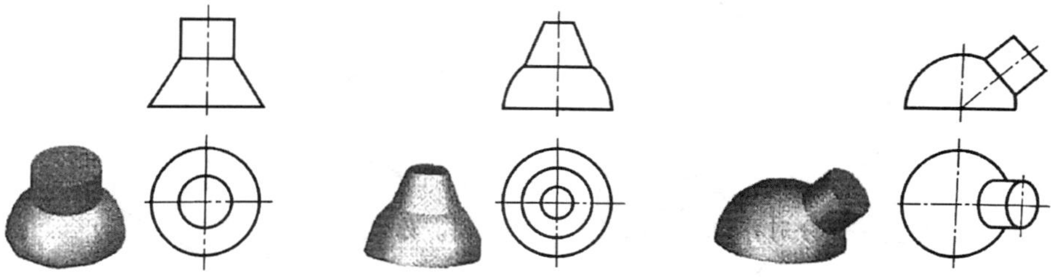
a) b) c)

■ 图 2-26 两同轴回转体的相贯线

两回转体公切于一个球时,相贯线是平面曲线——椭圆,当它们的轴线都平行于某投影面时,相贯线在该投影面上的投影积聚成一直线段,如图 2-27 所示。

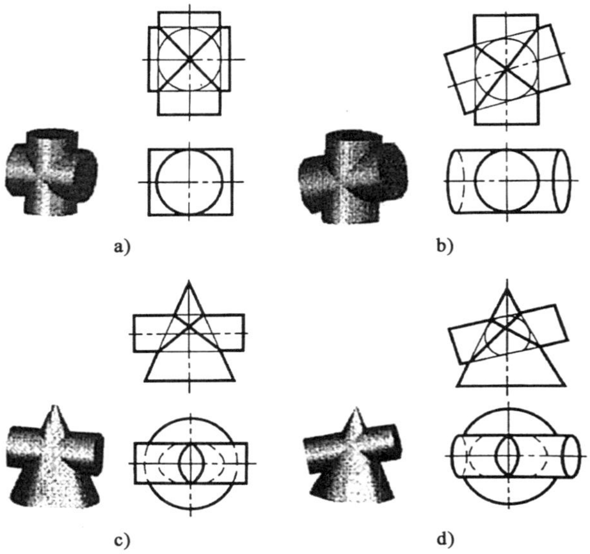

a) b) c) d)

■ 图 2-27　公切于同一球体的回转体的相贯线

绘制相贯线任务工单

学生信息

班级：

姓名：

学号：

任务目标

1. 了解相贯线的概念及其性质。
2. 掌握相贯线的具体画法。

理论知识学习

1. 相贯线的概念及其性质。

(1)相贯线：两立体表面相交在两立体表面所产生的交线称为相贯线。

(2)基本性质：共有性、封闭性。

2. 相贯线的画法。

(1)求特殊点。

(2)求一般点。

(3)判断可见性，光滑连接。

3. 相贯线的近似画法。

当两圆柱垂直正交且直径相差较大时，用大圆柱的 $D/2$ 为半径作圆弧来代替。

4. 相贯线的特殊情况。

(1)两圆柱轴线平行或两圆锥共顶时，相贯线为直线。

(2)两回转体具有公共轴线时，相贯线为垂直于轴线的圆；当回转体的轴线平行于某投影面时，相贯线在该投影面上的投影积聚成一直线段。

(3)两回转体公切于一个球时，相贯线是平面曲线——椭圆，当它们的轴线都平行于某投影面时，相贯线在该投影面上的投影积聚成一直线段。

实践操作

请画出图 2-28 所示立体图形的相贯线。

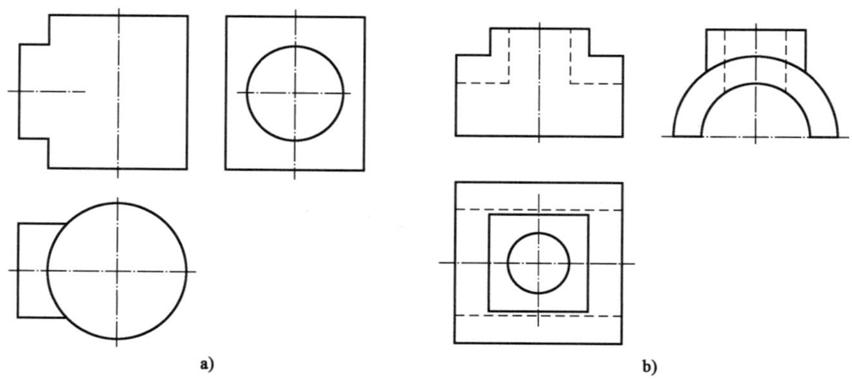

■ 图 2-28 实操练习图

续上表

总结与反思 1. 本次任务的主要收获是什么？   2. 在学习过程中遇到了哪些困难？如何解决的？   3. 对未来学习的建议与期望。

练 习 题

一、填空题

1. 在三视图中，主视图反映了物体的________和________；俯视图反映了物体的________和________；左视图反映了物体的________和________。

2. 圆柱体的主视图和左视图都是________，俯视图是________。

3. 正方体的三视图都是________。

4. 球体的三视图都是________。

5. 圆锥的主视图和左视图都是________，俯视图是________（当底面投影为圆时）。

二、选择题

1. 下列视图不能反映物体的长度的是(　　)。

A. 主视图　　B. 俯视图　　C. 左视图　　D. 无法确定

2. 圆锥体的俯视图，当底面投影为圆时，应是一个(　　)。

A. 圆　　B. 三角形　　C. 矩形　　D. 梯形

3. 下列几何体的三视图中有两个是矩形，一个是圆的是(　　)。

A. 圆柱体

B. 正方体

C. 球体

D. 圆锥体(当底面投影为圆，且不考虑椭圆情况)

4. 若一个几何体的主视图和左视图都是三角形，俯视图是圆，则该几何体可能是(　　)。

A. 圆锥体　　B. 圆柱体　　C. 球体　　D. 三棱柱

5. 在绘制截交线时，截平面与立体表面的交线形状取决于(　　)。

A. 截平面的位置和方向　　B. 立体的材质

C. 截平面的颜色　　D. 立体的重量

6. 相贯线是两个立体相交时，其表面共有的线，它通常出现在(　　)情况下。

A. 两个平面相交　　B. 两个曲面相交

C. 一个平面与一个曲面相交　　D. 两个完全不接触的立体之间

7. 绘制基本立体的三视图时，主视图主要反映了立体的(　　)。

A. 长度和高度　　B. 宽度和高度

C. 长度和宽度　　D. 所有三个维度

8. 在绘制圆柱与圆锥的相贯线时，如果圆柱的轴线垂直于圆锥的轴线，且圆柱穿过圆锥的底面，那么相贯线的形状可能是(　　)。

A. 椭圆　　B. 圆

C. 两条直线　　D. 抛物线

三、判断题

1. 截交线是截平面与立体表面相交形成的线,因此它一定是一个封闭的曲线。 (　　)

2. 在绘制相贯线时,只需要考虑两个立体相交的部分,其他部分可以忽略。 (　　)

3. 主视图、左视图和俯视图是绘制基本立体三视图时的三个基本视图,它们分别从不同方向反映了立体的形状。 (　　)

4. 相贯线的形状总是复杂的曲线,不可能是直线。 (　　)

5. 绘制截交线和相贯线时,准确性非常重要,因此必须使用精确的绘图工具,如圆规、直尺等,不能手绘。 (　　)

四、作图及分析题

1. 补全视图:根据给出的主视图和俯视图,补全对应的左视图。(此处以文字描述)

主视图:一个矩形,表示长方体的正面。

俯视图:一个矩形,表示长方体的上面,且与主视图的长边对应。

要求:画出左视图,并解释为何是此形状。

2. 分析几何体:描述一个几何体,其三视图分别为主视图为三角形,俯视图为圆(考虑底面投影为圆的情况),左视图为三角形。确定该几何体的名称,并解释三视图如何反映其形状。

工匠精神

工匠精神是一种创新精神，它是一种对传统突破、革新与超越的勇气。工匠们不满足于既有成果，勇于尝试新的理念、方法与技术，对发展有着敏锐的洞察力和追求。注重探索，敢想敢为，开拓进取，永不满足，奋进于自己的事业征途。

技能塑造人生　全国技术能手——杨永修

2024 年世界职业技术教育发展大会在天津举行。期间，一汽研发总院试制部加工中心高级技师杨永修接受新华网采访时称："在学习和工作上，我们要始终保持上进心、责任心和恒心。这样，我们才能不断提升自己的专业技能，改变人生"。

自 2010 年从长春汽车职业技术大学数控技术专业毕业后，杨永修参与 30 多项国家级项目，解决 130 多项技术难题，获全国五一劳动奖章等多项荣誉。

谈到参与的 V12 发动机等国家级高端项目，杨永修认为职业教育对培养其所需技能至关重要。他回忆在学校从零学数控技术，学校优质的教育资源和老师的悉心指导为其职业生涯奠定基础。老师理论与实践结合教学，让他迅速掌握技能。学校全流程学习体验对他技能提升帮助大，如老师通过实物展示、让学生补画图纸等实践操作的方式教学。

选择职业教育，杨永修表示内心对汽车的热爱是重要驱动力。他从小热爱汽车，因此选择长春汽车工业高等专科学校，后成为一汽红旗团队一员。他感慨实现梦想过程中得到很多帮助，在优秀团队中成长快。

谈到荣誉，杨永修认为与职业教育阶段打下的基础密不可分。上学时他就想成为工匠，劳模和工匠大师是他的榜样。

对于 2024 年世界职业技术教育大会，杨永修希望传递中国职业教育发展成果和经验。他称中国职业教育为青年创造更多平台和机会，注重理论与实操结合，有助于青年成长。他还提到技能竞赛对培养工匠级人才作用大，自己是受益者，很多工匠从大赛脱颖而出，竞赛可实现职业和人生价值，还能展现中国劳模等精神风采。

03
项目三

零件图与装配图

在新能源汽车机械制造领域,从发动机内部精密的零部件到车身复杂的框架结构,每一个环节都离不开图纸的精确指导,零件图与装配图作为其中的重要部分,是设计与制造之间的核心桥梁,将抽象的汽车设计概念转化为具体可操作的制造蓝图。零件图通过详尽的视图、剖视图、断面图以及精准的加工尺寸标注、公差、表面粗糙度及技术说明,清晰、完整地定义单个零部件的几何形状、制造精度和质量要求,为后续的加工与检测提供直接依据。装配图则通过表达组件或产品的整体结构视图、剖视图,标注关键的装配尺寸、配合公差,并借助零件序号、明细栏及装配技术说明(如顺序、润滑要求),清晰地呈现零部件之间的空间关系、连接方式和功能配合,为高效装配、维护及拆解提供不可或缺的技术指导。本项目就来学习零件图与装配图的内容,全面掌握新能源汽车零件图与装配图的表达精髓,培养精准解读与绘制这两种关键图纸的能力,为投身新能源汽车机械制造领域筑牢坚实的基础。

知识目标

(1)深入理解零件图和装配图的概念、作用与内容构成,清晰掌握二者在新能源汽车机械制造流程中的不同角色。

(2)系统掌握零件图与装配图的各种表达方法。

(3)全面熟悉零件图和装配图中的尺寸标注规则与技术要求标注规范。

(4)充分了解标准件和常用件在新能源汽车机械中的应用,牢记其规定画法、标记方法与相关标准。

技能目标

(1)具备识读新能源汽车零件图和装配图的能力。

(2)理解新能源汽车零件图与装配图的技巧。

素质目标

(1)培养严谨细致、精益求精的工作态度。

(2)增强团队协作与沟通能力。

(3)树立工程意识和创新思维。

(4)提升自我学习和自我完善的能力。

任务一　识读汽车零件图

任务导入

新能源汽车由若干形态各异、尺寸不同的零件按照一定的装配关系和技术要求装配而成。汽车设计师设计出该零件图之后，工人按图加工出实物，检验人员按图检验实物质量，后续汽车装配线将实物装在汽车上。本任务将学习汽车零件图，将前面所学知识作为基础，结合工作岗位实例提高识读汽车零件图的能力。

任务目标

1. 了解零件图的作用和内容。
2. 了解零件图的表达方法。

一、新能源汽车零件图的初步认识

1. 新能源汽车零件图的作用

汽车零件图是汽车〔零部件〕设计部门提供给生产或维修部门的重要技术(图样)文件。在汽车生产或维修过程中，生产采购部门依据零件图上注明的材料要求进行原材料采购或备料；生产工艺部门依据零件图上的工艺要求、尺寸精度要求安排加工工艺；生产加工部门依据零件图上的加工工艺进行加工；检验部门依据零件图上的尺寸、表面结构、材料及热处理等技术要求，对加工后的工件进行检验，确保合格零件装配到汽车的对应总成中去。

2. 新能源汽车零件图的内容

由图 3-1 可以看出，一张完整的汽车零件图包括一组视图、全部尺寸、技术要求和标题栏。

识读零件图

(1)一组视图。

零件图应运用各种视图表达方式将零件所有结构形状清晰、完整、准确地表达出来。

(2)全部尺寸。

零件图应将零件加工制造和检验时所需的全部尺寸清晰、正确、合理地标注出来。

(3)技术要求。

技术要求是用国家标准规定的代号、数字、字母及文字注释，简明、准确地给出制造、检测零件所需的各项技术指标。

(4)标题栏。

零件图应按国标规定配置的标题栏填写名称、绘图比例、材料、数量及责任人姓名等内容。

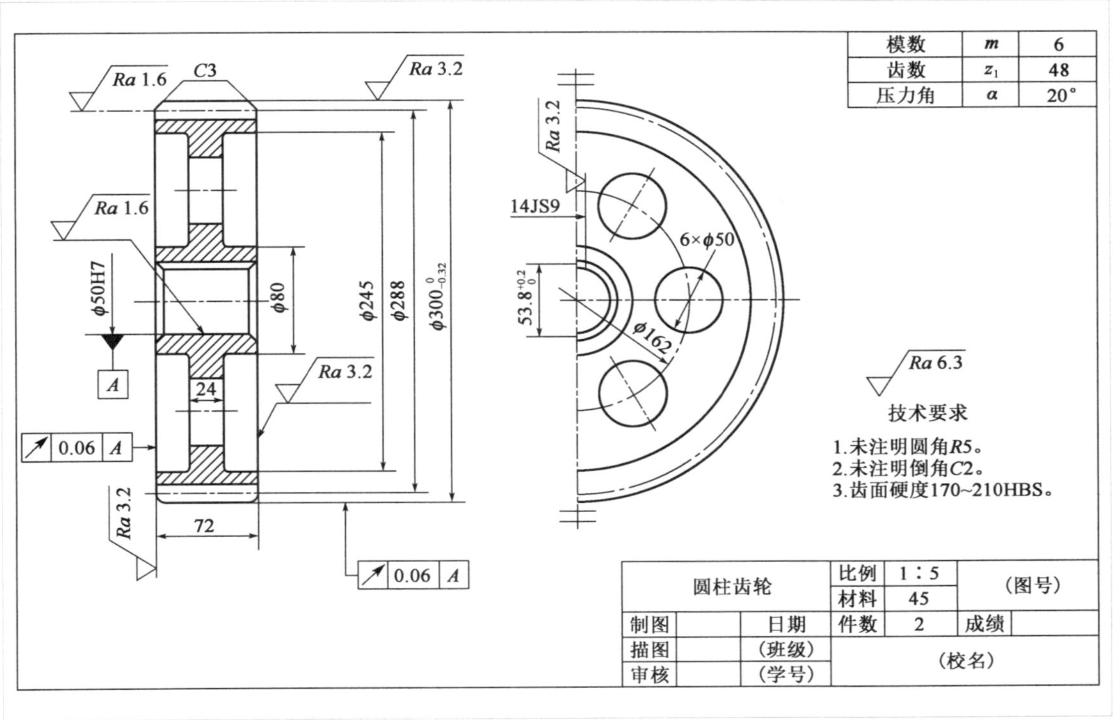

■ 图 3-1 汽车发动机润滑系统油泵主动齿轮零件图

3. 新能源汽车零件的分类

汽车零件种类繁多，归纳起来主要分为以下三大类。

(1)标准件。

标准件包括螺纹紧固件(螺栓、垫圈、螺母、销、滚动轴承等汽车行业应用普遍的零件。由于其结构、尺寸大小和技术要求等在相关标准中都已做了规定，汽车设计部门根据需要的程度，只在技术文件中注明强度等级、使用规格和标准号即可，不用单独以零件图形式体现；汽车采购部门可以根据设计需要，直接指定专业生产企业按设计要求制造，然后购入。

(2)通用件。

通用件的部分尺寸、结构和技术要求已经标准化，如齿轮、弹簧等。汽车设计部门根据具体使用状况，在通用的零件图中改变部分尺寸、结构形状，协同采购部门与专业制造厂家签订技术协作协议后生产制造。

(3)专用件。

专用件的结构形状、尺寸大小和技术要求要根据它们在汽车具体部位上的实际作用、工艺要求来确定，如汽车发动机气缸盖、汽车变速器轴、汽车制动片(刹车片)等。许多汽车零部件专业厂家就是履行汽车保障协议，按标准、汽车零件图、汽车零件工艺要求生产汽车零件。

4. 各类典型零件图

根据零件的结构特点大体可将零件图分为以下四类。

(1)轴类零件图。

如图 3-2 所示为输出轴零件图。

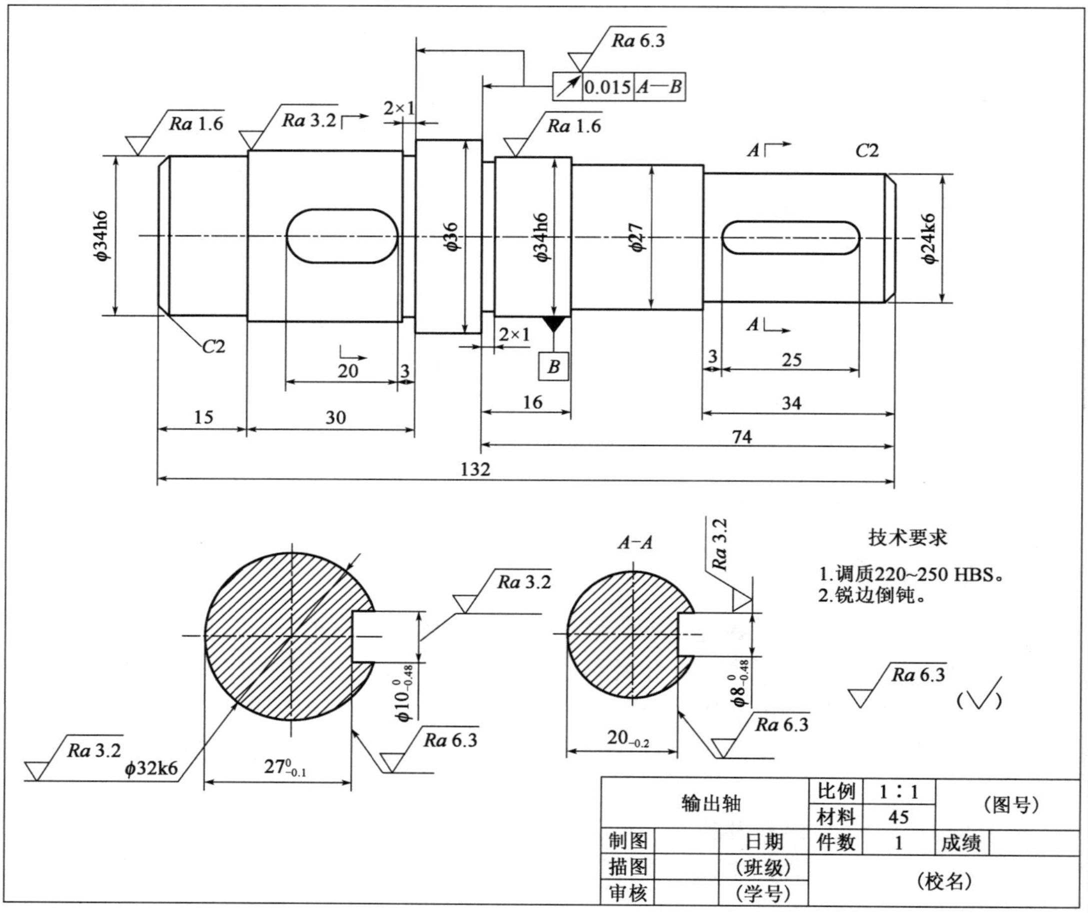

Ra 6.3
0.015 A—B
Ra 1.6
Ra 3.2
2×1
Ra 1.6
A
C2
φ34h6
φ36
φ34h6
φ27
φ24k6
C2
2×1
B
A
20
3
3
25
15
30
16
34
74
132
A-A
Ra 3.2
Ra 3.2
Ra 3.2
φ32k6
27 0 -0.1
φ10 0 -0.48
Ra 6.3
φ8 0 -0.48
20 -0.2
Ra 6.3
技术要求
1.调质220~250 HBS。
2.锐边倒钝。
Ra 6.3
(√)
输出轴
比例 1：1
材料 45
(图号)
制图
日期
件数 1
成绩
描图
(班级)
审核
(学号)
(校名)

■ 图 3-2　输出轴零件图

（2）箱体类零件图。

如图 3-3 所示为泵体类零件图。

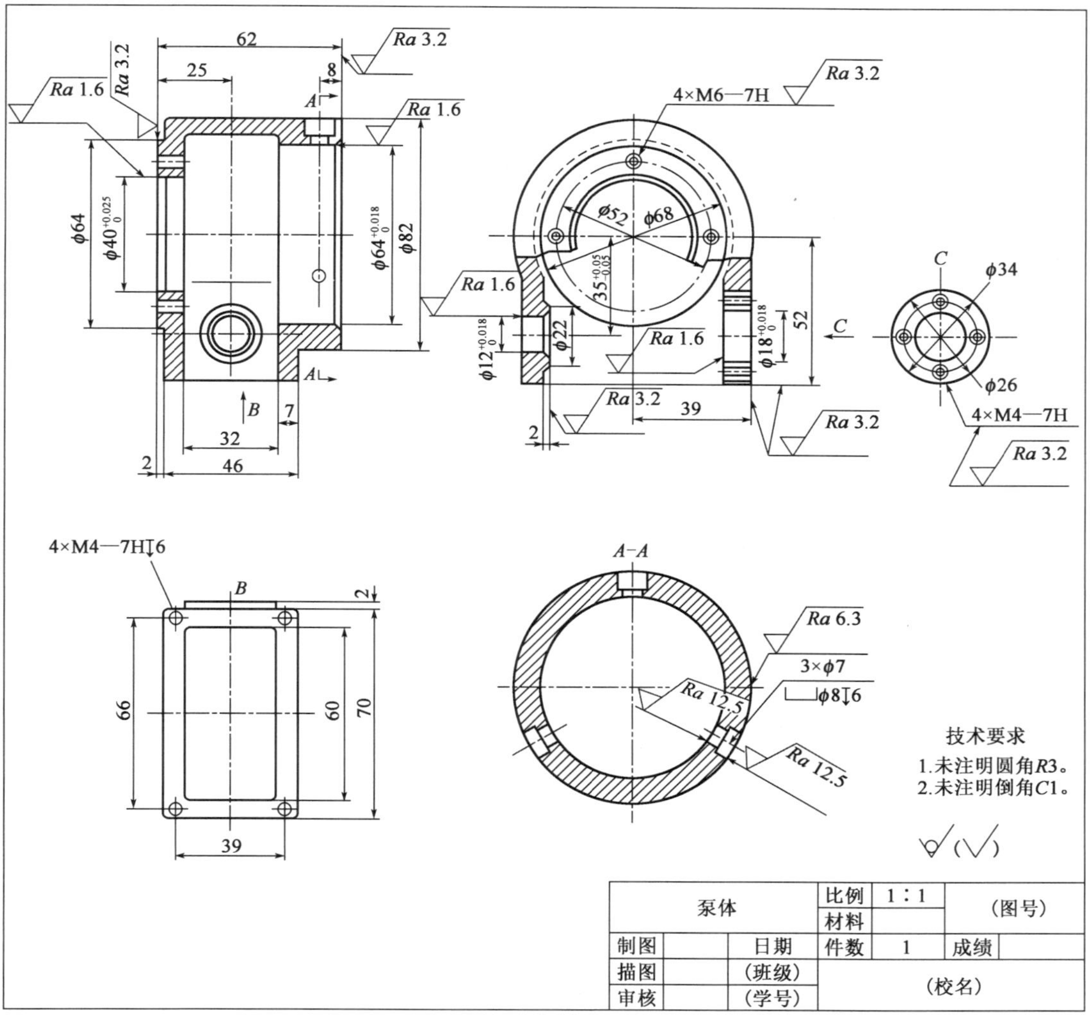

■ 图 3-3　泵体零件图

(3) 叉架类零件图。

如图 3-4 所示为拨叉零件图。

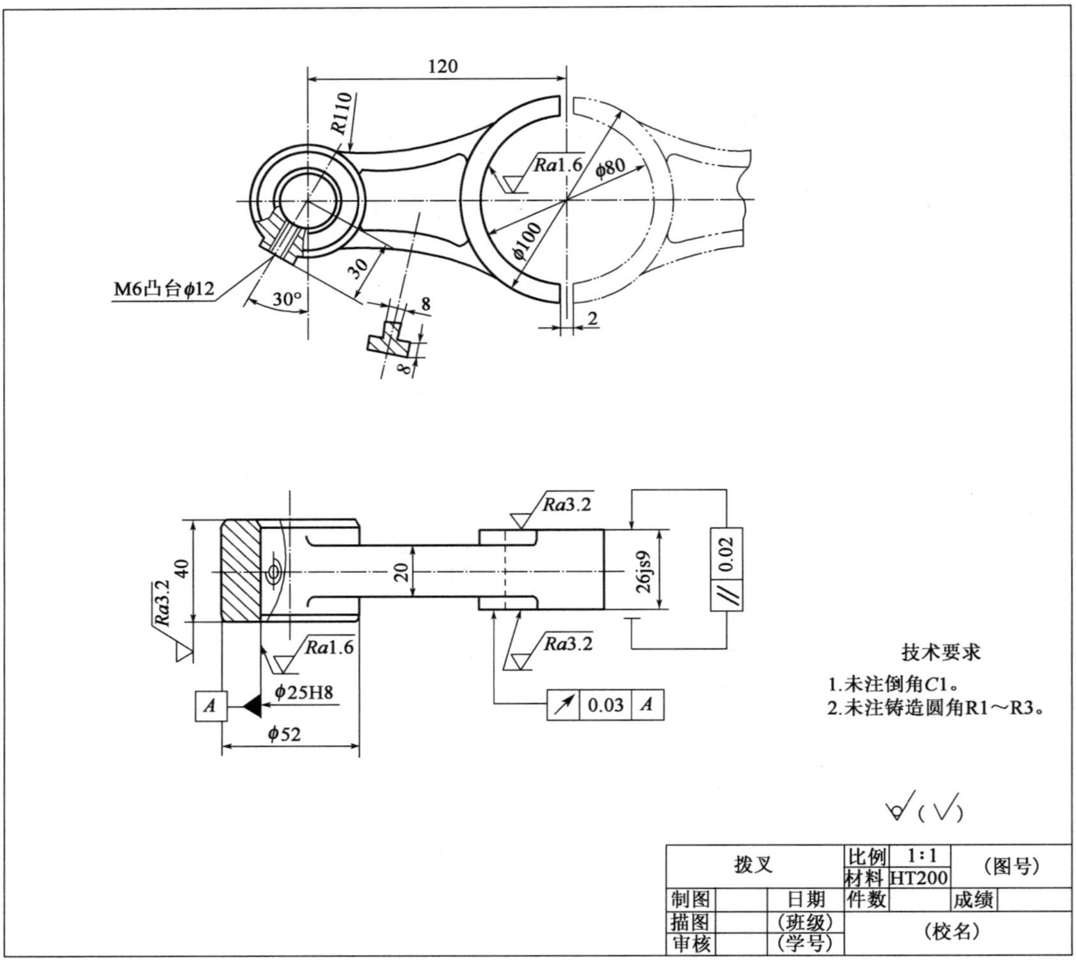

■ 图 3-4 拨叉零件图

(4)盘盖类零件图。

如图3-5所示为泵盖零件图。

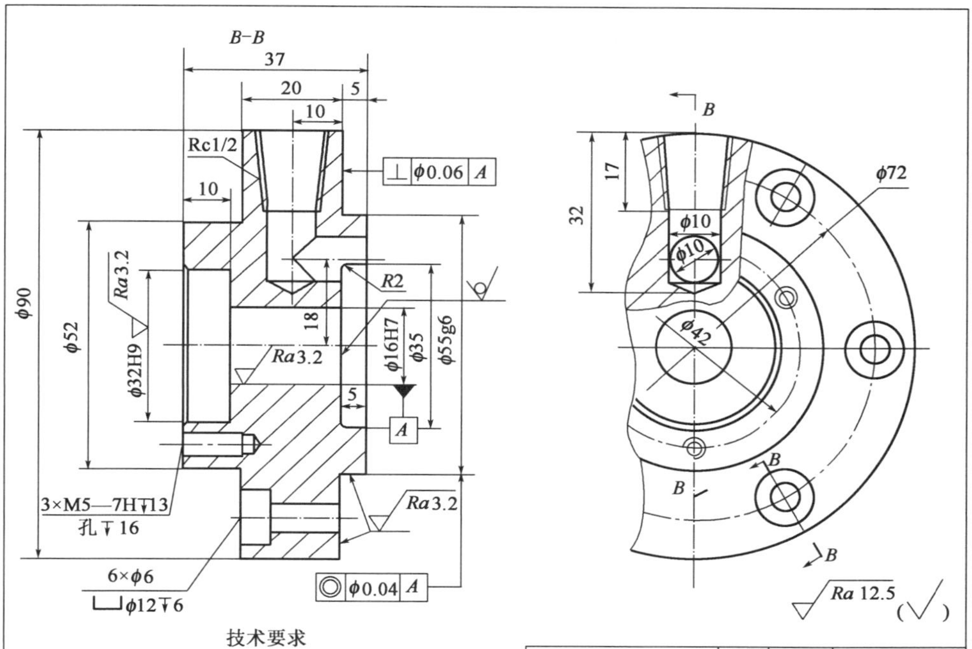

泵盖			比例		(图号)	
			材料	HT150		
制图		日期	件数		成绩	
描图		(班级)	(校名)			
审核		(学号)				

■ 图3-5 泵盖零件图

5.零件表达方案的选择

零件的表达方案要根据零件的结构形状来选择。在选择零件的表达方案时,首先要考虑的是便于看图,其次要根据其结构特点选用适当的表达方法,在正确、完整、清晰地表达零件的结构形状的前提下,力求绘图简便。零件的表达方案的选择即零件视图的选择。

零件视图的选择应包括主视图的选择、视图数量的选择及表达方法的选择。

(1)主视图的选择。

一般情况下,主视图是一组图形的核心,画图、看图一般从主视图开始。所以主视图选择得是否合理直接关系到画图和看图的方便与否。选择主视图时,应考虑以下几个方面的问题。

①主视图的投射方向。

主视图的投射方向应该反映出零件的形状特征。即主视图要能较多地表达零件的结构形状以及各形状之间的相互位置关系。

②零件的主视图位置。

零件在主视图上的位置一般选择零件的工作位置、自然放置位置或零件的加工位置。零件的工作位置是指零件在机器或部件上的工作位置。选择主视图时,应尽量与零件的工作位置一致，以便于画图和看图。零件的加工位置是指在加工零件的过程中，零件被固定和夹紧的位置。

(2)视图数量的选择。

主视图选定后，还要进一步选择视图的数量。零件的结构形状不同，其需要的视图数量也不同。根据零件的结构形状，可选择一个、两个、三个或更多个视图。

①一个视图

由柱、锥、球、环等基本回转体同轴或同方向不同轴组合而成的零件，它们的形状和位置关系简单，注上尺寸，一个视图就可完整、清晰地表达其结构形状，如图 3-6 所示。

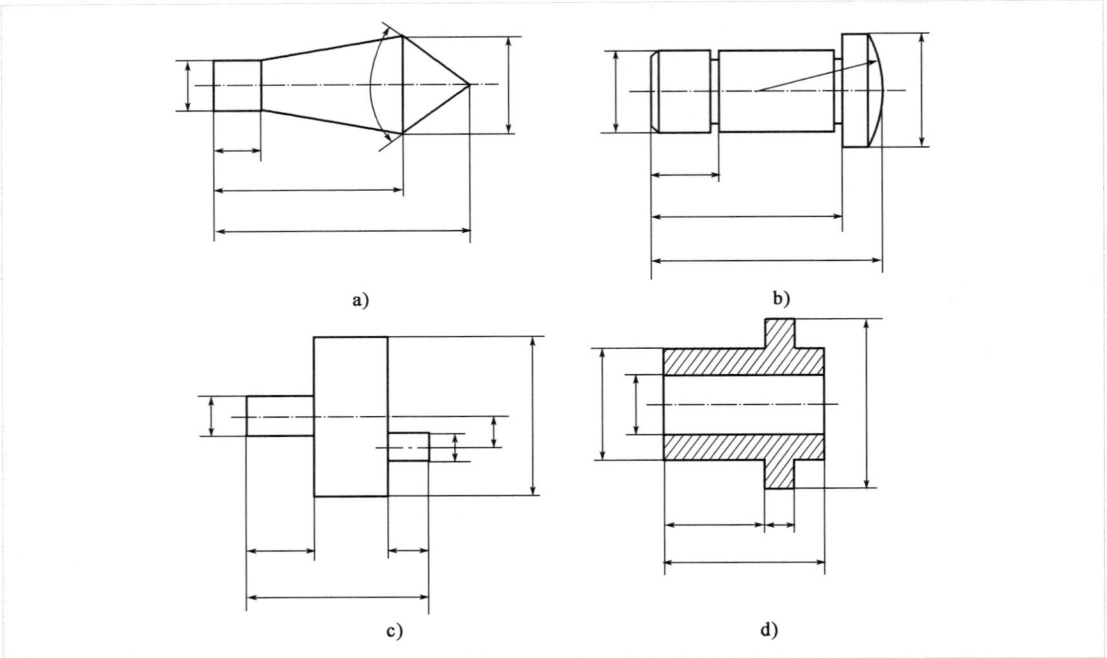

■ 图 3-6 可用一个视图表达的零件

②两个视图。

由同方向(或不同方向)同轴的几个回转体(包括不完整的回转体〉组合而成的零件，它们的形体虽然简单，但位置关系略复杂，一个视图不能表达完全，所以需要两个视图，如图 3-7 所示。

③三个视图。

更为复杂一些的零件，它们在三个方向上都有不同的结构，需要三个视图才能表达清楚，如图 3-8 所示。

(3)选择表达方案的方法步骤。

通过上述分析可以看出，选择表达方案的方法步骤如下。

①对零件进行分析。

对零件进行结构分析(包括零件的装配位置及功用)和工艺分析(零件的加工制造方法)。

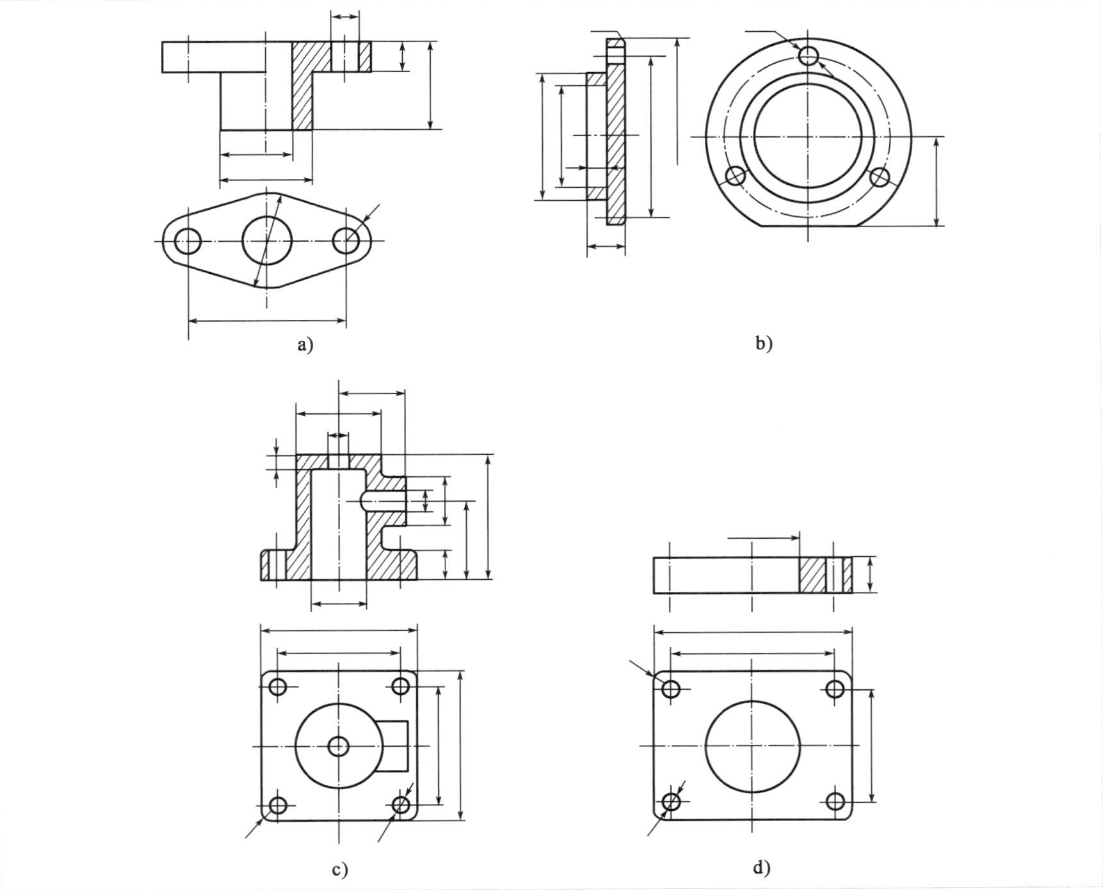

■ 图 3-7　可用两个视图表达的零件

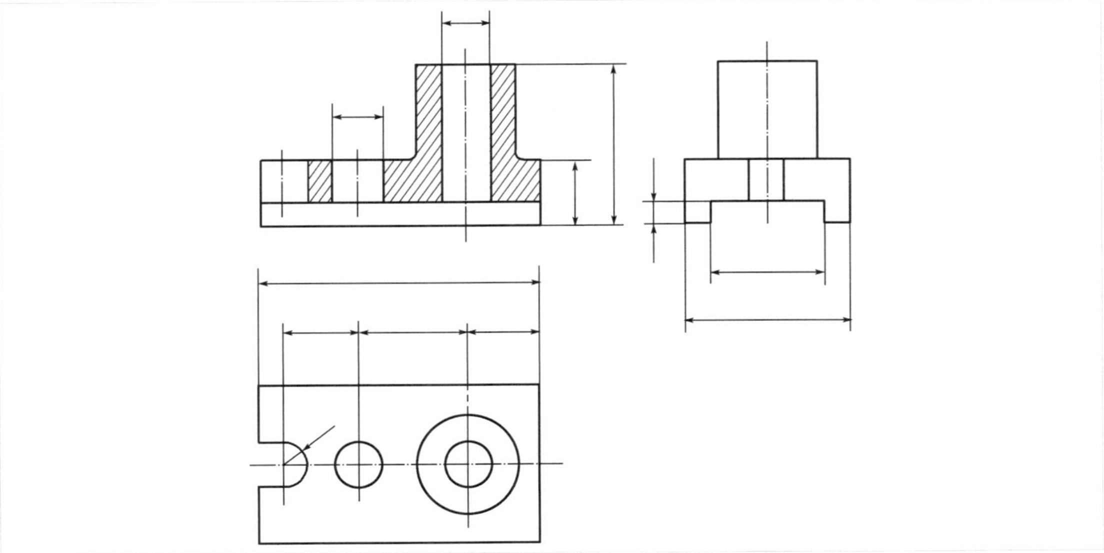

■ 图 3-8　需要三个视图表达的零件

②选择主视图。

在零件分析的基础上，选定主视图。

③选择视图数量和表达方法。

根据零件的外部结构形状与内部结构形状的复杂程度，同时根据零件的结构特点来选择视图数量和表达方法。

二、读懂零件图的尺寸标注

1. 零件图尺寸标注的基准及形式

零件图中视图表达零件的结构形状，尺寸则表达零件的大小。正确识读零件图上的尺寸标注十分重要。

(1)零件图的尺寸基准。

通常把标注尺寸的起点称为尺寸基准，以它为起点来确定零件上其他面、线或点的位置。尺寸基准可以是面(对称面、底面、端面等)、线(回转轴线、中心线等)或点。如图3-9a)所示的轴，其轴向尺寸是以右端面为基准，径向尺寸是以轴线为基准；如图3-9b)所示的轴承架，其高度方向是以底面为基准；如图3-9c)所示的凸轮，其轮廓曲线上各点的尺寸是以旋转中心为基准。因此，在标注尺寸时，首先要在零件的长、宽、高三个方向至少各选一个基准，然后再合理地标注尺寸。

零件图的尺寸基准

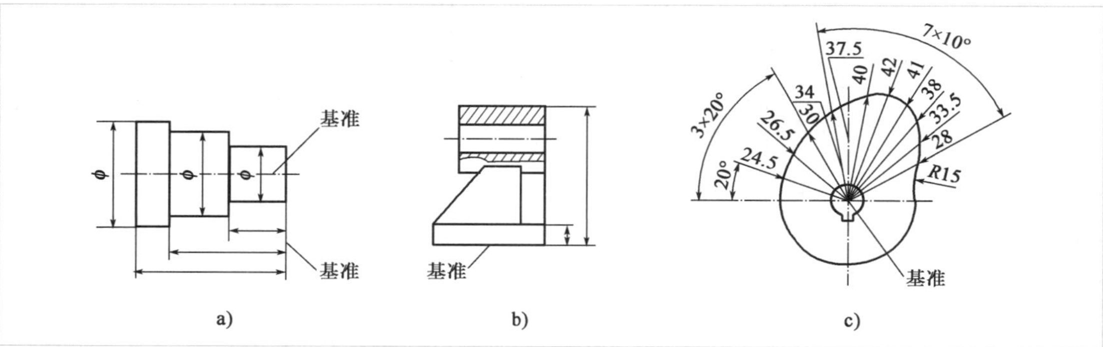

■ 图3-9 尺寸基准

尺寸基准根据基准的作用不同，可分为设计基准和工艺基准。

①设计基准。设计基准是根据零件的结构特点及设计要求所选定的基准，如图3-10a)中箭头所指的轴线即为该零件的径向设计基准。

②工艺基准。工艺基准是根据零件在加工、测量和检验等方面的要求所选定的基准。它又可分为定位基准和测量基准。

a. 定位基准。定位基准是在加工过程中，确定零件位置时所用的基准，如图3-10b)所示。

b. 测量基准。测量基准是在测量、检验零件的已加工表面时所用的基准，如图3-10c)所示。

看图时，设计基准比较容易找到，工艺基准相对不好发现。工艺基准往往根据工厂的设备条件和生产批量的大小因素来决定，而且在制造零件时，其工艺规程不同，工艺基准也可能不同。

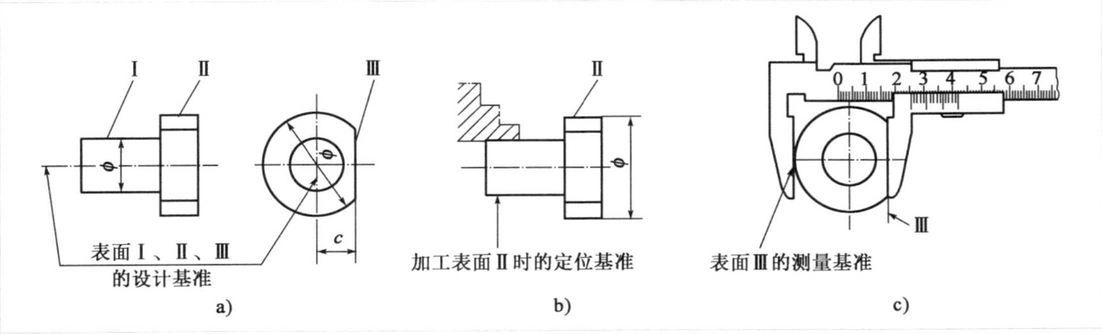

■ 图 3-10 尺寸基准的分类

尺寸基准根据主次不同，还可分为主要基准和辅助基准。

①主要基准。主要基准是同一方向上起主要作用的基准。如图 3-11 所示，零件长度方向基准Ⅰ、宽度方向基准Ⅱ、高度方向基准Ⅲ都是主要基准。

②辅助基准。辅助基准是起辅助作用的基准。图 3-11 中为了便于加工和测量沉孔的深度尺寸，增加了辅助基准Ⅳ；考虑到结构上对两沉孔中心距的要求，又增加了辅助基准Ⅴ。

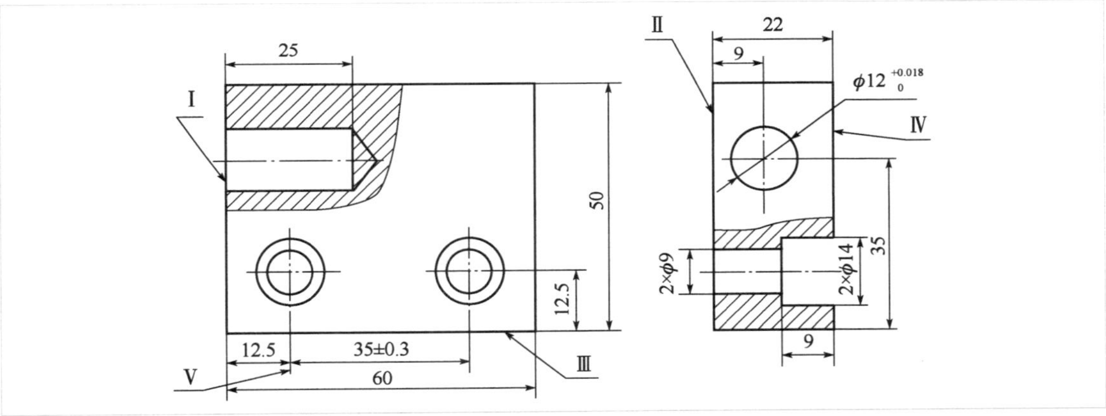

■ 图 3-11 主要基准和辅助基准

(2) 尺寸标注的形式。

尺寸在零件图上同一方向三种标注形式见表 3-1。

同一方向尺寸三种标注形式 表 3-1

标注形式	链状式	坐标式	综合式
图例	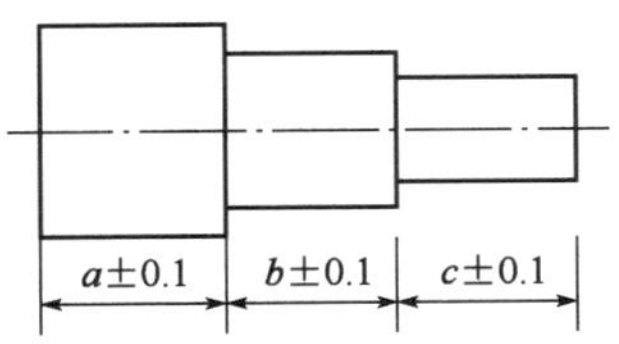	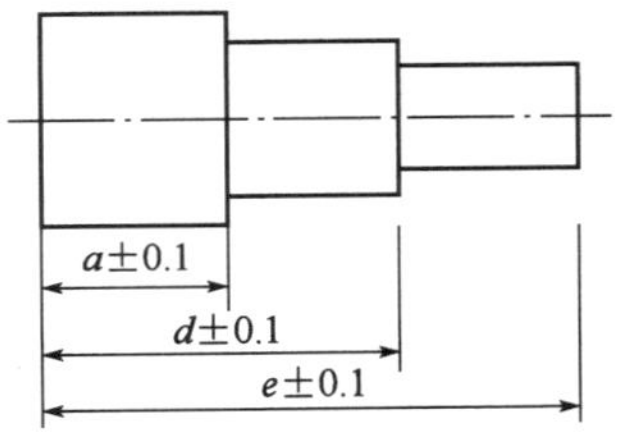	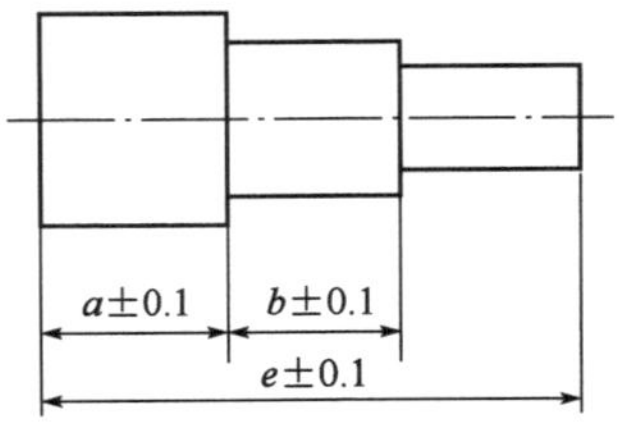

续上表

标注形式	链状式	坐标式	综合式
特征	零件同一方向的几个尺寸依次首尾相接，后一尺寸以它邻接的前一个尺寸的终点为起点（基准），注写成链状	零件同一方向的几个尺寸以同一基准进行标注	零件同一方向的多个尺寸既有链状式又有坐标式标注，是这两种形式的综合
分析	可保证所注各段尺寸的精度要求，但由于基准依次推移，使各段尺寸的位置误差累加	各段尺寸精度只取决于本段尺寸加工误差，这样既可保证所注各段尺寸的精度要求，又因各段尺寸精度互不影响，不产生位置误差累加	具有链状式和坐标式的优点，既能保证一些精确尺寸，又能减少阶梯状零件中尺寸误差积累
应用	极少	当需要从同一基准定出一组精确的尺寸时	广泛

2. 尺寸标注的基本原则

(1)重要的尺寸直接注出。

重要的尺寸是指影响产品性能、工艺精度、装配精度及互换性的尺寸。直接标注出功能尺寸，能够直接提出尺寸公差、形状和位置公差的要求，以保证设计要求。如图3-12所示的轴承座中，高度尺寸 a 和轴孔直径尺寸 b 即为功能尺寸。为保证设计要求，零件的功能尺寸应从基准出发直接注出。

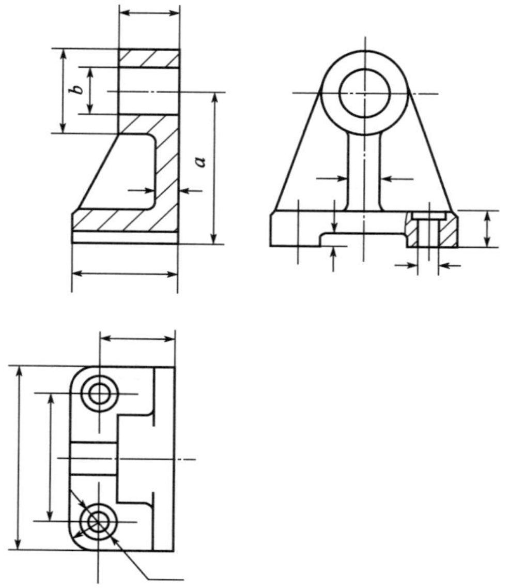

■ 图3-12 重要尺寸直接注出

(2)按工艺要求注尺寸。

①按加工顺序标注尺寸。

零件在加工时，都有一定的顺序。按零件的加工顺序标注尺寸，便于看图和测量，也有利于保证加工精度。如图 3-13 所示为退刀槽的尺寸标注,其中,图 3-13a)的尺寸标注符合加工顺序的要求,是合理的尺寸标注。

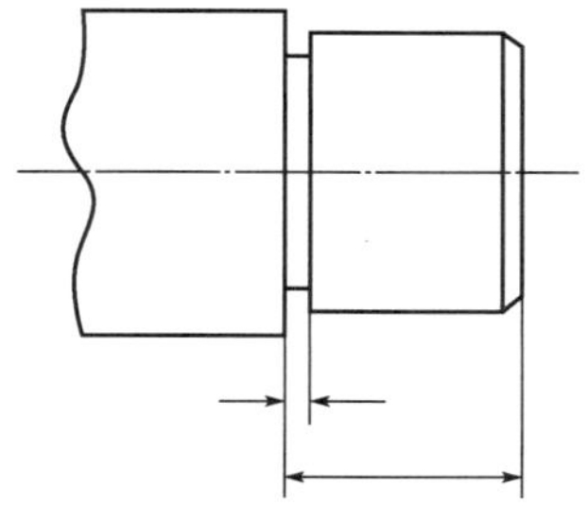

■ 图 3-13 按加工顺序标注尺寸

②尺寸标注应尽量方便测量。

如图 3-14a)所示的图例,都是由设计基准出发标注的尺寸,但不便于测量。如果这些尺寸对设计要求影响不大,可改为如图 3-14b)所示的标注方法,以便于测量。

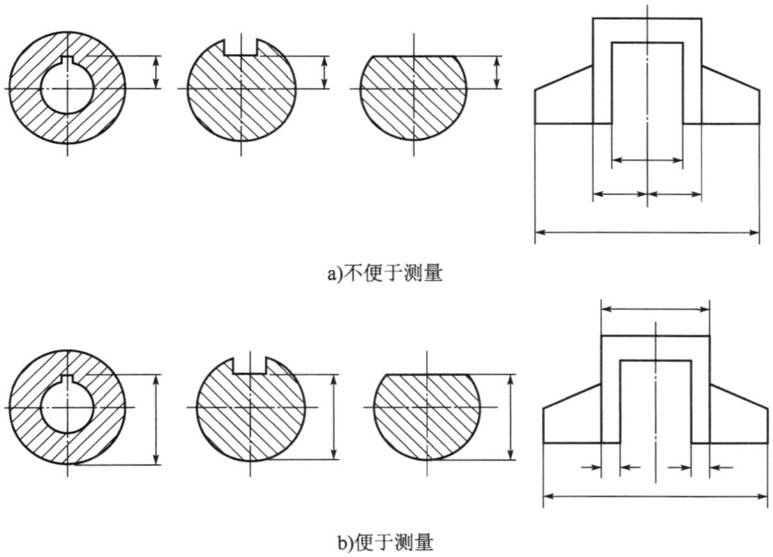

■ 图 3-14 便于测量的尺寸标注

(3)有配合关系的相关零件对应尺寸要一致。

对于零件上有配合关系的孔、轴的基本尺寸及螺纹联接的相关内、外螺纹尺寸,在各自零件图上标注时,尺寸数据要协调一致。如图 3-15 所示,件 1 与件 2 之间存在着尺寸 L、L_1 配合关系,在件 1 与件 2 各自的零件图中,有配合关系的对应尺寸 L、L_1 在标注时要一致。

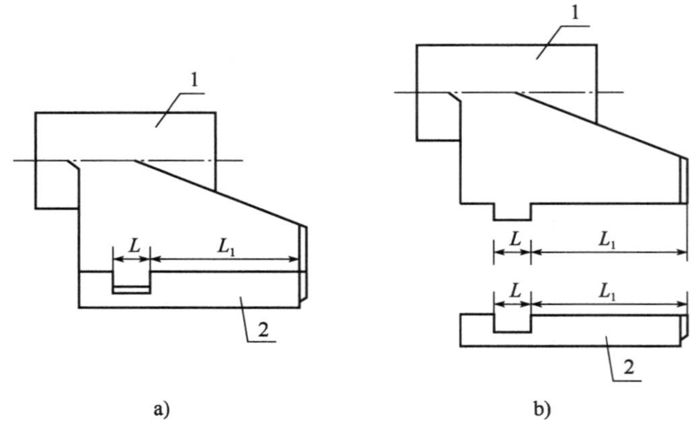

■ 图 3-15 有配合关系的相关零件对应尺寸要一致

对于轴孔间有明确配合关系的轴与孔，在各自零件图上进行尺寸标注时，公称尺寸应相同，如图 3-16 所示。

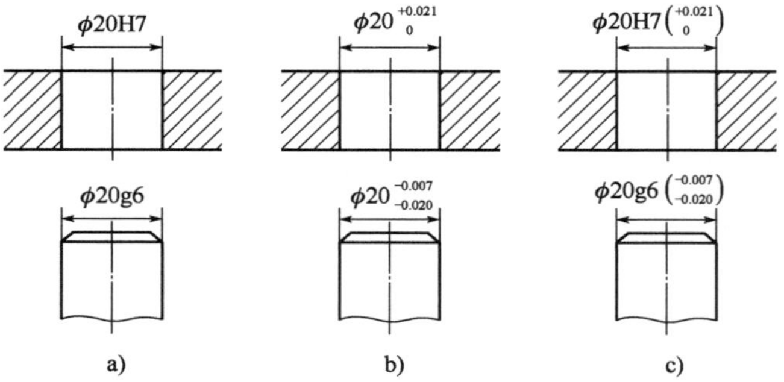

■ 图 3-16 有配合关系的轴与孔尺寸标注

(4)避免标注成封闭尺寸链。

封闭尺寸链是首尾相接，形成封闭圈的一组尺寸，每个尺寸称为一环。如图 3-17a)所示，4 个尺寸构成了一个封闭尺寸链，导致总长 L 尺寸得不到保证。

为了避免这种情况，通常省略一个最不重要的尺寸标注，如图 3-17b)所示，不再标注尺寸 C，省略的尺寸 C 被称为开口环。加工完成后，图中所注 3 个尺寸的加工误差全部累积到未标尺寸处，使整个工件的设计性得到了保证。

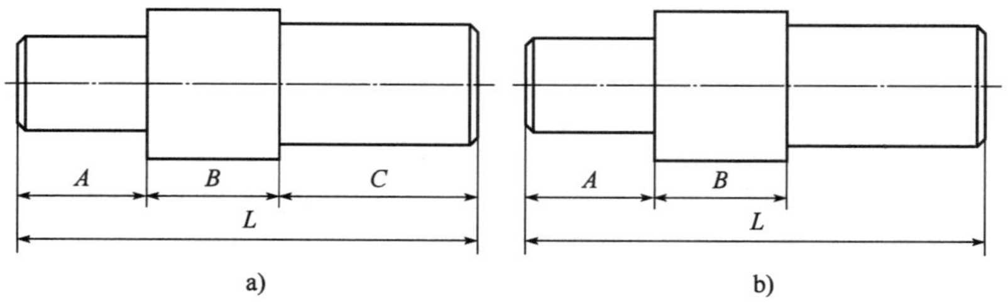

■ 图 3-17 封闭尺寸链及正确画法

(5)常见零件结构的尺寸标注。

常见零件结构的尺寸标注见表3-2。

常见零件结构的尺寸标注 表3-2

零件结构类型		标注方法	说明
光孔	一般孔	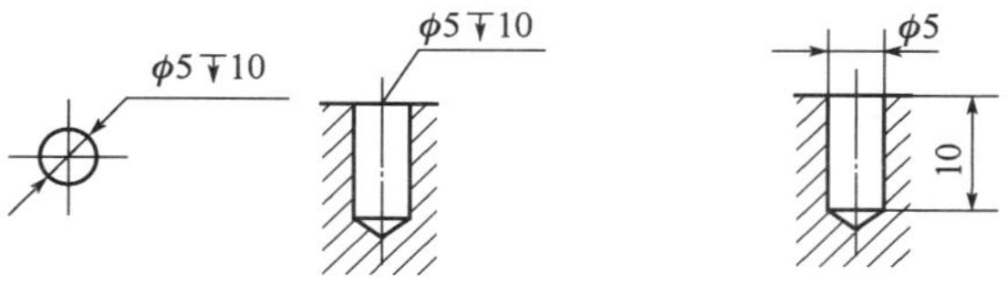	φ5表示直径为5,孔深为10,孔深可以与直径连注,也可以单独标注
	精加工孔	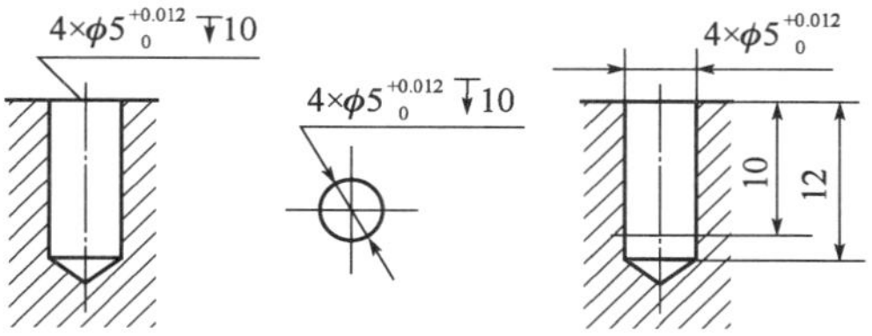	钻孔深为12,精加工孔直径为5,公差为0~0.012,精加工孔深为10
	销孔	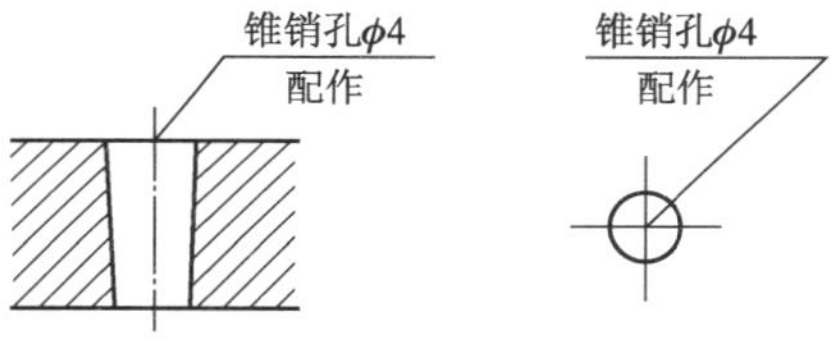	φ4为与锥销配合的销孔较小端直径
深台孔	柱形	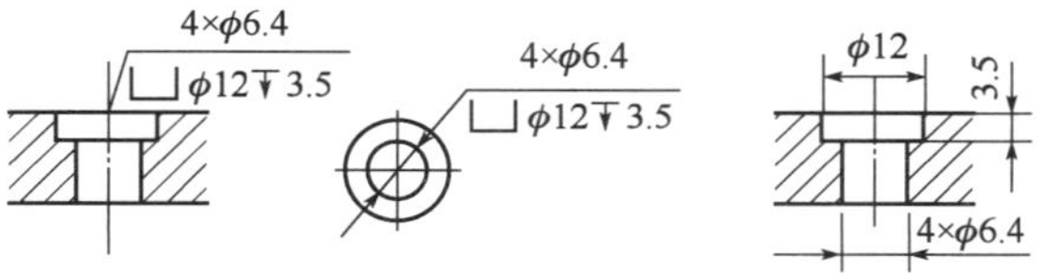	4×φ6.4表示直径为6.4,有规律分布4个孔,柱形沉孔直径为12,深3.5均需要注明
	锥形	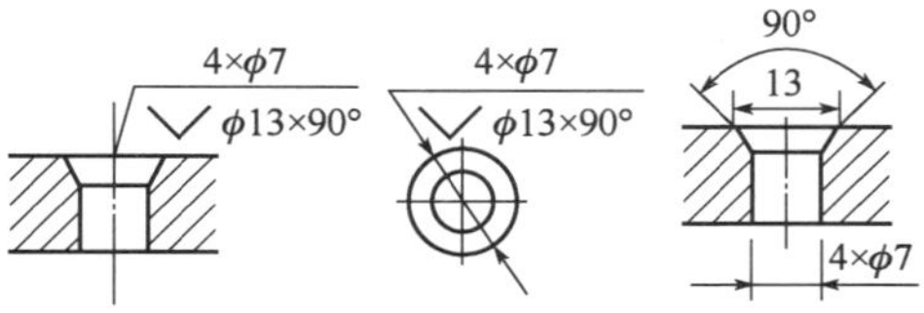	4×φ7表示直径为7,有规律分布4个孔,锥形部分尺寸可以旁注,也可以单注
	锪形	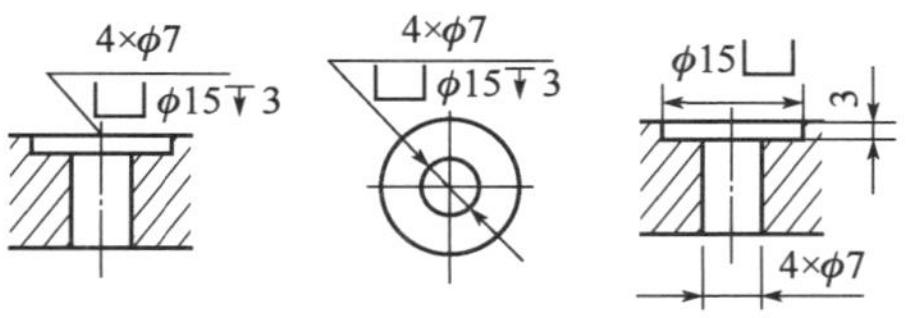	4×φ7意义同上,柱形沉孔直径为15,深3,均需注明
	螺纹孔	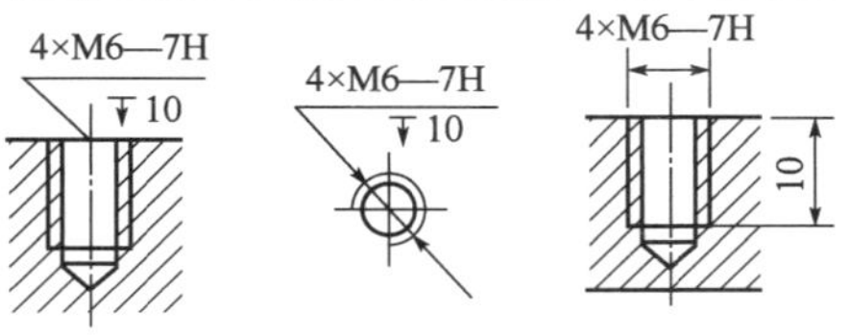	4×M6表示有4个公制螺纹孔,螺纹外径为6,螺纹深度为10,螺纹深度可以与螺纹连注,也可以单注

续上表

零件结构类型	标注方法	说明
退刀槽及砂轮越程槽	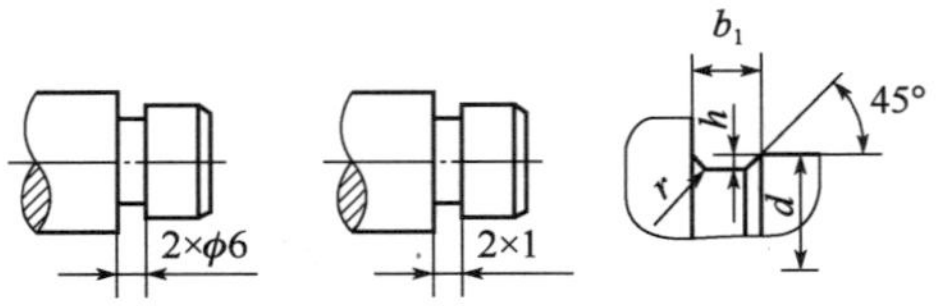	退刀槽一般按“宽 × 槽直径”或“宽 × 深”标注；砂轮越程槽尺寸可以通过零件手册查得
倒角	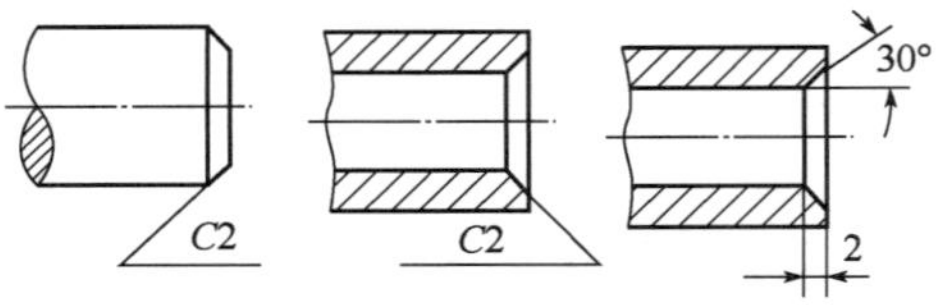	一般45°倒角按“C 宽度”标注；当倒角不是45°时，将具体角度值和宽度分开标注

对轴类件进行尺寸标注，可选择水平轴线为径向主要尺寸基准，轴向主要基准通常选择比较重要的端面或轴肩，注意按加工顺序安排尺寸，把不同工序的尺寸分别集中，方便加工和测量。一般将铣削加工（键槽）的相关尺寸集中分布在视图上方，车削加工的相关尺寸集中分布在视图下方，如图 3-18 所示。

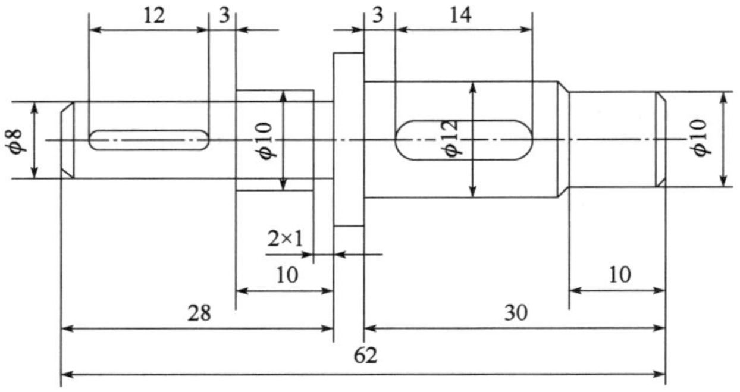

■ 图 3-18 轴类零件的尺寸标注

（6）零件图中典型结构尺寸注法。

零件图中典型结构尺寸注法如图 3-19 所示。

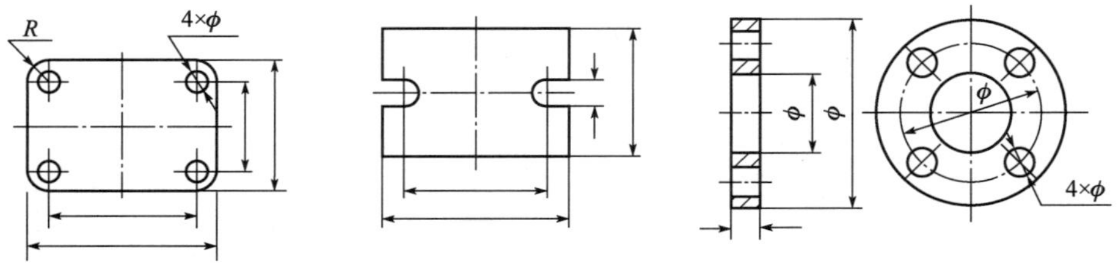

a) b) c)

■ 图 3-19

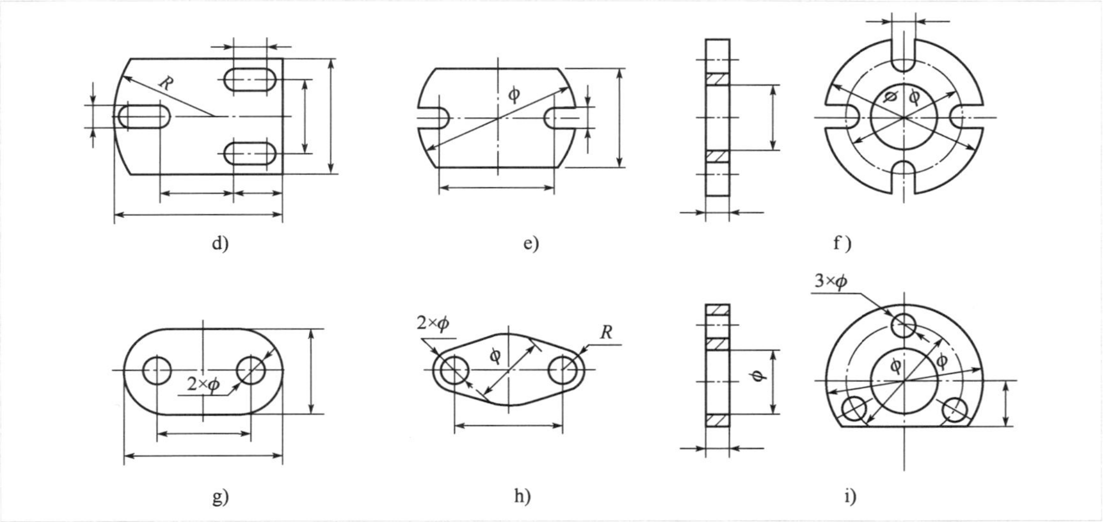

■ 图 3-19 零件图中典型结构尺寸注法

(7)合格的尺寸标注要求。

①完整。标注的尺寸既不多也不少。

②正确。尺寸标注符合国标相关规定。

③清晰。尺寸标注便于读图、画图,有序美观。

④合理。尺寸标注既要符合设计要求,又要符合工艺要求。

三、典型汽车零件图的读图技巧

1.零件图视图的选择

(1)零件图视图的表达要求。

零件图的设计者充分运用前面所学的机件各种表达方式,并结合零件的结构进行分析,正确地表达零件形状。

零件视图的选择与表达要求如下。

①完全。零件各部分的结构、形状及其相对位置表达完全且唯一确定。

②正确。视图之间的投影关系及表达方法要正确。

③清晰。所画图形要清晰易懂。

(2)主视图的选择。

零件图表达效果的好坏很大程度取决于设计者对主视图的选择是否合理。主视图是零件图中最主要的视图,选主视图时,首先要明确零件图的设计构思,其次是为其他视图的置和加工检测提供方便。

①工作位置原则。

工作位置原则是将零件在部件中工作时所处的位置布置为主视图。该原则便于装配时图物对照,根据装配关系来确定和校核零件的结构和尺寸,加工工序较多的零件常按此原则进行布置。如图 3-20 所示为球阀的主视图的选择与表达方式。为了较好地反映工作状况、更好地体现与其他件的配合关系，部件的放置位置应尽量与工作位置一致，主视图应以表达部件的工作原理和主要装配关系为重点，且采用适当的剖视。

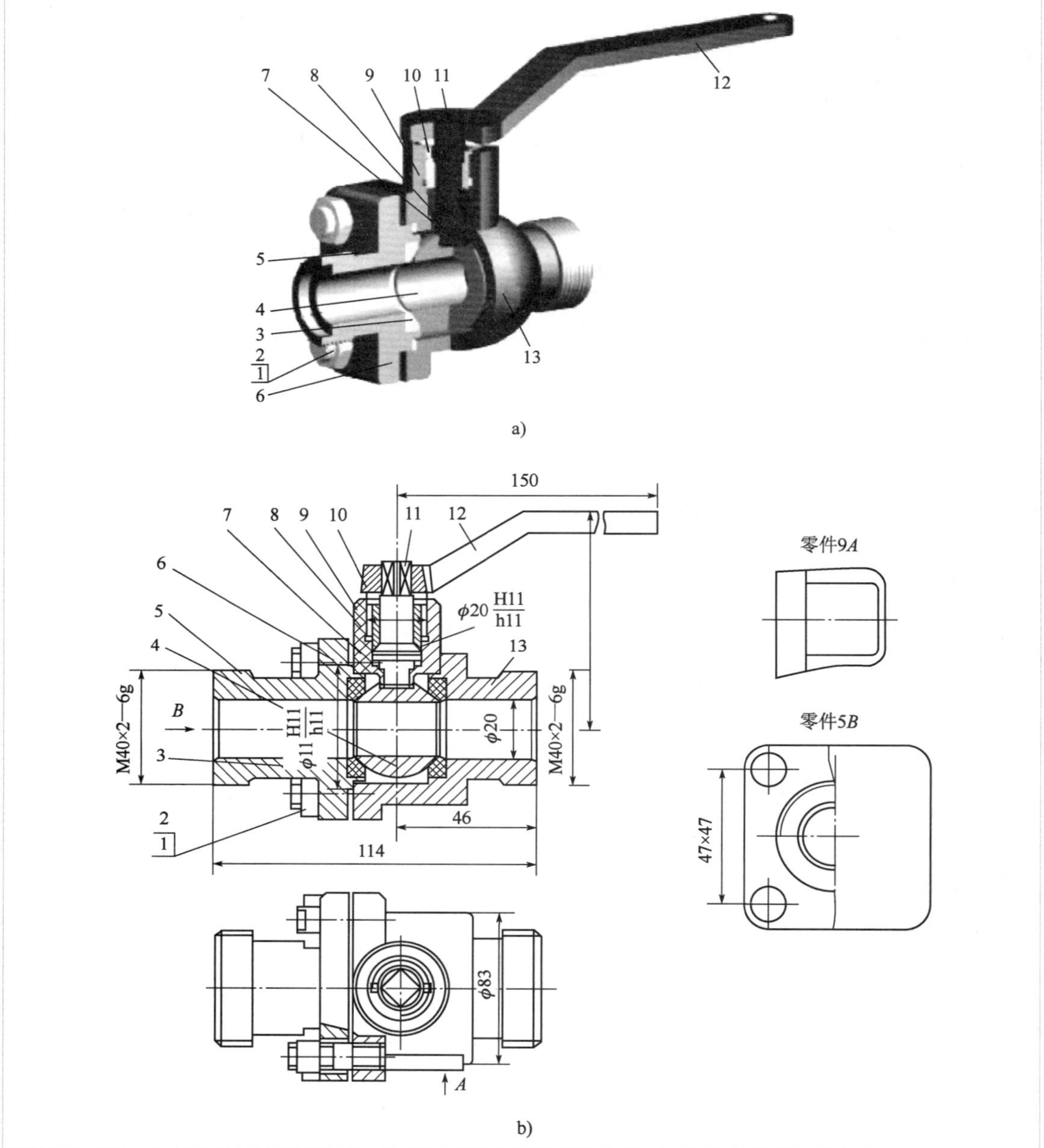

■ 图3-20　球阀的主视图选择与表达方式

1-螺母；2-螺柱；3-密封圈；4-阀芯；5-垫片；6-阀盖；7-垫；8-密封环；9-螺纹压环；10-填料；11-阀杆；12-扳手；13-阀体

②加工位置原则。

加工位置原则即按零件在机械加工时主要工序的位置或加工前在毛坯上划线日寸的主要位置来画主视图，这样便于对照图样进行加工生产。如图3-21a）所示为轮盘加工实例图。为了顺应加工工序，便于后期检查，轮盘主视图采用了如图3-21b）所示的表达方案。

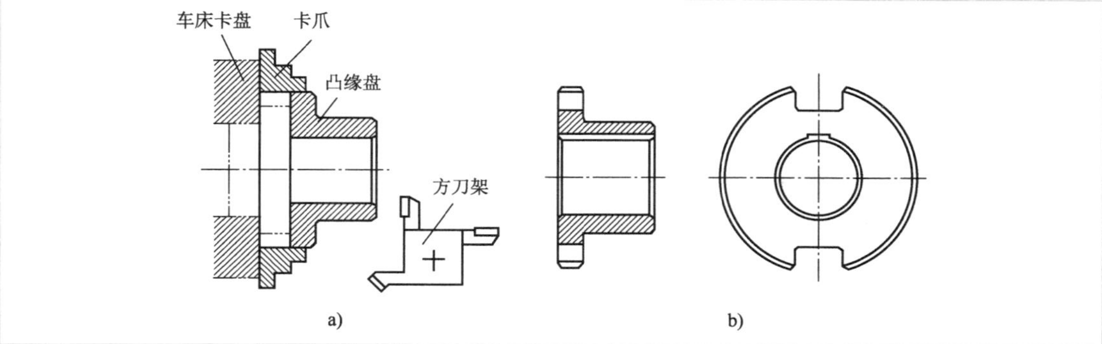

■ 图 3-21 轮盘的视图选择与表达方式

(3)其他视图的选择。

主视图确定后,其他视图的选择应根据零件内、外结构形状及其相对位置能否表达清楚来确定。一般遵循的原则是:在能够清楚地表达出零件的结构形状和便于看图的前提下,应使所选择的视图数量最少,各视图表达的重点明确,简明易懂。如图 3-22 所示,轴套的主视图能全面体现工件结构形状,则可以不再用其他视图表示,只采用主视图即可,如图 3-22b)为这个轴套的零件图表达方案。

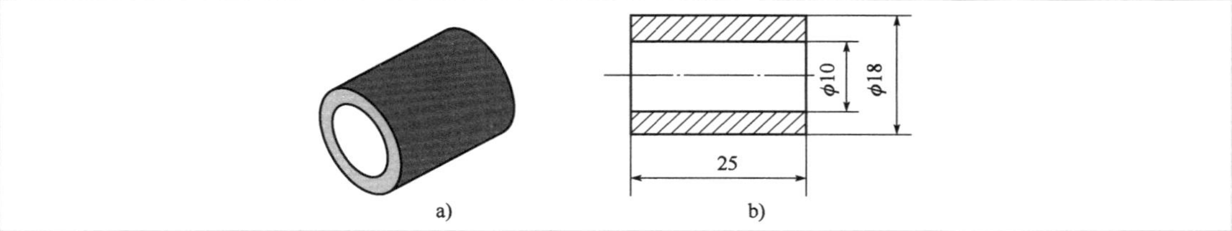

■ 图 3-22 轴套

如图 3-23 反映的是一个轴承座主视图确定后,其他视图的选择对比方案。很显然,由于图 3-23b)方案视图数量更少,所以选择图 3-23b)作为轴承座零件图。

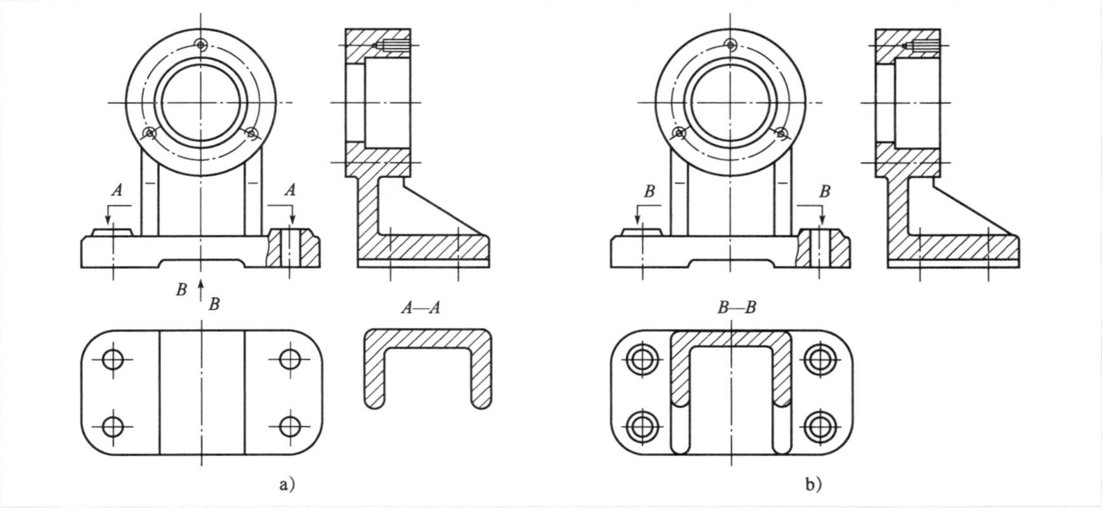

■ 图 3-23 轴承座其他视图的选择对比方案

(4)领会设计规则对识读汽车零件图的意义。

设计者画图的目的是使图的使用者明白零件图的表达内容，看图之前熟悉基本视图的选择与表达方式规则，有助于进一步解读汽车专用件零件图并逐渐掌握读图技巧。

2. 举例说明识读汽车零件图的方法步骤

制动卡钳支架零件图如图 3-24 所示。

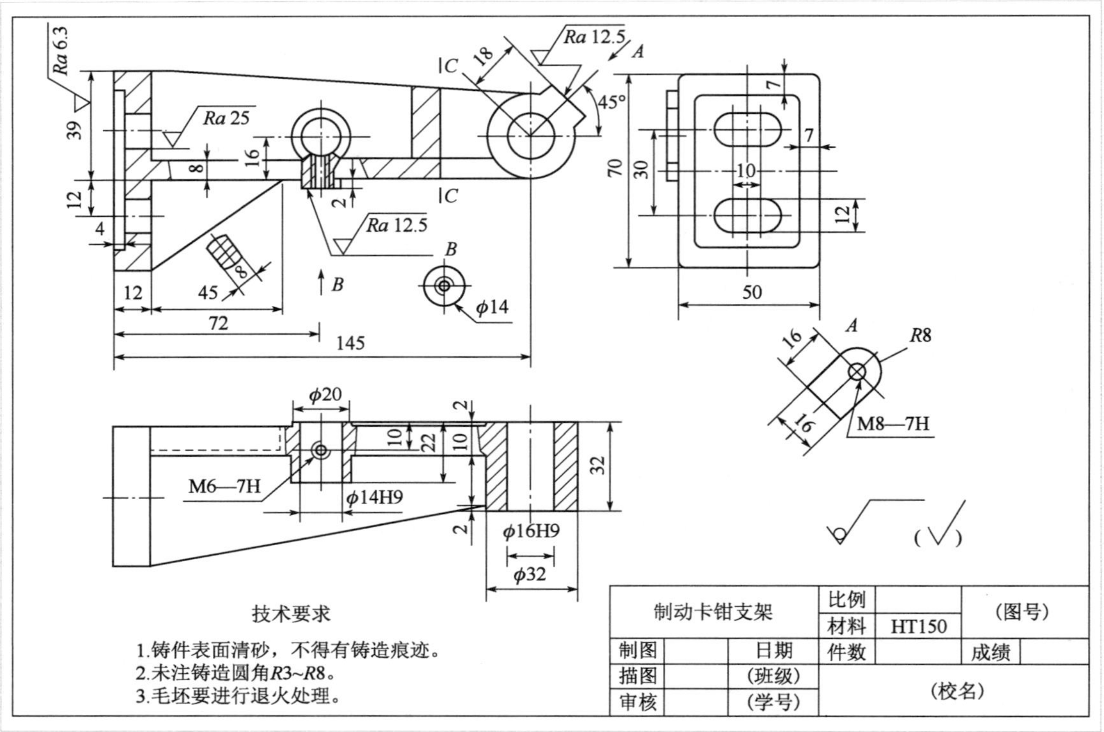

■ 图 3-24 制动卡钳支架零件图

(1)看标题栏。

从标题栏中了解零件的名称(制动卡钳支架)、材料(HT150)等。

(2)表达方案分析。

可按下列顺序进行表达方案分析。

①找出主视图。

②查视图、剖视图、断面等视图数量，找出它们的名称、相互位置和投影关系。

③凡有剖视、断面处要找到剖切平面位置。

④有局部视图和斜视图的地方必须找到表示投影部位的字母和表示投影方向的箭头。

⑤检查有无局部放大图及简化画法。

制动卡钳支架零件图由主视图、俯视图、左视图、一个局部视图、一个斜视图、一个移出断面组成。主视图上用了两个局部剖视和一个重合断面，俯视图上也用了两个局部剖视，左视图只画外形图，用以补充表示某些形体的相关位置。

(3)进行图形分析。

①先看大致轮廓,再分几个较大的独立部分进行形体分析,逐一看懂。

②对外部结构逐个分析。

③对内部结构逐个分析。

④结合材料加工成型特性进行图样检查分析。

⑤结合使用要求进行可行性分析,如有其装配图配合更佳。

(4)进行尺寸分析。

①分析定形尺寸和定位尺寸的恰当性。

②根据零件的结构特点,了解基准和尺寸标注形式。

③了解功能尺寸与非功能尺寸。

④了解零件总体尺寸。

制动卡钳支架零件标注尺寸的基准:长度方向以左端面为基准,从它注出的定位尺寸有72 和 145;宽度方向以经加工的右圆筒端面和中间圆筒端面为基准,从它注出的定位尺寸有 2 和 10;高度方向的基准是右圆筒与左端底板相连的水平板的底面,从它注出的定位尺寸有 12、16。

把零件的结构形状、尺寸标注、工艺和技术要求等内容综合起来,就能了解零件的全貌,也就看懂了零件图。

识读汽车零件图任务工单

任务名称	识读汽车零件图

学生信息

班级：

姓名：

学号：

任务目标

1. 明确零件基本信息与功能定位。
2. 完整分析零件的结构形状与组成。
3. 掌握技术要求与质量标准。

理论知识学习

1. 汽车零件图的内容。

一张完整的汽车零件图包括一组视图、全部尺寸、技术要求和标题栏。

2. 零件表达方案的选择。

零件的表达方案的选择即零件视图的选择，零件视图的选择应包括主视图的选择、视图数量的选择及表达方法的选择。

实践操作

识读图 3-25 所示零件图。

1. 该刹车支架零件图采用了哪些视图？
2. 主视图是否采用了剖切方法？
3. 描述刹车支架的整体结构特征。
4. 指出零件上的关键结构。
5. 指出零件的主要基准。
6. 识别图中的重要尺寸。

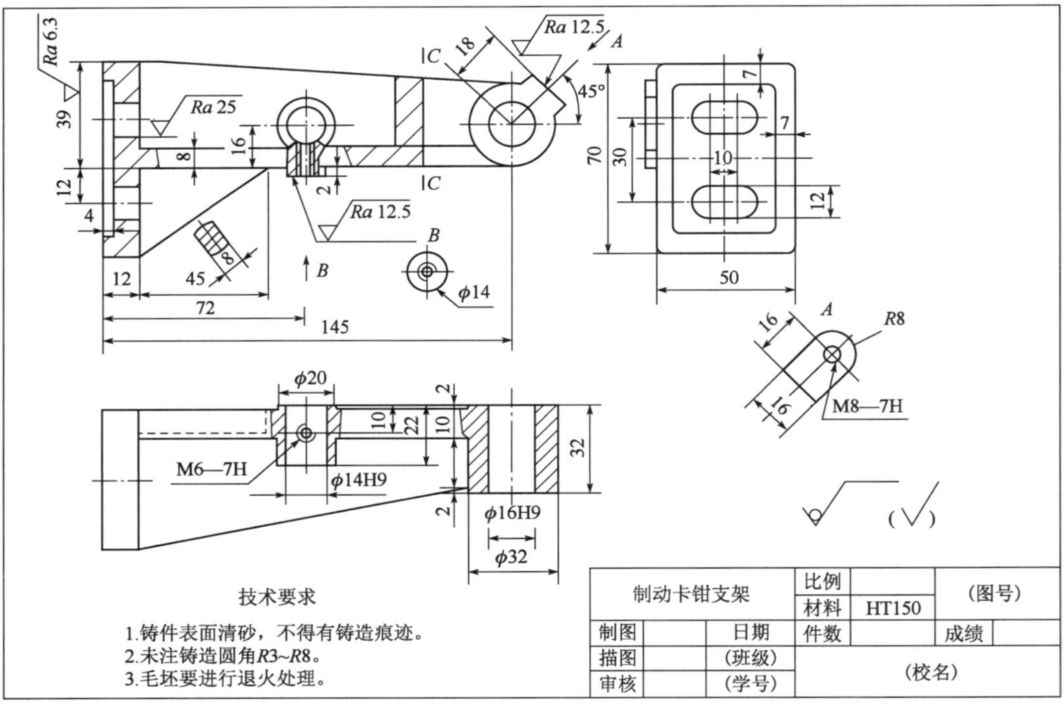

■ 图 3-25　实操练习图

续上表

总结与反思 1. 本次任务的主要收获是什么？ 2. 在学习过程中遇到了哪些困难？如何解决的？ 3. 对未来学习的建议与期望。

任务二　识读汽车部件的装配图

任务导入

一台汽车或一个汽车部件，都是由若干零件按一定的装配关系和技术要求装配而成。在产品安装和维修过程中，需要根据装配图进行装配、维修和检验。因此，读懂装配图，是一名汽车维修工人所必备的基本技能。本任务主要聚焦于汽车部件装配图的相关知识，通过对装配图尺寸标注、表达方法、配合代号等知识的学习，正确识读汽车部件的装配图。

任务目标

1. 熟悉装配图的尺寸标注要求，能读懂装配图中各尺寸的作用。
2. 熟悉装配图的规定画法、特殊表达方法和简化画法，能读懂装配图的表达方法。
3. 能正确识读装配图中配合代号的含义，掌握配合代号在图样中的标注。
4. 掌握识读装配图的一般方法和步骤。

一、装配图的内容

表达装配体（机器或部件）及其组成部分的连接、装配关系的图样称为装配图。装配图是表达机器结构、工作原理和功能的技术性文件，是制定装配工艺规程，进行机器装配、检查、安装和维修的技术依据。

识读装配图

装配图在绘制的过程中由以下几部分组成：

（1）一组视图用一组视图完整、清晰、准确地表达出机器的工作原理、各零件的相对位置及装配关系、连接方式和重要零件的形状结构。

（2）必要的尺寸标出装配体的总体尺寸、性能尺寸、装配尺寸、安装尺寸以及其他重要尺寸。技术要求用文字或符号简明扼要地表达对装配体的质量、装配、检测、调整和安装、使用等方面的要求。

（3）零件的序号、明细栏和标题栏，装配图中的零件编号、明细栏用于说明每个零件的名称、代号、数量和材料等。标题栏包括零部件名称、比例、绘图及审核人员的签名等。

1. 序号的标注形式

零部件序号一般应由三部分组成：指引线、水平线或圆圈、序号数字。

(1)序号注写在视图外明显的位置上，表示方法有以下三种，即注写在水平线上、圆内或指引线另一端附近，如图 3-26a) ~ 图 3-26c)所示，序号的字高应比尺寸数字大一号或两号，同一装配图中编注序号的形式应一致。

(2)指引线相互不能相交，也不应与所通过区域内的剖面线平行；必要时，指引线可以画成折线，但只允许曲折一次，如图 3-26d)所示。

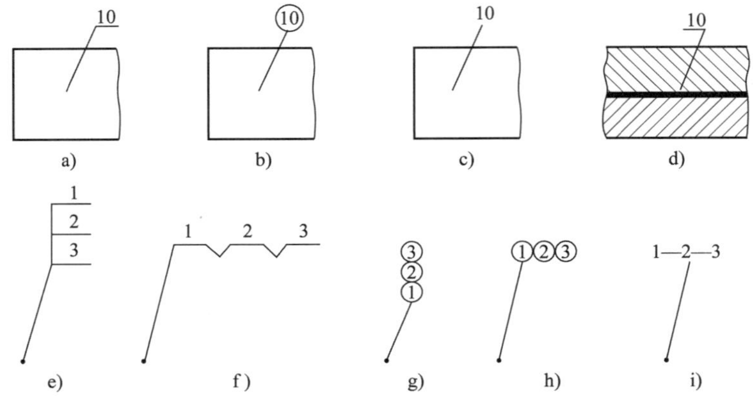

■ 图 3-26 零件序号的注写形式

(3)指引线、水平线、圆用细实线绘制，并在零件一端画圆点，且圆点须画在所指零件的轮廓线内；若所指零件很薄或剖面涂黑时，可在指引线的末端画出箭头，如图 3-26e)所示。

(4)对一组紧固件或装配关系清楚的零件组，允许采用公共指引线，如图 3-26e) ~ 图 3-26i)所示。

(5)相同的零、部件用一个序号，一般只标注一次。

(6)标准化组件(如油杯、滚动轴承等)看作为一个整体，只编写一个序号。

(7)序号应按顺时针(或逆时针)方向整齐地顺次排列。如在整个图上无法连续时，可只在每个水平或垂直方向顺次排列。要尽量使各序号之间距离均匀一致。

2. 明细栏的画法和填写

(1)明细栏和标题栏的分界线是粗实线，明细栏的外框竖线是粗实线，明细栏的横线和内部竖线均为细实线(包括最上一条横线)。

(2)序号应自下而上顺序填写，如向上延伸位置不够，可以在标题栏紧靠左边自下而上延续。

(3)明细栏中的序号应与装配图上编号一致，即一一对应。

(4)在明细栏的备注这一栏中，一般填写附加说明或常用件的主要参数，如齿轮的模数、齿数等。

(5)螺栓、螺母、垫圈、键、销等标准件的标记分两部分填入明细栏。标准代号填入代号这一栏，其余规格尺寸等填在名称这一栏。

标题栏与明细栏示例如图 3-27 所示。

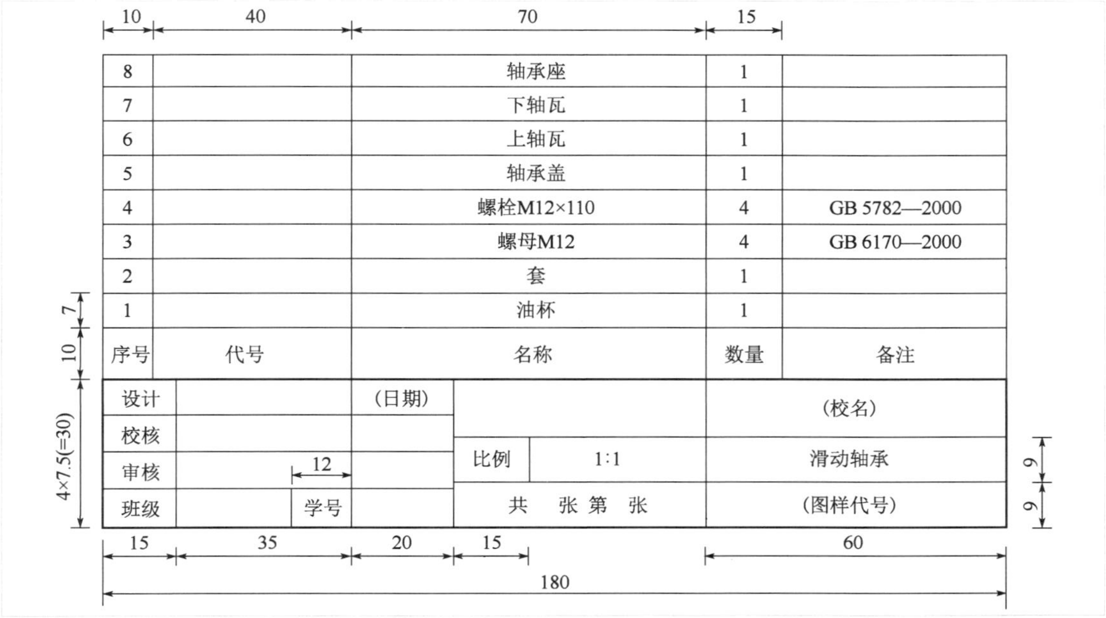

■ 图 3-27 标题栏与明细栏

3. 装配图上的技术要求包含的内容

(1)装配要求:指装配时的说明,装配过程中的注意事项以及装配后应达到的要求。详见技术要求第 2 项。

(2)检验和试验要求:包括机器或部件基本性能检验、试验方法和技术指标等的说明。详见技术要求第 1 项。

(3)使用要求:对机器或部件的性能使用环境、工作状态、维护、保养、包装、运输、安装以及操作、使用注意事项的说明。详见技术要求第 4、5 项。

技术要求一般注写在明细栏的上方或图纸下部空白处。如果内容很多,可另外编写技术文件作为图纸的附页。以下是一个技术要求的示例。

技术要求:

①轴衬与轴承座、轴承盖间用着色法检查接触情况。下轴衬与轴承座接触面不得小于 50%;上轴衬与轴承盖接触面不得小于 40%。

②装配时轴承盖与轴承座间加垫片调整,保证轴与轴衬间隙 0.05 ~0.06㎜,接触面积在 625mm^2 内不少于 15 ~20 点。

③轴承装配达到上述要求后,加工油孔和油槽。

④调整试转后,零件用煤油清洗,工作面涂一层薄干油。

⑤轴承温度不得超过 120℃。

二、读装配图的步骤和方法

1. 概括了解

看标题栏了解装配体的名称,对于复杂机器或部件可通过说明书或参考资料了解其构造、工作原理和用途。

看零件编号和明细栏，了解零件的名称、数量和它在图中的位置。

2. 分析视图

分析各视图的名称及投影方向，弄清剖视图、断面图的剖切位置，从而了解各视图的表达意图和重点。

3. 分析装配关系、传动关系和工作原理

分析装配主线，弄清各零件间相互配合的要求，以及零件间的定位、连接方式、密封等问题。再进一步搞清运动零件与非运动零件的相对运动关系。

4. 识读装配图的尺寸

装配图不是制造零件的直接依据，因此，装配图中不需注出零件的全部尺寸，而只需标出一些必要的尺寸，这些尺寸按其作用的不同，大致可以分以下几类。

(1)规格(或性能)尺寸。

用以表示机器(或部件)规格或工作性能的尺寸。这种尺寸在设计机器(或部件)时就已经确定，它是设计、了解和选用机器(或部件)的主要依据。例如图 3-28 中，滑动轴承的孔径 ϕ50H8。

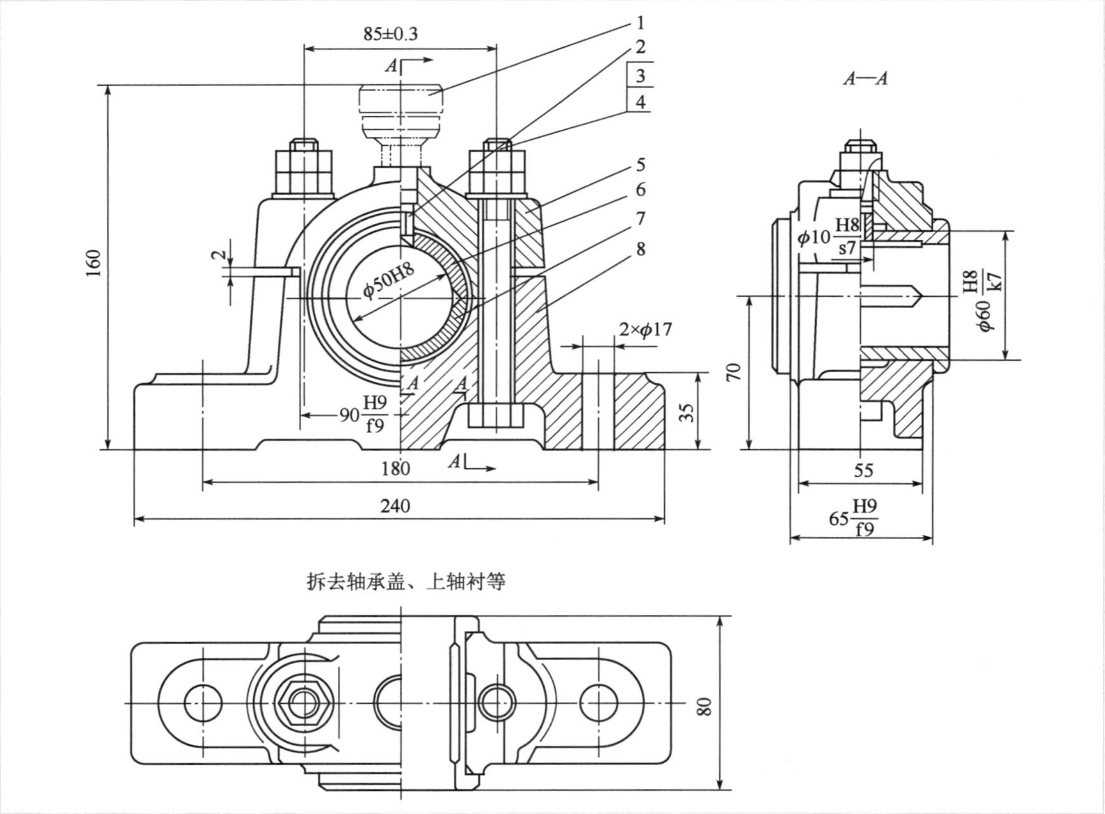

■ 图 3-28 滑动轴承装配图

(2)装配尺寸。

装配尺寸由两部分组成,一部分是表示零件之间配合性质的尺寸,如图 3-28 中的 ϕ60H8/k7、ϕ10H8/s7 和 65H9/f9 等;另一部分是与装配有关的零件之间的相对位置尺寸。图中的 ϕ50H8 孔的中心高 70、两螺栓的中心距 85。

(3)安装尺寸。

部件安装在机器上或机器安装在基础上所需要的尺寸。如图 3-28 轴承座上两安装孔 2×ϕ17和两孔的中心距 180。

(4)外形尺寸。

表示机器(或部件)外形轮廓大小的尺寸,即总长、总宽和总高,这是为设备的包装、运输、安装及厂房设计等提供尺寸依据。如滑动轴承的总长 240、总宽 80、总高 160 等。

(5)其他重要尺寸在设计中,经过计算确定的重要尺寸及表示运动件的活动范围的极限尺寸等,可作为拆画零件图及装配、调试、检验、使用机器的参考,例如图 3-28 中轴承座上安装板的宽度 55、高 35 等。

5. 总结归纳

在对机器或部件的工作原理、装配关系和各零件的结构形状进行分析之后。还应对所注尺寸和技术要求进行分析研究,了解装配图反映的设计意图和装配工艺性能等,并弄清各零件的拆装顺序。经归纳总结,加深对机器或部件的全面认识,读懂装配图。

示例一:识读滑动轴承装配图

(1)概括了解。

如图 3-28 所示,装配图的名称叫滑动轴承,滑动轴承是一种支承旋转轴的标准部件。从图中可知,滑动轴承由 8 种共 14 个零件组成。

(2)分析视图。

滑动轴承装配图由三个图形组成,主视图采用半剖视;左视图作了半剖视;俯视图右半部是沿轴承盖与轴承座的结合面剖开画出的,此时零件结合面上不画剖面线,但被剖切部分(螺栓)必须画出剖面线,拆去也进行了注明。

由主视图中可知,在轴承座 1 与轴承盖 3 之间装有下轴衬 2 和上轴衬 4,并由螺栓 6、螺母 7 和垫圈 8 将轴承盖 3 与轴承座 1 连接并紧固。在上轴衬 4 与轴承盖 3 之间有一轴衬固定套 5,用于连接固定,在轴承盖 3 的上方装有油杯 9。图 3-29 为滑动轴承的轴测分解图。

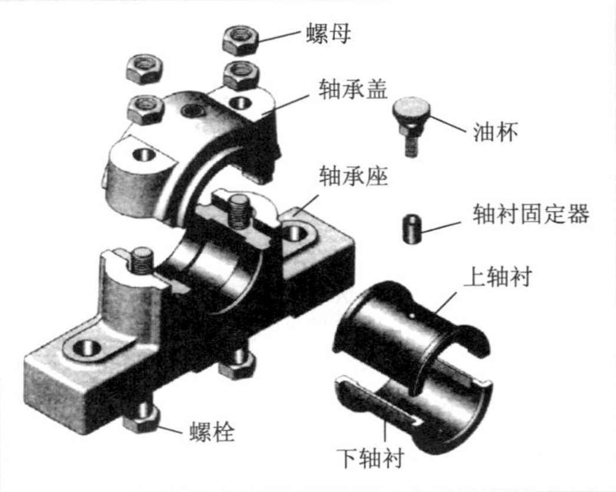

■ 图 3-29 滑动轴承的轴测分解图

(3)分析尺寸。

ϕ50H8、70 为规格尺寸,表明该轴承只能用来支承轴颈基本尺寸为 ϕ50mm 的轴,且轴线到安装面的高度为 70mm。

(4)分析工作原理。

滑动轴承在支承旋转轴工作时,被支承轴的轴颈与滑动轴承的上、下轴衬之间存在滑动摩擦力，为减小摩擦力，在滑动轴承顶部装有油杯，可供油进行润滑。滑动轴承采用了两组螺栓连接将轴承座和轴承盖紧固在一起，并紧紧包住了上、下轴衬。为使上、下轴衬在工作时不随旋转轴产生旋转，在轴承盖与上轴衬之间装有一个轴承固定套5。

（5）分析装拆顺序。

滑动轴承的组装顺序如下：

①把轴承座平放，将下轴衬装在轴承座内。

②将上轴衬装在轴承盖内，并把轴衬固定套插入轴承盖与上轴衬已对齐的小圆孔中。

③把上面已装好的两部分合起来，然后用两组螺栓紧固件将它们连接并旋紧。

④最后，在轴承盖顶部装上油杯，至此组装完毕。

示例二：识读活塞连杆装配图

（1）概括了解。

由标题栏知，该部件是活塞连杆总成；由明细栏知道它共有14种零件，其中连杆螺母和开口销是标准件外，其余十二种零件都为非标准件（图3-30）。从图中所注的规格、尺寸，结合对汽车构造的相关知识和有关资料，可了解活塞连杆的用途、适用条件和规格。

活塞连杆总成立体图

识读活塞连杆总成装配图

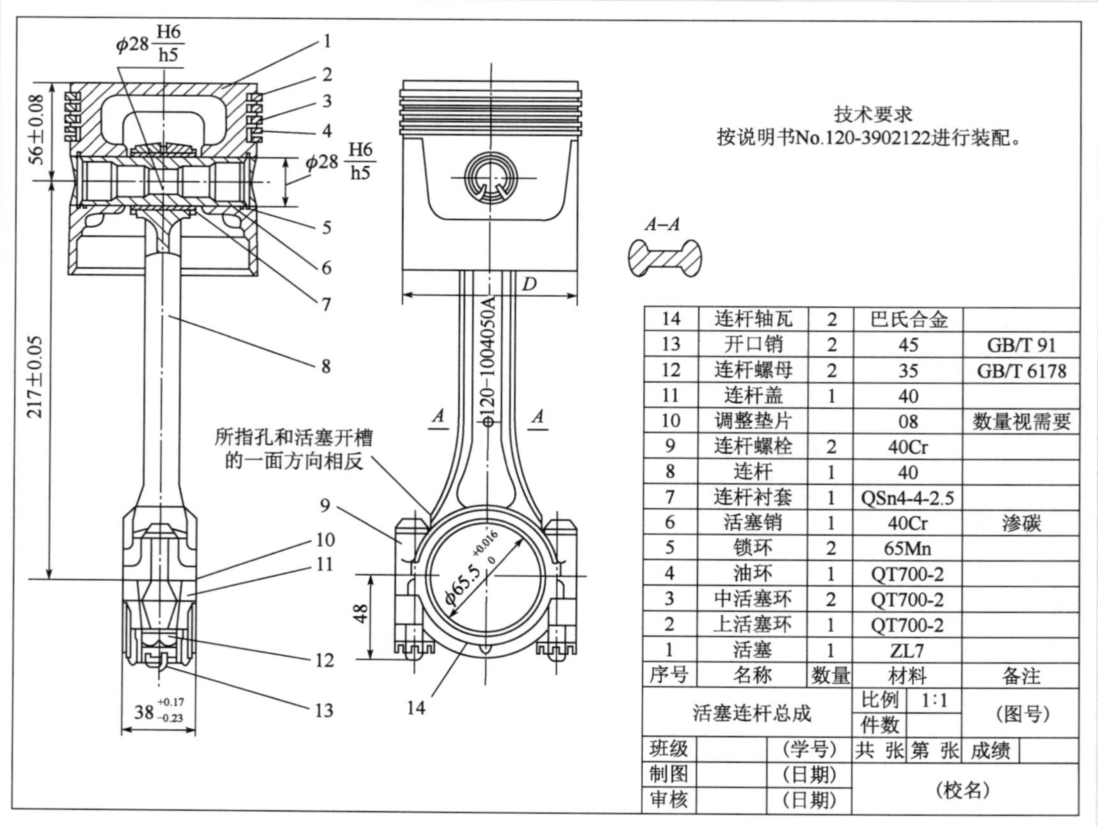

序号	名称	数量	材料	备注
14	连杆轴瓦	2	巴氏合金	
13	开口销	2	45	GB/T 91
12	连杆螺母	2	35	GB/T 6178
11	连杆盖	1	40	
10	调整垫片		08	数量视需要
9	连杆螺栓	2	40Cr	
8	连杆	1	40	
7	连杆衬套	1	QSn4-4-2.5	
6	活塞销	1	40Cr	渗碳
5	锁环	2	65Mn	
4	油环	1	QT700-2	
3	中活塞环	2	QT700-2	
2	上活塞环	1	QT700-2	
1	活塞	1	ZL7	

活塞连杆总成		比例	1:1	（图号）	
		件数			
班级	（学号）	共 张	第 张	成绩	
制图	（日期）	（校名）			
审核	（日期）				

■ 图3-30 活塞连杆装配图

(2)分析视图。

该图样共采用三个图形,两个基本视图和一个连杆杆身的移出断面图。主视图采用了局剖视图,显示了活塞内部的结构和活塞、活塞销和衬套等的装配关系。左视图表达了连杆总成的左向外形。

(3)分析装配关系、传动关系和工作原理。

由图和汽车构造的有关知识可知其装配关系和工作原理:连杆小头通过活塞销和活塞相连,连杆大头和曲轴的连杆轴颈相连。活塞在燃气推动在汽缸内做重复运动,通过连杆带动曲轴做旋转运动,如图 3-31 所示。

(4)分析零件的结构形状。

根据装配图,分析零件在部件中的作用,并通过构形分析确定零件各部分的形状,先分析主要零件:活塞、连杆、活塞销和活塞环,再分析配套零件轴瓦、衬套、螺栓、螺帽等。

①由明细栏中的零件序号,从装配图中找到该零件所在位置。

②利用投影分析,根据零件的剖面线倾斜方向和间隔,确定零件在各视图中的轮廓范围,并可大致了解到各零件的简单形体。

③综合分析,确定零件的实际结构形状,如图 3-32 所示。

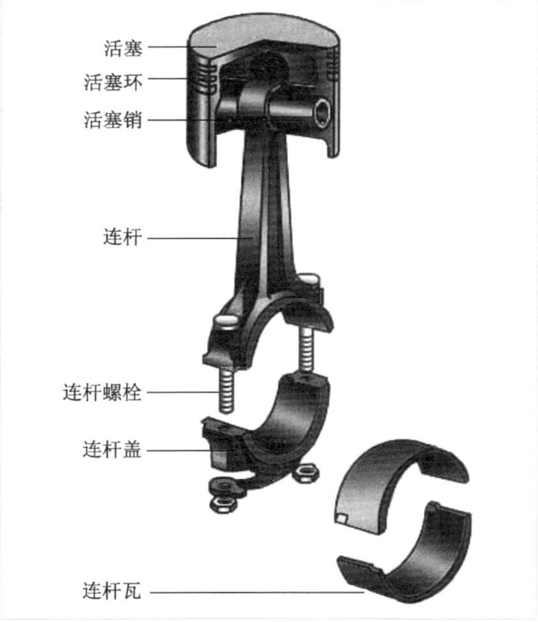

■ 图 3-31 活塞连杆组的轴测分解图

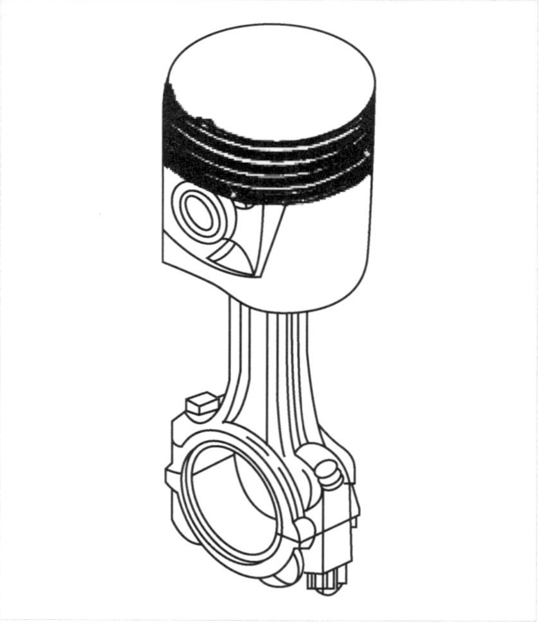

■ 图 3-32 活塞连杆总成

识读汽车部件的装配图任务工单

任务名称	识读汽车部件的装配图

学生信息

班级:

姓名:

学号:

任务目标

1. 熟悉装配图的尺寸标注要求,能读懂装配图中各尺寸的作用。
2. 熟悉装配图的规定画法、特殊表达方法和简化画法,能读懂装配图的表达方法。
3. 能正确识读装配图中配合代号的含义,掌握配合代号在图样中的标注。
4. 掌握识读装配图的一般方法和步骤。

理论知识学习

1. 装配图的组成。

一组视图、必要的尺寸、技术要求组成的。

2. 装配图上技术要求包含内容有哪些?

装配要求、检验和试验要求、使用要求。

3. 识读装配图的步骤。

(1)了解装配体的名称及明细。

(2)分析视图。

(3)分析装配关系、传动关系和工作原理。

(4)识读装配图的尺寸。

(5)结合机器或部件的工作原理、装配关系和结构形状进行总结归纳。

实践操作

识读图3-33所示装配图

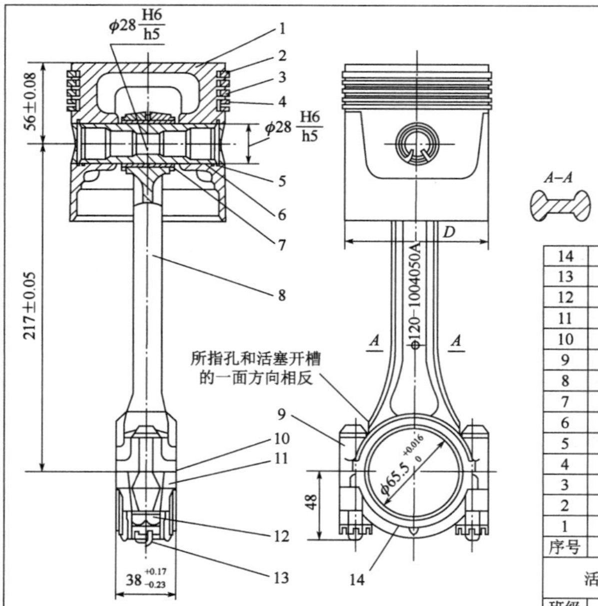

技术要求

按说明书No.120-3902122进行装配。

序号	名称	数量	材料	备注
14	连杆轴瓦	2	巴氏合金	
13	开口销	2	45	GB/T 91
12	连杆螺母	2	35	GB/T 6178
11	连杆盖	1	40	
10	调整垫片		08	数量视需要
9	连杆螺栓	2	40Cr	
8	连杆	1	40	
7	连杆衬套	1	QSn4-4-2.5	
6	活塞销	1	40Cr	渗碳
5	锁环	2	65Mn	
4	油环	1	QT700-2	
3	中活塞环	2	QT700-2	
2	上活塞环	1	QT700-2	
1	活塞	1	ZL7	

活塞连杆总成		比例	1:1	(图号)	
		件数			
班级	(学号)	共 张	第 张	成绩	
制图	(日期)	(校名)			
审核	(日期)				

■ 图3-33 实操练习图

续上表

1. 了解部件明细。 2. 图样采取哪几个视图表达部件的装配关系？ 3. 结合汽车构件相关知识，分析构件装配关系和工作原理。 **总结与反思** 1. 本次任务的主要收获是什么？ 2. 在学习过程中遇到了哪些困难？如何解决的？ 3. 对未来学习的建议与期望。

练 习 题

一、填空题

1. 零件图的尺寸标注要求是________、________、________、________。

2. 标准公差等级分为________级，其中精度最高的是________级。

3. 尺寸公差是指________。

4. 装配图应包括________、________、________、________和标题栏、明细栏等内容。

5. 装配图中的尺寸种类有________、________、________、________和其他重要尺寸。

6. 标准件在装配图中，________编号，________单独画出零件图。（填“需要”或“不需要”）

二、选择题

1. 已知某轴的尺寸标注为 $\phi30h7$，其中 h7 表示(　　)。

A. 基本偏差代号和公差等级　　B. 公差带代号

C. 上偏差和下偏差　　D. 公差数值

2. 零件图中，形位公差的基准符号用(　　)表示。

A. 粗实线　　B. 细实线　　C. 加粗的粗实线　　D. 点画线

3. 以下哪种不是零件图的技术要求内容(　　)。

A. 表面粗糙度　　B. 尺寸公差

C. 装配方法　　D. 热处理要求

4. 某装配图中，标注配合尺寸 $\phi50H7/g6$，属于(　　)配合。

A. 间隙　　B. 过盈　　C. 过渡　　D. 无法确定

5. 装配图中，为了表示运动零件的极限位置，可采用(　　)画法。

A. 拆卸　　B. 假想　　C. 简化　　D. 夸大

6. 装配图中，零件的倒角、圆角等工艺结构(　　)。

A. 必须画出　　B. 一定不能画

C. 可省略不画　　D. 根据情况而定

三、判断题

1. 零件图上的表面粗糙度符号，数值越大表示表面越粗糙。(　　)

2. 零件图中的尺寸公差，上偏差一定大于下偏差。(　　)

3. 零件图的主视图选择只需要考虑形状特征。(　　)

4. 装配图中，相邻两个零件的剖面线方向必须相反。(　　)

5. 装配图中可以不标注零件的全部尺寸。(　　)

6. 明细栏中的序号应与装配图中零件的序号一致，且由下向上排列。(　　)

四、读图题

1. 读图 3-25 所示的制动卡钳支架零件图，回答问题。

（1）该零件的材料是什么？

（2）主视图采用了什么剖视图？

（3）图中尺寸 $\phi16H9$ 的基本尺寸、基本偏差、公差各是多少？

（4）指出图中形位公差的被测要素、基准要素和公差项目。

2. 读图 3-33 所示的活塞连杆装配图，回答问题。

（1）该装配体由几种零件组成？其中标准件有几种？

（2）主视图采用了什么剖切方法？左视图采用了什么剖切方法和特殊画法？

（3）说明件 5 和件 6 之间的配合尺寸 $\phi28N6/f5$ 的含义。

工匠精神

工匠精神是一种创新精神，它是一种对传统突破革新与超越的勇气。工匠们不满足于既有成果，勇于尝试新的理念、方法与技术，对发展有着敏锐的洞察和追求。注重探索，敢想敢为，永不满足，并且有进取心，奋进于自己的事业征途，开拓进取。

汽轮机领域的技术革新者——董礼涛

17 岁的董礼涛入职哈尔滨汽轮机厂后，以“干就要干好”的信念刻苦钻研，将加工误差控制在 0.01mm 左右，27 岁成为公司最年轻高级技师。他善用巧思破难题，用 7 毛钱钻头完成高压压气机机匣精密钻孔，传为佳话。

2014 年，他参与西气东输燃气增压设备建设，面对无经验可循的难题，设计柔性工装适配复杂零件加工，三年间诞生 5 项专利，助力国产化装备突破。面对高薪挖角，他坚守哈汽，称“工作与国家命运息息相关”。

2006 年起，他组建技术团队并发展为国家级技能大师工作室，培养出 26 名技师、高级技师，团队获专利 10 余项，推广创新成果 245 项。30 余年坚守中，董礼涛从普通学徒成长为大国工匠，用精益求精与创新传承诠释工匠精神，成为产业工人榜样。

谈及荣誉，他认为职业教育奠定基础，技能竞赛助力成长。他希望借助世界职教大会，传递中国职教注重理实结合的成果，展现劳模精神与工匠风采。

04
项目四

新能源汽车通用机构

新能源汽车的内部由许多机构组成,他们相互配合,相互协调,对力与能量进行转换和传递,从而使汽车正常行驶。例如新能源汽车发动机的正常运转、车轮的转向、雨刷器的摆动、气门的启闭等都是由一些典型的机构来实现的。本项目通过对新能源汽车常见机构知识的学习,来了解和掌握新能源汽车常用机构的应用和工作原理。

知识目标

(1)了解常用机构的组成及概念。
(2)了解平面连杆机构基本知识。
(3)掌握平面机构运动简图的绘制方法。
(4)掌握铰链四杆机构基本分类。
(5)熟悉凸轮机构在新能源汽车配气机构中的工作原理。

技能目标

(1)能够正确识读机构运动简图。
(2)能够具有分析新能源汽车常见四杆机构运动的能力。
(3)能够掌握铰链四杆机构的运动性质。
(4)能够熟悉凸轮机构从动件常用的规律。

素质目标

(1)培养严谨、细致的学习态度和工作作风,注重理论与实践相结合。
(2)培养安全意识和环保意识,遵守操作规程,确保工作安全。
(3)培养团队合作精神,学会与他人协作解决问题。
(4)培养创新意识和实践能力,鼓励他们在新能源汽车通用机构的设计、制造和维护中探索和创新。

任务一 了解新能源汽车常用机构的组成

任务导入

本任务将聚焦新能源汽车常见机构的组成,从传统发动机的曲柄连杆机构、配气机构出发,深入探索新能源汽车常用机构的奥秘。通过本任务的学习,需要了解这些机构的基本原理,掌握平面机构运动简图的绘制技巧,并分析其运动特性。

任务目标

1. 了解平面机构的组成。
2. 掌握运动副的形式和符号。
3. 掌握机构中构件的分类。
4. 具有识读机构运动简图的能力。

一、机器与机构

新能源汽车的机构,首先要从基础的机械概念入手。现代机械系统(无论是传统汽车还是新能源汽车)是由不同层级的单元构成的。

1. 机器的定义与特征

在日常生活和工作当中机器的种类繁多。常见机器有汽车、拖拉机、机床、起重机、机器人等。从结构、功用来分析,它们有着共同的特征:

(1)都是人为的实体组合。

(2)各实体间具有确定的相对运动。

(3)能实现能量的转换或完成有用的机械功。

其目的是为了代替或减轻人的劳动,提高劳动生产率和产品质量,并创造出一定的物质财富。同时具备这三个特征的称为机器,仅具备前两个特征的称为机构。

现代机器一般由动力装置、执行装置、传动装置,以及操纵、控制装置及辅助装置部分组成。

(1)动力装置。

动力装置是驱动整台机器完成预定功能的动力来源。其作用是把其他形式的能量转换为机械能,以驱动机器各部件。其中执行装置利用电力和热力的原动机(电动机和内燃机)使用最广。

(2)执行装置。

执行装置是机器中直接完成工作任务的组成部分。如汽车的车轮、船舶的螺旋桨、工业机器的手臂等。

(3)传动装置。

传动装置是将动力装置的运动和动力传递给执行装置的中间环节。如汽车上的万向传动装置、汽车带、链传动、齿轮传动等。

(4)操纵、控制及辅助装置。

操纵装置如启动、停车、正反转、运动和动力参数的改变及各执行装置间的动作协调等。自动化机器的控制系统能使机器进行自动检测、自动数据处理和显示、自动控制和调节、故障诊断、自动保护等。辅助装置则有照明、润滑、冷却装置等。

2. 机构的定义与特征

机构是由若干构件通过运动副连接而成,其中存在一个构件作为机架,能够传递运动和力的系统。在一般情况下,为了传递运动和力,机构各构件间应具有确定的相对运动。如内燃机中,活塞、连杆、曲轴和气缸体组成一个曲柄滑块机构,可将活塞的往复运动变为曲柄的连续转动。

构件是运动的单元。组成机构的具有确定相对运动的实体,称为构件。它可以是单一的整体,也可以是由几个零件组成的刚性结构。如内燃机的连杆就是由连杆杆身、连杆盖、螺栓以及螺母等几个零件组成的。

零件是制造的单元。机械中的零件可以分为两类:一类为通用零件,它在各种机械中都能遇到,如齿轮、螺钉、轴、弹簧等;另一类称专用零件,它只出现于某些机械之中,如汽车发动机的活塞等。

机构与机器的区别在于:机构只是一个构件系统,而机器除构件系统之外还包含电气、液压等其他装置;在研究构件的运动和受力情况时,机器与机构之间并无区别。因此,习惯上用“机械”一词作为机器和机构的总称。

二、运动副

机构是具有确定相对运动的构件组合体,机构的每个构件都以一定的方式与某些构件相互连接。这种连接不是固定连接,而是能产生一定相对运动的连接。这种两构件直接接触而又能产生一定相对运动的连接称为运动副。如汽车发动机中的活塞与汽缸、活塞与连杆、轴与轴承、车轮与钢轨、齿轮轮齿之间的接触,都构成了运动副。

两构件组成运动副是通过构件上的点、线、面接触来实现的,参与接触的点、线、面称为运动副元素。构成运动副的两构件之间,若相对运动为平面运动,则称该运动副为平面运动副;若相对运动为空间运动,则称该运动副为空间运动副。按照接触方式的不同,平面运动副可分成低副和平面高副两类。

1. 低副

通过面接触组成的运动副称为低副,根据两构件间相对运动的形式不同,低副又可分成移动副和转动副两类。

(1)移动副。

组成运动副的两构件只能沿某一直线相对移动的运动副称为移动副。如图 4-1 所示,构件 1、2 间只能做相对移动。

(2)转动副。

组成运动副的两构件只能绕同一轴线相对转动的运动副称为转动副或铰链。如图4-2所示,构件1、2只能做相对转动。

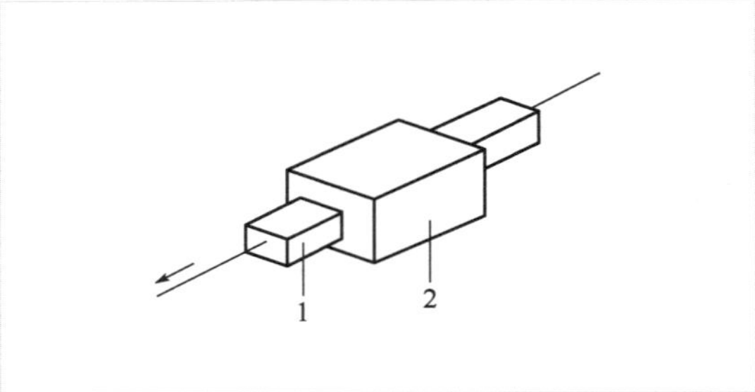

■ 图4-1　移动副

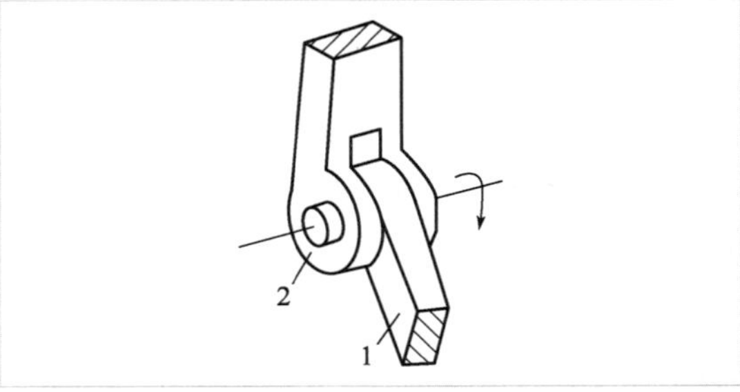

■ 图4-2　转动副

2. 平面高副

通过点或线接触组成的运动副称为平面高副,图4-3a)所示为凸轮副,凸轮1与从动件2为点接触,它们的相对运动是绕*A*点的转动和沿接触处切线*t*—*t*方向独立移动;图4-3b)所示为齿轮副,齿轮1与从动件2为线接触。

此外,常用的运动副有球面副和螺旋副,这两种运动副均属空间运动副。本节不作讨论。

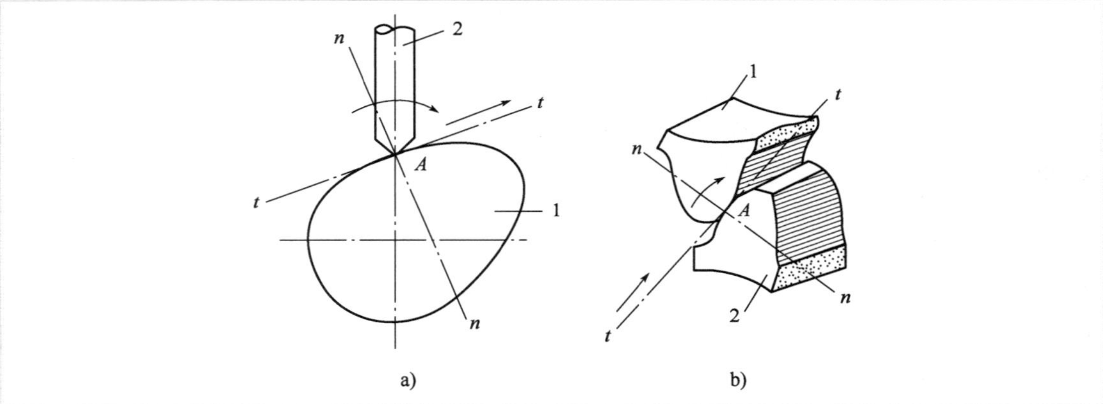

■ 图4-3　平面高副

三、平面机构运动简图的绘制

实际机构的外形和结构往往都很复杂,而构件的运动只取决于运动副的类型和各运动副相对位置的尺寸,与构件的外形、断面尺寸、组成构件的零件数目及运动副的具体结构等无关。为了便于研究机构的组成和运动,只用简单的线条和规定符号代表构件和运动副,并按一定的比例确定各运动副位置,这种能够表示机构各构件间相对运动关系的简明图形称为机构运动简图。

1. 运动副的表示方法

(1)低副。

转动副和移动副的表示方法见表4-1。

常用运动副和构件的代表符号 表 4-1

名称	符号
两副元素构件	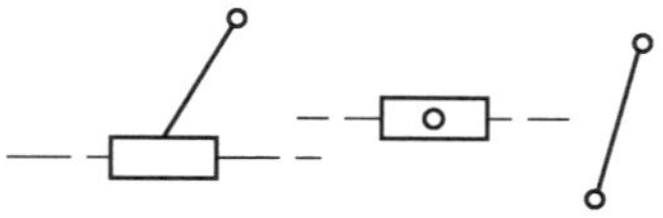
三副元素构件	
转动副	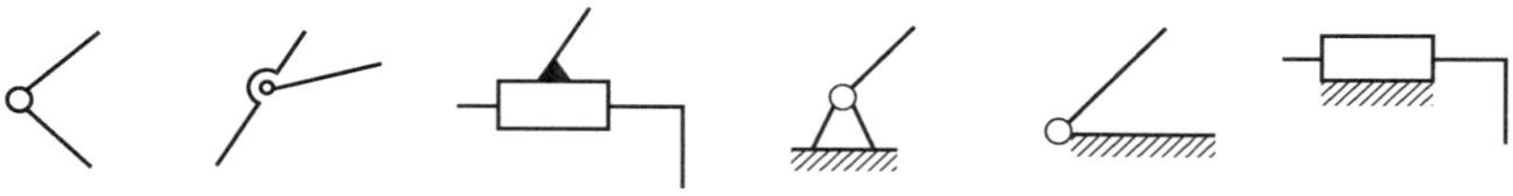
移动副	
凸轮机构	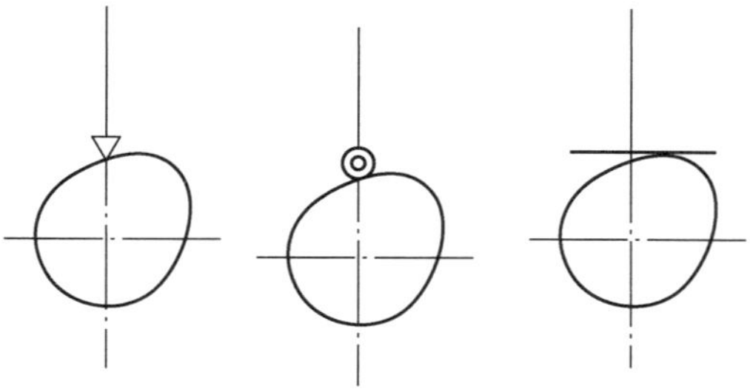

(2)高副。

两构件组成高副时,在简图中应当画出两构件接触处的曲线轮廓,见表 4-1。

为了准确地反映构件间的相对运动,表示转动副的小圆,其圆心必须与相对回转轴线重合;表示移动副的滑块、导杆或导槽,其导路必须与相对运动方向一致;表示平面高副的曲线,其接触点处的曲率必须与构件实际轮廓的曲率一致。

2. *构件的表示方法*

构件用线段或者小多边形来表示,组成机构的构件按其运动性质可分为固定件(机架)、原件和从动件。构件的表示方法见表 4-1。

(1)机架。

机构中相对固定不动的构件称为机架。它用来支撑活动构件。

(2)原动件。

运动规律已知的活动构件称为原动件。它的运动规律是由外界给定的。在机构中必须有一个或几个原动件。

(3)从动件。

机构中随着原动件的运动而运动的其余构件称为从动件。

3.机构运动简图的绘制

绘制机构运动简图时,首先要把机构的构造和运动情况分析清楚,要明确上述三类构件,即机架、原动件、从动件,弄清组成该机构的构件数目;其次仔细分析各构件间的相对运动关系,确定运动副的类型和数目,以及运动副间的相对位置;最后进行绘制。

例4-1 绘制图4-4a)所示抽水唧筒的机构运动简图。

(1)分析机构的组成和运动情况。

由图4-4a)可知,该机构由手柄1、杆件2,活塞杆3和抽水筒4等构件组成。运动由手柄1输入,经杆件2传至活塞杆3,使活塞做上下移动。由以上分析可知,抽水筒4是机架,手柄1是原动件,其余构件是从动件。

(2)确定构件数以及运动副数、类型和相对位置。

手柄1绕固定件4上的A点转动,在A点组成转动副。手柄1和杆件2在B点、杆件2和活塞杆3在C点也组成转动副。活塞杆3与抽水筒4之间组成移动副。

(3)选择视图平面。

为了能清楚地表明各构件间的相对运动关系,通常选择平行于构件运动的平面作为视图平面,如图4-4b)所示。

(4)绘制机构运动简图。

根据实际机构和图幅大小来适当选取比例尺,先画出机架4和手柄1的转动副中心A及活塞杆3的移动导路直线A,然后按比例画出手柄1和杆件2的转动副中心B及杆件2和活塞杆3的转动副中心C,最后用构件和运动副的符号把各点连接起来,并在原动件上用箭头标明运动方向。图4-4b)为所绘制的机构运动简图。

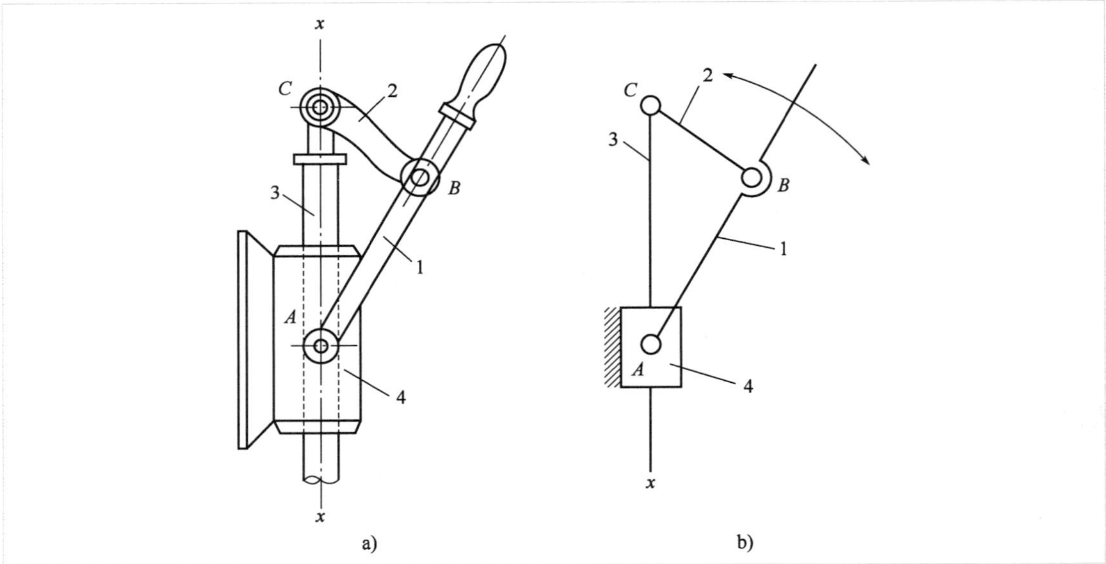

■ 图4-4 抽水唧筒的机构运动简图

1-手柄;2-杆件;3-活塞杆;4-抽水筒

四、平面机构的自由度

1. 自由度和约束

两构件组成运动副后，就限制了两构件间的某些相对运动，这种限制称为约束。

一个做平面运动的自由构件具有 3 个独立运动参数，即构件沿 x 轴、y 轴方向的移动及绕垂直于 xOy 为平面轴的转动，如图 4-5 所示。构件所具有的独立运动参数的个数称为构件的自由度。显然，一个做平面运动的自由构件有 3 个自由度；一个做空间运动的自由构件有 6 个自由度。两个构件通过运动副连接后，它们之间的某些独立运动将受到限制，自由度随着约束的引入而减少，引入一个约束条件将减少一个自由度。

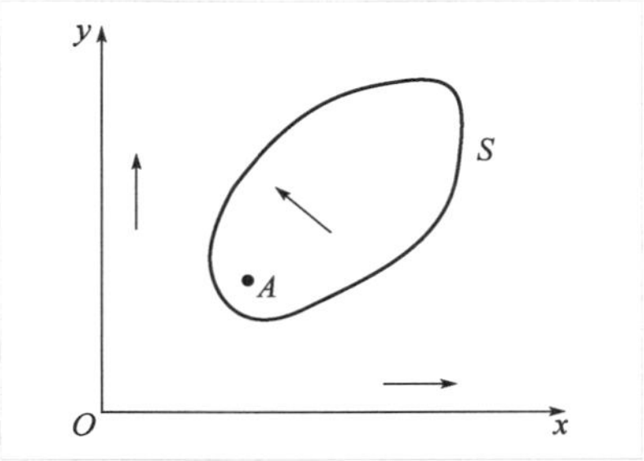

■ 图 4-5 平面运动机构的自由度

2. 平面机构自由度计算

一个由 n 个活动构件组成的平面机构，当各构件之间尚未通过连接时，由于每个活动构件都有 3 个自由度，则 n 个活动构件应有 $3n$ 个自由度。当各构件间组成运动副连接后，对于构成平面低副的两构件，转动副和移动副都引入了两个约束，从而减少了两个自由度，平面高副引入一个约束，减少了一个自由度。如果该机构中有 P_L 个低副和 P_H 个高副，则平面机构自由度 F 的计算公式为

$$F = 3n - 2P_L - P_H \tag{4-1}$$

由式(4-1)可知，机构自由度取决于活动构件的件数及运动副的性质。要使机构能够运动，其自由度必须大于零。

机构具有确定运动的条件。通常每个原动件具有一个自由度，因此，要使机构具有确定的运动，还必须使原动件数目等于机构自由度数。也就是说，机构具有确定的运动条件是：①$F>0$；②机构的原动件数等于其自由度数。

机构原动件的独立运动是由外界给定的，所以只要计算出机构的自由度，就可以判断机构的运动是否确定。

例 4-2 计算图 4-4a)所示抽水唧筒机构的自由度。

解 在抽水唧筒机构中有 3 个活动构件，组成了 3 个转动副和 1 个移动副；$P_L = 4$，没有高副，$P_H = 0$。

由式(4-1)得

$$F = 3n - 2P_L - P_H = 3 \times 3 - 2 \times 4 - 0 = 1$$

该机构具有一个原动件，与机构的自由度相等，因此具有确定的运动。

计算如图 4-6 所示的五杆铰链机构的自由度：

$$F = 3n - 2P_L - P_H = 3 \times 4 - 2 \times 5 - 0 = 2$$

则此机构必须具有两个原动件，其余构件才具有确定的相对运动。

如图 4-7 所示为自由度为 0 的平面桁架机构。

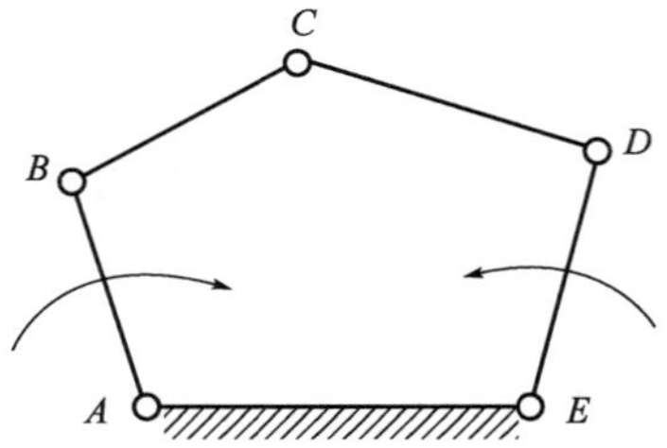

■ 图 4-6 五杆铰链机构

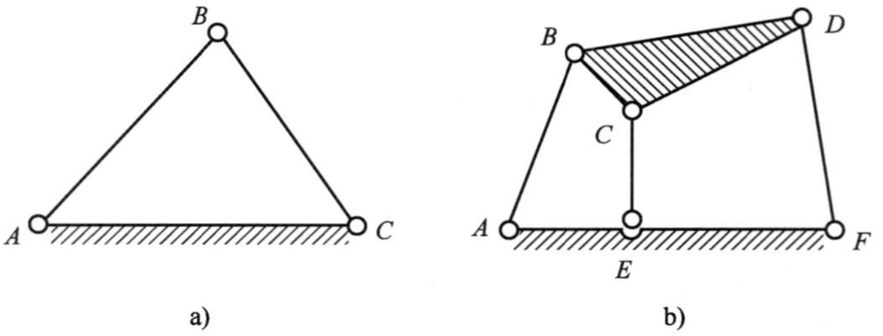

■ 图 4-7 自由度为 0 的平面桁架机构

了解新能源汽车常用机构的组成任务工单

学生信息

班级：

姓名：

学号：

任务目标

1. 了解平面机构的组成。
2. 掌握运动副的形式和符号。
3. 掌握机构中构件的分类。
4. 具有识读机构运动简图的能力。

理论知识学习

1. 机器的组成。

一般由动力装置、执行装置、传动装置，以及操纵、控制及辅助装置组成。

2. 运动副。

(1)低副：通过面接触组成的运动副称为低副。根据两构件间相对运动的形式不同，低副又可分成移动副和转动副。

(2)高副：通过点或线接触组成的运动副称为平面高副。

3. 平面机构的自由度

(1)自由度：构件所具有的独立运动参数的个数称为构件的自由度。

(2)约束：两构件组成运动副后，就限制了两构件间的某些相对运动，这种限制称为约束。

(3)平面机构自由度的计算公式为

$$F = 3n - 2P_L - P_H$$

实践操作

参照图4-8练习绘制汽车发动机机构运动简图。

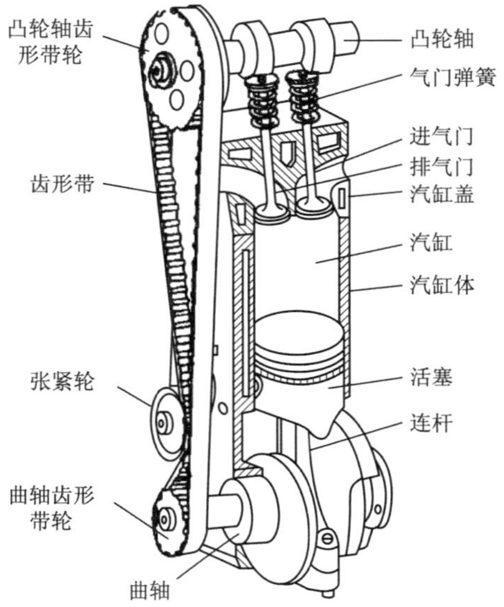

■ 图4-8 实操练习图

续上表

总结与反思
1. 本次任务的主要收获是什么？ 2. 在学习过程中遇到了哪些困难？如何解决的？ 3. 对未来学习的建议与期望。

任务二　了解平面连杆机构的组成及应用

任务导入

本任务围绕新能源汽车机械系统核心部件展开，聚焦平面连杆机构的组成及应用。通过解析四杆机构运动特性，掌握连杆机构设计基本原理，包括机构类型选择、运动学分析、判别准则等。通过理论分析，加强解决复杂机构问题的能力，为未来新能源汽车机械创新研发提供关键技术支撑。

任务目标

1. 了解铰链四杆机构基本知识。
2. 掌握铰链四杆机构的基本分类。
3. 熟悉铰链四杆机构的运动性质。
4. 具体分析汽车常见四杆机构运动的能力。

一、铰链四杆机构

所有运动副均为转动副的平面四杆机构称为铰链四杆机构，它是平面四杆机构的最基本形式，其他形式的平面四杆机构都可看作在它的基础上演化而来的，如图4-9所示。固定不动的构件 *AD* 称为机架，与机架相连接的构件 *AB* 和 *CD* 称为连架杆。其中，能相对机架做整周转动的连架杆称为曲柄；而只能做往复摆动的连架杆称为摇杆。不直接与机架相连接的构件 *BC* 称为连杆。根据两连架杆为曲柄或摇杆的不同，铰链四杆机构可分为3种基本类型：曲柄摇杆机构、双曲柄机构和双摇杆机构。

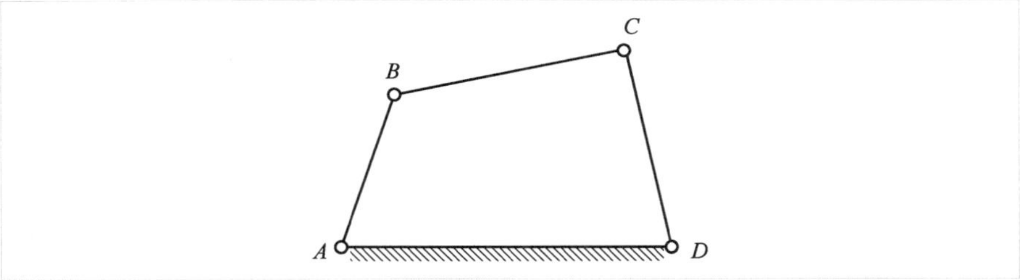

■ 图4-9 铰链四杆机构 四杆机构的基本类型

1. 曲柄摇杆机构

在铰链四杆机构的两连架杆中，一个为曲柄，另一个为摇杆，此四杆机构称为曲柄摇杆机构。当曲柄为原动件，摇杆为从动件时，可将曲柄的连续转动转变为摇杆的往复摆动，如图4-10所示的搅拌机构及如图4-11所示的缝纫机踏板机构均为曲柄摇杆机构。

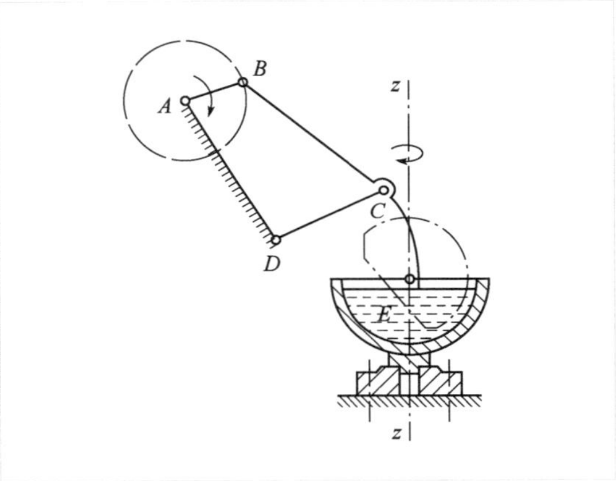

■ 图4-10 搅拌机构

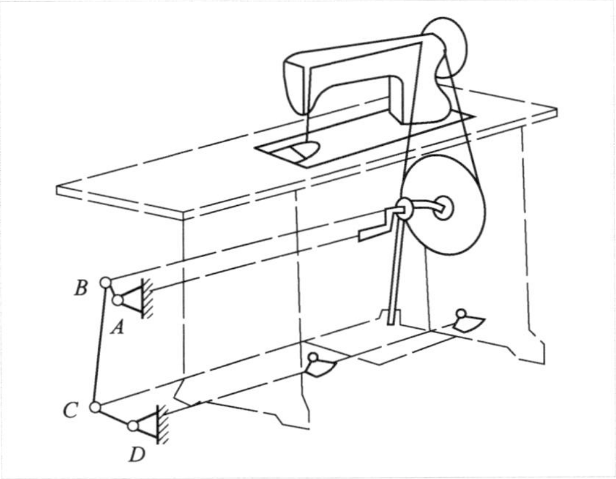

■ 图4-11 缝纫机踏板机构

2. 双曲柄机构

在铰链四杆机构中，两连架杆均为曲柄，则此四杆机构称为双曲柄机构，如图4-12所示。它可将原动曲柄的等速转动转换成从动曲柄的等速或变速转动。如图4-13所示为惯性筛机构，在此机构中，当原动件 AB 做等速圆周运动时，从动曲柄 CD 做变速转动，使筛子获得所需要的加速度，从而达到筛分物料的目的。

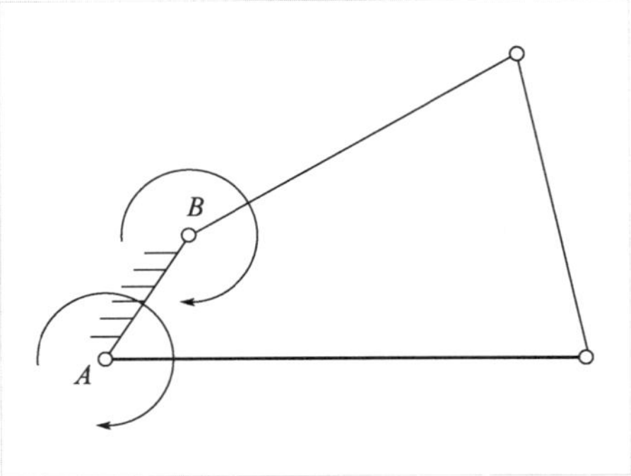

■ 图4-12 双曲柄机构

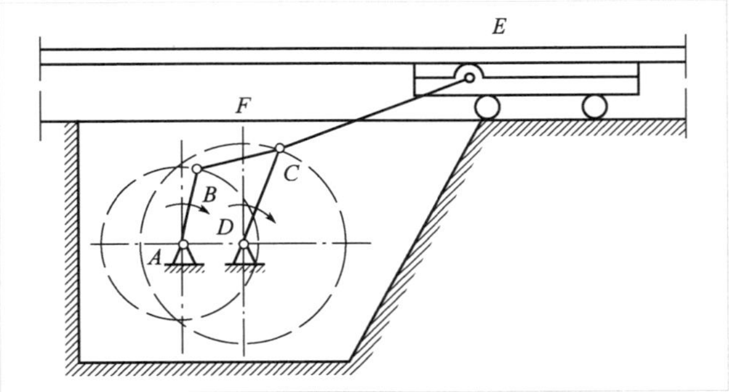

■ 图4-13 惯性筛机构

认识汽车中的四杆机构

当双曲柄机构的相对两杆平行且相等时，该机构则成为平行四边形机构，如图 4-14 所示。此种平行四边形机构的特点是：两曲柄以相同角速度同向转动，且连杆只做平动。如图 4-15 所示为机车车轮联动机构为平行四边形机构在实际生活中的应用。

如果双曲柄机构中两相对杆的长度分别相等，但不平行，如图 4-16 所示，则称其为反向双曲柄机构。如图 4-17 所示的车门开闭机构为一应用实例，它通过利用反向曲柄机构运动时两曲柄转向相反的运动特性，使两扇门同时敞开或关闭。

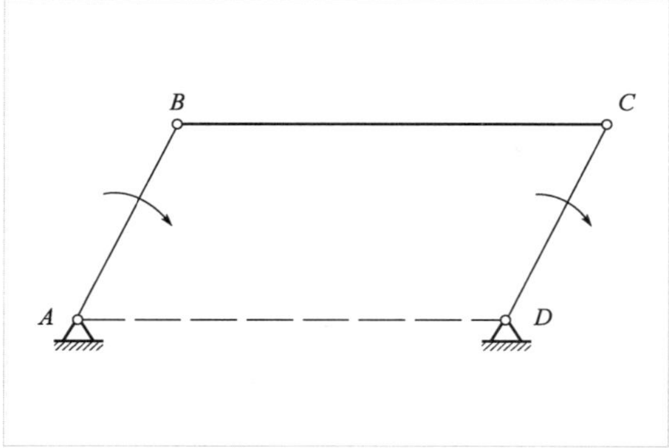

■ 图 4-14　双曲柄机构

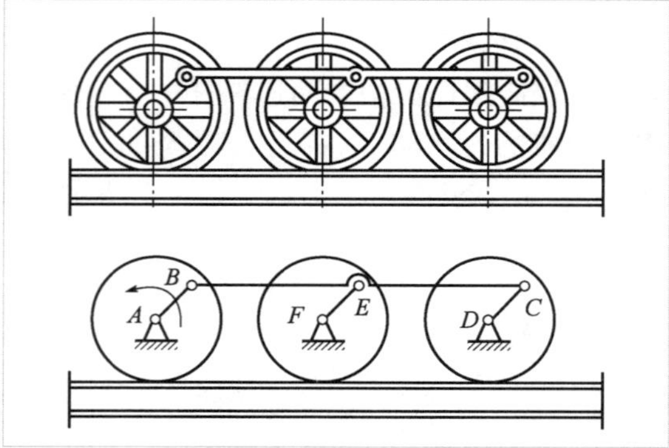

■ 图 4-15　机车车轮联动机构

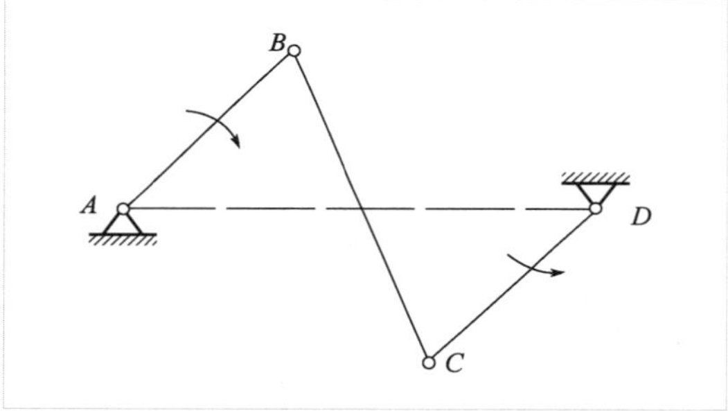

■ 图 4-16　反向双曲柄机构

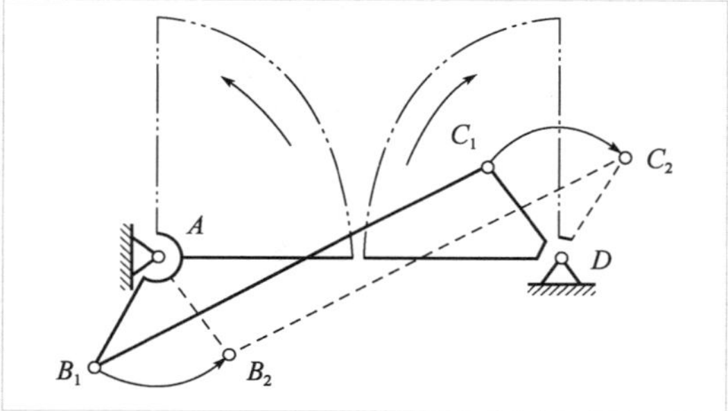

■ 图 4-17　车门开闭机构

平行双曲柄机构能保证等传动比，且连杆做平移运动，能满足某些机构的特殊需要，故在机械中应用较多，但由于在转动过程中，原动曲柄转动一周将与从动曲柄、连杆共线两次，即四杆两次同时位于一条直线上，致使机构两次出现运动不确定状态（B_1、C_1 点及 B_3、C_3 点），如图 4-18 所示。

3. 双摇杆机构

在铰链四杆机构中，若两连架杆均为摇杆，则称为双摇杆机构。如图 4-19 所示的鹤式起重机中的四杆机构 *ABCD* 为双摇杆机构。当原动摇杆 *AB* 摆动时，从动摇杆 *CD* 也随之摆动，位于连杆 *BC* 延长线上的重物悬挂点 *E* 将沿近似水平直线移动。如图 4-20 所示为风扇摇头机构，电动机安装在摇杆 4 上，铰链 *A* 处装有一个与连杆 1 固接在一起的蜗轮。电动机转动时，电动机轴上的蜗杆带动蜗轮使连杆 1 绕 *A* 点做整周转动，从而使连架杆 2 和 4 做往复摆动，达到风扇摇头的目的。

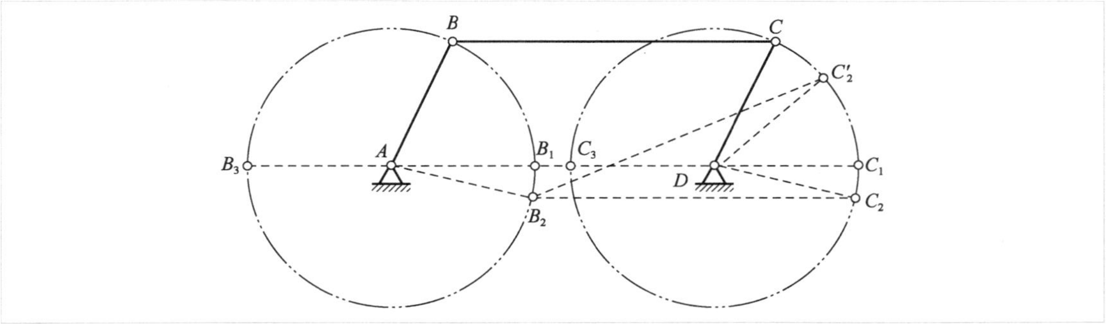

■ 图 4-18 平行双曲柄机构的运动不确定状态

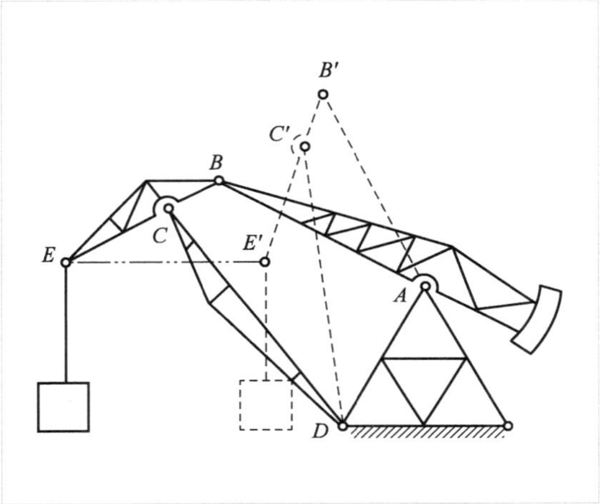

■ 图 4-19 鹤式起重机的四杆机构

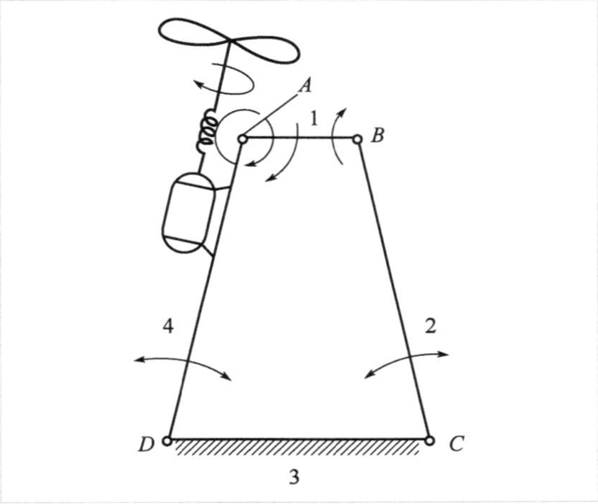

■ 图 4-20 风扇摇头机构

二、铰链四杆机构的类型判别

在铰链四杆机构中,有的连架杆能做整周转动而成为曲柄,有的则不能,这主要取决于机构中各杆的长度关系以及机架的确定。

如图 4-21 所示的铰链四杆机构中,*AD* 为机架,*AB* 能绕 *A* 点做正轴转动,则 *AB* 为曲柄。杆件 *AB* 可处于与杆件 *BC* 拉直共线和重叠共线的两个位置,为了能使杆 *AB* 成为曲柄,它必须能够顺利通过这两个共线位置。

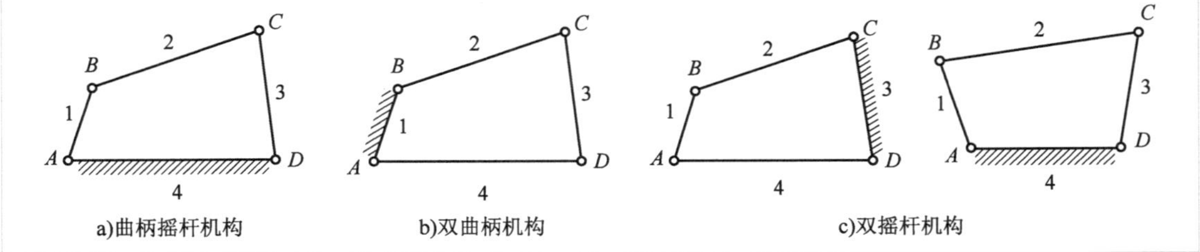

■ 图 4-21 铰链四杆机构的类型

由此可知,在铰链四杆机构中,曲柄存在的条件是:

(1)连架杆与机架中必有一杆是最短杆。

(2)最短杆与最长杆长度之和小于或等于其他两杆长度之和。

根据曲柄存在的条件,可以得到以下推论。

在铰链四杆机构中,最短杆与最长杆长度之和小于或等于其他两杆长度之和时,则:

①以最短杆的邻边为机架时,为曲柄摇杆机构,如图4-21a)所示。

②以最短杆为机架时,为双曲柄机构,如图4-21b)所示。

③以最短杆的对边为机架时,为双摇杆机构,如图4-21c)所示。

若铰链四杆机构最短杆与最长杆长度之和大于其他两杆长度之和,则该机构没有曲柄,无论取哪个构件为机架都只能为双摇杆机构,如图4-21c)中的右图所示。

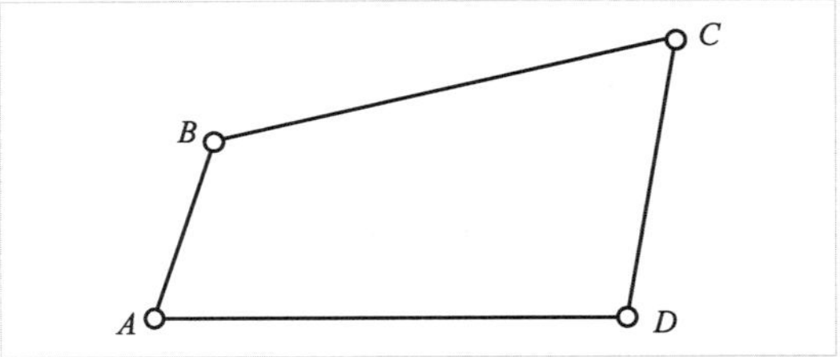

■ 图4-22　例4-3图

例4-3 如图4-22所示,铰链四杆机构 $ABCD$ 的各杆长度为:$l_{AB}=80\text{mm}$,$l_{BC}=130\text{mm}$,$l_{CD}=100\text{mm}$,$l_{AD}=120\text{mm}$,当机构分别以 AB,BC,CD,AD 各杆为机架时,相应得到何种机构?

解 分析题目给出的铰链四杆机构可知,AB 为最短杆,BC 为最长杆,因为

$$l_{AB}+l_{BC}=80\ \text{mm}+130\ \text{mm}=210\ \text{mm}$$

$$l_{CD}+l_{AD}=120\ \text{mm}+100\ \text{mm}=220\ \text{mm}$$

$$l_{AB}+l_{BC}<l_{CD}+l_{AD}\text{,满足杆长条件}$$

所以结论如下:

若以 AB 为机架,因最短杆为机架,两连杆均为曲柄,所以得到双曲柄机构。

若以 BC 或 AD 为机架,因最短杆为连架杆,且为曲柄,所以得到曲柄摇杆机构。

若以 CD 为机架,因最短杆为连杆,不满足最短杆条件,无曲柄,所以得到双摇杆机构。

三、铰链四杆机构的演化

铰链四杆机构是平面四杆机构的基本形式,在实际机械中,平面四杆机构的形式是多种多样的,当铰链四杆机构尺寸关系发生某种特殊变化或者取不同的杆件作为机架时,可演化为其他形式。

1. 曲柄滑块机构

在图4-23所示的曲柄摇杆机构 $ABCD$ 中,C 点的运动轨迹是圆弧 $\overset{\frown}{mm}$。若摇杆 CD 的长度增加,则 C 点的轨迹趋于平直,假设摇杆 CD 的长度趋于无穷大,则 D 点趋于无穷远处,那么 C 点的轨迹 $m—m$ 变成了直线,摇杆 CD 与机架 AD 组成的回转副变成了移动副。此时曲柄摇杆机构就变成了曲柄滑块机构,如图4-23所示,根据导路中心线是否通过曲柄转动中心,将曲柄滑块机构分为偏心曲柄滑块机构(图4-24)和对心曲柄滑块机构(图4-25)。

2. 导杆机构

导杆机构可看作改变曲柄滑块机构中的固定件演化而来的。在图4-25所示的曲柄滑块机构中,若取曲柄为机架,即得到图4-26所示的机构,滑块 C 相对于导杆1滑动并随杆一起绕 A 点转动,称为导杆机构。当杆1长度小于杆2时,杆3与杆1都能绕 A 和 B 两点做整周转

动,这种导杆机构称为转动导杆机构;当杆 1 长度大于杆 2 长度时,杆 3 仍然作为原动件,但此时杆 1 只能绕 A 点在一定范围内往复摆动,这种导杆机构称为摆动导杆机构。

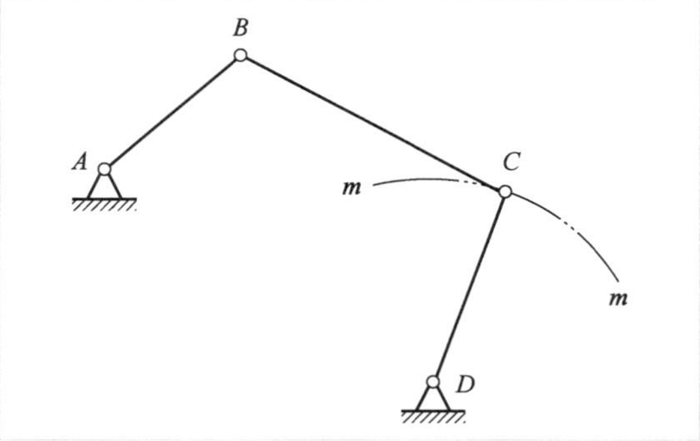

■ 图 4-23 曲柄摇杆机构

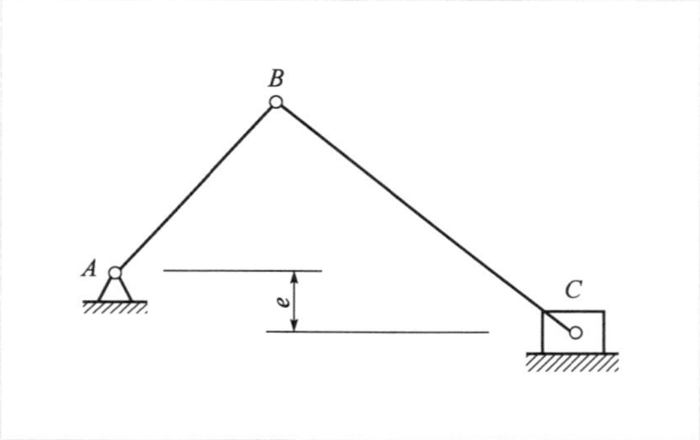

■ 图 4-24 偏心曲柄滑块机构

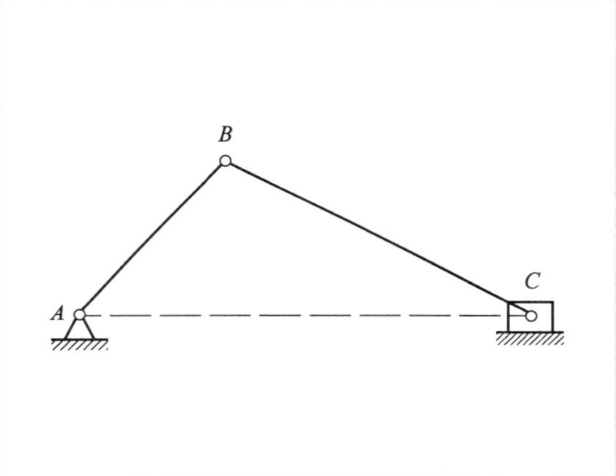

■ 图 4-25 对心曲柄滑块机构

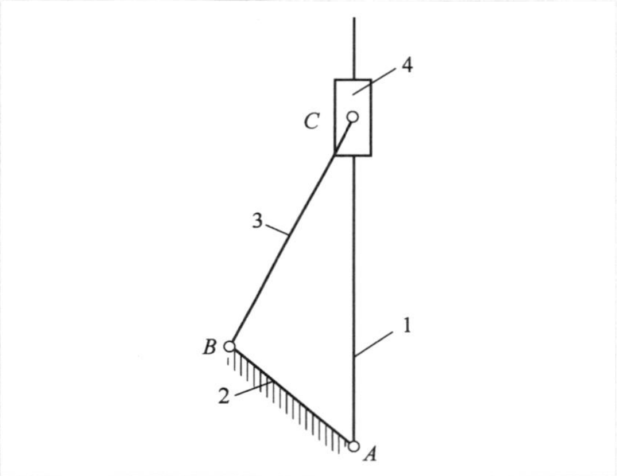

■ 图 4-26 导杆机构

1、2、3-杆;4-滑块

3. 摇块机构

如图 4-27 所示的曲柄滑块机构,可看作在导杆机构中取杆 3 为机架得到的,这时曲柄 2 将绕杆 3 的铰链点转动,滑块随杆 1 位置的变化而绕 C 点摆动,因此称机构为曲柄摇块机构。

这种机构广泛运用于摆缸式内燃机和液压驱动装置。如图 4-28 所示为一种自卸汽车的液压举升机构,图中 ABC 为摇块机构,摇块为油缸。

4. 定块机构

若将图 4-27 所示的曲柄滑块机构中的滑块作为机架,就变成了图 4-29 所示的定块机构。图 4-30 所示的手动抽水机构即为应用实例。

四、平面四杆机构的基本特性

平面四杆机构的特性

1. 急回运动

在曲柄摇杆机构中,设曲柄为原动件,以等角速度顺时针转动,曲柄回转一周,摇杆往复摆动一次(图 4-31)。曲柄 1 在回转一周的过程中,有两次与连杆 2 共线,使摇杆 3 两次处于两个极限位置，此时原动件 1 也有相应的两极限位置 AB_1 和 AB_2，它们之间所夹的锐角 θ 称为极位夹角，而摇杆 3 的两极限位置 C_1D 和 C_2D 所夹的锐角 β 称为摇杆的摆角。

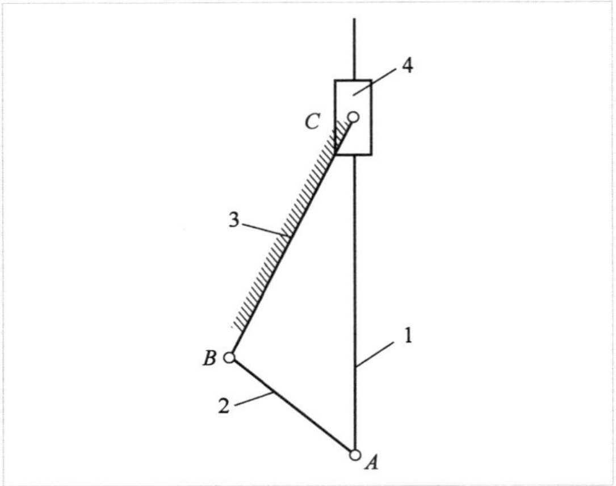

■ 图 4-27　曲柄滑块机构
1、2、3-杆；4-滑块

■ 图 4-28　液压升降机构导杆机构

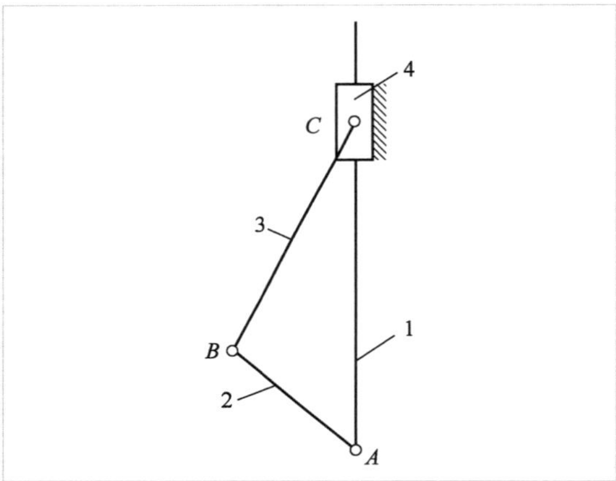

■ 图 4-29　定块机构

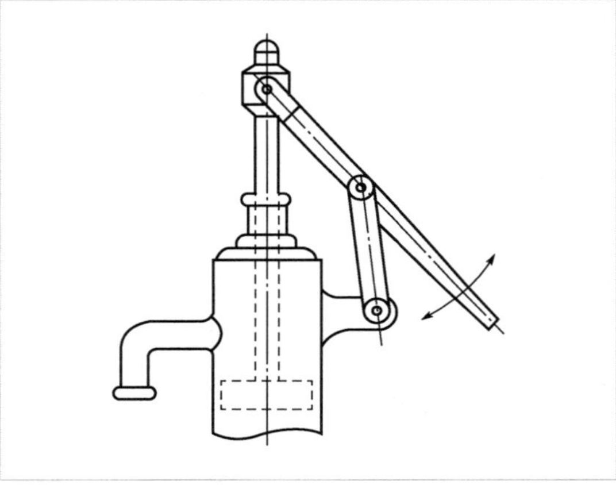

■ 图 4-30　手动抽水机构

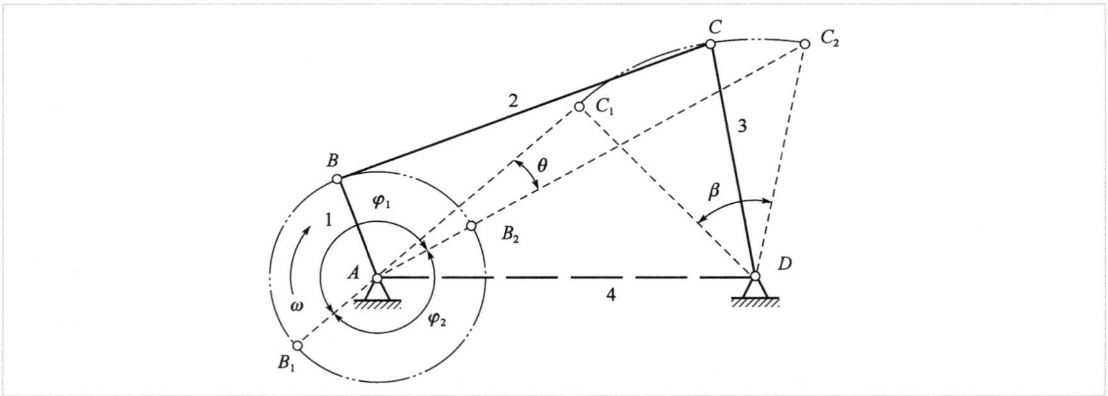

■ 图 4-31　曲柄摇杆机构的急回特性分析

当曲柄从 AB_1 位置顺时针运动至 AB_2 位置时，曲柄转过的角度 φ_1 为 $180°+\theta$，摇杆 CD 从 C_1D 摆至 C_2D 位置，摆角为 β；当曲柄继续转动，从 AB_2 位置顺时针运动至 AB_1 位置时，曲柄转过的角度 φ_2 为 $180°-\theta$，这时摇杆 CD 从 C_1D 摆至 C_2D 位置，摆角仍为 β。注意到，虽然摇杆摆动的角度不变，但做等速回转的曲柄的转角并不相同 $\varphi_1>\varphi_2$。设与曲柄转角 φ_1 和 φ_2 相对应的时间为 t_1 和 t_2，则 $t_1>t_2$，说明摇杆往复摆动的快慢不同，即摇杆回程速度快，具有急回特性。为了表示机构急回作用的效果，常用行程速比系数 k 来表示

$$k=\frac{t_1}{t_2}=\frac{\varphi_1}{\varphi_2}=\frac{180°+\theta}{180°-\theta} \tag{4-2}$$

一个机构的行程速比系数取决于它的极位夹角，若某个机构的极位夹角为0°，则它的行程速比系数为1，即没有急回运动的特性。

在生产实践中，常利用这种特性，使慢行程为工作行程，快行程为空回行程，这样既可保证加工质量，又能缩短非生产时间，提高生产效率。通常根据工作要求预先选定行程速比系数 k，再由式(4-3)确定机构的极位夹角 θ

$$\theta=\frac{k-1}{k+1}\times180° \tag{4-3}$$

2. 压力角和传动角

在生产中，要求连杆机构不仅能保证实现预定的运动轨迹，而且希望运转轻便、效率高。在图4-32所示的铰链四杆机构中，若不考虑各运动副中的摩擦力及构件重力和惯性力的影响，连杆 BC 为二力杆，则由原动件 AB 经连杆 BC 传递到从动件 CD 上点C的力 $\boldsymbol{F}$ 将沿 BC 方向，力 $\boldsymbol{F}$ 与点 C 速度方向之间的夹角 α 称为机构在此位置时的压力角。而连杆 BC 和从动件 CD 之间所夹的锐角 γ 称为连杆机构在此位置时的传动角。从图中可看出，α 和 γ 互为余角。把力 F 分解为两个分力，其切向分力 $\boldsymbol{F}_t$ 为 $\boldsymbol{F}\cos\alpha$，法向分力 F_n 为 $\boldsymbol{F}\sin\alpha$，因此压力角越大，其有效分力 F_t 越小，对传动越不利。故 α 可用来反映机构的传动性能，在连杆设计中，为了度量方便，习惯用压力角的余角 γ 来判断传动特性，因此当压力角 α 越小，即传动角 γ 越大时，机构的传动性能越好；反之，压力角 α 越大，即传动角 γ 越小时，机构传力越费劲，传动效率越低。

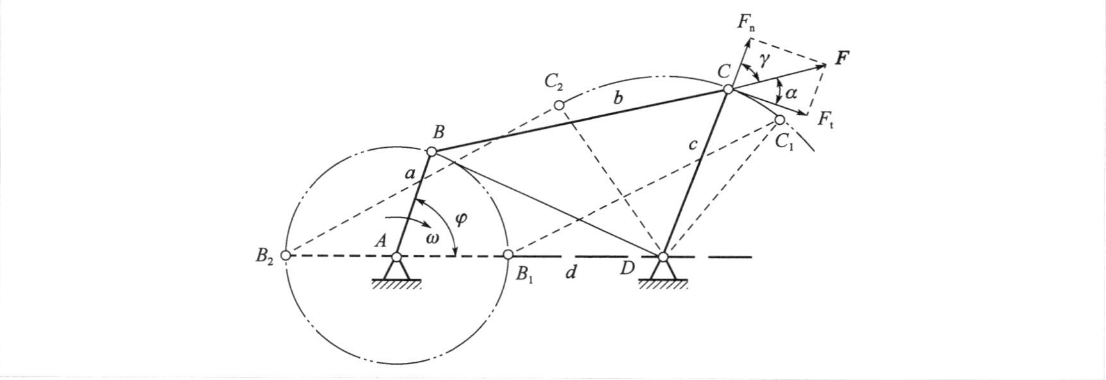

■ 图4-32 铰链四杆机构

在机构运动过程中，传动角 γ 的大小是变化的，为了保证机构传动性能良好，设计时须限定最小传动角或最大压力角。一般应使 $\gamma_{min}\leqslant40°\sim50°$，对于一些受力很小或不常使用的操纵机构，可允许传动角小些，只要不发生自锁即可。

3. 死点位置

当从动件上的传动角 $\gamma=0°$，或压力角 $\alpha=90°$ 时，驱动力对从动件的有效力矩为零，这个位置称为机构的死点位置。

机构在死点位置将会出现从动件转向不定或者卡死的现象，因此，为了使机构能顺利地通过死点而正常运转，必须采取适当的措施，可采用将两组以上的同样机构相互错开排列组合使用，如机车车轮联动机构，其两侧的曲柄滑块机构的曲柄位置相互错开；也可采用安装飞轮加大惯性的方法，借惯性作用使机构闯过死点，如缝纫机踏板机构中的大带轮就兼有飞轮的作用等。

另外，在工程实践中，也常利用机构的死点来实现特定的工作要求。如图 4-33 所示为飞机起落架机构，在机轮放下时，杆 *BC* 与 *CD* 成一直线，此时机轮上虽受到很大的力，但由于机构处于死点位置，起落架不会反转（折回），可使飞机起落和停放更加可靠。又如图 4-34 所示的工件夹紧机构，当在 *F* 力作用下夹紧工件时，铰链中心 *B*、*C*、*D* 共线，机构处于死点位置，此时不管工件加在构件 1 上的反作用力有多大，也不能使构件 3 转动。这就保证了在去掉外力 *F* 之后，仍能可靠夹紧工件。当需要取出工件时，只要在手柄上施加向上的外力，就可使机构离开死点位置，从而松脱工件。

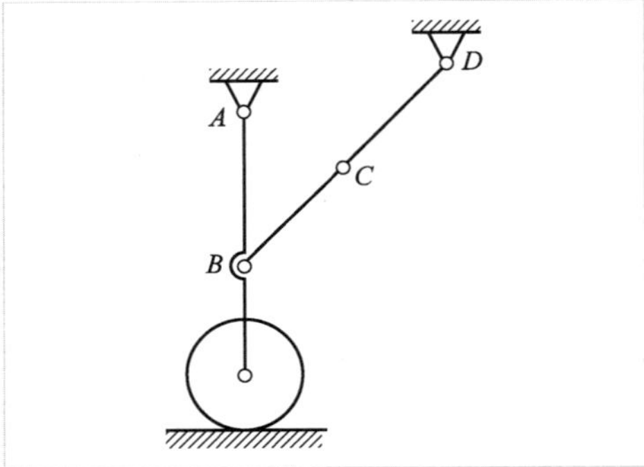

■ 图 4-33 飞机起落架机构

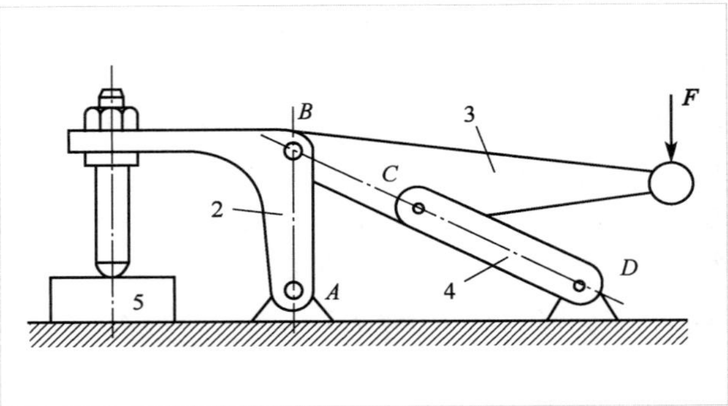

■ 图 4-34 工件夹紧机构

了解平面连杆机构的组成及应用任务工单

学生信息

班级：

姓名：

学号：

任务目标

1. 了解铰链四杆机构基本知识。
2. 掌握铰链四杆机构的基本分类。
3. 熟悉铰链四杆机构的运动性质。
4. 具体分析汽车常见四杆机构运动的能力。

理论知识学习

1. 铰链四杆机构。

(1)曲柄摇杆机构。

(2)双曲柄机构。

(3)双摇杆机构。

2. 铰链四杆机构的类型判别。

推论：在铰链四杆机构中，最短杆与最长杆长度之和小于或等于其他两杆长度之和时，则：

(1)以最短杆的邻边为机架时，为曲柄摇杆机构。

(2)以最短杆为机架时，为双曲柄机构。

(3)以最短杆的对边为机架时，为双摇杆机构。

若铰链四杆机构最短杆与最长杆长度之和大于其他两杆长度之和，则该机构没有曲柄，无论取哪个构件为机架，都只能为双摇杆机构。

3. 铰链四杆机构的演化。

(1)曲柄滑块。

(2)导杆机构。

(3)摇块机构。

(4)定块机构。

实践操作

练习判断铰链四杆机构类型。已知四杆长度分别为 $AB=30$mm，$BC=60$mm，$CD=50$mm，$DA=40$mm，AD 为机架，判断机构类型。

总结与反思

1. 本次任务的主要收获是什么？

2. 在学习过程中遇到了哪些困难？如何解决的？

3. 对未来学习的建议与期望。

任务三　了解凸轮机构的组成及应用

任务导入

凸轮机构是由凸轮和从动件组成的高副机构，混合动力的新能源汽车内燃机中的配气机构采用的就是凸轮机构，它是内燃机中的重要机构，一般四冲程的内燃机工作时，要求在一个工作循环内，完成进气、压缩、所用、排气四个行程，而气门就要求迅速打开，随即迅速关闭，然后保持关闭不动。这种要求使用平面连杆机构是很难实现的，那么配气机构是如何实现气门的开启和关闭的呢？

任务目标

1. 了解配气机构的工作原理。
2. 掌握凸轮机构的组成和分类。
3. 熟悉从动件常用的规律。

一、凸轮机构的组成及特点

凸轮机构的组成

凸轮机构主要由凸轮、从动件和机架三个基本构件组成。凸轮是一个具有特殊曲线轮廓或凹槽的构件。凸轮一般为主动件，通常做等速转动，但有时也做往复直线移动。通过凸轮与从动件的直接接触，驱使从动件做往复直线运动或摆动。只要适当地设计凸轮轮廓曲线，就可以使从动件获得预定的运动规律。因此，凸轮机构广泛用于各种自动化机械、自动控制装置和仪表中。

汽车上凸轮机构的应用

如图 4-35 所示为内燃机中用以控制气门开启和关闭的凸轮机构，凸轮等速转动，当转到凸起部分顶动气门弹簧座时，迫使气门向下移动，气门打开。当凸起部分转离时，在弹簧力的作用下气门阀杆又向上移动，气门关闭。气门开启和关闭时间的长短及其速度变化取决于凸轮轮廓曲线的形状。

如图 4-36 所示为凸轮自动送料机构，当带有凹槽的圆柱凸轮 1 连续转动时，通过嵌入其圆柱螺旋槽中的从动杆端部的滚子驱动从动件 2 往复移动，凸轮 1 每转动一周，就带动从动件 2 完成一次送料任务。

凸轮机构在汽车上的应用还有：柴油机高压油泵中用凸轮控制柱塞的直线移动，以实现供油。汽油机分电器中凸轮控制触点的开闭，实现定时点火。

凸轮机构结构简单紧凑，设计方便，可以高速，动作准确可靠；但凸轮与从动件之间一般为点或线接触，属于高副机构，故易磨损。因此，凸轮机构一般用于传力不大的场合。

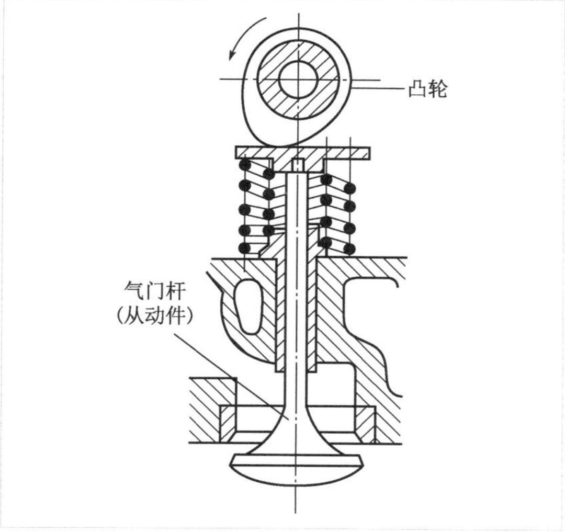

■ 图4-35 内燃机配气机构

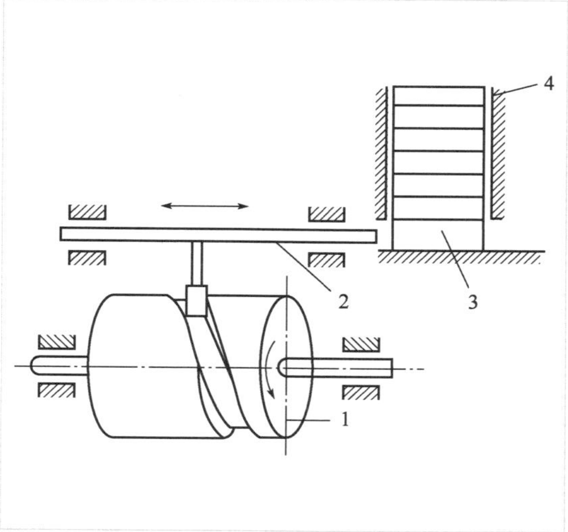

■ 图4-36 自动送料机构

1-凸轮;2-从动件;3-物料;4-机架

二、凸轮机构的分类

凸轮机构的特点

1. 按凸轮的形状分类

(1)盘形凸轮机构。

盘形凸轮是一个绕固定轴线转动并具有变化半径的盘形构件。它是凸轮的基本形式,结构简单,应用广泛,但从动件的行程不能太大,否则将导致整体结构庞大,如图4-37a)所示。

(2)移动凸轮机构。

移动凸轮是一个具有曲线轮廓并做往复直线运动的构件。有时也可将凸轮固定,而使从动件连同其导路相对凸轮运动,如图4-37b)所示。

上述两种凸轮机构的凸轮和从动件都在平面内运动,所以被称为平面凸轮机构。

(3)圆柱凸轮机构。

圆柱凸轮是一个在圆柱面上开有曲线凹槽或在圆柱端面上做出曲线轮廓的构件。其运动形式为绕轴转动,它的从动件可以获得较大的行程,如图4-37c)所示。

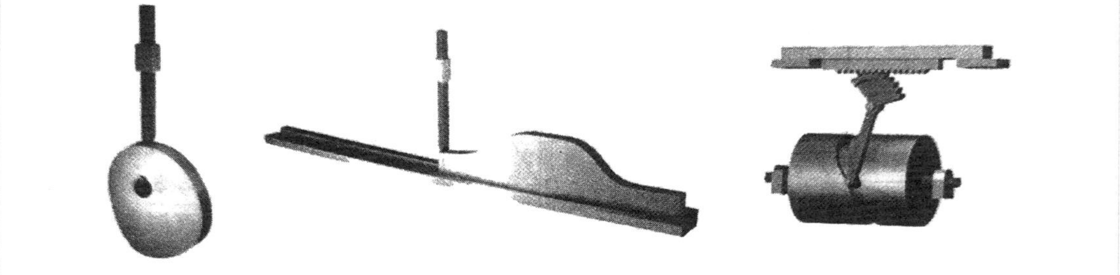

a) b) c)

■ 图4-37 凸轮形状的分类

圆柱凸轮机构中，从动件在平行于凸轮轴线的平面运动，而凸轮在径向平面内旋转，因此凸轮与从动件的相对运动是空间运动，属于空间凸轮机构。

2. 按从动件分类

(1)尖顶从动件。

这种机构的从动件结构简单，尖顶能与任意复杂的凸轮保持接触，故可使从动件实现复杂的运动规律。但尖顶承载能力小，易磨损，故其适用于传力小、速度低的场合，如图4-38a)所示。

(2)滚子从动件。

这种机构的从动件一端铰接一个可自由转动的滚子，滚子和凸轮轮廓之间为滚动摩擦。因此磨损较小，可传递较大的动力，应用较广泛，如图4-38b)所示。

(3)平底从动件。

在润滑条件下，凸轮与从动件接触处易于形成油膜，润滑良好，凸轮给从动件的作用力始终垂直于平底，传动效率较高，因此适用于高速场合，如图4-38c)所示。

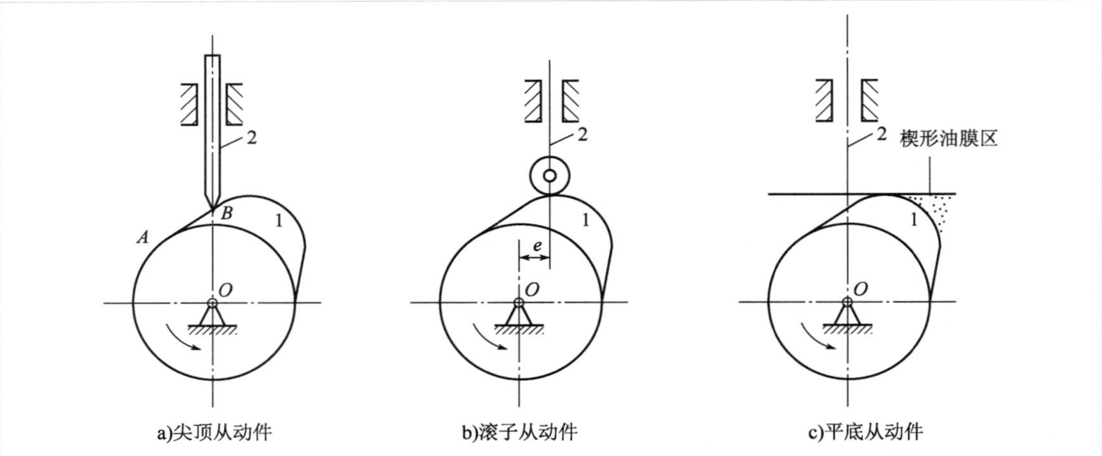

■ 图4-38 凸轮形状的分类

3. 按从动件运动形式分类

按从动件的运动形式分，凸轮机构可分为移动从动件凸轮机构[图4-37a)]和摆动从动件凸轮机构[图4-37c)]。

三、凸轮机构的基本参数及运动过程

1. 基圆

以凸轮的最小直径为半径所作的圆称为基圆，基圆半径用 r_0 表示。如图4-39a)所示，图示位置凸轮转角为零，从动件位移为零，从动件尖端位于离轴心O最近的位置 A 称为起始位置。

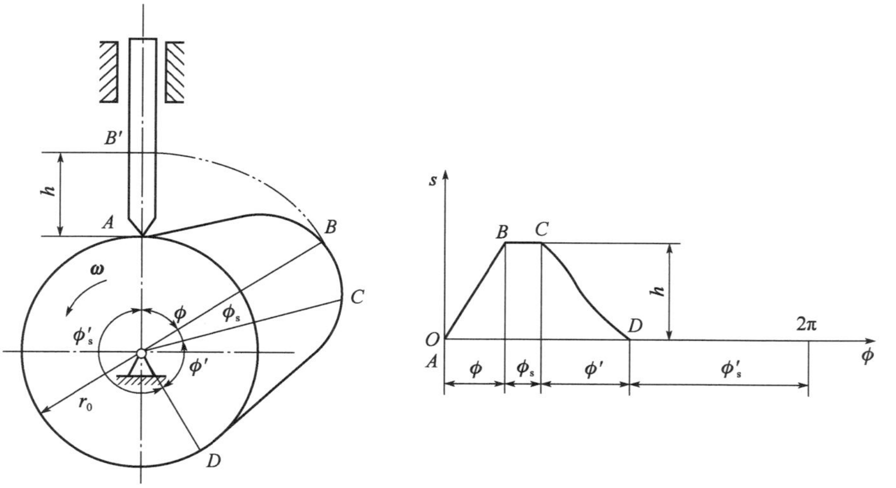

a)尖顶从动件盘形凸轮机构　　b)从动件的位移曲线

■ 图 4-39　凸轮机构的运动过程及从动机的位移曲线

2. 推程

当凸轮以等角速度 ω 逆时针转过 ϕ 时，凸轮轮廓 AB 段按一定运动规律将从动件尖顶由起始位置 A 推到最远位置 B，这一过程称为推程，而与推程对应的凸轮转角 ϕ 称为推程运动角，从动件移动的距离 h 称为从动件的升程。

3. 远休止角

凸轮继续转过 ϕ_s 时，对应的凸轮轮廓 BC 段是以 O 为中心、OB 为半径的圆弧，故从动件在最远位置静止不动，对应的凸轮转角 ϕ_s 称为远休止角。

4. 回程

凸轮继续转过 ϕ' 时，从动件在其重力或弹簧力作用下按一定运动规律沿 CD 段回到初始位置，这个过程称为回程。凸轮相应的转角 ϕ' 称为回程运动角。

5. 近休止角

凸轮继续转过 ϕ'_s 时，因凸轮轮廓 DA 段是以 O 为中心、OD 为半径的圆弧，故从动件在最近位置静止不动，对应的凸轮转角 ϕ'_s 称为近休止角。

凸轮继续转动时，从动件将重复上述过程。

6. 位移曲线

当凸轮转过一定角度时，从动件就会产生一个位移 s。用横坐标代表凸轮的转角，纵坐标代表从动件的位移，把从动件位移随凸轮转角的变化关系用曲线描绘出来，此曲线称为从动件的位移曲线，如图 4-39b）所示。

四、从动件常用的运动规律

设计凸轮机构时，首先应根据工作要求确定从动件的运动规律，然后按照这一规律设计相应的凸轮轮廓曲线，即凸轮的轮廓形状。所谓运动规律，是指从动件在运动过程中，其位移 s、速度 v 和加速度 a 随时间 t（凸轮转角 ϕ）变化的规律。从动件常用的运动规律有等速运动、等加速等减速运动和余弦加速度运动。

1. 等速运动规律

等速运动是从动件上升或下降的速度为一常数的运动。

设凸轮机构的从动件以速度 v 做匀速运动，其位移 s 与时间 t 的关系为 $s=vt$。凸轮以等角速度 ω 做匀速运动，其转角 ϕ 的大小与时间 t 的关系为 $\phi=\omega t$，即从动件的位移 s 与凸轮的转角 ϕ 呈线性函数关系，因此，等速运动规律的位移曲线是直线。图 4-40 所示为等速运动线图。位移线图为一斜直线，速度线图为常数，加速度线图为零。在推程的开始点和回程的结束点，因速度突变，其加速度为无穷大，在这两个位置，由加速度产生的惯性力在理论上也突变为无穷大（实际上由于材料的弹性变形，加速度和惯性力不可能达到无穷大），使机构受到强烈的冲击，称为刚性冲击。等速运动规律只适用于低速、轻载及特殊要求的凸轮机构。在必须采用等速运动规律时，往往会进行改良，即将其推程的开始点和回程的结束点用圆弧或其他曲线与直线光滑连接，以缓和冲击。

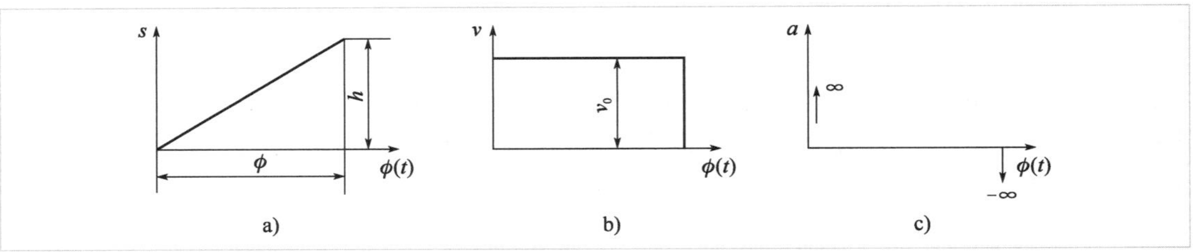

■ 图 4-40　等速运动线图

例如，某凸轮机构的从动件做匀速运动，凸轮转角 ϕ 与从动件位移 s 的对应关系见表 4-2。

从动件的运动规律　　表 4-2

凸轮转角 ϕ(°)	0 ~ 180	180 ~ 210	210 ~ 300	300 ~ 360
从动件位移 s(mm)	等速上升 30	静止不动	等速下降 30	静止不动

根据上述条件可绘制出从动件等速运动规律的位移曲线，如图 4-41 所示。

2. 等加速等减速运动规律

当凸轮转速提高时，为避免刚性冲击，可使从动件采用等加速等减速运动规律。此时从动件在推程（或回程）的前半段行程做等加速运动，后半段行程做等减速运动。通常，等加速和等减速时间相等，加速度的绝对值也相等。如图 4-42 所示，位移线图由两段光滑连接的抛物线组成，速度线图为一斜直线，加速度线图绝对值为常数。在加速度线图上的 O、A、B 三点发生加速度的有限突变，由加速度产生的惯性力突变也将是有限值，是机构产生有限的“柔性冲击”。等加速等减速运动规律也只适用于中速、轻载的场合。

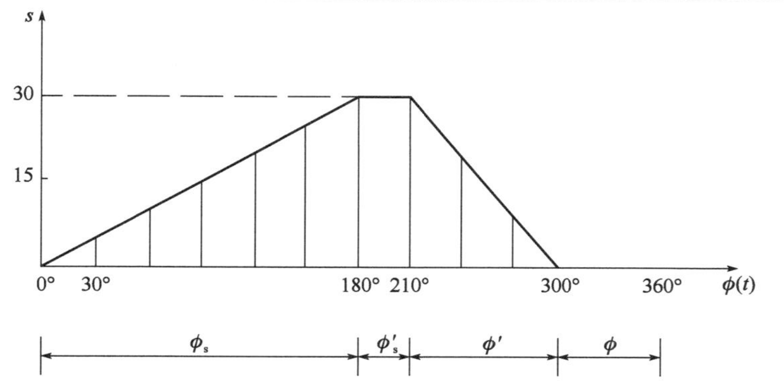

■ 图 4-41 从动件等速运动

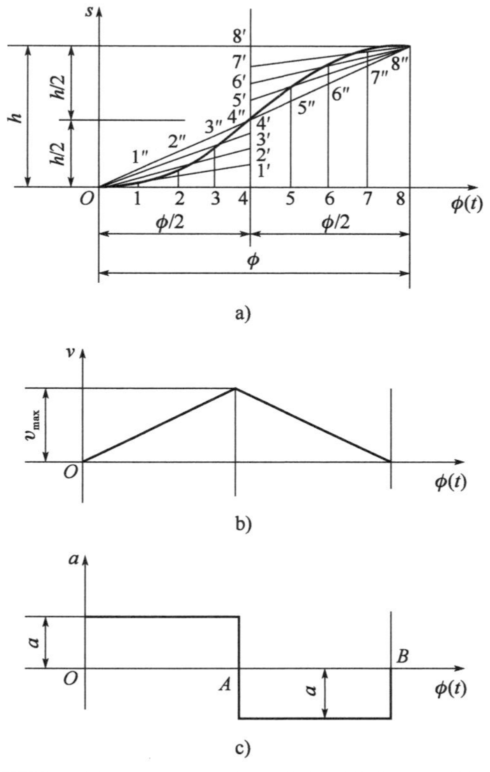

■ 图 4-42 等加速等减速运动

3. 余弦加速度运动

余弦加速度运动规律是指当凸轮等速转动时,从动件的加速度是按余弦曲线变化的,如图 4-43 所示,加速度线图是余弦曲线,速度线图是正弦曲线,位移线图是简谐运动曲线。由加速度线图可见,这种运动规律在推程的开始点或回程的结束点,从动件有停歇时(休止角不为零),该点也有柔性冲击,因此只能适用于中速场合,如果从动件做无停歇的往复运动(休止角为零),加速度曲线变成连续的余弦曲线,还可以消除柔性冲击,这种情况可以用于高速场合。

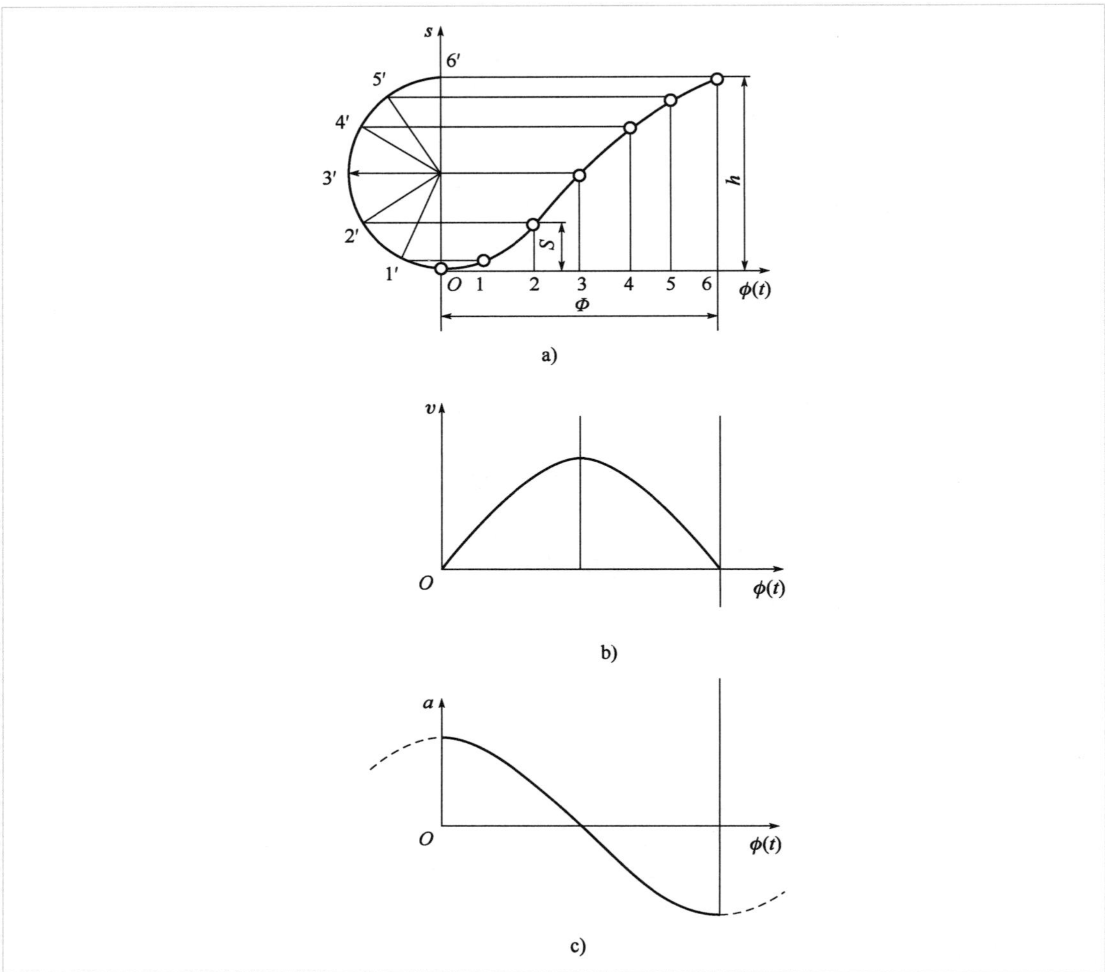

■ 图 4-43 余弦加速度运动

了解凸轮机构的组成及应用任务工单

学生信息

班级：

姓名：

学号：

任务目标

1. 了解配气机构的工作原理。
2. 掌握凸轮机构的组成和分类。
3. 熟悉从动件常用的规律。

理论知识学习

1. 凸轮机构的组成

凸轮机构主要由凸轮、从动件和机架三个基本构件组成。

2. 凸轮机构分类

(1)按凸轮形状分。

(2)按从动件形状分。

(3)按从动件运动形式分。

3. 凸轮机构的运动过程

推程—远休止—回程—近休止。

实践操作

参照图4-44 练习绘制汽车凸轮机构运动过程并分析其运动规律。

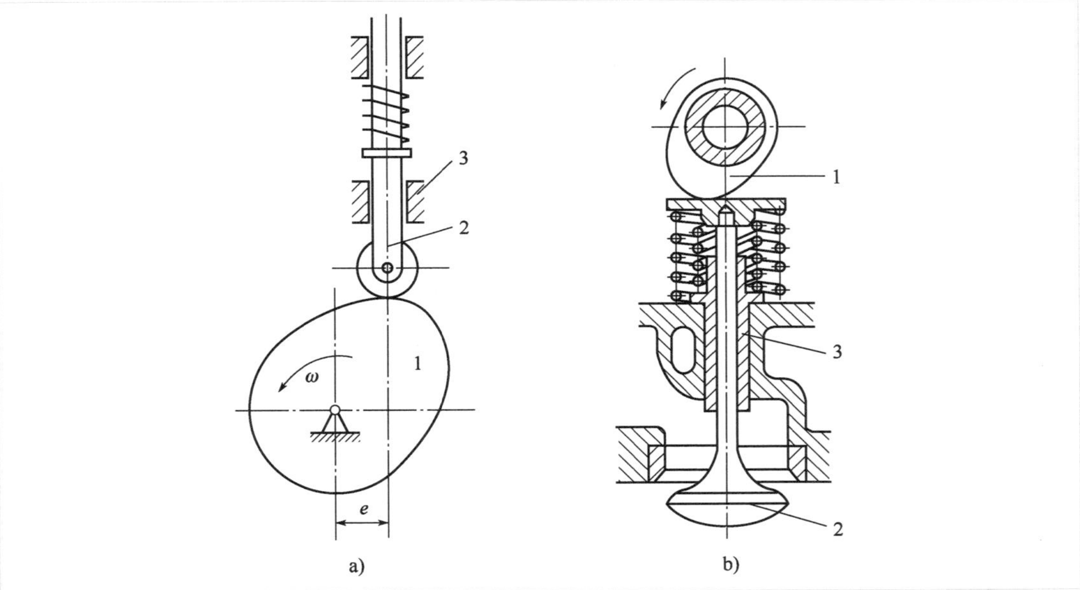

图4-44 实操练习图

续上表

总结与反思 1. 本次任务的主要收获是什么? 2. 在学习过程中遇到了哪些困难?如何解决的? 3. 对未来学习的建议与期望。

任务四　了解新能源汽车轮毂轴承密封设计

任务导入

轮毂轴承作为关键传动部件,其密封性能直接影响车辆的安全性、可靠性和续驶能力。与传统燃油车相比,新能源汽车轮毂轴承面临更高的转速、更复杂的工况(如频繁起停、能量回收制动)以及更严苛的防尘防水要求。这也对轮毂轴承的密封设计提出了更高要求。

任务目标

1. 掌握轮毂轴承密封的基本功能。
2. 理解新能源汽车对密封设计的特殊要求。
3. 熟悉常见密封结构类型。

一、新能源汽车轮毂轴承密封的主要功能

轮毂轴承密封的主要功能是防止外部污染物(如灰尘、泥水等)进入轴承内部,同时确保润滑脂不泄漏,从而减少摩擦磨损,延长轴承使用寿命。对于新能源汽车而言,密封设计还需考虑电机运行时的高温环境、电磁干扰以及轻量化需求。传统燃油车的轮毂轴承密封通常采用接触式唇形密封或迷宫式密封,但这些结构在新能源汽车的应用中可能面临新的挑战。例如,电动汽车的瞬时转矩较大,可能导致轴承承受更高的动态载荷,从而加剧密封唇口的磨损。此外,电机的高频振动也可能影响密封件的稳定性,导致密封失效。

针对这些问题,新能源汽车轮毂轴承的密封设计需要从材料、结构和工艺三个方面进行优化。在材料选择上,可采用高性能橡胶或聚氨酯材料,以提高密封件的耐高温、耐磨损和抗老化性能。例如,氟橡胶(FKM)因其优异的耐热性和化学稳定性,成为新能源汽车密封件的理想选择。在结构设计上,非接触式密封或组合式密封方案逐渐受到关注。非接触式密封(如磁性流体密封)利用磁场固定密封介质,既能减少摩擦阻力,又能适应高速旋转工况,但其成本较高,目前仍处于研究阶段。相比之下,组合式密封(如唇形密封与迷宫密封的结合)在保证密封效果的同时,更具经济性和实用性。

此外,制造工艺的改进也对密封性能至关重要。精密注塑成型和激光加工技术的应用可

以提高密封件的尺寸精度和表面质量,从而增强其密封可靠性。同时,仿真分析技术的进步使得密封设计可以在虚拟环境中进行优化,减少试验成本。例如,利用有限元分析(FEA)模拟密封件在不同工况下的应力分布和变形情况,有助于优化密封结构参数,提高其耐久性。

1. 密封类型及其特点

轮毂轴承密封主要分为接触式和非接触式两大类。接触式密封(如唇形密封)依靠弹性材料与轴承表面的紧密贴合来阻挡污染物,密封效果好但摩擦阻力较大,可能影响能效。非接触式密封(如迷宫密封)通过复杂的气流通道阻碍污染物进入,摩擦小但密封性能相对较弱。新能源汽车更倾向于采用低摩擦设计以提高续驶能力,因此,组合式密封(如唇形密封+迷宫密封)成为折中方案,兼顾密封性和低能耗需求。

2. 材料选择的关键因素

密封材料的性能直接影响轴承的寿命和可靠性。传统橡胶(如丁腈橡胶 NBR)成本低但耐高温性较差(仅适用于 -40 ~ 120℃)。新能源汽车的轮毂轴承可能因电机发热或制动系统高温而面临更严苛的环境,因此氟橡胶(FKM,耐温范围 -20 ~ 200℃)或硅橡胶(VMQ,耐低温且性能优异)成为更优选择。此外,聚氨酯(PU)因其高耐磨性,适用于高转速工况,但耐水解性较差,需根据具体应用环境权衡。

3. 电磁兼容性(EMC)的影响

新能源汽车的电机和电控系统会产生电磁干扰(EMI),可能影响轴承电流,导致电腐蚀(电蚀磨损)。因此,轮毂轴承密封设计需考虑导电或绝缘处理。例如,采用导电橡胶或金属镀层密封件可疏导电流,防止电蚀;而绝缘涂层(如陶瓷或特殊聚合物)则可阻断电流通路,适用于高压电驱动系统。

4. 仿真与试验验证

现代密封设计依赖计算机辅助工程(CAE)进行优化。通过有限元分析(FEA),可模拟密封件在动态载荷下的变形和接触压力分布,优化唇口角度和预紧力。此外,台架试验(如盐雾测试、高速耐久测试)和实车验证必不可少,以确保密封性能在复杂工况下的可靠性。

如图 4-45 所示为汽车轮毂。

■ 图 4-45　汽车轮毂

二、新能源汽车轮毂轴承密封件的制造工艺

1.精密注塑成型技术

轮毂轴承密封件通常采用注塑成型工艺制造,其核心在于模具精度和工艺参数控制。新能源汽车对密封件的尺寸稳定性要求更高,因此需采用高精度模具(公差控制在 ±0.01mm 以内)和优化的注塑参数(如温度、压力、冷却速率)。此外,多腔模具和自动化生产线的应用可提高生产效率,同时保证批次的一致性。

2.激光加工与表面处理

密封唇口的表面粗糙度直接影响摩擦性能和密封效果。激光加工技术(如激光微蚀刻)可在密封接触面形成微观纹理,优化润滑脂分布,降低摩擦系数。此外,表面涂层技术(如 PTFE 镀层或 DLC 类金刚石碳涂层)可进一步提升耐磨性和耐化学腐蚀性,延长密封寿命。

3.橡胶硫化工艺优化

橡胶密封件的性能取决于硫化过程(温度、时间、压力)。新能源汽车密封件常采用高温快速硫化(如 180～200℃,30～60s),以提高生产效率。同时,采用二次硫化(后固化)可消除内应力,提升材料的稳定性。对于氟橡胶等高性能材料,需精确控制硫化曲线,以避免过硫或欠硫,影响密封性能。

4.自动化装配与在线检测

现代轮毂轴承密封的装配趋向自动化,采用机器人精准压装,避免人工操作导致的偏斜或损伤。在线检测技术(如机器视觉、气密性测试)可实时监控密封件的装配质量,确保零缺陷交付。此外,智能工厂的数据采集系统(MES)可追溯生产参数,便于工艺优化和质量分析。

三、新能源汽车轮毂轴承密封设计的未来趋势

未来,随着新能源汽车技术的进一步发展,轮毂轴承密封设计将趋向智能化与集成化。例如,集成传感器的新型密封结构可实时监测轴承温度和润滑状态,为预测性维护提供数据支持。此外,轻量化材料的应用(如碳纤维增强复合材料)也将成为研究热点,以进一步降低整车能耗。总之,新能源汽车轮毂轴承密封设计需要综合考虑材料性能、结构创新和工艺优化,以适应新能源汽车的特殊需求,为行业的可持续发展提供技术支撑。

综上所述,新能源汽车轮毂轴承密封设计是一项融合材料科学、结构优化和先进制造工艺的系统工程。随着新能源汽车向高转速、轻量化、智能化方向发展,密封技术也需不断创新突破。未来,智能密封(集成传感功能)、新型复合材料(如石墨烯增强橡胶)以及数字化仿真与智能制造技术的深度融合,将进一步提升密封件的可靠性和适应性。同时,行业应加强标准化研究,建立针对新能源汽车特殊工况的密封性能评价体系,为产品开发提供规范指导。只有通过多学科协同创新,才能满足新能源汽车对轮毂轴承密封日益增长的高性能要求,助力新能源汽车产业的高质量发展。

了解新能源汽车轮毂轴承密封设计任务工单

学生信息

班级：

姓名：

学号：

任务目标

1. 掌握新能源汽车轮毂轴承密封的基本原理和技术要求。
2. 了解新能源汽车特殊工况对密封性能的影响因素。
3. 能够设计符合新能源汽车要求的轮毂轴承密封结构。
4. 掌握密封性能测试与评估方法。

理论知识学习

1. 新能源汽车轮毂轴承密封的重要性。
(1)防止润滑脂泄漏和外部污染物进入。
(2)维持轴承润滑状态，延长使用寿命。
(3)适应新能源汽车高力矩、高转速特点。
(4)满足电动汽车低噪声、低摩擦要求。
2. 密封设计基本要求。
(1)密封性能(防泄漏、防污染)。
(2)摩擦力矩控制。
(3)耐久性和可靠性。
(4)温度适应性(-40～150℃)。
(5)材料兼容性(与润滑脂、环境介质)。
3. 新能源汽车特殊考虑因素。
(1)再生制动带来的反向载荷。
(2)更高转速范围(相比传统汽车)。
(3)电机电磁场对密封材料的影响。
(4)轻量化要求下的密封结构优化。

实践操作

一、密封结构设计
1. 根据轴承尺寸确定密封安装空间。
2. 选择适合的密封类型(推荐组合式密封)。
3. 设计唇口角度、过盈量和弹簧位置。
4. 考虑安装导向结构。
5. 设计防尘副唇(如需要)。
二、材料选择
1. 主密封材料：氟橡胶(FKM)或氢化丁腈橡胶(HNBR)。
2. 骨架材料：不锈钢或表面处理钢。
3. 弹簧材料：不锈钢丝。
4. 考虑材料耐温性、耐磨性和化学稳定性。
三、性能验证测试
1. 台架试验：模拟实际工况下的密封性能。
2. 防尘防水测试(IP 等级验证)。
3. 耐久性测试(高低温循环、振动等)。
4. 摩擦力矩测量。
5. 拆检分析(测试后密封状态检查)。

续上表

四、设计优化

1. 根据测试结果调整唇口设计参数。
2. 优化材料组合。
3. 考虑表面处理技术(如 PTFE 涂层)。
4. 平衡密封性能与摩擦损失。

总结与反思

1. 经验反思。

(1)设计过程中遇到的主要挑战是什么?

(2)密封性能与摩擦力矩如何平衡?

(3)材料选择是否考虑了全生命周期性能?

(4)测试方法是否充分模拟了实际工况?

(5)成本与性能之间如何取得最佳平衡?

2. 改进方向。

(1)探索新型密封材料(如高性能复合材料)。
(2)研究智能密封技术(磨损监测功能)。
(3)优化制造工艺,提高一致性。
(4)开发更精确的性能预测模型。

任务五　了解新能源汽车驱动轴振动抑制技术

任务导入

随着新能源汽车的普及,驱动系统的高效性和舒适性成为关键技术挑战。与传统燃油车相比,新能源汽车(尤其是纯电动汽车)的驱动轴因电机瞬时高转矩输出、动力传递路径简化等特点,更易产生高频振动和噪声。

任务目标

1. 掌握新能源汽车驱动轴振动的产生机理。
2. 理解振动传递路径与 NVH 性能的关联性。
3. 熟悉主流振动抑制技术。

一、新能源汽车驱动轴振动来源分析

驱动轴振动主要来源于三个方面:一是电机工作过程中产生的阶次振动,尤其是永磁同步电机在低速高转矩工况下，受齿槽效应和电流谐波影响，转矩脉动会通过传动系统放大，形成48阶或96阶的典型振动；二是万向节等速性被破坏时引发的二次激励，当驱动轴夹角超过3°时，十字轴万向节会产生转速波动，进而激发传动系统共振；三是路面不平度通过悬架传递至驱动系统的随机振动，这种宽频激励容易与传动系固有频率耦合，导致结构噪声辐射。针对上述振动机理，目前主流抑制技术可分为主动控制与被动控制两大方向。驱动轴结构如图4-46所示。

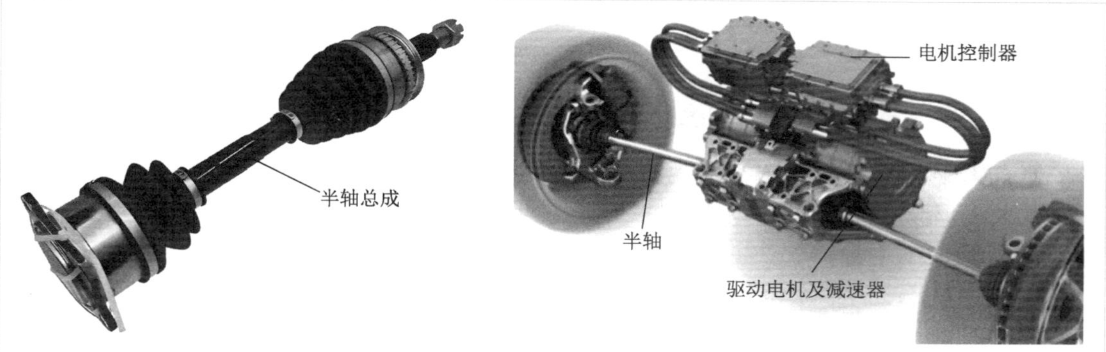

a)　　b)

■ 图4-46　新能源汽车驱动轴结构示意

二、主动控制技术的突破与挑战

主动控制技术依托闭环系统实现振动的实时抵消。基于转矩前馈的电机控制算法通过在线辨识48阶转矩脉动分量，在驱动轴电流中注入反向谐波，可将电机侧振动激励降低60%。某企业开发的智能主动阻尼器，采用MRE磁流变弹性体作为作动介质，通过2000Hz频响的加速度传感器反馈，能在5ms内完成刚度调节，针对不同转速工况自动匹配最优阻尼参数。实验表明，该技术在80km/h匀速工况下，可削减驱动轴轴向振动加速度级15dB。更先进的分布式驱动架构中，轮毂电机直接集成电磁主动悬置功能，利用洛伦兹力原理产生反向作用力，实现振动力的瞬时抵消。

主动控制技术通过传感器实时监测振动，并施加反向作用力进行抵消，具有自适应能力强、抑制频带宽等优势，但系统复杂度和成本较高。

(1)电机转矩谐波补偿。

永磁同步电机的转矩脉动是驱动轴振动的主要激励源之一。通过高频电流注入法或迭代学习控制(Iterative Learning Control,ILC)，可在电流环中补偿48/96阶谐波分量。某研究采用模型预测控制(Mode Predictive Control,MPC)算法，使电机侧振动激励降低65%。

自适应滤波技术：基于最小均方算法(Least Mean Square,LMS)的主动噪声控制(Active Noise Control,ANC)系统可在线辨识振动特征，并动态调整补偿信号。实车测试表明，该方案在低速高转矩工况下可使车内噪声降低4dB(A)。

(2)智能主动阻尼器。

磁流变弹性体(Magnetorheological Elastomer,MRE)阻尼器：通过改变磁场强度实时调节阻尼特性，响应时间可缩短至5ms。某车型采用MRE阻尼器后，驱动轴轴向振动在80km/h

工况下降低 15dB。

压电作动器:利用压电陶瓷的逆压电效应产生微幅高频振动抵消力,适用于 500Hz 以上的高频噪声控制。实验数据显示,在电机开关频率附近(2～5kHz),压电主动控制可提供 10dB 以上的衰减。

(3)轮毂电机集成主动悬置。

在分布式驱动系统中,轮毂电机可直接集成电磁主动悬置,通过洛伦兹力原理产生反向作用力。某概念车采用该技术后,由路面激励引起的轮毂振动可降低 30%,但面临散热和电磁兼容性挑战。

三、被动控制技术的优化与创新

被动控制技术主要通过优化机械结构参数来衰减振动能量。在材料方面,采用碳纤维复合材料替代传统金属驱动轴,可降低质量 30% 以上,同时通过铺层设计将弯曲刚度提升至 7 000N·m^2 以上,有效避开常见激励频率。

在结构设计上,双质量飞轮的应用可将传动系统扭振固有频率从 200Hz 降为 80Hz 以下,配合液压衬套的刚度非线性特性,能显著过滤路面激励。某车型测试数据显示,优化后的等速万向节配合 55ShoreA 硬度的橡胶衬套,可使 2 阶振动幅值降低 42%。此外,凸缘盘端面增加阻尼环结构,利用硅合金材料的滞后效应,可在 200～500Hz 频段额外获得 3dB 的插入损失。

被动控制技术依赖机械结构优化和材料来改进衰减振动,无须外部能量输入,具有可靠性高、成本较低的优势,但其抑制频带和自适应能力有限。

(1)材料优化。

碳纤维复合材料驱动轴:相比传统钢制驱动轴,碳纤维复合材料具有更高的比刚度和比强度,可有效降低旋转惯量,减少不平衡振动。例如,某车型采用 T800 级碳纤维缠绕工艺制造的驱动轴,质量减轻 35%,弯曲刚度提升至 7500N·m^2,使一阶临界转速提高至 6000r/min 以上,避开了电机主要激励频段。

高阻尼橡胶衬套:在驱动轴支撑部位采用高阻尼橡胶材料(如氢化丁腈橡胶),可显著吸收高频振动。实验表明,硬度为 60ShoreA 的橡胶衬套在 200～500Hz 频段可提供 5～8dB 的振动衰减。

(2)结构优化。

双质量飞轮(Dual Mass Flywheel,DMF):通过引入次级质量块和弧形弹簧,DMF 可将传动系统扭转共振频率从 200Hz 降为 80Hz 以下,有效隔离电机转矩脉动。某混动车型测试数据显示,采用 DMF 后,48 阶振动幅值降低 50% 以上。

液压衬套与惯容器的结合:液压衬套利用流体阻尼效应抑制低频振动,而惯容器通过惯性质量块放大阻尼效果,二者结合可拓宽有效减振频带。仿真分析表明,该组合方案在 30～150Hz 范围内的振动传递率降低 40%。

(3)阻尼环与动态吸振器。

在驱动轴凸缘端面加装硅合金阻尼环,利用材料的内摩擦效应消耗振动能量,可在 300～800Hz 频段额外提供 3～5dB 的插入损失。

调谐质量阻尼器(Tuned Mass Damper,TMD):在驱动轴特定位置安装质量—弹簧系统,针对特定阶次振动(如电机48阶)进行调谐。某实验证明,优化后的TMD可使目标频点振动降低60%。

四、未来发展趋势

未来驱动轴振动抑制技术的发展趋势将呈现多学科深度融合的特征。数字孪生技术的应用可实现驱动轴全生命周期振动状态预测,通过建立包含柔性体模型的虚拟样机,能在设计阶段精准预测临界转速位置。

人工智能算法为主动控制系统提供新思路,深度强化学习网络通过在线学习驾驶工况特征,可动态优化控制参数。某研究团队开发的基于LSTM网络的预测控制器,相较传统PID控制,可以使振动抑制响应速度提升40%。

此外,超材料隔振技术的突破值得关注,具有负刚度特性的声子晶体结构可在特定频段形成带隙,为高频振动抑制提供全新解决方案。需要指出的是,振动抑制技术的工程化应用仍需解决若干关键问题。成本控制方面,碳纤维驱动轴的量产价格仍是钢制轴的3~5倍;可靠性方面,主动控制系统的失效容错机制有待完善;系统集成方面,振动控制单元与整车能量管理的协同优化尚须深入研究。这些问题的突破将依赖于材料科学、控制理论和制造工艺的协同创新,从而推动新能源汽车驱动系统向更安静、更高效的方向发展。

此外,驱动轴振动抑制技术的优化还需考虑整车层面的系统匹配问题。在实际应用中,不同振动控制策略之间往往存在耦合效应,需要进行多目标协同优化。例如,当采用主动阻尼控制时,其作动器的动态响应特性需要与电机转矩补偿算法保持相位一致,否则,可能导致振动抑制效果相互抵消。某仿真研究表明,在电机控制带宽与主动悬置带宽重叠的80~120Hz频段内,若两者相位差超过15°,反而会使振动放大20%以上。因此,建立包含传动系统、悬架系统和控制系统的整体动力学模型至关重要。

在测试验证方面,振动抑制技术的有效性需要通过多工况实验进行充分验证。除常规的台架试验外,实车道路测试应覆盖不同的路面激励条件,包括粗糙沥青路、比利时石块路以及减速带冲击工况等。测试数据显示,在随机路面激励下,采用复合控制策略(被动隔振结合主动控制)的驱动轴振动加速度RMS值可比传统方案降低35%~50%。同时,耐久性测试发现,碳纤维驱动轴在经历10万次扭转循环后,其固有频率偏移量小于2%,表现出优异的疲劳特性。

从产业应用角度看,振动抑制技术的标准化进程正在加速。国际标准化组织(ISO)正在制定的《电动汽车驱动系统振动测试规范》首次将48阶振动纳入强制检测项目,这促使车企在研发阶段就重视振动控制。国内某领军企业开发的模块化驱动轴系统,通过标准化接口设计,可适配不同轴距车型,其内置的振动监测模块能实时上传运行数据,为预测性维护提供支持。这种"硬件标准化+软件智能化"的发展模式,有望在保证性能的同时降低制造成本。

随着5G通信和车路协同技术的发展,未来驱动轴振动控制将呈现网联化特征。通过V2X系统获取前方路面信息,预判振动激励类型可提前调整控制参数。仿真分析表明,在获知200m外路面不平度的情况下,主动控制系统的响应提前量能使振动抑制效果提升18%。这种前瞻性控制策略为突破现有技术"瓶颈"提供了新思路,也将推动新能源汽车驱动系统向更智能、更舒适的方向持续进化。

了解新能源汽车驱动轴振动抑制技术任务工单
学生信息 班级: 姓名: 学号: **任务目标** 1. 理解新能源汽车驱动轴振动的成因及影响。 2. 掌握振动抑制的关键技术(如主动阻尼、结构优化等)。 3. 通过仿真或实验验证振动抑制方案的有效性。 **理论知识学习** 1. 学习驱动轴振动机理(如不平衡、共振、转矩波动等)。 2. 研究现有抑制技术(如主动控制算法、被动减振材料等)。 3. 分析新能源汽车驱动系统的特殊性(如电机激励特性)。 **实践操作** 1. 使用仿真软件(如 ANSYS/ADAMS)模拟振动并测试抑制效果。 2. 设计实验对比不同减振方案(如改变刚度/阻尼参数)。 3. 记录数据并优化方案,确保 NVH 性能达标。 **总结与反思** 1. 本次任务的主要收获是什么? 2. 在学习过程中遇到了哪些困难? 如何解决的? 3. 对未来学习的建议与期望。

任务六　了解新能源汽车蓄电池箱体快速拆装结构

任务导入

随着新能源汽车的普及,蓄电池作为核心部件,其维护和更换效率直接影响车辆的运营成本和使用体验。传统的蓄电池箱体拆装过程复杂,耗时较长,无法满足快速维修或更换的需求。例如,某新能源汽车维修站反馈,传统螺栓固定的蓄电池箱体拆装需要 30min 以上,严重影响维修效率。因此,设计一种快速拆装结构,实现蓄电池箱体的高效拆装,成为新能源汽车技术领域的重要课题。

任务目标

1. 了解传统蓄电池箱体的固定方式存在哪些不足。

2. 了解如何设计一种结构，既能保证蓄电池箱体的稳固性，又能实现快速拆装。
3. 了解新能源汽车蓄电池箱体的基本结构及拆装要求。
4. 掌握常见快速拆装结构的类型。
5. 分析不同快速拆装结构的优缺点及适用场景。

一、基础知识

目前，新能源汽车蓄电池箱体的固定方式主要采用螺栓连接。虽然螺栓连接具有可靠性高、承载能力强的优点，但在拆装过程中需要借助专用工具，操作步骤烦琐，耗时长，不利于蓄电池的快速更换。特别是在紧急情况下，如蓄电池故障或事故救援时，传统的螺栓连接方式可能延误抢修时间，甚至造成二次伤害。针对这一问题，国内外学者和工程师开始探索更加高效的蓄电池箱体连接方式，例如卡扣式、滑轨式、快拆销等结构，旨在简化拆装流程，提高操作的便捷性。某新能源汽车蓄电池包壳体如图 4-47 所示。

在快速拆装结构的设计中，需要综合考虑多个因素。首先是连接可靠性，蓄电池箱体在车辆行驶过程中承受振动、冲击等多种载荷，连接结构必须确保在任何工况下都不会发生松动或脱落。其次是密封性能，蓄电池箱体需要防止水、灰尘等外界污染物进入，避免蓄电池短路或被腐蚀。此外，快速拆装结构还应具备防误操作功能，防止在未完全锁紧的状态下使用，同时兼顾轻量化设计，避免因结构复杂而增加过多质量。最后，快速拆装结构的成本也应控制在合理范围内，以适应大规模商业化应用。

■ 图 4-47 某新能源汽车蓄电池包壳体

二、机械结构设计

一种典型的蓄电池箱体快速拆装结构可以采用滑轨与锁扣相结合的方式。具体而言，蓄电池箱体底部设计有导向滑轨，与车身上的对应导轨匹配，安装时只需将箱体沿导轨推入到位，随后通过旋转锁扣或按压式卡销完成固定。这种结构的优势在于，安装过程中无须对准多个螺栓孔，大大降低了操作难度。锁扣机构通常设计为自锁式，在受到振动时能够保持稳定，同时通过橡胶密封圈保证箱体的密封性。拆卸时，只需释放锁扣，即可将蓄电池箱体沿导轨滑出，整个过程可在几分钟内完成。

另一种可行的方案是采用快拆销配合定位销的结构。快拆销是一种常见的快速连接元件，通过弹簧或杠杆机构实现快速锁紧和释放。在蓄电池箱体的四角设置快拆销插孔，同时配备定位销以确保安装精度。安装时,先将箱体通过定位销初步定位,然后插入快拆销并锁紧。这种结构的优点是连接强度高,能够承受较大的拉脱力,适合重型蓄电池箱体。快拆销的操作通常只需一个简单的扳手动作,甚至可以实现徒手操作,显著提高了拆装效率。

1. 滑轨-锁扣集成式结构

导向滑轨系统:蓄电池箱体底部设置高强度合金导轨(截面呈T形或燕尾槽),车架安装对应滑槽,实现箱体预定位与轴向引导。

自锁式锁扣机构:在滑轨终端设置旋转锁扣或按压卡销(如弹簧钢球锁),箱体推入到位时自动触发锁止,无需额外工具。

核心优势:

操作效率:拆装时间可压缩至5min内(传统螺栓需30min以上)。

抗振设计:锁扣内置碟形弹簧预紧,振动工况下自增强锁紧力(符合ISO 16750振动标准)。

密封方案:滑轨边缘集成EPDM橡胶密封条,锁扣闭合时压缩量≥30%,IP67防护等级。

2. 快拆销-定位销复合结构

高精度定位销:箱体四角设置锥形定位销(公差H7/g6),实现毫米级对位。

快拆销锁紧:采用杠杆式快拆销,拉动外环驱动内部楔形块径向膨胀锁死。

核心优势:

承载能力:单销抗拉强度>10kN(满足商用车蓄电池箱体需求)。

防误操作:销体红色警示窗露出表示未锁紧(符合ISO 12100安全标准)。

轻量化:航空铝材质销体,比传统螺栓减重40%。

3. 电磁锁紧系统

车架嵌入电磁线圈,箱体安装导磁合金板。通电后产生>1.2T磁吸力锁紧,断电自动分离。

核心优势:

解锁速度:毫秒级解锁速度(适用于换电站自动作业)。

磨损率:零机械磨损。

4. 液压夹持机构

工作流程:

箱体推入定位槽→液压缸驱动楔形块径向夹紧→压力传感器反馈锁紧状态(>15MPa)。

三、电气连接的优化

除了机械结构设计,蓄电池箱体快速拆装还需要考虑电气连接的便捷性。传统电池系统的电气连接多采用螺栓固定的接线端子,拆装时需要先断开电气连接,再拆卸机械结构。在快速拆装设计中,可以采用自动对接的电气连接器,在箱体推入到位时自动完成电源和信号线的连接。这种集成化的设计进一步简化了操作流程,避免了因频繁插拔导致的接触不良问题。

在实际应用中,蓄电池箱体快速拆装结构还需要通过严格的测试验证。包括振动测试,模拟车辆行驶中的长期振动环境;冲击测试,验证连接结构在碰撞情况下的可靠性;以及防水防尘测试/确保密封性能达标。此外,还需进行耐久性测试,评估快速拆装结构在反复使用后的性能衰减情况，确保其在整个蓄电池生命周期内的可靠性。

传统蓄电池箱体的电气连接通常采用螺栓固定的铜排或接线端子，拆装时需先断开高压连接，操作烦琐且存在触电风险。在快速拆装结构中，电气连接需满足以下条件：

①自动对接，在机械安装到位的同时，电气连接自动完成，无须额外操作。

②高可靠性，接触电阻低，抗振动，防电弧。

③安全防护，具备防误插、防短路、防触电设计。

目前主流的快速电气连接方案包括以下三个。

(1)高压大电流连接器。

插拔式高压连接器：采用镀金或镀银触点，支持500A以上电流，插拔寿命可达1000次以上。部分连接器集成液冷通道，确保大电流传输时的散热需求。

浮动对插设计：连接器具备±2mm的浮动补偿能力，避免因机械安装误差导致接触不良。

先导触点设计：在高压触点接通前，先建立低压信号连接，确保系统安全上电。

(2)无线充电与数据传输。

感应式充电：部分换电车型探索无线充电技术，蓄电池箱体安装后通过电磁感应完成能量传输，彻底避免插拔磨损。

CAN总线无线对接：通过近场通信(NFC)或蓝牙技术，在机械安装完成后自动建立蓄电池管理系统(BMS)通信，减少线束连接。

(3)安全防护设计。

互锁机制：电气连接器与机械锁扣联动，确保机械未锁紧时高压无法接通。

电弧检测与灭弧：在插拔瞬间检测电弧，并通过惰性气体或快速断路技术防止拉弧损坏触点。

四、未来发展趋势

智能化锁紧系统：结合物联网(IoT)技术，通过传感器监测锁紧状态，并远程授权拆装操作。

机器人自动换电：在换电站场景下，采用视觉定位+机械臂自动完成蓄电池的拆装，全程无须人工干预。

模块化蓄电池设计：蓄电池箱体采用标准化接口，支持不同车型的快速适配，提升换电兼容性，如图4-48所示。

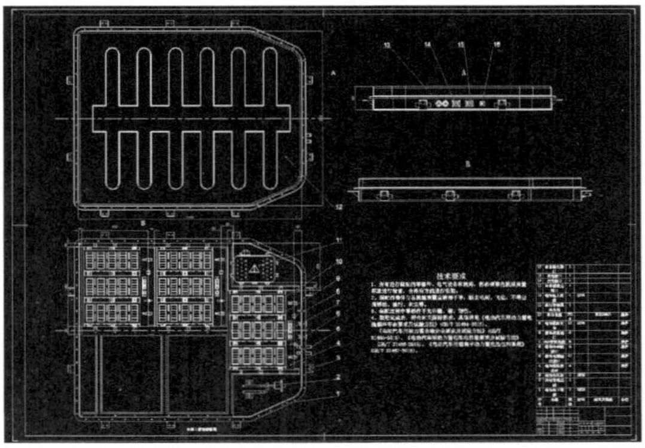

■ 图4-48 储能蓄电池箱设计图纸

了解新能源汽车蓄电池箱体快速拆装结构任务工单

学生信息

班级：

姓名：

学号：

任务目标

1. 掌握新能源汽车蓄电池箱体的基本结构与功能特点。
2. 理解快速拆装结构的设计原理与技术要求。
3. 能够规范操作蓄电池箱体的拆装流程。
4. 识别并解决拆装过程中的常见问题。
5. 提高工作效率并确保操作安全。

理论知识学习

1. 蓄电池箱体基本结构。

(1)箱体材料:铝合金/高强度钢/复合材料。

(2)密封结构:IP67 及以上防护等级。

(3)冷却系统:液冷/风冷管路接口。

(4)电气连接:高压接插件、低压信号接口。

2. 快速拆装结构原理。

(1)模块化设计理念。

(2)导向定位机构(导柱/导槽设计)。

(3)快速锁紧机构(偏心轮/液压/电磁锁紧)。

(4)防误操作设计(防呆结构)。

(5)安全互锁机制。

3. 关键技术参数。

(1)拆装时间标准(通常 <15min)。

(2)定位精度要求(±0.5mm 以内)。

(3)锁紧力要求(根据箱体尺寸不同,锁紧力要求也不同)。

(4)密封圈压缩量标准。

实践操作

1. 拆装蓄电池箱前准备。

2. 蓄电池箱标准拆装流程。

续上表

-注意事项 (1)严禁暴力拆装。 (2)密封面保护(避免划伤)。 (3)锁紧转矩控制(使用转矩扳手)。 (4)拆装后功能测试(气密性检测)。 **-常见问题处理** (1)卡滞处理:检查导向机构有无异物。 (2)密封不良:更换密封圈(使用原厂件)。 (3)定位偏差:重新校准基准。 (4)电气故障:检查接插件引脚。 **总结与反思** 1.本次任务的主要收获是什么? 2.在学习过程中遇到了哪些困难?如何解决的? 3.对未来学习的建议与期望。

练 习 题

一、填空题

1. 汽车常用机构中,________机构是实现往复直线运动与旋转运动转换的重要机构。
2. 平面连杆机构在汽车中广泛应用,其中________是四杆机构的基本形式。
3. 凸轮机构主要由凸轮、________和机架三个基本构件组成。
4. 在汽车发动机中,________机构常用于实现气门的开闭动作。
5. 绘制运动简图时,需要用特定的符号来表示机构的________和运动方向。

二、选择题

1. 以下机构不属于汽车常用机构的是(   )。
   A. 平面连杆机构　B. 凸轮机构
   C. 齿轮机构　D. 液压机构
2. 平面四杆机构中,能实现连续旋转运动的杆件是(   )。
   A. 曲柄　B. 连杆　C. 摇杆　D. 机架
3. 凸轮机构中,凸轮轮廓曲线的形状决定了从动件的(   )。
   A. 运动速度　B. 运动方向　C. 运动轨迹　D. 运动时间
4. 在汽车中,通常采用凸轮机构的部件是(   )。
   A. 活塞　B. 曲轴　C. 气门　D. 飞轮
5. 绘制运动简图的主要目的是(   )。
   A. 美化图纸　B. 简化计算
   C. 清晰表示机构的运动关系　D. 增加图纸的复杂性
6. 平面连杆机构中,曲柄摇杆机构的特点是(   )。
   A. 有一个构件做整周回转　B. 所有构件都做整周回转
   C. 没有构件做整周回转　D. 只有两个构件做整周回转
7. 凸轮机构中,凸轮通常是(   )形状。
   A. 圆形　B. 矩形
   C. 任意形状(根据工作需要设计)　D. 三角形
8. 平面连杆机构中,连杆的作用是(   )。
   A. 连接曲柄和摇杆　B. 传递动力
   C. 改变运动方向　D. 以上都是

三、判断题

1. 平面连杆机构是由若干刚性构件通过转动副和移动副连接而成的机构。(   )
2. 凸轮机构中,从动件的运动规律由凸轮的轮廓曲线决定。(   )

3. 平面四杆机构中，连杆是连接曲柄和摇杆的构件。 ( )
4. 凸轮机构中，从动件的行程不能太大，否则会使凸轮的径向尺寸过大。 ( )
5. 平面连杆机构中，曲柄是最短的连架杆。 ( )
6. 凸轮机构中，从动件的运动规律只能是等速运动规律。 ( )
7. 平面连杆机构中，双曲柄机构的两个连架杆都是曲柄。 ( )
8. 凸轮机构中，尖顶从动件适用于高速传动。 ( )
9. 平面连杆机构中，双摇杆机构的两个连架杆都是摇杆。 ( )
10. 凸轮机构中，滚子从动件的摩擦阻力较小，传力能力大。 ( )

四、简答题

1. 绘制一个你在生活中遇到的平面机构。

2. 什么是平面连杆机构？

3. 铰链四杆机构按运动形式可分为哪几种类型？各自的运动特性是什么？

4. 机构的急回特性有何作用？判断四杆机构有无急回特性的根据是什么？

工匠精神

工匠精神是一种精益精神，它是一种对过程精细打磨与优化的理念。工匠们力求在每一个环节都减少浪费、提升效率，以最精准的方式达成目标，对流程有着严苛的审视和改进。注重高效，精打细算，精雕细刻，并且有匠心，专注于自己的作业流程，精研细究。

中国一汽工匠——李凯军

李凯军从一汽技工学校毕业后从事模具钳工工作，自学提升技能。他能手工制作高精度正十二面体，在生鸡蛋壳上刻字而不损内膜。凭借精湛技艺攻克多项技术难关，其制造的模具用于一汽多个自主品牌的关键零部件生产。他带领团队完成大量复杂模具项目，创造显著经济效益，还积极培养青年技工，为行业发展做贡献。

汽车模具精度决定车体质量，一点瑕疵都可能致零件批量报废。李凯军 19 岁进厂，干了三十年模具钳工，始终追求精度，目标是追求极致。

为达高精度，他每天做四百个俯卧撑，二十年滴酒不沾，练基本功时指纹都被磨没。他认为钳工 80% 以上靠手工，要手稳且有体能。

2006 年，一位加拿大客商找一汽定制 22 吨汽车油底壳模具，称这是他在中国找的最后一家厂，若达不到要求就放弃在中国生产。李凯军被激起斗志，觉得要让老外看看中国制造水平。

他领徒弟们起早贪黑干四个月，仅抛光工序就用 30 天。交货前一天下午检测发现，两个模具合拢不平行，误差达 0.16 毫米，超过 0.08 毫米误差模具会呲铝，危险性大。

此时距客户验收仅 16 个小时，有人认为这点误差正常，但李凯军坚持拆模具排查，最终找出有肉眼难见凸起面的模块，打平、抛光后在规定时间完成任务。其做的模具平面度达 0.02 毫米误差范围以内，加拿大客商追加八百万元订单。

如今，他团队制造的汽车发动机缸体模具达世界一流水平。

“极致标准，极致要求”是李凯军的追求，也是他作为“中国一汽工匠”“大国工匠”的写照。直到现在，他还常拿锉刀，这是匠人的习惯，也是他技艺精湛的关键。

05
项目五

新能源汽车机械传动应用

汽车传动中所采用的机械传动较多，主要包括带传动、链传动、齿轮传动等。例如：与发动机的运动产生关联的凸轮轴、发电机等，均需要曲轴来提供动力；汽车变速器中，通过各挡位传动比的变化，以实现车速的变化，这些动力的传递都需要传动系统来实现，包括正时带传动、正时链传动和齿轮系传动等。

在新能源汽车中，传动系统也依然有着重要的地位，并发展出一些独特的特点，随着技术的发展，一些新型的传动技术，如轮毂电机等，也开始在新能源汽车领域展开探索和应用，为车辆的操控性和空间利用带来新的可能性。本项目就来学习汽车机械传动的相关知识。

知识目标

(1)掌握传动系统的核心原理与分类。
(2)掌握模数、压力角、齿数、节距等参数的定义及其在传动设计中的标准化应用。
(3)了解弹性滑动、打滑、传动效率、振动噪声等对传动性能的影响。
(4)理解传动系统在新能源汽车中的创新应用。

技能目标

(1)能准确识别与区分传动系统类型。
(2)能独立完成传动比计算与转向分析。
(3)能解析传动系统的实际故障与优化方案。
(4)能构建传动系统的三维逻辑模型。

素质目标

(1)能够思考并探索传动系统的新技术、新设计。
(2)能够在传动系统的设计、装配和维护中保持高度的严谨性。
(3)能够紧跟传动系统技术发展动态，及时学习并适应新变化。
(4)能够始终将传动系统的质量和可靠性放在重要位置。
(5)能够与不同专业人员合作，共同完成与传动系统相关的项目。

任务一 了解带传动的应用

任务导入

带传动作为新能源汽车动力传输的重要方式,广泛应用于发电机、水泵、空调压缩机及正时系统的驱动中。本任务将系统学习带传动的类型(如V带、多楔带、同步带)、结构特点及其在新能源汽车中的具体应用场景。需要掌握不同带传动的标记方法,理解弹性滑动与打滑的机制及对传动效率的影响,并熟悉带传动的张紧与维护技巧。例如,同步带通过啮合传动实现高精度控制,而多楔带则适用于多设备联动场景。通过本任务的学习,应能够分析带传动在混合动力电动汽车中的实际应用,如高压油泵驱动、电动助力转向系统的精准传动,并掌握如何通过合理维护延长传动系统的使用寿命,为新能源汽车动力系统的设计与维护奠定基础。

任务目标

1. 掌握带传动的基本类型、工作原理及特点。
2. 熟悉带传动在新能源汽车中的应用。
3. 了解汽车用传动带的结构特点与标记方法。

一、带传动的类型、特点和应用

1. 带传动的类型和特点

带传动的工作原理及类型

如图5-1所示,带传动是由动带轮1、从动带轮2和柔性传动带3组成。按带传动的工作原理将其分为摩擦带传动和啮合带传动。摩擦带传动靠带与带轮接触面上的摩擦来传递运动和动力;啮合带传动靠带齿与带轮之间的啮合来传递运动和动力,这种带传动又称为同步带传动。

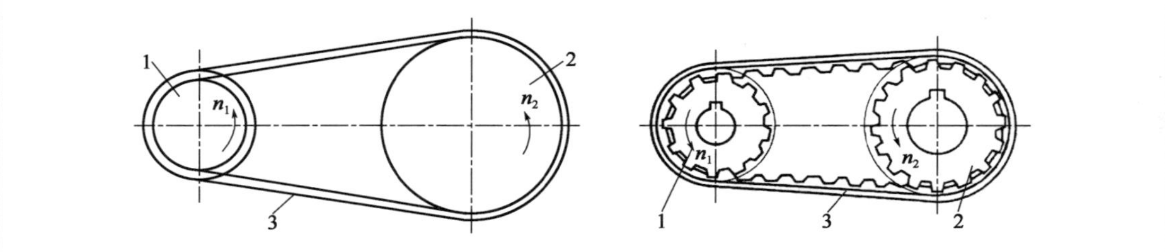

■ 图5-1 带传动

摩擦带传动按其截面形状分为平带[图5-2a)]、V带[图5-2b)]、多楔带[图5-2c)]、圆带[图5-2d)]。平带的截面为扁平矩形,其工作面是与带轮接触的内表面。它的长度不受限制,可依据需要截取,然后将两端连接到一起,形成一条环形带。平带在汽车传动装置中很少应用。

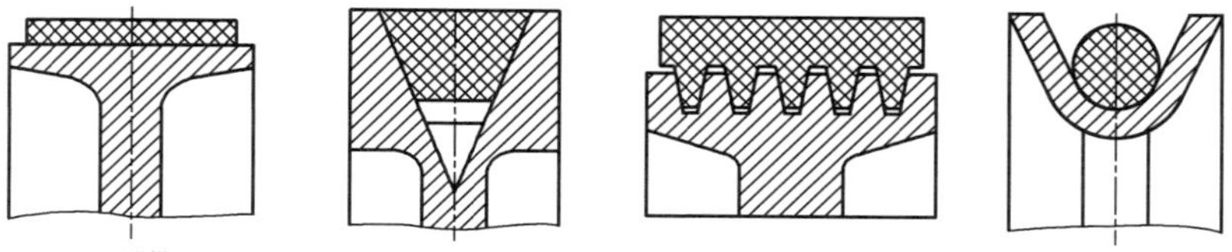

图 5-2 带的截面形状

V 带的横截面形状为等腰梯形,其工作面是与带传动槽相接触的两侧面。由于轮槽的楔形增压效应,在同样张紧的情况下,V 带传动产生的摩擦力比平带大,故传递效率也较大,应用也最广泛。

多楔带兼有平带挠性好和 V 带摩擦力较大的优点,适用于传递功率较大且要求结构紧凑的场合。

圆带的截面形状为圆形,其传动能力较小,常用于小功率传动,如缝纫机、牙科医疗器械等。

同步带为啮合型传动带(图 5-3),其横截面为矩形,所以没有弹性打滑,可用于要求传动比较准确、结合紧凑的场合。同步带薄而轻,强度高,带速可达 40m/s,传动比可达 10,传动功率可达 200kW;传递效率高,可接近 0.98,但它对制造和安装要求较高。

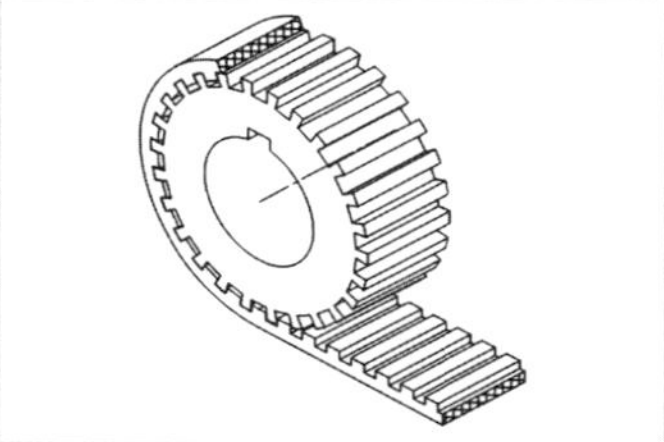

图 5-3 同步带

带传动的优点:结构简单,维护方便,制造和安装精度要求不高;带富有弹性,能缓冲吸振运行平稳,噪声小;适合较大中心距的两轴间的传动。此外,当工作机械发生过载时,传动带可在带轮上打滑,以避免其他零件发生硬性损伤。

带传动的缺点:由于带与带轮之间有弹性滑动,不能确保两轴之间的理论传动比;由于带轮抗拉强度小,不能传递大的功率,通常小于 50kW;不能一次变速很大,其传动比一般小于 7。

在多级减速传动装置中,带传动多用于与原动机相连的高速级。带的运行速度也是带轮的周围速度通常选用在 5 ~ 25m/s 为宜。

弹性滑动是带传动不可避免的固有特性,主要是由于带的弹性形变及拉力差而引起的带与带轮间的滑动现象。由于弹性滑动的存在,使得从动轮的周围速度低于主动带轮的周围速度,所以带传动的传动比不准确。打滑是由于过载引起的带与带轮间发生滑动的现象,为保证带的正常工作,应防止出现打滑现象。

2. 带传动在新能源汽车中的应用

(1)V 带。

在新能源汽车中,V 带主要用于驱动传统辅助设备。例如:空调压缩机通过 V 带将电动机动力传递至压缩机,实现车内制冷功能;在混合动力电动汽车中,V 带驱动水泵循环冷却液,保障发动机或蓄电池组的散热需求。随着新能源汽车电动化程度的提高,部分辅助设备(如电动空调压缩机)逐渐采用电机直驱,V 带的应用场景有所减少,但在混合动力电动汽车中仍有一定需求。

(2)多楔带。

在新能源汽车中,多楔带主要用于驱动多组辅助设备。例如:在混合动力电动汽车中,多楔带同时驱动发电机发电和动力转向泵工作,提升能源利用效率;驱动燃油混合动力电动汽车的高压油泵,保障燃油喷射系统的稳定运行。

优势:多楔带的柔性设计可减少振动和打滑,适用于复杂布局的传动系统,且维护成本较低。

(3)同步带。

在新能源汽车中,同步带主要用于需要高精度传动的系统。例如:同步带驱动转向电机与齿轮机构,实现精准的转向控制;在插电式混合动力电动汽车中,同步带用于驱动高压油泵或发动机正时系统,确保动力输出的同步性。

优势:同步带的啮合传动方式避免了动力损失,适用于高精度、高负载的场合,且使用寿命长。

二、新能源汽车用传动带的结构和标记

1. V 带的结构和标记

新能源汽车 V 带根据其结构分为包边式 V 带(简称包布带)和切边式 V 带(简称切边带)两种。切边带又分普通式、底胶夹布式和有齿式三种形式,如图 5-4 所示。

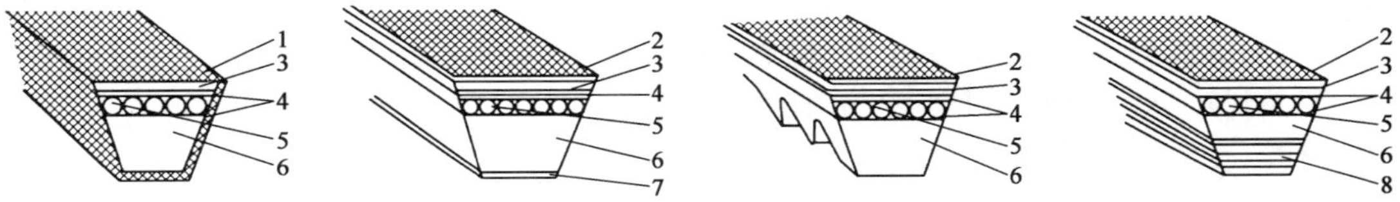

a)包布带　b)切边带(普通式)　c)切边带(有齿式)　d)切边带(底胶夹布式)

图 5-4　汽车 V 带结构

1-包布;2-顶布;3-顶胶;4-缓冲胶片;5-抗拉体;6-底胶;7-底布;8-底胶夹布

V 带由包布、顶胶、抗拉体、底胶四部分组成。V 带包布材料为胶帆布,顶胶和底胶材料为橡胶。抗拉体是 V 带工作时的主要承载部分,结构有绳芯和帘布芯两种。帘布芯结构的 V 带抗拉强度较高,制造方便;绳芯结构的 V 带柔韧性好,抗弯强度高,适用于转速较高、带轮直径较小的场合。

新能源汽车 V 带是标准件,根据公称顶宽分别为 AV10、AV13、AV15、AV17、AV22 五种型号。AV 后面的数字表示顶宽的大小,单位为 mm。

新能源汽车 V 带的标记内容和顺序为型号、有效长度公称值、标准号。如,AV13 型汽车 V 带,有效长度公称值为 1000mm,其标记为 AV13 × 1000GB/T 12732—1996。

2. 多楔带的结构和标记

多楔带

新能源汽车多楔带结构如图 5-5 所示。带的型号用来表示截面形状和尺寸,采用一种型号,双面多楔带为 DPK。

新能源汽车多楔带的规格包括模数,型号和有效长度,采用以下数字和字

母顺序进行标记:模数、型号、有效长度。如,6PK1150 表示模数为 6,有效长度为 1150mm 的汽车多楔带。

3. 同步带的结构和标记

新能源汽车同步带结构分为两种型号:ZA 型(用于较轻负荷)和 ZB 型(用于较重负荷)。两种型号的节距 C 相同,均为 9.825mm。其区别在于带齿尺寸。

新能源汽车同步带的标记顺序为顺序齿数、齿形、宽度。如 80 个齿、19mm 宽的 ZA 型带的标记为 80ZA19。

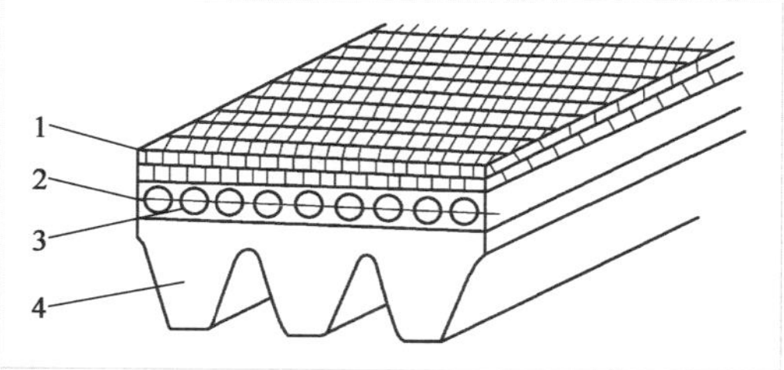

■ 图 5-5 汽车多楔带结构
1-顶布; 2-芯线; 3-黏合胶; 4-楔胶

三、带传动的弹性滑动与打滑

1. 弹性滑动

带是弹性体,工作时将产生弹性变化形,带由紧边绕过主动轮进入松边时,由于紧边和松边的拉力不同,而产生的弹性变形也不同,把带相对于轮带产生相对滑动的这种现象,称为弹性滑动。

弹性滑动是在外力作用下通过摩擦力引发拉力差而使得带的弹性变形量改变而引起的、带在带轮上的局部相对滑动现象(使带与带轮的速度有变化,使从动轮速度低于主动轮)。

弹性滑动是摩擦型带传动正常工作时的固有特征,是不可能避免的。

弹性滑动产生的后果:从动轮速度 v_2 小于主动轮速度 v_1,造成传动比不恒定;使带与带轮滑动,造成带的磨损加剧,传动效率下降。

2. 打滑

当带传动过载时,带需要传递的有效拉力超过带与带轮之间的极限摩擦力的总和时,带与带轮之间将发生显著的相对滑动,称为打滑。

打滑的危害是主动轮仍匀速转动,从动轮转速急剧下降,造成传动带严重磨损,发热烧坏 V 带,从动轮不能正常运动,导致传动失效。

为了保证带传动正常工作,带传动应避免打滑。

四、带传动的张紧和维护

1. 带传动的张紧装置

传动带使用一段时间后会因带的伸张而松弛,及时将带传动张紧是保证带传动正常工作的基础,传动带的张紧通常采用调整中心距和使用张紧轮两种方法。通过定期移动小带轮的位置以增大中心距,起到张紧作用。或在带传动中采用张紧轮放置在松边的内侧,并尽量靠近大轮,目的是使带只受单向弯曲,减小疲劳损坏,并使小轮的包角不致过分减小,如图 5-5 和图 5-6 所示。

2. 带传动的维护

(1)传动带应防止与酸、碱、油等对橡胶有腐蚀的介质接触,以延长其使用寿命。

(2)对于 V 带传动,更换 V 带时,应全部更换,以免新旧带混用形成载荷分配不均,造成新带的急剧损耗。

(3)安装传动带时,两轴必须平行,两带轮的轮槽必须对准。否则会加速带的磨损。

注意:安装时应先将中心距减小,松开张紧轮,带装好后再调整到合适的张紧程度,不能将带强行撬入。

了解带传动的应用任务工单

学生信息

班级：

姓名：

学号：

任务目标

1. 带传动的类型和特点。
2. 各种带传动在汽车中的应用。
3. 汽车用带传动的结构和标记。

理论知识学习

1. 带传动的类型。

(1)摩擦带。

(2)V 带。

(3)多楔带。

(4)圆带。

(5)同步带。

2. 带传动的应用。

(1)V 带。

(2)多楔带。

(3)同步带。

3. 汽车常用传动带的结构。

汽车发动机附件(发电机、空调压缩机和水泵)常采用两根 V 带驱动。汽车发动机附件常采用多楔带;气门发动机附件(发电机、空调压缩机和动力转向泵)采用双面多楔带驱动;发动机曲轴与凸轮轴间的传动(正式传动)均采用同步带传动。

4. 带传动的弹性滑动与打滑。

带相对于轮带产生相对滑动的这种现象,称为弹性滑动。

带与带轮之间将发生显著的相对滑动,称为打滑。

实践操作

实训室荣威发动机与空调压缩机的 V 带传动装置的安装与调试。

总结与反思

1. 本次任务的主要收获是什么?

2. 在学习过程中遇到了哪些困难? 如何解决的?

3. 对未来学习的建议与期望。

任务二　了解链传动的应用

任务导入

在现代汽车动力系统中,链传动凭借其独特的优势成为关键传动方式之一。本任务将重点探讨链传动在新能源汽车领域的应用特点与实践价值。通过学习,应将掌握链传动的工作原理、结构特点及其相较于带传动的优势与局限,特别是其在混合动力汽车和纯电动汽车中的创新应用。课程内容涵盖滚子链的精密构造、链传动在发动机正时系统等关键部位的应用案例,以及其在恶劣环境下的可靠表现。需要理解链传动如何解决新能源汽车在精准控制、高负载和特殊工况下的传动需求,并能够分析典型车型(如丰田 THS、特斯拉等)中链传动的技术特点。本任务旨在培养运用链传动知识解决实际工程问题的能力,为未来从事新能源汽车传动系统设计与维护工作奠定基础。

任务目标

1. 掌握链传动的核心特点与工作原理。
2. 熟悉链传动的类型与结构。
3. 了解链传动在新能源汽车中的实际应用。

一、链传动的特点及应用

如图 5-6 所示,链传动通常是由分别安装在两根平行轴上的主动链轮、从动链轮和环形链条构成。它是靠链轮齿轮与链条的啮合来传递运动和动力的。

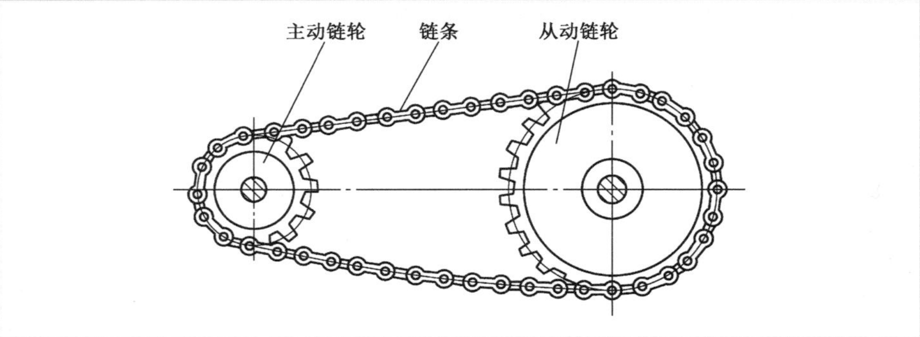

链传动的工作原理

■ 图 5-6　链传动

与带传动相比链传动的优点:

(1)由于啮合传动,在相同的时间内,两个链轮转过的链齿数是相同的,故能保证平均传动比恒定不变。

(2)链条安装时不需要初拉力,故工作时作用在轴上的力较带传动小,有利于延长轴承寿命。

(3)可在恶劣的环境下(如高温、多尘、油污、潮湿等)可靠地工作,故广泛用于农业、矿山、石油、化石、食品等行业。

(4)链条本身强度高,能传递较大的圆周力,故在相同条件下,链传动装置的结构尺寸比带传动小。

链传动的主要缺点是运行平稳性差,工作时不能保证恒定的瞬时传动比,故噪声和振动大,高速时尤其明显;对制造和安装的精度要求较带传动高,过载时不能起保护作用。

一般来说,链传动的传动比 $i \leqslant 6$,两轴中心距 $a \leqslant 5\text{m}$,传递的功率 $P < 100\text{kW}$,链条速度可达 40m/s。链传动适用于两轴平行、中心距较大而又不适用带传动或者齿轮传动的场合;在轻工机械、石油化工机械、运输起重机械及汽车、摩托车、自行车上广泛应用。

二、滚子链的结构

链条按用途不同可分为传动链、输送链、拉曳链、特种链。传动链中应用最多的是滚子链。如图 5-7 所示,滚子链由内链板 1、外链板 2、销轴 3、套筒 4 和滚子 5 组成。销轴与外链板用过盈配合组成外链节,套筒与内链板用过盈配合组成内链节,销轴与套筒之间的转动副使链条在屈伸时,内、外链节能相对转动。滚子套在套筒上可自由转动,滚子与链轮轮齿相对滚动,摩擦阻力小,减小了磨损。

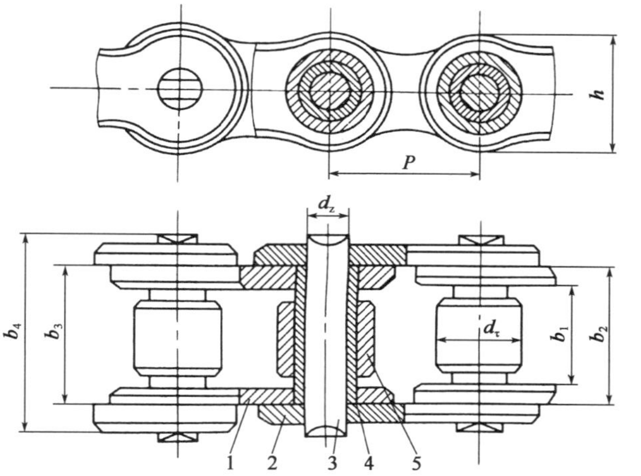

图 5-7 滚子链的结构

1-内链板;2-外链板;3-销轴;4-套筒;5-滚子

三、链传动在新能源汽车上的应用

对于新能源汽车,链传动主要用于混合动力电动汽车(HEV/PHEV)及部分纯电动汽车的辅助系统,兼顾传统动力与电动化需求。

1. 发动机正时系统

混合动力电动汽车的内燃机部分仍需正时链条,用于精准控制气门开闭,确保燃烧效率。

应用实例:丰田 THS 混动系统采用静音正时链条,降低噪声并延长使用寿命。

优势:耐磨损性高,维护周期长,适合频繁起停的混动工况。

2. 驱动高压油泵

混动电动汽车的高压燃油喷射系统依赖链传动驱动油泵，确保燃油供应稳定。

技术亮点：链条传动效率高，避免皮带打滑导致的供油波动。

典型车型：本田 i-MMD 混动系统采用链条驱动高压油泵。

3. 链传动在纯电动汽车中的特殊应用

(1)动力蓄电池冷却系统。

部分纯电动汽车采用链条驱动冷却液循环泵，确保蓄电池组温度均匀。

设计优势：链条耐高温特性适应蓄电池热管理的需求。

代表车型：特斯拉 Model S Plaid 的蓄电池冷却系统集成链传动泵。

(2)四驱系统动力分配。

高端纯电动汽车通过链传动分配前后轴动力，提升操控性与脱困能力。

技术特点：链条传动承载能力强，适合高转矩输出场景。

应用案例：奥迪 e-tron S 采用多片离合器与链条组合实现转矩矢量控制。

了解链传动的应用任务工单

学生信息

班级：

姓名：

学号：

任务目标

1. 了解链传动的特点。
2. 熟悉链传动的类型。
3. 熟悉链传动在汽车上的应用。

理论知识学习

1. 链传动的特点。

平均传动比恒定，强度高，可在恶劣环境下工作，使用寿命较长。

2. 链传动在汽车上的应用。

曲轴与凸轮轴的传动方式部分采用链条传动。对于凸轮轴上置式配气机构，特别适合链传动。

3. 滚子链。

(1)结构：滚子链由内链板、外链板、销轴、套筒和滚子组成。

(2)汽车中的应用。

发动机正时系统：滚子链传动精确，能保证曲轴和凸轮轴间准确的传动比，确保进排气门按发动机工作循环精准开闭。

平衡轴驱动：滚子链可用于驱动发动机平衡轴，使平衡轴与曲轴转速保持特定关系，有效抵消发动机活塞往复运动产生的惯性力，降低发动机的振动和噪声。

变速器内部传动：一些手动变速器中，滚子链可用于连接不同的轴和齿轮，实现动力在各挡位间的传递。

实践操作

完成发动机链传动装置的拆解与安装。

总结与反思

1. 本次任务的主要收获是什么？

2. 在学习过程中遇到了哪些困难？如何解决的？

3. 对未来学习的建议与期望。

任务三　了解齿轮传动的应用

任务导入

齿轮传动是机械传动中应用最广泛的形式之一，能够高效、精确地传递运动和动力，广泛应用于工业、汽车、航空航天等领域。本任务将系统介绍齿轮传动的特点、类型及应用场景，帮助学生理解其核心概念和实际价值。将学习齿轮的主要参数及几何尺寸计算，掌握渐开线直齿圆柱齿轮的特性及其正确啮合的条件。通过理论学习和实际案例分析，将深入了解齿轮传动在新能源汽车中的关键作用，包括电驱动系统和辅助系统中的具体应用。最终，需具备分析和设计简单齿轮传动系统的能力，为后续机械设计课程打下坚实基础。

任务目标

1. 掌握齿轮传动的核心特点与分类。
2. 熟练运用齿轮基本参数与几何尺寸计算方法。
3. 分析齿轮传动在新能源汽车中的典型应用。

一、直齿圆柱齿轮传动

1. 齿轮传动的特点

所谓齿轮，就是一个有齿构件，它与另一个有齿构件通过其共轭齿面的相继啮合，从而传递或接收运动。由可绕轴线转动的两个齿轮组成，其轴线的相对位置是固定的，通过轮齿的相继接触作用由一个齿轮带动另一个齿轮转动的机构称为齿轮副，又称齿轮传动。齿轮传动是高副机构，可传递任意两轴间的运动和动力，其圆周速度可达到200m/s，传递功率可达10^5kW，齿轮直径范围1～150mm，是现代机械中应用最广的一种机械传动。

齿轮传动与其他传动相比，主要的优点：传递功率范围广、效率高，单级传动一般效率在95%以上，制造精度高时可达99%或以上；寿命长、工作平稳、可靠性高、结构紧凑、外廓尺寸小；能保证恒定的传动比，能传动成任意夹角两轴间的运动。其缺点：需要专用设备及刀具加工齿轮，制造安装精度要求高，因此成本高；工作时有振动和噪声，运转时无过载保护；不适合做轴间距过大的传动。在机床、汽车、船舶、飞机、冶金设备、轻工机械和仪表等工业领域广泛应用。

2. 齿轮传动的类型

按照齿轮传动时的相对运动分类。

(1)平面齿轮传动。

齿轮副中齿轮的运动都是平面运动，它用于传递两平行轴间的运动和动力。齿轮是圆柱形的，又称圆柱齿轮传动，是齿轮传动中用途最广泛的一种。

根据齿轮的啮合方式，分为外啮合齿轮传动、内啮合齿轮传动和齿轮齿条传动。

(2)空间齿轮传动。

两齿轮的轴线不平行,其相对运动为空间运动,传递两相交轴或交错轴之间的运动和动力。

传递相交轴运动的齿轮传动,由于齿轮的轮齿分布在圆锥的表面上,又称锥齿轮传动。齿形有直尺、斜齿和曲线齿,应用最广的是直齿锥齿轮。

传递交错轴运动的齿轮传动,常见的有交错轴斜圆柱齿轮传动、蜗杆蜗轮传动和准双曲面齿轮传动。交错轴斜齿圆柱齿轮传动由两个斜齿轮组成,就其单个齿轮而言,仍是一个斜齿圆柱齿轮,只是不满足螺旋角相等反向的条件;蜗杆蜗轮传动通常两轴垂直,交角为90°;准双曲面齿轮传动的两轴线互相垂直交错。

各种齿轮传动的类型、特点及应用见表5-1。

齿轮传动的类型、特点及应用 表5-1

类型	名称	例图	特点及应用
平面齿轮传动(两轴平行的齿轮传动)	外啮合直齿圆柱齿轮	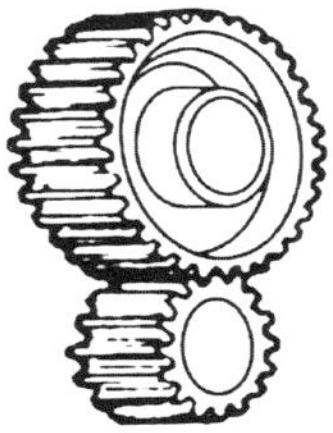	两齿轮转向相反;轮齿与轴线平行,工作时无轴向力;重合度小,传动平稳性差,承载能力较低,需要时可轴向移动,多用于速度较低的传动,尤其适合于滑移式变速器的换挡齿轮
	外啮合斜齿圆柱齿轮	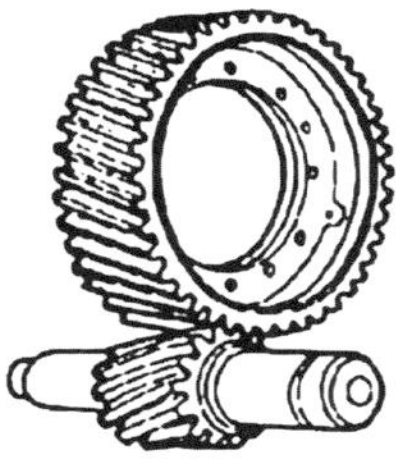	两齿轮转向相反;轮齿与轴线呈一夹角,工作时有轴向力;所需支撑比较复杂;重合度较大,传动平稳性差,承载能力较强,适用于速度较高,载荷较大或要求结构紧凑的场合
	外啮合人字齿圆柱齿轮		两齿轮转向相反;可看成由两个螺旋角大小相等、方向相反的斜齿轮所组成,工作时无轴向力;重合度较大,传动平稳,承载能力高,多用于重载传动,但制造成本高
	内啮合圆柱齿轮传动	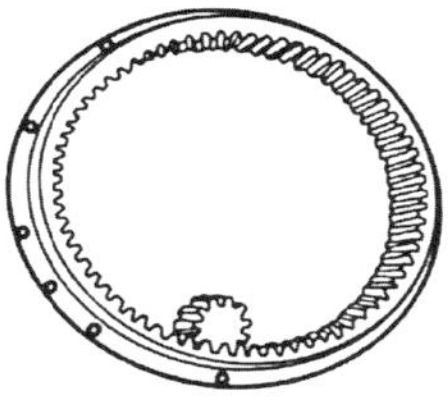	两齿轮转向相同;重合度大,轴间距离小,结构紧凑,效率较高,多用于轮系

外啮合齿轮传动

人字齿轮传动

内啮合圆柱齿轮传动

续上表

类型	名称	例图	特点及应用
空间齿轮传动（两轴不平行的齿轮传动）	直齿圆锥齿轮传动	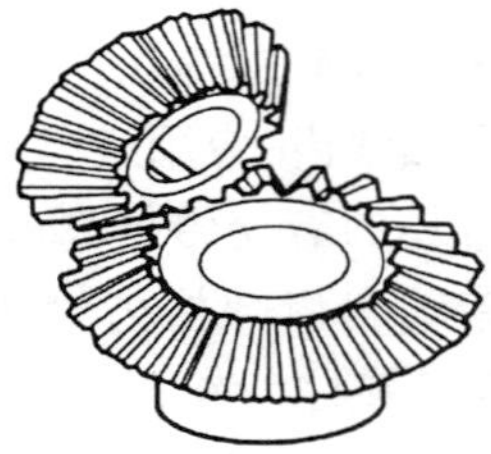	两轴线相交；制造和安装简便，传动平稳性较差，承载能力较低；用于速度较低，载荷小而稳定的场合
	斜齿圆锥齿轮传动		两轴线相交；只限于单件或小批量生产，一般用于高速重载的场合
	蜗杆蜗轮传动	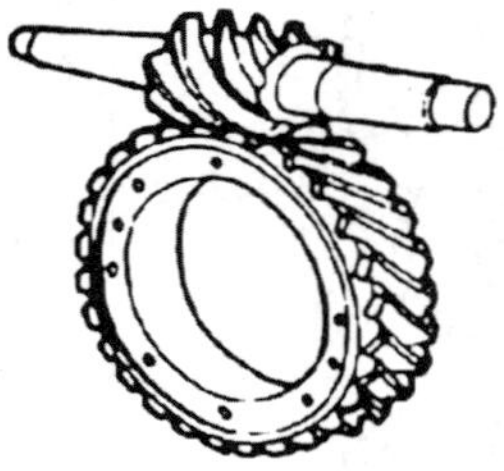	两轴线交错；一般为 90°；传动比较大，结构紧凑，传动平稳，噪声和振动小，传动效率低，易发热
	双曲面齿轮传动	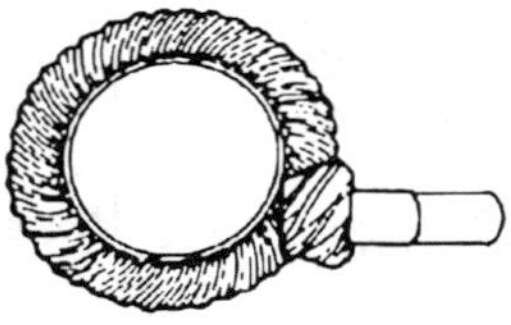	两轴线交错，传动平稳；利用偏置距可增大小轮直径，能实现两端支承，提高刚性，广泛用于越野车和小客车，也用于卡车
	齿轮齿条传动		齿条做直线运动；齿条可看成直径无穷大的齿轮，此时的分度圆变为直线，基圆半径也增加到无穷大，汽车转向机构中，多用齿轮齿条式转向器

齿轮齿条传动

二、渐开线齿廓

1. 渐开线的形成

如图 5-8 所示，一条直线 NK 沿一个半径为 r_b 的圆的圆周做纯滚动，该直线上任一点 K 的轨迹称为该圆的渐开线。这个被滚过的圆称为基圆，该直线称为渐开线的发生线。渐开线上任一点 K 的向径与起始点 A 的向径 OA 间的夹角称为渐开线 AK（$\angle AOK=\theta_k$）展角。

2. 渐开线的性质

由渐开线的形成可知渐开线具有如下性质：

(1)发生线在基圆上滚过的长度等于基圆上被滚过的∠AOK 弧长，即 $NK = NA$。

(2)渐开线上任一点的法线恒与基圆相切。由于发生线 NK 沿基圆上做纯滚动，故它与基圆的切点 N 就是渐开线上 K 点的瞬时速度中心，发生线 NK 就是渐开线在 K 点的法线，同时它也是基圆在 N 点的切线。

(3)渐开线上离基圆越远的部分，其曲率半径越大，渐开线越平直。由于切点 N 是渐开线上 K 点的曲率中心，NK 是渐开线上 K 点的曲率半径，渐开线上离基圆越远的部分，其曲率越大，渐开线越平直；渐开线上离基圆越近的部分，其曲率越小，渐开线越弯曲。渐开线在基圆上起始点处的曲率半径为零。

(4)渐开线的形状取决于基圆的大小。如图 5-9 所示，基圆半径越小，渐开线越弯曲；基圆半径越大，渐开线越平直。当基圆半径为无穷大时，其渐开线将成为一条垂直于发生线的直线，即齿条齿廓曲线。

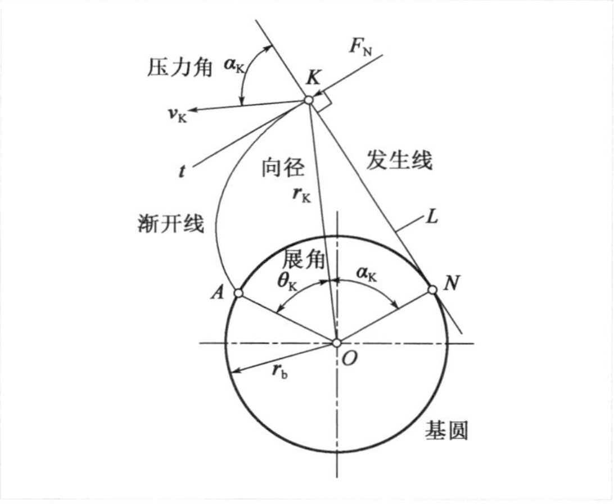

图 5-8 渐开线的形成

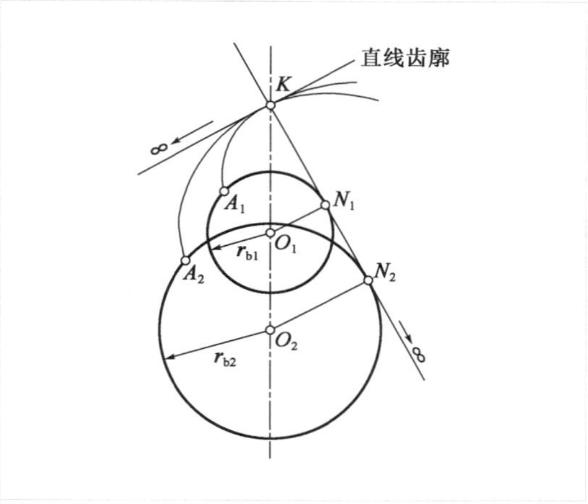

图 5-9 不同基圆所得到的渐开线

(5)基圆内无渐开线。由于渐开线是由基圆开始向外展开的，所以基圆内无渐开线。

三、渐开线直齿圆柱齿轮的基本参数和几何尺寸计算

图 5-10a)所示为直齿圆柱外齿轮(齿顶曲面位于分度曲面之外的齿轮)的一部分；图 5-10b)所示为直齿圆柱内齿轮(齿顶曲面位于分度曲面之内的齿轮)的一部分。由图可知，齿轮上的凸起部分，插入配对齿轮的相应凸起部分之间的空间，凭借其外形以保证一个齿轮带动另一个齿轮运转，称为轮齿。轮齿排列在圆柱的外(内)表面，轮齿两侧齿廓是形状相同、方向相反的渐开线曲面。

齿轮传动的参数

(1)齿数 z。

齿轮圆周上均匀分布轮齿总数称为齿数，用 z 表示。

(2)模数 m。

设分度圆直径为 d，相邻量齿轮同侧渐开线在分度圆上的弧长为 p，则分度圆周长

$\pi d = zp$。由于 π 为无理数,为了计算和制造上的方便,人为地把 p/π 规定为有理数,即齿距 p 除以圆周率 π 所得的商称为模数。模数是齿轮几何计算中最基本的一个参数,用 m 表示,即

$$m = \frac{p}{\pi} \tag{5-1}$$

则

$$d = mz \tag{5-2}$$

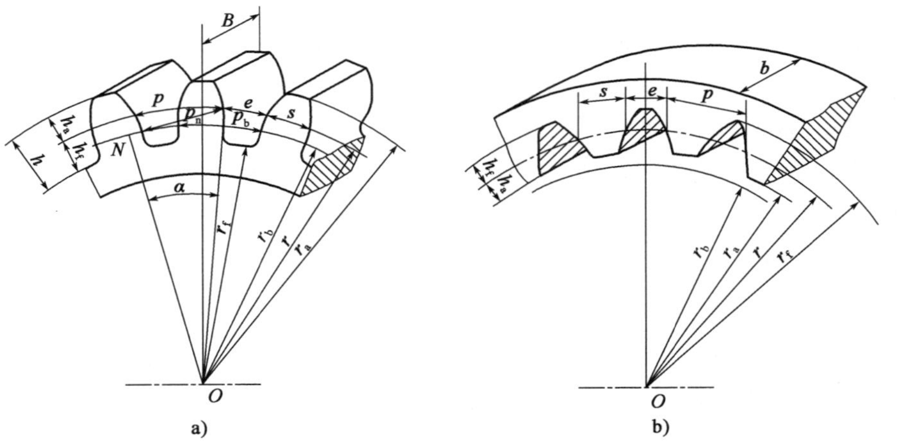

■ 图 5-10 渐开线齿轮各尺寸名称和符号

模数是设计和制造齿轮的一个重要参数,模数的大小直接反映出轮齿的大小,模数越大,齿轮的几何尺寸越大,轮齿越大,齿轮强度越大,承载能力越强。为便于设计、制造和互换,规定分度圆上的模数为标准值,用 m 表示,称为标准模数。具体值见表 5-2。

模数(GB/T 1357—2008) 表 5-2

第一系列	1	1.25	1.5	2	2.5	3	4	5	6
	8	10	12	16	20	25	32	40	50
第一系列	0.7	0.9	1.75	2.25	2.75	3.5	4.5	5.5	(6.5)
	7	9	11	14	18	22	28	35	45

(3)压力角 α。

渐开线齿廓上任一点法向压力的方向线(即渐开线在该点的法线)和该点速度方向之间的夹角称为该点的压力角。一对齿轮在啮合过程中,压力角是变化的。为了便于设计和制造,规定在分度圆上的压力角为标准值。通用机械和重型机械分度圆压力角为 20°,称为标值压力角,用 α 表示。

一对直齿圆柱齿轮正确啮合的条件:两齿轮分度圆上的模数 m 和压力角 α 必须分别相等。

(4)基圆。

渐开线圆柱齿轮上形成渐开线齿廓的基本圆称为基圆。其半径用 r_b 表示,直径用 d_a 表示。

(5)齿顶圆。

包含外齿轮轮齿的最外面和内齿轮轮齿的最里面的同轴线旋转曲面称为齿顶曲面。齿顶曲面被垂直齿轮轴线的平面所截的交线称为齿顶圆。半径用 r_a 表示，直径用 d_b 表示。

(6)齿根圆。

包含外齿轮轮齿的最里面和内齿轮轮齿的最外面的同轴线旋转曲面称为齿根曲面。齿根曲面被垂直齿轮轴线的平面所截的交线称为齿根圆。半径用 r_f 表示，直径用 d_f 表示。

(7)分度圆。

圆柱齿轮上的一个约定的假想曲面，齿轮的轮齿尺寸均以该曲面为基准面加以确定，此曲面称为分度圆柱。分度圆柱与垂直齿轮轴线的平面的交线称为分度圆。

分度圆实质上是人为取定齿轮上的特殊圆，其具有标准模数和压力角。它是设计齿轮的基准圆，位置在齿顶圆和齿根圆之间。在此圆上，所有的参数下标均省略。半径用 r 表示，直径用 d 表示。

(8)齿厚。

任意半径的圆周上，一个轮齿的两侧齿廓之间的最短弧长称为该圆上的齿厚，用 s_k 表示。

(9)齿槽宽。

齿轮上相邻两齿之间的空间称为齿槽。任意半径 r_k 的圆周上，一个齿槽的两侧齿廓之间的最短弧长称为该圆上的齿槽宽，用 e_k 表示。对于标准齿轮，在分度圆上齿厚和齿槽宽相等，即 $s=e=p/2$。

(10)齿距。

在任意给定的方向上规定的两个相邻的同侧齿廓相同间隔的尺寸称为齿距。在齿面上不同位置的齿距不同。也可表述为任意半径 r_k 的圆周上，相邻两齿同侧齿廓之间的最短弧长称为该圆上的齿距，用 p_k 表示。

(11)齿顶高。

齿顶圆与分度圆之间的径向距离称为齿顶高，用 h_a 表示。

(12)齿根高。

齿根圆与分度圆之间的径向距离称为齿根高，用 h_f 表示。

(13)全齿高。

齿根圆与齿顶圆之间的径向距离称为齿高，用表 h 示。

(14)齿顶高系数 h_a^*。

齿轮的齿顶高用模数的倍数表示。

(15)顶隙系数 c^*。

顶隙系数相互啮合的一对齿轮中，一个齿轮的齿根圆柱面与配对齿轮的齿顶圆柱面之间的连心线上的距离称为顶隙，用 c 表示，式中称为顶隙系数。

齿顶高系数和顶隙系数已标准化，见表 5-3。

齿顶高系数和顶隙系数 表5-3

系数	正常齿	短齿
h_a^*	1	0.8
c^*	0.25	0.3

标准直齿圆柱齿轮几何尺寸计算公式见表5-4。

标准直齿圆柱齿轮几何尺寸计算公式 表5-4

基本参数		z,α,m,h_a^*,c^*
名称	符号	公式
分度圆直径	d	$d=zm$
齿顶高	h_a	$h_a=h_a^* m$
齿根高	h_f	$h_f=(h_a^*+c^*)m$
全齿高	h	$h=h_a+h_f=(2h_a^*+c^*)m$
齿顶圆直径	d_a	$d_a=d\pm 2h_a=(z\pm 2h_a^*)m$
齿根圆直径	d_f	$d_f=d\mp 2h_f=(z\mp 2h_a^*\mp 2c^*)m$
基圆直径	d_b	$d_b=d\cos\alpha=mz\cos\alpha$
齿距	p	$p=\pi m$
齿厚	s	$s=\frac{\pi m}{2}$
齿槽宽	e	$e=\frac{\pi m}{2}$
中心距	a	$a=\frac{1}{2}(d_1\pm d_2)=\frac{m}{2}(z_1\pm z_2)$
顶隙	c	$c=c^* m$

四、齿轮传动在新能源汽车中的应用

两轴式变速器传动机构组成

三轴四挡变速器传动机构组成

1. 齿轮传动在电驱动系统中的应用

(1)减速器。

纯电动汽车(Battery Electric Vehicle,BEV)的驱动电机通常通过单级减速器将高转速、低转矩的电机输出转换为适合车轮驱动的低转速、高转矩。

核心部件:斜齿轮或行星齿轮,降低噪声并提升传动效率。

技术亮点:集成化设计,如特斯拉 Model 3 的减速器与电机一体化,减少空间占用。

(2)e-CVT(电子无级变速器)。

混合动力汽车(HEV/PHEV)采用行星齿轮组实现动力分流,协调发动机与电机的动力输出。

应用实例:丰田 THS 系统通过行星齿轮组将发动机动力分配至驱动轮和发电机,优化能效。

优势:无级变速、平顺性高,燃油经济性提升显著。

2. 齿轮传动在辅助系统中的应用

(1)差速器。

差速器通过锥齿轮组实现左右车轮的差速功能,确保转弯时内外轮转速差异。

电动车型改进:部分车型采用电子差速锁(EDS),通过齿轮传动精准控制转矩分配。

案例:比亚迪汉 EV 的差速器集成高强度斜齿轮,提升复杂路况适应性。

(2)转向系统。

电动助力转向系统(EPS)采用蜗轮蜗杆齿轮将电机转矩放大,辅助驾驶者转向。

优势:蜗轮蜗杆传动比大,结构紧凑,助力精准。

典型设计:蔚来 ES8 的 EPS 系统通过斜齿轮降低噪声,提升转向手感。

了解齿轮传动的应用任务工单

学生信息

班级：

姓名：

学号：

任务目标

1. 了解齿轮传动的特点、类型及应用。
2. 掌握齿轮主要参数及几何尺寸计算。
3. 掌握渐开线直齿圆柱齿轮的特性及正确啮合的条件。

理论知识学习

1. 齿轮传动的特点。

传递功率范围广、效率高，工作平稳、可靠性高，能保证恒定的传动比。

2. 齿轮传动的类型。

(1)平面齿轮传动。

(2)空间齿轮传动。

实践操作

1. 针对汽车常用齿轮进行齿轮类型识别并测量齿轮参数。

2. 齿轮传动效率测试。

总结与反思

1. 本次任务的主要收获是什么？

2. 在学习过程中遇到了哪些困难？如何解决的？

3. 对未来学习的建议与期望。

任务四 了解轮系传动的应用

任务导入

轮系传动是由多个齿轮组成的传动系统，广泛应用于新能源汽车中，其能够实现大传动比、变速、换向及运动合成与分解等功能。本任务将重点学习定轴轮系和周转轮系的传动比计算方法，掌握转化机构法的原理与应用，并通过实例分析加深理解。此外，任务还将探讨轮系在新能源汽车中的实际应用，如差速器的工作原理。通过本任务的学习，应具备分析和计算简单轮系传动比的能力，为后续机械设计与传动系统课程奠定基础。

任务目标

1. 掌握轮系传动的核心特点与分类。
2. 熟练计算轮系传动比。
3. 分析轮系在新能源汽车中的典型应用。

一、轮系的特点

轮系是指由一系列彼此啮合的齿轮所组成的齿轮传动系统。轮系的主要特点有获得大的传动比、实现分路传动、实现换向传动、实现变速传动和实现运动合成与分解。

二、轮系的分类

1. 定轴轮系

齿轮系在运转时，如果各个齿轮的轴线相对于机架的位置是固定的，则这种齿轮系称为定轴轮系。在定轴轮系中，如果组成轮系的所有齿轮均为平面齿轮，称该齿轮系为平面定轴轮系，如图 5-11a）所示；如果组成轮系的齿轮至少有一对是非平面齿轮，称该轮系为空间定轴轮系，如图 5-11b）所示。

定轴轮系

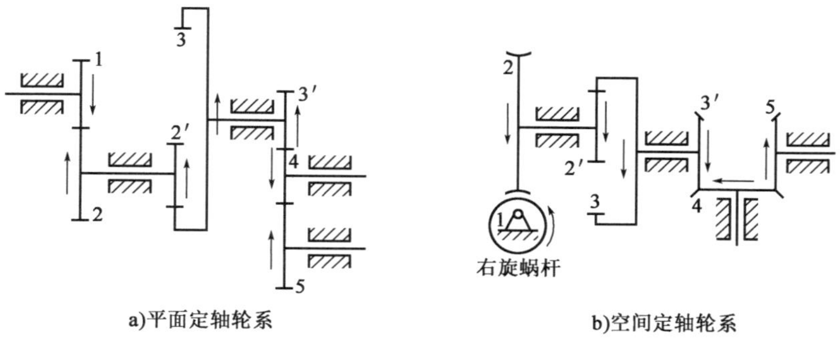

图 5-11 定轴轮系

2. 周转轮系

在齿轮系运转时，若至少有一个齿轮的几何轴线相对机架位置是不固定的，则该齿轮系称为周转齿轮系。图 5-12a）所示的周转齿轮系由行星齿轮、行星架（又称系杆）和太阳轮组成；图 5-12b）所示为周转轮系简图。

在周转轮系中，活套在构件 H 上的齿轮 2，一方面绕着自身的轴线 $O'O'$ 回转（自转），另一方面又随构件 H 绕固定轴线 OO 回转（公转），犹如天体中的行星，故把做行星运动的齿轮 2 称为行星齿轮。支撑行星齿轮的构件称为行星架或系杆。与行星齿轮相啮合且轴线固定的齿轮 1 和齿轮 3 称为中心轮，其中外齿中心轮称为太阳轮，内齿中心轮又称为内齿圈。中心轮与行星轮架共用一条固定的轴线。

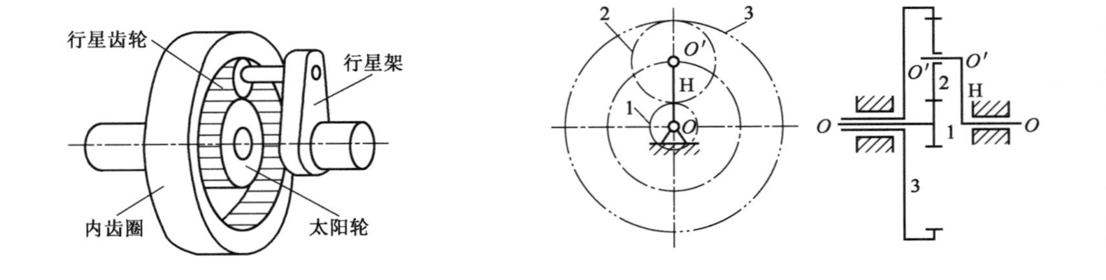

a)周转轮系结构图　b)周转轮系简图

■ 图 5-12　周转轮系

周转轮系中又根据中心轮能否转动可分为中心轮可以转动的差动轮系和中心轮固定不动的行星轮系，如图 5-13 所示。

三、定轴轮系传动比

齿轮传动比

齿轮系中，始端主动轮与末端从动轮的角速度比值称为齿轮系的传动比。为了表示始轮与末轮的转动方向，传动比还要冠以符号，即两轮旋转方向相同时，传动比加正号，两轮转动方向相反时，传动比加负号。

若轮系中首齿轮的转度为 n_A，末齿轮的转度为 n_K，则此轮系的传动比大小为

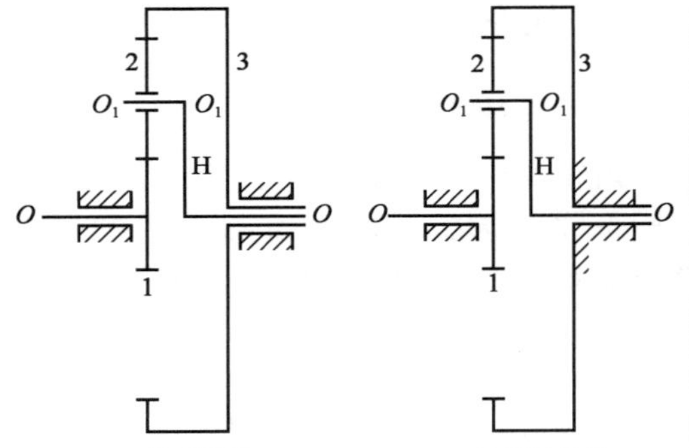

a)差动轮系　b)行星轮系

■ 图 5-13　周转轮系分类

$$i_{AK}=\frac{n_A}{n_K} \tag{5-3}$$

见图 5-11a），设齿轮 1 为首轮，齿轮 5 为末轮，齿轮的齿数分别为 z_1、z_2、z_2'、z_3、z_3'、z_4 及 z_5，各轮的角速度分别为 n_1、n_2、n_2'、n_3、n_3'、n_4 及 n_5，则该齿轮系的传动比为

$$i_{15}=\frac{n_1}{n_5}$$

一对空间齿轮传动比的大小也等于两齿轮齿数的反比。

由齿轮副传动比公式知：齿轮副传动比与其齿数成反比，外啮合时两齿轮的转向相反，传动比取“ - ”号；内啮合时转向相同，传动比取“ + ”，则各对齿轮传动比为

$$i_{12}=\frac{n_1}{n_2}=\frac{z_2}{z_1}\qquad i_{2'3}=\frac{n_{2'}}{n_3}=\frac{z_3}{z_{2'}}$$

$$i_{3'4}=\frac{n_{3'}}{n_4}=\frac{z_4}{z_{3'}}\qquad i_{45}=\frac{n_4}{n_5}=\frac{z_5}{z_4}$$

由于齿轮 2 与齿轮 2′、齿轮 3 与齿轮 3′同轴，$n_2=n_{2'}$，$n_3=n_{3'}$。将以上各式两边连乘可得

$$i_{12}\cdot i_{2'3}\cdot i_{3'4}\cdot i_{45}=\frac{n_1\cdot n_{2'}\cdot n_{3'}\cdot n_4}{n_2\cdot n_3\cdot n_4\cdot n_5}=(-1)^3\frac{z_2\cdot z_3\cdot z_4\cdot z_5}{z_1\cdot z_{2'}\cdot z_{3'}\cdot z_4}$$

所以

$$i_{15}=\frac{n_1}{n_5}=i_{12}\cdot i_{2'3}\cdot i_{3'4}\cdot i_{45}=(-1)^3\frac{z_2\cdot z_3\cdot z_4\cdot z_5}{z_1\cdot z_{2'}\cdot z_{3'}\cdot z_4}$$

上式表明：平面定轴轮系的传动比等于组成轮系的各对齿轮传动比的连乘积，也等于从动轮齿数的连乘积与主动轮齿数的连乘积之比。首末两轮的转向，取决于齿轮系中外啮合齿轮的次数。传动比为正号时，表示首末两轮的转向相同；为负号时，表示首末两轮的转向相反。

此外，在该轮系中齿轮 4 同时与齿轮 3′和齿轮 5 相啮合，它被齿轮 3′驱动，同时它又驱动齿轮 5，这种齿轮称为惰轮。惰轮的齿数可在计算中消去，即齿轮 4 不影响传动比的大小，只起到改变转向的作用。

若以 A 表示首轮，K 表示末齿轮，m 表示圆柱齿轮外啮合的次数，则平面定轴齿轮系传动比计算公式为

$$i_{AK}=\frac{n_A}{n_K}=(-1)^m\frac{\text{从 } A \text{ 到 } K \text{ 之间所有从动轮齿数连乘积}}{\text{从 } A \text{ 到 } K \text{ 之间所有主动轮齿数连乘积}}\tag{5-4}$$

四、定轴轮系传动比符号的确定方法

对于平面定轴轮系，可用 $(-1)^m$ 来判别 i_{AK} 的正负号，也可采用箭头（用箭头表示可见啮合点速度方向）法判断，即从首轮开始，根据外啮合两齿轮的转向相反、内啮合两齿轮的转向相同的关系，依次对各个齿轮标出转向。最后根据齿轮系首末两轮的转向，判定传动比的符号。

对于图 5-11b）所示的空间定轴轮系，由于各轴的轴线不平行，故不能用 $(-1)^m$ 来判别 i_{AK} 的正负号。用公式计算传动比的大小，各轮的转向只能采用箭头法判定。

对于锥齿轮传动，表示齿轮副转向的箭头同时指向或同时背离啮合处；对于蜗杆传动，从动轮的转向由（左）右手螺旋法则判定。

例 5-1 如图 5-14 所示的轮系中，已知 $z_1=z_2=z_{3'}=z_4=20$，齿轮 1、3、3′和 5 同轴线，各齿轮均为标准圆柱齿轮。若已知齿轮 1 的转速为 $n_1=1440\text{r/min}$，求齿轮 5 的转速。

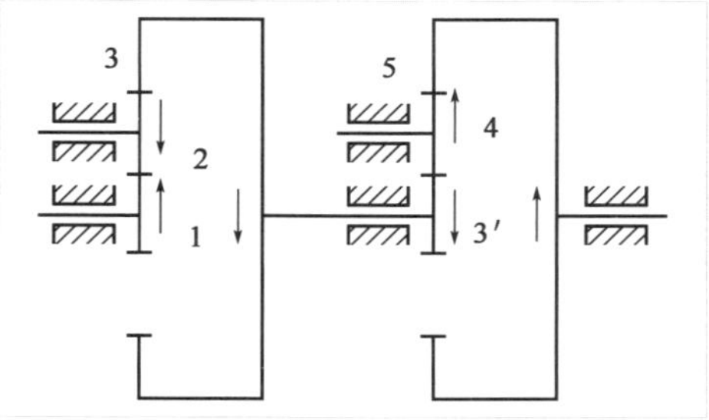

■ 图 5-14 定轴轮系传动比计算

解 由图 5-14 可知，该齿轮系为一平面定轴轮系，齿轮 2 和齿轮 4 为惰轮，齿轮系中有两对外啮合齿轮，由式得

$$i_{15}=\frac{n_1}{n_5}=(-1)^2\frac{z_3z_5}{z_1z_{3'}}$$

因齿轮1、2、3互相啮合，3′、4、5互相啮合，故各组齿轮的模数分别相等。又由于各齿轮均为标准圆柱齿轮，所以有中心距关系

$$r_1+2r_2=r_3;\qquad r_3'+2r_4=r$$

即

$$\frac{mz_1}{2}+mz_2=\frac{mz_3}{2};\quad \frac{m'z_3{}'}{2}+m'z_4=\frac{m'z_5}{2}$$

式中，m 和 m'分别为两组齿轮的模数，它们可以相等也可以不相等。

得 $z_3=z_1+2z_2=20+2\times20=60;z_5=z_{3'}+2z_4=20+2\times20=60$

则
$$i_{15}=\frac{n_1}{n_5}=(-1)^2\frac{z_3z_5}{z_1z_{3'}}=\frac{60\times60}{20\times20}=9$$

$$n_5=\frac{n_1}{i_{15}}=\frac{1440}{9}=160\text{r/min}$$

n_5 为正，说明齿轮5与齿轮1的转向相同。

五、周转轮系传动比计算

对于周转轮系，由于行星轮除了绕本身轴线自转外，还绕行星架固定轴线公转，其传动比的计算显然不能直接应用定轴轮系传动比计算公式。

为了利用定轴轮系传动比的计算公式，间接求出单级行星齿轮系的传动比，可采用转化机构法，即假设给整个单级行星齿轮系加上一个与行星架H的转速大小相等、方向相反的附加转速“$-n_H$”，则根据相对运动原理，此时单级行星齿轮系中各构件间的相对运动关系不变。但反转后行星架的转速为零，就是原来运动的行星架转化为静止。这样原来的单极行星齿轮系就转化为一个假想的定轴齿轮系。这个假想的定轴齿轮系为原单级行星齿轮系的转化机构。对于转化机构的传动比，可以利用定轴轮系的传动比公式计算。而原来单级行星齿轮系的传动比可以通过转化机构传动比计算公式间接求出。

如图5-15a）所示为差动轮系；如图5-15b）表示其转化机构。转化前、后差动轮系中各构件的转速见表5-5。

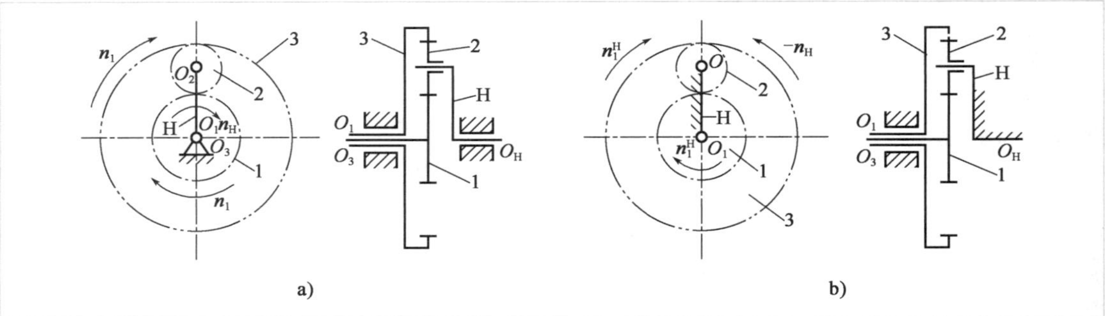

图5-15 差动齿轮系及其转化机构

转化前、后差动轮系中各构件的转速　表 5-5

构件	原轮系中的转速	转化机构中的转速
太阳轮 1	n_1	$n_1^H = n_1 - n_H$
行星轮 2	n_2	$n_2^H = n_2 - n_H$
太阳轮 3	n_3	$n_3^H = n_3 - n_H$
系杆 H	n_H	$n_H^H = n_H - n_H = 0$

注：n_1^H、n_3^H、n_H^H 分别为转化机构中各构件相对于行星架 H 的转速。

对于转化机构的传动比 i_{13}^H，可用定轴轮系传动比计算方法求出，即

$$i_{13}{}^H = \frac{n_1^H}{n_3^H} = \frac{n_1 - n_H}{n_3 - n_H} = -\frac{z_3}{z_1} \tag{5-5}$$

式中，负号只能表示在转化机构中齿轮 1 和齿轮 3 相对转速 $n_1{}^H$，与 $n_3{}^H$ 方向相反，并不能说明它们在行星轮系中的绝对转速，n_1 与 n_H 方向就一定相反。

一般而言，假设行星轮系首轮 G、末轮 K 和行星架 H 的绝对转速分别为 n_G、n_K 和 n_H，其转化机构的传动比表达式为

$$i_{GK}^H = \frac{n_G - n_H}{n_K - n_H} = (-1)^m \frac{\text{从 } G \text{ 到 } K \text{ 之间所有从动轮齿数连乘积}}{\text{从 } G \text{ 到 } K \text{ 之间所有主动轮齿数连乘积}} \tag{5-6}$$

如果已知行星轮系中各齿轮齿数以及 n_G、n_K 和 n_H 三个运动参数中的任意两个，就可以应用公式求出另一个运动参数，从而计算出行星轮系任意两个构件的传动比。

应用式计算转化机构传动比时，应注意：

(1)构件 G、K 和 H 的绝对转速 n_G、n_K 和 n_H 都是代数量，即将其代入公式时必须带正、负号。在假定其中一个已知转速的转向为正后，另一个已知转速的转向与其相同时为正，反之为负。

(2)n_G、n_K 和 n_H 必须是轴线平行或重合的相应齿轮的转速。因在推导公式时附加转速（$-n_H$）与各构件原来的转速是代数相加的，因而 n_G、n_K 和 n_H 必须是平行量。因此，对圆锥齿轮组成的差动轮系如图 5-16 所示，其两中心轮之间或中心轮与行星架之间的传动比可用上式计算，但行星轮的转速不能用上式求解。

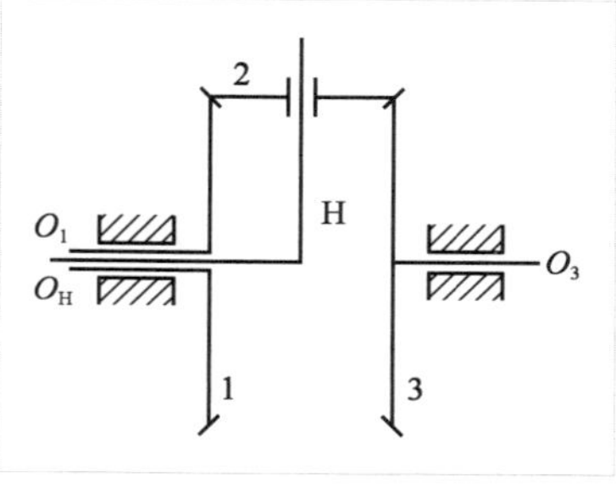

■ 图 5-16　圆锥齿轮差动轮系

(3)$i_{GK}^H \neq i_{GK}$。i_{GK}^H为转化机构中轮 G 与轮 K 的转速之比，其大小与正负号应按定轴轮系传动比的计算方法确定。而 i_{GK}则是行星轮系中轮 G 与轮 K 的绝对转速之比，其大小与正负号必须由计算结果确定。

对于单级简单行星轮系，由于有一个太阳轮固定，因此只要有一个构件的转速已知，即可求出另一个构件的转速。此时有

$$i_{13}^H = \frac{n_1 - n_H}{0 - n_H} = 1 - i_{1H}$$

$$i_{1H} = \frac{n_1}{n_H} = 1 - i_{13}^H \tag{5-7}$$

六、周转轮系传动比符号的确定方法

行星齿轮机构变速

在周转轮系计算公式等号右边的正负号$(-1)^m$仍然按照齿轮副外啮合的次数确定，它不仅表明轮系首、末两轮 G 与 K 在转化机构中的相对转速 n_G^K 和 n_K^H 方向的相互关系，而且影响行星齿轮系绝对传动比的大小和正负号。

还应指出，在周转轮系中相互啮合的两个圆柱齿轮的绝对转速方向可能相同，也可能相反。但是由于它的转化机构是假想的定轴轮系，相互啮合的两个圆柱齿轮的相对转速方向可能相同(或相反)。为了能够正确判定转化机构中各构件的相对转向，也可以假定某齿轮的相对转速方向为正，然后根据各构件的啮合与运动关系，采用标注虚箭头的方法确定其余构件的相对转速方向，以便与在实际行星轮系中用来标注估计绝对转速方向的实际箭头相区别。

对于包含圆锥齿轮的行星齿轮系，如果齿轮 G、K 与系杆 H 的轴线平行，仍然可以使用计算转化机构传动比，但是不能采用$(-1)^m$来确定转化机构中齿轮 G、K 的相对转速，n_G^K 和 n_K^H 的方向只能采用标注虚箭头的方法确定。

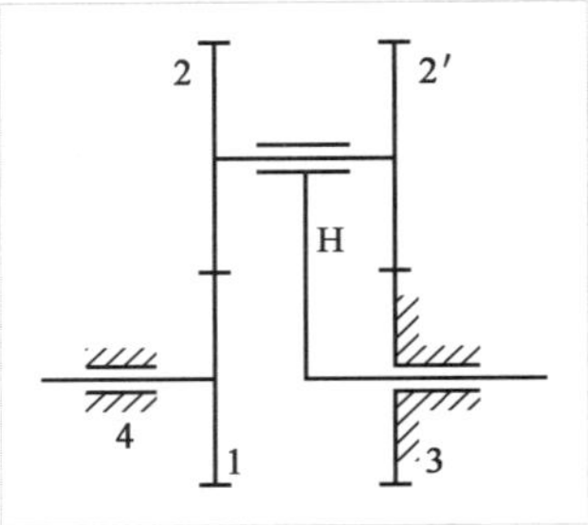

图 5-17 行星减速器中的齿轮

例 5-2 图 5-17 所示为一传动比很大的行星减速器。已知其中各齿轮齿数为 $z_1=100$，$z_2=101$，$z_{2'}=100$，$z_3=99$。试求传动比 i_{H1}。

解 由图 5-17 可知，该齿轮系为单级简单行星齿轮系，由式(5-2)得：

$$i_{1H}=1-i_{13}^{H}=1-\frac{101\times99}{100\times100}=\frac{1}{10\ 000}$$

所以

$$i_{H1}=\frac{1}{i_{1H}}=10\ 000$$

即当系杆 H 转 10 000r 时，齿轮 1 才转 1r，且两构件转向相同。本例说明行星齿轮系用少数几个齿轮能获得很大的传动比。

若将 z_3 由 99 改为 100，则

$$i_{1H}=1-i_{13}^{H}=1-\frac{101\times100}{100\times100}=-\frac{1}{100}$$

$$i_{H1}=\frac{1}{i_{1H}}=-100$$

若 z_2 自 101 改为 100，则

$$i_{1H}=1-i_{13}^{H}=1-\frac{100\times99}{100\times100}=\frac{1}{100}$$

$$i_{H1}=\frac{1}{i_{1H}}=100$$

由此可见，同一种结构形式的行星齿轮系，由于某一齿轮的齿数略有变化，其传动比会发生巨大的变化，同时转向可能也会变化。

七、轮系传动在新能源汽车中的应用

如图 5-18 所示的新能源汽车后桥差速器即为分解运动的齿轮系。在汽车转弯时，它可将发动机传给齿轮 5 的运动以不同的速度分别传递给左、右两个车轮，从而保证车轮与地面间的纯滚动，避免车轮与地面间的滑动，导致车轮的过度磨损。

汽车后桥差速器

若输入转速为 n_5，两车轮外径相等，轮距为 $2L$，两轮转速分别为 n_1 和 n_3，汽车行驶半径为 r。当汽车绕图 5-18 所示中的 P 点向左转弯时，两轮行驶的距离不相等，其转速比为

$$\frac{n_1}{n_3}=\frac{r-l}{r+l}$$

差速器中齿轮 4、5 组成定轴齿轮系，行星架 H 与齿轮 4 固连在一起，1-2-3-H 组成差动轮系。对于差动轮系 1-2-3-H，因 $z_1=z_2=z_3$，有

$$i_{13}^{H}=\frac{n_1^{H}}{n_3^{H}}=\frac{n_1-n_H}{n_3-n_H}=-\frac{z_3}{z_1}=-1$$

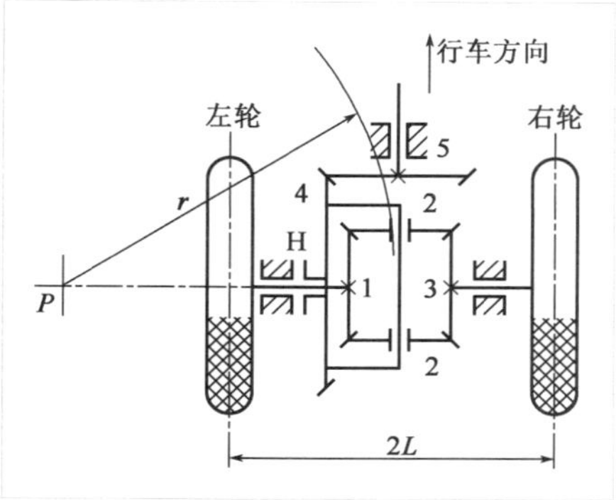

■ 图 5-18 新能源汽车后桥差速器

解得
$$n_H=\frac{n_1+n_3}{2}$$

即
$$n_4=n_H=\frac{n_1+n_3}{2}$$

联立求解上式得

$$n_1=\frac{r-l}{r}n_4;n_3=\frac{r-l}{r}n_4$$

若汽车直线行驶，因 $i_{HV}=-z_2n_2$，所以行星齿轮没有自转运动，此时齿轮 1、2、3 和 4 相当于一个做同速运动的刚体，即 $n_1=n_2=n_4=\frac{n_5}{i_{54}}=\frac{z_5}{z_4}n_5$。由此可知，差速齿轮系可将一输入转速分解为两个输出转速。

了解轮系传动的应用任务工单

学生信息

班级：

姓名：

学号：

任务目标

1. 了解轮系的特点及应用。

2. 掌握定轴轮系传动比的计算。

3. 掌握周转轮系传动比的计算。

理论知识学习

1. 轮系特点。

(1)获得大的传动比。

(2)实现分路传动。

(3)实现换向传动。

(4)实现变速传动。

(5)实现运动合成与分解。

2. 轮系的分类。

(1)定轴轮系。

(2)周转轮系。

3. 定轴轮系传动比。

$$l_{AK}=\frac{n_A}{n_K}=(-1)^m\frac{\text{从 }A\text{ 到 }K\text{ 之间所有从动轮齿数连乘积}}{\text{从 }A\text{ 到 }K\text{ 之间所有主动轮齿数连乘积}}$$

式中，A 表示首轮；K 表示末齿轮；m 表示圆柱齿轮外啮合的次数。

定轴轮系传动比符号的确定方法：两轮旋转方向相同时，传动比加正号，两轮转动方向相反时，传动比加负号。

4. 周转轮系传动比计算。

$$i_{GK}^{\mathrm{H}}=\frac{n_G-n_{\mathrm{H}}}{n_K-n_{\mathrm{H}}}=(-1)^m\frac{\text{从 }G\text{ 到 }K\text{ 之间所有从动轮齿数连乘积}}{\text{从 }G\text{ 到 }K\text{ 之间所有主动轮齿数连乘积}}$$

周转轮系传动比符号的确定方法：在假定其中一个已知转速的转向为正后，另一个已知转速的转向与其相同时为正，反之为负。

5. 轮系的应用。

汽车后桥差速器即为分解运动的齿轮系。

实践操作

计算汽车后桥差速器的传动比。

总结与反思

1. 本次任务的主要收获是什么？

2. 在学习过程中遇到了哪些困难？如何解决的？

3. 对未来学习的建议与期望。

任务五 了解新能源汽车减速器齿轮

任务导入

在工业生产的大舞台上，减速器作为机械设备的关键“幕后英雄”，广泛应用于新能源汽车制造领域。它就像一位精准的速度调节大师，能够根据不同的工作需求，将电机输出的高转速转化为设备所需的低转速，并同时提升转矩。而在减速器这个复杂精妙的系统里，齿轮则是当之无愧的核心组件，它通过齿与齿之间的紧密咬合，传递动力、改变转速，直接决定了减速器的性能优劣。

任务目标

1. 透彻理解减速器齿轮的工作原理和结构特点。
2. 熟悉不同类型齿轮在减速器中的适配场景。
3. 系统掌握齿轮参数对减速器性能的影响机制。

一、减速器齿轮的定位

在新能源汽车的驱动系统中，减速器是连接电动机和驱动轮的关键环节，而减速器齿轮则是减速器的核心组件。与传统燃油车不同，新能源汽车电动机的转速范围广，转矩输出特性也与燃油机有很大差异。因此，减速器齿轮承担着降低电动机输出转速，同时增大输出转矩的重要任务，确保车辆在各种工况下都能平稳、高效地运行。图 5-19 所示为新能源汽车减速器齿轮。

二、斜齿轮

斜齿轮的齿面与轴线呈一定角度(见图 5-20)，这种独特的设计使齿轮在啮合过程中接触线逐渐变长，从而降低了传动过程中的冲击和噪声，提高了传动的平稳性。同时，斜齿轮的重合度较大，承载能力更强，适合在高速、重载的工况下使用，在新能源汽车减速器中应用较为广泛。

■ 图 5-19 新能源汽车减速器齿轮（斜齿轮）

三、直齿轮

直齿轮的齿面与轴线平行，结构简单，制造方便，成本相对较低。然而由于直齿轮在啮合时瞬间接触，容易产生较大的冲击和噪声，传动平稳性较差，承载能力也相对较弱。因此，直齿轮通常用于一些对转速和载荷要求不高的场合，在新能源汽车减速器中的应用相对较少。如图 5-20 所示为新能源汽车直齿轮。

四、行星齿轮

行星齿轮机构(见图5-21)由太阳轮、行星轮和齿圈组成,具有结构紧凑、传动效率高、承载能力大等优点。行星齿轮可以实现多个齿轮同时啮合,有效地分担载荷,从而减小齿轮的尺寸和质量。此外,行星齿轮机构还可以通过不同的组合方式实现多种传动比,满足新能源汽车在不同工况下的需求,在新能源汽车减速器中得到了广泛应用。

■ 图5-20　新能源汽车直齿轮

■ 图5-21　新能源汽车行星齿轮

五、材料选择

为了满足新能源汽车减速器齿轮在高负荷、高转速下的使用要求,通常采用高强度合金钢作为齿轮材料,如20CrMnTi、40Cr、42CrMo等。这些材料具有良好的综合机械性能,经过适当的热处理后,能够获得较高的强度、硬度和耐磨性,同时还具有一定的韧性,保证齿轮在复杂工况下的可靠性。

六、制造工艺

1. 锻造

锻造是制造齿轮毛坯的常用方法。通过对金属坯料进行加热和加压,使其发生塑性变形,从而获得所需的形状和尺寸。锻造可以改善金属的内部组织,提高材料的强度和韧性,为后续的加工和热处理奠定良好的基础。

2. 机械加工

机械加工是保证齿轮精度和表面质量的关键环节。其包括车削、铣削、滚齿、插齿等工艺。通过精确的加工工艺,确保齿轮的齿形、齿向、齿距等参数符合设计要求,从而保证齿轮的传动精度和稳定性。

3. 热处理

热处理可以进一步提高齿轮的机械性能。常用的热处理工艺包括渗碳淬火、感应淬火等。渗碳淬火可以使齿轮表面获得高硬度和耐磨性,而芯部保持良好的韧性;感应淬火可以在较短的时间内对齿轮表面进行加热和淬火,提高生产效率。

4. 表面处理

为了提高齿轮的抗腐蚀性能和耐磨性,还可以对齿轮进行表面处理,如镀硬铬、氮化等。表面处理可以在不改变齿轮内部组织的情况下,改善齿轮的表面性能,延长齿轮的使用寿命。

上述齿轮制造工艺示意图如图 5-22 所示。

a) b) c) d)

■ 图 5-22 齿轮制造工艺

了解新能源汽车减速器齿轮任务工单

学生信息
班级：
姓名：
学号：

任务目标
1. 理解新能源汽车减速器齿轮的工作原理和结构特点。
2. 掌握减速器齿轮的设计规范和制造工艺要求。
3. 能够识别常见齿轮故障并进行基础分析。
4. 完成减速器齿轮的装配与调试实践操作。

理论知识学习
1. 新能源汽车减速器概述。
(1)减速器在电驱动系统中的作用与重要性。
(2)与传统燃油车变速器的区别。
(3)典型减速比范围(8:1～10:1)。
2. 齿轮基础知识。
(1)齿轮类型(斜齿轮、直齿轮、行星齿轮)。
(2)齿轮基本参数(模数、压力角、齿数、螺旋角)。
(3)齿轮传动比计算。
3. 新能源汽车齿轮特殊要求。
(1)高转速(通常 8000～15000rpm)下的设计要求。
(2)静音性能指标。
(3)轻量化设计方法。
(4)材料选择(常用 20CrMnTi 等合金钢)。
4. 制造工艺。
(1)精密锻造工艺。
(2)热处理工艺(渗碳淬火)。
(3)精加工工艺(磨齿、珩齿)。
(4)表面处理(磷化、镀铜)。
5. 常见故障分析。
(1)点蚀与剥落。
(2)齿面磨损。
(3)断齿。
(4)异常噪声原因分析。

实践操作
1. 齿轮检测。
(1)使用齿轮测量仪检测齿形、齿向误差。
(2)表面粗糙度测量。
(3)硬度检测(表面硬度和芯部硬度)。
(4)磁粉探伤检查表面裂纹。
2. 装配实践。
(1)齿轮与轴的装配(热装工艺)。
(2)轴承预紧力调整。
(3)齿轮啮合间隙检查(使用铅丝法)。
(4)润滑系统检查与润滑脂加注。
3. 调试与测试。
(1)空载运行测试(检查异响和振动)。

续上表

(2)负载测试(逐步增加转矩)。 (3)温升测试(监测轴承和齿轮温度)。 (4)效率测试(输入/输出功率测量)。 4. 故障诊断。 (1)振动频谱分析。 (2)油液金属颗粒检测。 (3)齿轮接触斑点检查。 **总结与反思** 1. 本次任务的主要收获是什么?   2. 在学习过程中遇到了哪些困难?如何解决的?   3. 对未来学习的建议与期望。

任务六　了解新能源汽车底盘电控系统

任务导入

在20世纪70年代以前,影响汽车动力学性能的底盘控制技术还只是机械工程大类领域的一个普通分支学科。随着社会经济的发展和生活水平的提高,汽车的使用者们对汽车的安全性、舒适性和操稳性的要求也越来越高,汽车底盘控制技术开始逐渐被汽车工程师们所重视,并成了汽车工程领域专门研究的一项内容。自20世纪80年代以来,电子技术广泛地应用于汽车产品,出现了汽车电子化趋势。同时,随着四轮转向系统(4WS)的问世及发展,ABS、ESP以及半主动、主动悬架等汽车底盘控制系统相继出现,这些控制技术大大地改善了汽车的动力学性能。

任务目标

1. 了解汽车底盘电控系统的特点。
2. 掌握汽车底盘电控系统的控制功能。
3. 了解汽车底盘电控系统的基本组成。
4. 掌握汽车故障自诊断技术。

一、汽车底盘电控系统综述

现代汽车底盘采用了大量的电控装置,增加了许多新功能,使汽车驾驶更加简单方便,乘坐更加舒适、安全。汽车常用底盘电控系统及其功能见表5-6。

新能源汽车底盘电控系统及控制功能 表5-6

名称	功能
自动变速控制系统	自动切换挡位,提高车辆行驶平顺性
防抱死制动系统(Anti-lock Braking System,ABS)	确保紧急制动、易打滑路面的制动的稳定性,方向稳定性和安全性
牵引力控制系统(Acceleration Slip Regulation,ASR)	控制驱动轮牵引力,减少驱动轮空转
电控悬架系统(Electronic Control Suspension System,ECSS)	提高车辆行驶的平顺性、通过性、舒适性
定速巡航系统(Cruise Control System,CCS)	使车辆在设定时速下行驶,提高燃油经济性
电子辅助转向系统(Electrical Power Steering,EPS)	使用电能或液压控制转向系统助力的大小,减小驾驶员疲劳,提高安全性
四轮转向系统(Fourwheel Steering,4WS)	提高车辆的灵活性、转向时的稳定性和减小转弯半径

二、电子控制技术

1.第一代底盘电子控制技术

第一代的底盘控制系统是汽车底盘控制技术发展的最初阶段,由于它兴起较早,某些技术也已发展得比较成熟。其代表是4WS、ABS、EPS、TCS等电子控制系统。这类系统主要由传感器、电子控制单元(Electronic Control Unit,ECU)、执行机构三部分组成。其中,ECU又由硬件和软件两部分组成。硬件部分包括输入、输出电路;而运算电路、控制电路等软件部分则具有运算控制和系统检测两大功能。

以ABS的工作过程为例来简要说明这类系统的原理。ABS是在车辆原有的制动系统基础上附加的一套控制设备。车辆制动时,轮胎滑移率s在20%左右时车辆能获得最大的纵向制动力,转速传感器将转速信息经由输入电路输入ECU,ECU接收传感器的输入信号,然后按设定的控制策略和运算逻辑进行处理和计算,从而制定并发出相应的控制指令,对制动压力调节装置进行控制,使轮胎滑移率s始终保持在20%左右,从而使车辆能获得最佳的制动效果。当ECU监测到系统工作不正常时,会自动终止ABS工作,同时点亮ABS警示灯。此时传统的制动系统仍旧照常工作,不受任何影响。这些改善车辆动力学的系统成功地运用于汽车,并进行了商业化生产,实用效果很显著。

2.第二代底盘电子控制技术

发达国家已经开始研发全电子控制的汽车底盘控制系统和网络化管理的整车样车,即第二代的线控驱动技术,这引发了汽车底盘控制系统的一场技术革命,其系统构架如图5-23所示。

由此而开发的汽车线控转向系统(Steer By Wire System,SBWS)取消了传统的转向盘与转向轮之间的机械连接,完全摆脱了传统转向系统的各种限制,不但可以自由设计汽车转向的力传递特性,而且可以设计汽车转向的角传递特性,给汽车转向特性的设计带来更大的空间。日本大学和本田汽车公司在该项技术方面做了一些研究工作,设计出了理想的转向系统传动比,使汽车的稳态增益不随车速变化。在国内,对线控转向技术也做了大量的研究,通过对转向盘力矩的建模，模拟生成了可以为驾驶者提供路感的转向盘转向回正力矩，并设计了前轮转向控制算法，使车辆具有了不变的转向特性。

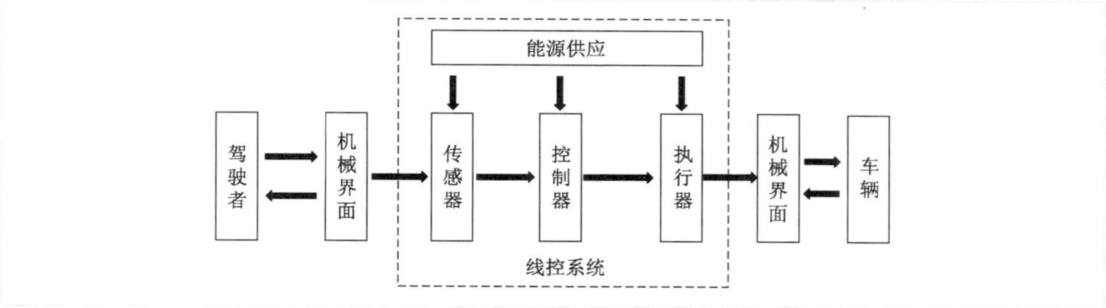

■ 图 5-23 第二代底盘电子控制技术系统构架

3. 第三代底盘电子控制技术

最近几年来，开发全方位底盘控制（Global Chassis Control，GCC）系统成为了目前汽车底盘控制的发展方向，有的学者也把 GCC 系统称为 ICC（Integrated Chassis Control）系统，即底盘集成控制系统，也就是目前正在迅速发展的第三代汽车控制系统。

为了使汽车行驶时能有优良的动力学性能，在一辆车上往往要安装多种底盘控制系统。但当多种动力学控制系统同时存在时，就会出现一些问题。首先，由于一些系统间的功能存在着重叠，某些系统间的控制目标又可能存在着冲突，这就产生了系统之间耦合不良的情况。如果不将这些系统协调控制，系统间的干涉就有可能会影响到车辆的整体性能，有时也会使车辆的总体动力学性能甚至不如单个系统单独作用时优良，极端情况下甚至会产生危险。最典型的比如 ABS 和车身电子稳定（Electronic Stability Program，ESP）系统，它们都是通过调节制动力来提高车辆的动力学性能。ABS 是控制制动力使轮胎滑移率始终保持在最佳值；而 ESP 系统则是通过控制制动力大小来达到所要满足的最佳不足转向和过度转向效果。很显然，这两个系统同时工作时会产生干涉。其次，很多系统的控制输入需要的是同一个参数，而不同系统控制的又是相同的执行机构，如果每一个系统各自拥有一套测试传感器和执行机构，会造成资源的浪费和车辆成本的提高，同时也难以在有限的车体空间内布置种类繁多的设备。此外，由于各个子系统及相应的控制元件是由不同的汽车配件厂家提供的，它们有各自的标准体系、各自的技术保密措施和对外信息封锁措施，这就使得各子系统间的协调变得更加困难。所以，开发一种 GCC 系统成为了目前汽车底盘控制系统的发展方向。GCC 不是各系统间的简单叠加，而是要将硬件和软件进行统一，将各控制目标有机地协调，使车辆的整体动力学性能达到最佳。早在 20 世纪 90 年代，日本及欧美的各大厂商就对底盘集成控制进行了尝试和研究。Nissan、Toyota 等汽车厂商率先在他们的车上应用了 GCC 系统，但这些也只是各子系统通过 CPU 间的通信来协作完成一些功能。进入 21 世纪后，车辆的集成控制得到了迅猛的发展，无论是在理论研究还是实际应用方面，都有了长足的进步。

汽车底盘控制技术发展至今经历了三个阶段：单控制功能的底盘控制系统、线控技术、底盘集成控制系统。单控制功能的底盘控制系统由于性能单一，已不能满足汽车发展的要求；线控技术的出现大大变革了驾驶操作的实现方式，提高了控制的精度，但由于费用及可靠性的限制，全车的线控系统目前还未被广泛地应用。当今大力发展的是汽车底盘的集成控制技术,目前已广泛采用分层阶梯式的集合控制结构,通过上层主控制单元的协调分配来控制各子控制系统的工作,使车辆的动力学性能达到最佳。近年来,底盘集成控制逐渐地扩展到对整车的集成控制,甚至出现了包含对人—车—路大闭环系统的集成控制。

以目前底盘控制的发展来看,未来汽车的发展方向主要在两个方面:一是进一步改进车辆的动力学性能,提高车辆的安全性,降低交通事故率;二是减轻驾驶者的操作强度,将驾驶者从繁重的操作工作和高度紧张的精神状态中解放出来。将来的底盘集成控制研究,将会采用更精确的车辆和轮胎模型来获得更高的控制精度和达到更好的控制效果,包括更多地考虑悬架及轮胎的非线性模型。同时,针对提高控制精度,开发一种汽车专用的控制策略及理论也将会是未来底盘集成控制研究的重要工作。随着底盘控制系统越来越向电子化、智能化和网络化方向发展,未来的汽车将是一种有着高度安全性和自动化的交通工具。

三、电子控制系统的组成

■ 图 5-24　电子控制系统的组成

汽车底盘电子控制系统的组成与电子控制的发动机类似,也是由信号输入装置、ECU 和执行器组成(图 5-24)。

ECU 即常说的电子控制单元(车载微机),它是以微控制器(WCU)为核心部件的电子控制装置,是电子控制系统的指挥中心,负责处理从各传感器传送来的各种信息,经过判断和计算等处理后,向执行机构发出控制信号。整个电子控制器安装在一只金属盒子内,固定在车内仪表板下部或座椅下面。ECU 的核心是微控制器(MCU),它主要由中央处理器(CPU)、存储器、输入/输出接口(I/O 接口)、总线(BUS)及电源供给电路等组成。此外,ECU 还包括驱动执行器的功率输出电路、通信接口电路、稳压/电源管理等外围电路。

1. 中央处理器(CPU)

中央处理器(CPU)由运算器(ALU)和控制器组成,它是微控制器(MCU)的核心部分,也称为微处理器。其中,运算器用于完成各种算术和逻辑运算;控制器是微处理器的控制中枢,它按事先编好的程序进行工作,向系统的各个部分发出控制信号,指挥整个系统自动、协调地工作。

2. 存储器

存储器用来存放数据、表格和指令。它又分为随机存储器(RAM)和只读存储器(ROM)两大类。随机存储器(RAM)的内容可由微处理器写入或读出,所以也称读/写存储器,但在电源断开后,它所存储的内容立即消失。因此,随机存储器常被用来存放临时性的工作程序和数据以及计算出的中间结果,如自诊断故障代码等。只读存储器(ROM)的内容只能被微处理器读出而不能写入,并且断电后所存的内容也不会消失。因此,只读存储器常被用来存放永久性的程序和不变的常量,如制造厂家为微处理器编写的控制程序软件、最佳点火提前角及有关燃油喷射的基本特性数据等一系列预定的控制参数。

3. 输入/输出接口

输入/输出接口是用于微控制器(MCU)与各外部设备(传感器和执行机构、显示器等)之间控制数据流动和数据格式的一种电路。由于外部设备种类繁多,它们所输出或接收的信息在速度、电平、信息形式等方面,都不一定能很好地与微控制器相匹配,因此,必须通过I/O接口对所传输或交换的信息进行协调、A/D(模拟/数字)转换及D/A(数字/模拟)转换、数据缓存、电平匹配以及时序匹配,才能实现外部设备与微控制器之间的信息交换和传递。

4. 总线(BUS)

在微控制器(MCU)内部,微处理器(CPU)、存储器和I/O接口之间要进行大量的信息交换和数据传递。若上述各功能部件之间采用点对点的信息和数据传输线路方式,则信息传输速度高,传输过程简单,但整个系统所需要的信息传输线路量很大,且传输线路利用率低,故在微控制器内部的信息传输线路均采用多点连接方式,即在上述各功能部件之间设置公共的信息传输线路,这便是总线(BUS)。各功能部件间通过总线的信息传递由CPU统一控制。

5. 电源供给电路

将汽车上12~14V的电压转变为标准的5V电压以满足ECU内各部件,特别是微控制器(MCU)工作的需要,同时维持一定时间的后备电源,以免ECU在工作过程中出现短时间的电源中断而造成数据丢失。目前,车用电子控制系统一般采用字长为8位、16位甚至32位的通用微机或单片机(即MCU),但也有不少汽车公司的电子控制系统,如丰田汽车公司的TCCS系统、福特汽车公司的EEC系统、通用汽车公司的C-3系统等,采用了汽车专用微处理器(车规MCU),其精度和运算速度要求虽不如计算机用的处理器高,但其抗电磁干扰能力强,能适应汽车在行驶中振动大、电气环境差(电源电压波动及瞬时过电压等)、温度和湿度变化大等恶劣的使用环境,因而大大提高了汽车电子控制系统的使用可靠性。

了解新能源汽车底盘电控系统任务工单

学生信息

班级：

姓名：

学号：

任务目标

1. 掌握线控底盘液压系统的基本组成和工作原理。
2. 熟悉电液比例阀、蓄能器等关键部件的功能特性。
3. 能够完成系统压力调试和常见故障诊断。
4. 理解线控底盘系统对智能驾驶的支撑作用。

理论知识学习

1. 系统架构。

驱动电机、液压泵、控制阀组、执行油缸的协同关系。

2. 控制逻辑。

ECU 如何解析转向/制动信号并输出液压指令。

3. 性能优势。

相比传统机械传动，响应速度提升 30% 以上。

实践操作

1. 压力标定

使用压力传感器校准系统工作压力（典型值 12 ~ 18MPa）。

2. 阀体测试

通过诊断仪检查电液比例阀的电流-流量曲线。

3. 故障模拟

人为制造泄压故障，训练快速定位漏油点能力。

总结与反思

1. 本次任务的主要收获是什么？

2. 在学习过程中遇到了哪些困难？如何解决的？

3. 对未来学习的建议与期望。

练 习 题

一、判断题

1. 在新能源汽车中,V 带传动主要用于驱动高压油泵。 ( )
2. 同步带传动通过啮合传递动力,因此不存在弹性滑动现象。 ( )
3. 链传动的平均传动比恒定,但瞬时传动比会发生变化。 ( )
4. 渐开线直齿圆柱齿轮的正确啮合条件是模数和压力角必须相等。 ( )
5. 带传动中的打滑是由于过载引起的,可以通过增大张紧力完全避免。 ( )
6. 行星轮系中至少有一个齿轮的轴线是固定的。 ( )
7. 多楔带结合了平带的柔韧性和 V 带的高摩擦力特点,适用于多设备联动场景。 ( )
8. 齿轮传动的缺点是制造成本高且不适用于远距离传动。 ( )
9. 定轴轮系的传动比仅与主动轮和从动轮的齿数有关,惰轮不改变传动比大小。( )
10. 新能源汽车的差速器中,行星齿轮在车辆直线行驶时不会自转。 ( )

二、简答题

1. 说明带传动的工作原理和特点。

2. 与平带相比,V 带为什么能得到更广泛的应用?

3. 带传动为什么要设张紧机构?常见的张紧机构有哪些?

4. 链传动的主要特点是什么?

5. 渐开线是怎样形成的？渐开线齿廓啮合有哪些主要特征？

6. 渐开线直齿圆柱齿轮的基本参数有哪些？

7. 齿轮传动的失效形式有哪些？

8. 已知一个外啮合正常齿制标准直齿圆柱齿轮 $m = 3\text{mm}$，$z_1 = 19$，$z_2 = 41$，试计算这对齿轮的分度圆直径、齿顶高、齿根高、顶隙、齿顶圆直径、基圆柱径直径、齿距、齿厚和齿槽宽。

9. 什么叫定轴轮系？如何求定轴轮系的传动比？

10. 什么叫周转轮系？如何判断一个轮系是否为周转轮系？

11. 轮系主要有哪些功用？

12. 试确定图 5-25 中各轮的转向。

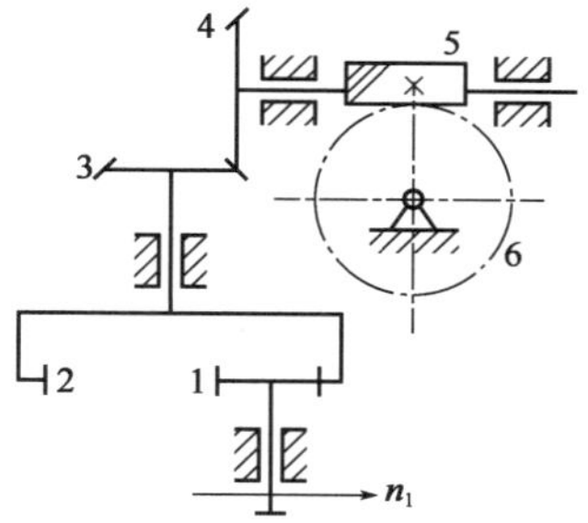

■ 图 5-25 练习题图 1

13. 如图 5-26 所示轮系,已知各轮齿数,$z_1=50$,$z_2=30$,$z_{2'}=20$,$z_3=100$,试求轮系传动比 i_{1H}。

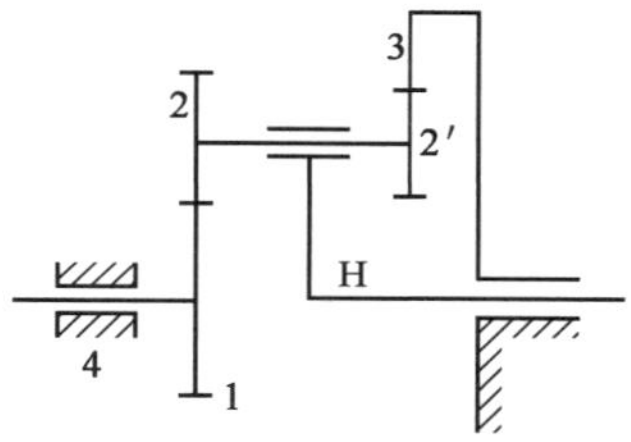

■ 图 5-26 练习题图 2

工匠精神

工匠精神是一种执着精神，它是一种对目标笃定坚持与追逐的信念。工匠们一旦确立方向，便不惧风雨，不惧挫折，向着心中的理想奋勇前行，对梦想有着顽强的毅力和向往。注重目标，坚定不移，锲而不舍，并且有信心，坚守于自己的奋斗方向，百折不挠。

黄维祥是一汽解放汽车公司传动事业部变速箱厂高级维修电工技师、数控设备维修专家。他制定“三多”学习法提升技术，在技能大赛获佳绩。他致力于设备创新改造，让多台报废机床重新上线，改善性能，实现润滑油“按需供油”，填补国内技术空白，还培养了众多优秀技能人才。

黄维祥生于1970年，是轴齿厂数控维修专家，获全国技术能手等诸多荣誉，还是长春汽车工业高等专科学校外聘客座教师。他参加工作后积累知识，解决企业高技术难题，创新改造设备130余台，攻克300余项维修技术难题，节创价值1500余万元。2009年他参加“李斌杯”大赛获团体第二、个人第三，获“全国技术能手”称号，受到国家领导人接见，还获“长春市金牌工人”等称号。

1988年参加工作的黄维祥起初默默无闻。2000年企业减员，他为留岗提升技术，考上长春职工大学夜大专科，3年毕业。2003年他进入数控维修技术培训班，技术飞跃。2008年参加全国大赛获第七名成名。他始终坚持学习。

有人问他努力的原因，他说人生最痛苦的是“我本可以”；问他为何凡事亲力亲为，他说做好简单平凡事就是不简单不平凡，享受坚持带来的充实和成就感。

他通过制定快速数控维修方法等，解决企业和学校人才培养问题，每年为公司培训400多人次，为多方培养数控维修人员及学生1500多人。

未来他将进一步的带领员工创新创效，为机械加工制造业人才培养和企业发展做出贡献。

06
项目六

新能源汽车材料

新能源汽车材料指支撑新能源汽车发展的、具有能量储存和转换功能的功能材料或结构功能一体化材料,新能源汽车材料对促进新能源汽车的发展发挥了重要作用。本项目主要学习新能源汽车常用金属材料、非金属材料、储能材料、永磁材料等材料的相关知识,了解新能源汽车材料市场的发展现状,更好发挥新能源汽车材料的作用。

知识目标

(1)掌握金属材料的分类与特性。
(2)理解铝及铝合金、铜及铜合金的物理化学特性及其在新能源汽车中的应用。
(3)了解新能源汽车常用非金属材料种类、特性和应用及。
(4)了解储能材料的技术发展趋势。
(5)掌握钕铁硼永磁材料的定义和核心性能优势。
(6)了解新能源汽车车身一体化压铸技术的基本工作流程。

技能目标

(1)能通过牌号准确识别金属材料类型,并分析其适用场景。
(2)能列举新能源汽车中非金属材料(如电池隔膜、碳纤维车身)的应用案例。
(3)能够根据新能源汽车的设计需求,合理选择合适的材料,并掌握其应用方法。
(4)具备对新能源汽车材料质量进行检测和判断的能力,确保材料符合标准。
(5)能操作基础材料制备与检测工艺。

素质目标

(1)对待材料相关工作一丝不苟,确保数据准确和方案可靠。
(2)深刻理解新能源汽车材料对环境的影响,始终秉持环保理念进行相关工作。
(3)能够与不同专业领域的人员有效合作,共同推进新能源汽车材料相关项目。
(4)对新能源汽车材料的质量和性能负责,保障车辆的安全和可靠性。
(5)始终将材料质量放在重要位置,追求卓越品质。

任务一 了解常用金属材料在新能源汽车中的应用

任务导入

金属材料来源丰富,并具有优良的使用性能和工艺性能。金属材料是新能源汽车中应用最普遍的材料之一,在新能源汽车制造方面也占有很大比重。新能源汽车作为现代工业的重要产物,其性能与可靠性很大程度上依赖于金属材料的合理选择与应用。本任务将带领大家学习新能源汽车制造中常用的金属材料,包括碳素钢、合金钢和铸铁的分类、牌号及用途。通过本任务的学习,将了解不同金属材料的性能特点及其在新能源汽车典型零件中的应用,掌握如何根据零件的功能需求选择合适的材料。例如,齿轮需要高强度和耐磨性,而车身冲压件则要求良好的塑性。本任务旨在帮助建立材料选用的基本思路,为后续的新能源汽车设计与制造打下坚实基础。

任务目标

1. 理解碳素钢、合金钢及铸铁的分类方法、牌号表示及其主要性能特点。
2. 掌握硅、锰、硫、磷等常存元素对钢的力学性能、工艺性能的作用机制。
3. 具备新能源汽车典型零件的选材能力,并说明选材依据及热处理工艺。

一、常存元素对钢性能的影响

钢在冶炼过程中不可避免地要带入少量的常存元素,如硅、锰、硫、磷、铜、铬、镍等和一些杂质(非金属杂质物及某些气体,如氮、氢、氧等),它们的存在对钢的性能有较大的影响。

1. 锰(Mn)

锰是炼钢时用锰铁脱氧而残留在钢中的,它也经常作为合金元素而特意加入钢中。锰的脱氧能力较好,能很大程度上减少钢中的 FeO,还能与硫化合成 MnS,减轻硫的有害作用。锰大部分溶入铁素体中,使铁素体强化。所以,锰在钢中是一种有益元素。在非合金钢中,锰作为常存元素时,一般规定其含量应小于 1.00%。

2. 硅(Si)

硅是炼钢时用硅铁脱氧而残留在钢中的。也可作为合金元素特意加入钢中。硅的脱氧能力比锰强,可有效清除 FeO。硅在室温下大部分溶入铁素体,使铁素体强化。作为常存元素时,一般规定其含量应小于 0.50%。

3. 硫(S)

硫是在冶炼时由矿石和燃料中带入的有害杂质,炼钢时难以除尽。硫在钢中常以 FeS 的形式存在,FeS 与 Fe 会形成低熔点的共晶体,分布在奥氏体的晶界上,当钢材进行热加工时,共晶体过热甚至熔化,减弱了晶粒间联系,使钢材强度降低,韧性下降,这种现象称为热脆。常加入锰来降低硫的有害作用。

4. 磷(P)

磷是在冶炼时由矿石带入的有害杂质,炼钢时很难除尽。磷能溶于 α-Fe 中,但当钢中有碳存在时,磷在 α-Fe 中溶解度急剧下降。磷的偏析倾向十分严重,即使磷含量只有千分之几的存在,也会在组织中析出脆性很大的化合物 Fe_3P,并且特别容易偏聚于晶界上,使钢的脆性增加,冷脆转化温度升高,即发生冷脆。

钢在冶炼时还会吸收和溶解一部分气体,如氮、氢、氧等,使钢的塑性、韧性和疲劳强度急剧降低,严重时会造成裂纹、脆断,所以这些气体也是必须严格控制的有害元素。

二、碳素钢的分类、牌号及用途

碳素钢是指碳的质量分数小于 2.11% 的铁碳合金。它是工业上用量最多的金属材料。碳素钢中除了含有铁元素和碳元素之外,还含有少量的杂质元素,如 Si、Mn、S、P 等元素,它们对钢的性能都有一定的影响。碳素钢的冶炼简便,价格低廉,在一般情况下均能满足使用要求。

1. 碳素钢的分类

(1)按碳含量分类。

低碳钢:碳的质量分数 $\omega_C \leqslant 0.25\%$。

中碳钢:$0.25\% <$ 碳的质量分数 $\omega_C < 0.6\%$。

高碳钢:碳的质量分数 $\omega_C \geqslant 0.6\%$。

(2)按硫、磷含量分类。

普通碳素钢:硫的质量分数 $\omega_S \leqslant 0.05\%$,磷的质量分数 $\omega_P \leqslant 0.045\%$。

优质碳素钢:硫的质量分数 ω_S、磷的质量分数 $\omega_P \leqslant 0.035\%$。

高级优质碳素钢:硫的质量分数 $\omega_S \leqslant 0.02\%$,磷的质量分数 $\omega_P \leqslant 0.03\%$。

(3)按用途分类。

碳素结构钢:主要适用于工程构件、桥梁、建筑构件和机器零(部)件等,一般为中、低碳钢。

碳素工具钢:主要适用于制作各种刃具、量具、模具,一般为高碳钢。

碳素铸钢:主要适用于形状复杂,具有一定强度、塑性和韧性的难以锻造的铸造件。

(4)按脱氧方式分类。

沸腾钢(F):脱氧剂一般为锰铁,浇注时有碳氧反应,生成的大量 CO 气体呈沸腾现象,脱氧不完全,组织疏松,但成材率高。

镇静钢(Z):脱氧剂为硅铁或铝,浇注时不发生碳氧反应,钢液在容器中较平静。脱氧完全,组织致密,成分均匀,钢材性能较好。

半镇静钢(B):脱氧程度介于沸腾钢和镇静钢之间。脱氧较完全,浇注时有弱沸腾现象。

特殊镇静钢(TZ):脱氧程度比镇静钢充分,质量较好。用于特别重要的工程结构件。

2. 碳素钢的牌号、性能及主要用途

(1)普通碳素结构钢。

普通碳素结构钢碳含量较低,而硫、磷等有害杂质的含量较高,故强度不高;但塑性、韧性较好,焊接性能好,价格低廉,大多数不进行专门的热处理即可使用。

普通碳素结构钢通常为热轧钢板、钢带、钢棒和型钢。可用于制造焊、铆、螺栓连接的一般工程构件和不重要的一般机械零件,如卡车车架、发动机支架、后视镜支杆等。

普通碳素结构钢牌号表示方法由代表屈服极限的字母"Q"、屈服极限值(单位 MPa)、质量等级符号(A、B、C、D)及脱氧方法符号(F、B、Z、TZ)按顺序排列组成。其中,A 级的硫、磷等杂质的含量最高,D 级含量最低。

例如:Q235—AF 表示屈服极限为 235MPa,质量等级为 A 级,沸腾钢脱氧的普通碳素结构钢。

碳素结构钢的规定牌号有 Q195、Q215、Q235、Q255 和 Q275 五类。

(2)优质碳素结构钢。

优质碳素结构钢的碳的质量分数为 0.05% ~0.9%,有害杂质含量很少,通常经过热处理后可提高力学性能。由于其性能比普通碳素结构钢好,故应用广泛,常用来制造较重要的机械零件,如汽车中的凸轮轴、离合器分离杠杆等大部分零件。

优质碳素结构钢的牌号用两位数字表示,这两位数字表示钢的平均碳的质量分数的万分数。例如:45 表示平均含碳的质量分数为 0.45% 的优质碳素结构钢。

(3)碳素工具钢。

碳素工具钢用于制作刃具、量具、模具等,在使用时应经淬火加低温回火,使其具有高的硬度和耐磨性。碳素工具钢的牌号以汉字"碳"的汉语拼音首字母"T"及后面的阿拉伯数字表示,其数字表示钢中平均碳的质量分数的千分数。

例如:T7 表示平均含碳的质量分数为 0.7% 的碳素工具钢。

若为高级优质碳素工具钢,则在阿拉伯数字后面加字母 A 表示。

例如:T11A 表示平均碳的质量分数为 1.1% 的高级优质碳素工具钢。

牌号数字越大,碳的质量分数越高,钢在热处理后的硬度和耐磨性越好,但韧性越差。

碳素工具钢只适用于在刃部受热温度较低(200℃以下)、低速、小进给量的机用工具、手动工具、小型冷模具及量具等方面。在加工中,如果对刀具性能要求较高时,就必须采用合金工具钢。

(4)铸钢。

冶炼后直接铸造成毛坯或零件的碳素铸钢适用于形状复杂且韧性、强度要求较高的零件,也常用于韧性、强度要求较高的大型零件。碳素铸钢的含碳量一般在 0.15% ~0.60% 范围内,若碳含量过高,则塑性差,易产生裂纹。

铸钢的牌号以汉字"铸钢"的汉语拼音首字母"ZG"开头,后接材料的屈服极限值(单位 MPa),再接抗拉极限值(单位 MPa)。例如:ZG200—400 表示屈服极限为 200MPa,抗拉极限为 400MPa 的铸钢。

三、合金钢的分类、牌号及用途

为了改善钢的性能,炼钢时有目的地加入一些合金元素所形成的钢称为合金钢。合金钢通过热处理能获得优良的力学性能及一些特殊的物理、化学性能。合金钢的冶炼、加工困难,价格较贵,应合理选用。

1. 合金钢的分类

(1)按合金元素含量分类。

按合金元素含量分类可分为低合金钢(合金元素总的质量分数应小于5.0%)、中合金钢(合金元素总的质量分数为5.0%～10.0%)和高合金钢(合金元素总的质量分数应大于10%)。

(2)按合金钢的用途分类。

按合金钢的用途分类可分为合金结构钢、合金工具钢和特殊性能钢三大类。

2. 合金钢的牌号、性能及主要用途

(1)合金结构钢。

合金结构钢是在碳素结构钢的基础上加入一种或几种合金元素的钢。它可用来制造各种重要的工程构件和各种重要机械零件,主要包括低合金高强度结构钢、合金渗碳钢、合金调质钢、合金弹簧钢、滚动轴承钢等。

除了低合金高强度结构钢和滚动轴承钢外,其他合金结构钢的编号都采用“数字+化学元素+数字”的表示方法。前面的数字表示钢的平均碳的质量分数的万分数,例如,平均碳的质量分数为0.25%,用25表示。合金元素直接用化学元素符号(或汉字)表示,后面的数字表示该合金元素的平均的质量分数的百分数。当合金元素的质量分数在1.5%～2.49%,2.5%～3.49%,3.5%～4.49%,…之间时,则相应地以2,3,4,…表示。若合金元素的质量分数小于1.5%,则省略标注数字。例如,40Cr表示碳的质量分数为0.4%,Cr的质量分数小于1.5%;60Si2Mn表示碳的质量分数为0.6%,Si的质量分数约为2%,Mn的质量分数小于1.5%。如果在编号后面加“高”或“A”,则表示为高级优质钢。

①低合金高强度结构钢。低合金高强度结构钢是在低碳钢的基础上,加入少量合金元素(Mn为主加元素)发展起来的。它在具有良好的焊接性、较好的韧性和塑性的基础上,强度显著高于相同含碳量的碳钢,其强度比普通碳素结构钢高30%～50%。与碳含量相同的碳素结构钢相比较,屈服极限高于碳钢25%～50%,韧性也高于碳钢。低合金高强度结构钢因有较高的强度,故可大幅度减轻结构质量,节约钢材,广泛用于船舶、桥梁、汽车纵横梁、压力容器、管道等工程结构中。

低合金高强度结构钢的牌号由代表屈服极限的汉语拼音字母“Q”、屈服极限数值(单位MPa)、质量等级符号(A、B、C、D、E)三部分顺序排列组成。例如:Q390A表示屈服极限值为390MPa质量等级为A级的低合金高强度结构钢。

②合金渗碳钢。渗碳钢指的是经过渗碳、淬火、低温回火后使用的钢。碳的质量分数低(ω_C=0.1%～0.25%),芯部具有良好的塑性和韧性,而渗碳层具有高的硬度、优良的耐磨性及抗疲劳性。主添加元素为铬、锰、镍、硼等,可以提高淬透性,保证芯部强度;辅加元素为钼、钨、钛等。常用牌号有20Cr、20Mn2、20CrMnTi、20Mn2TiB、20Cr2Ni4A、18Cr2Ni4A、18Cr2NiWA等。它适用于承受冲击载荷及磨损条件下工作的重要渗碳零件,如汽车后桥齿轮和变速器齿轮、曲轴和凸轮轴等。

③合金调质钢。调质钢通常是指经调质后使用的钢。碳的质量分数适中(ω_C=0.25%～0.50%),主要添加元素为铬、镍、钨、钒、钛及铝等,具有良好的综合力学性能。常用号牌有

35SiMn、40Cr、40CrNi、40MnVB、37CrNi3、40CrNiMo，主要用来制作在多种载荷下工作的重要零件，如曲轴、齿轮、半轴、转向轴、齿轮轴、活塞杆及连杆等。

④合金弹簧钢。弹簧钢是指用来制造各种弹簧和弹性元件的钢。碳的质量分数中等偏高（w_C = 0.50% ~ 0.70%），具有较高的抗拉强度、屈强比（σ_s/σ_b）、疲劳强度和足够的塑性、韧性及良好的表面质量。其主要添加元素以硅、锰为主，辅助添加元素有铬、钨、钒、等。例如，55SiMn、60Si2Mn、55SiVB 等，广泛适用于制造汽车、拖拉机、铁路机车用螺旋弹簧和钢板弹簧及其他重要弹簧；50CrVA、30W4Cr2VA 等、适用于制造承受应力较高或工作温度较高的重要弹簧零件，如气门弹簧、阀门弹簧等。

⑤滚动轴承钢。滚动轴承钢主要是用来制造滚动轴承中的内外套圈、滚动体（如滚珠、滚柱、滚针等）的专用钢。碳的质量分数高（ω_C = 0.95% ~ 1.10%），属于过共析钢，添加元素以铬为主（ω_{Cr} = 0.5% ~ 1.65%），辅助添加硅、锰等，可以提高淬透性，使其具有极高的硬度和耐磨性、良好的接触疲劳强度和抗压强度、较高的弹性极限和一定的冲击韧度及抗蚀性等。

滚动轴承钢牌号用“GCr + 数字”表示，其中“G”为“滚”字的汉语拼音首字母，数字代表铬元素的质量分数的千分数。若有其他合金元素，则表示方法与合金结构钢相同。例如：GCr15 表示 C 的质量分数为 0.95% ~ 1.05%，Cr 的质量分数为 1.5% 的滚动轴承钢。

常用滚动轴承钢牌号有 GCr9、GCr15、GCr15SiMn 等，它们广泛用于汽车、拖拉机和内燃机等各种机械的轴承。

（2）合金工具钢。

合金工具钢按用途可分为合金刃具钢、合金量具钢和合金模具钢三类。

合金工具钢牌号中，平均碳的质量分数小于 1.0% 时，以碳含量的千分数表示，标出数字；平均碳的质量分数不小于 1.0% 时，数字省略标注。例如：9SiCr 表示平均碳的质量分数为 0.9%，Si、Cr 的质量分数均小于 1.5% 的合金工具钢；CrWMn 表示平均碳的质量分数不小于 1%，Cr、W、Mn 的质量分数均小于 1.5% 的合金工具钢。

（3）特殊性能钢。

特殊性能钢是指具有特殊物理、化学或力学性能的合金钢。在工业中使用较多的有不锈钢、耐磨钢和耐热钢。

①不锈钢。不锈钢是指在腐蚀介质中具有较强抗腐蚀性能的钢。其成分上的特点是低碳，并加入大量 Cr、Ni 等合金元素，使钢获得单相组织，具有较高的电极电位，形成致密氧化膜，以阻止或减缓化学和电化学腐蚀的进程。不锈钢按正火状态的组织可分为铁素体型不锈钢（Cr17 型）、马氏体型不锈钢（Cr13 型）和奥氏体型不锈钢（18-8 型）等。

Cr13 型不锈钢一般用来制造既能承受载荷又要耐腐蚀的各种阀、机泵等零件以及一些不锈刀具；Cr17 型不锈钢主要用于制造耐蚀零件，广泛用于硝酸和氮肥工业中；18-8 型不锈钢广泛用于制造化工生产中的某些设备零件或构件及管道等。

②耐热钢。耐热钢具有高温抗氧化性，同时又具有较高的高温强度以提高蠕变抗力。常用的耐热钢有珠光体耐热钢，典型牌号为 15CrMo 和 12MnMo 等，用作锅炉材料、过热器管道等；马氏体耐热钢，典型牌号为 1Cr13Mo 和 4Cr9Si2 等，多用于制造汽轮机叶片、发动机排气阀等；奥氏体耐热钢，典型牌号为 0Cr19Ni9，工作温度可高于 650℃，可用于锅炉和汽轮机过热管道，内燃机重负荷排气阀等，汽车内燃机的进、排气阀采用的就是耐热钢。

③耐磨钢。耐磨钢具有很高的耐磨性和韧性。目前最重要的耐磨钢是高锰钢，牌号为ZGMn13，它广泛应用于要求既耐磨又耐激烈冲击的一些零件，如破碎机齿板、坦克履带及挖掘机铲齿等构件。

四、铸铁的分类、牌号及用途

铸铁是指碳的质量分数大于2.11%，并含有较多硅、锰、磷、硫等杂质元素的铁碳合金。

与钢相比，铸铁的强度、塑性等力学性能较差，但它具有良好的铸造性、切削加工性、耐磨性及减振性，且价格低廉，生产方法简便。因此，它是工业生产中较为重要的金属材料，广泛应用于汽车制造行业，如发动机缸体、缸盖、活塞环、飞轮及汽车的后桥壳体等都是由铸铁制造的。

1. 铸铁的分类

碳在铸铁中有两种存在形式：渗碳体和石墨。根据碳存在形式的不同，将铸铁分为以渗碳体形式存在的白口铸铁和以石墨形式存在的灰口铸铁。若铸铁中渗碳体过多，则会降低铸铁的力学性能和铸造性能，所以需将渗碳体石墨化。石墨增加，分布在合金中相当于多了许多孔洞和裂纹，破坏了基体连续性，易使材料脆断，也使铸铁的力学性能降低。但石墨的增加也使铸铁具有许多优良的性能。如石墨本身的润滑作用以及脱落后留下的孔洞便于储存润滑油，使铸铁具有良好的减磨性；石墨组织松软，能吸收震动，使铸铁具有良好的减震性；切削时石墨的润滑和断屑作用使铸铁具有较好的切削加工性；且石墨的存在使铸铁熔点低，流动性好，凝固变形小，使铸铁具有良好的铸造性能。

影响铸铁石墨化的主要因素是化学成分和冷却速度。

(1)化学成分的影响。

碳、硅、锰、磷对石墨化有不同的影响。其中，碳、硅、铝是促进石墨化的元素，锰和硫是阻碍石墨化的元素。碳、硅的含量过低，铸铁易出现白口，力学性能和铸造性能都较差；碳、硅的含量过高，铸铁中石墨数量多且粗大，基体内铁素体量多，力学性能下降。

(2)冷却速度的影响。

铸铁冷却速度越缓慢，越有利于石墨化过程充分进行。当铸铁冷却速度较快时，原子扩散能力减弱，越有利于 $Fe\text{-}Fe_3C$ 相图进行结晶和转变，不利于石墨化的进行。

2. 铸铁的牌号、性能及主要用途

(1)白口铸铁。

白口铸铁是指铸铁中的碳几乎全部以渗碳体的形式存在，其性能特点是硬而脆，切削加工非常困难，一般不用于制造零件，主要用于一些具有高硬度和耐磨性要求的零件，如轧辊、球磨机的磨球等，其组织为白口组织，其余大部分用作炼钢原料或可锻铸铁的毛坯。

(2)灰铸铁。

灰铸铁是指铸铁中全部或大部分碳以片状石墨的形式存在，其断口呈暗灰色，故称为灰铸铁。灰铸铁力学性能较高，切削加工性能好，生产工艺简单，价格低廉，而且具有良好的减振性和耐磨性，因此应用最广泛。

灰铸铁的牌号由“灰铁”两字的汉语拼音首字母“HT”与一组数字表示，数字表示最小抗拉强度(MPa)。例如:HT150 表示最小抗拉强度为 150MPa 的灰铸铁。

灰铸铁广泛用于制造形状复杂但力学性能要求不高的箱体、叉架、壳体类零件,如发动机缸体、缸盖、变速拨叉、变速器壳等;还适用于承受压应力且有减振要求的零件,如床身、机架、立柱等。

(3)球墨铸铁。

球墨铸铁是指铸铁中的全部或大部分碳以球状石墨的形式存在。灰铸铁中的石墨是片状的,如果在铁水浇注之前加入球化剂,进行球化处理,就可使石墨呈球状,即为球墨铸铁。

球墨铸铁中,由于石墨呈球状,对基体的割裂最小,因此,它是铸铁中力学性能最好的一类,与钢接近,此外球墨铸铁还可以通过热处理,使力学性能进一步提高。因此,通常用来代替碳钢、合金钢制造一些形状复杂、性能要求较高的零件,如柴油机曲轴、凸轮轴、齿轮、连杆等。同时,球墨铸铁具有灰铸铁的一系列优良性能,使得"以铸代锻,以铁代钢"成为现实。

球墨铸铁的牌号由"球铁"两字的汉语拼音首字母"QT"加两字数字表示,两组数字分别表示最低抗拉强度(MPa)和断后伸长率 δ。例如:QT400-18 表示最低抗拉强度为 400MPa,断后伸长率为 18% 的球墨铸铁。

(4)蠕墨铸铁。

蠕墨铸铁是指铸铁中的全部或大部分碳以蠕虫状石墨的形式存在。在灰铸铁浇注时,向铁液中加入蠕化剂(镁钛合金、稀土镁合金等)即可获得蠕墨铸铁。蠕墨铸铁作为一种新型铸铁出现在 20 世纪 60 年代,其兼有灰铸铁工艺性能优良和球墨铸铁力学性能优良的共同特点,却克服了灰铸铁力学性能低和球墨铸铁工艺性能差的缺点。

蠕墨铸铁的牌号用"蠕铁"两字的汉语拼音字母"RuT"与一组数字表示,数字代表最低抗拉强度。例如:RuT380 表示最低抗拉强度为 380MPa 的蠕墨铸铁。

蠕墨铸铁广泛应用于工业生产中,如 RuT380、RuT420 主要用于制造汽车制动鼓、活塞环、汽缸套、制动盘等;RuT340 可用于制造汽车制动鼓、飞轮、汽缸盖等;RuT260 可制造汽车、拖拉机的某些底盘零件等。

(5)可锻铸铁。

可锻铸铁是指铸铁中的全部或大部分碳以团絮状石墨的形式存在。可锻铸铁是将白口铸铁件在高温下经长时间的石墨化退火后得到的。因团絮状石墨对基体割裂作用小,不像片状石墨存在尖端会引起应力集中,所以韧性比灰铸铁好。因其具有一定的塑性变形能力,故得名可锻铸铁,实际上可锻铸铁不能锻造。

由于可锻铸铁生产周期长、成本较高,其应用已逐渐被球墨铸铁所替代。而仅对形状复杂,批量很大的薄壁小件,因不宜用球墨铸铁,才采用可锻铸铁。

可锻铸铁分为黑芯可锻铸铁(又称铁素体可锻铸铁)和珠光体可锻铸铁(又称白口可锻铸铁)两种。黑芯可锻铸铁和白口可锻铸铁牌号分别用"可铁黑"和"可铁珠"三个字汉语拼音的首字母"KTH"和"KTZ"与两组数字表示,两组数字分别表示最低抗拉强度(MPa)和断后伸长率 δ。例如:KTH350-10 表示最低抗拉强度为 350MPa,断后伸长率为 10% 的黑芯可锻铸铁。

五、典型零件选材

1. 汽车齿轮的选材

齿轮材料主要的性能要求是：具有高疲劳强度和接触疲劳强度。齿心应有足够的冲击韧度，以防止轮齿受冲击过载时发生断裂。一般选用低碳钢进行渗碳处理作为重要齿轮的材料。应用最多的是合金渗碳钢 20Cr 或 20CrMnTi，并经渗碳、淬火和低温回火处理。

汽车上的典型零件

例如：新能源汽车后桥制动锥齿轮，其芯部硬度要求为 30～45HRC，齿面硬度要求为 58～62HRC。一般选用淬透性较好的 20CrMnTi 钢，油中淬火淬透 30～40mm，钢中还有 Ti，对过热不敏感，在渗碳后可直接缓冷淬火，变形较小，价格不贵，适宜批量生产。采用的加工工艺路线是：下料—锻造—正火—切削加工—局部镀铜（或涂防渗剂）—渗碳、淬火＋低温回火—喷丸—磨削加工—零件。

2. 汽车轴类零件

汽车上一切回转运动的零件，如齿轮、凸轮等都装在轴上，所以轴主要起传递运动和转矩的作用。轴类零件应具有较高的强度、足够的刚度及良好的韧性以防止断裂和过量变形，在相对运动的摩擦部位具有高的疲劳强度，如轴颈、花键等处，还应具有高的硬度和耐磨性。

一般用经锻造或轧制的低、中碳钢或合金钢来制造轴类零件。常用的优质碳素结构钢有 35 钢、40 钢、45 钢、50 钢等。其中，45 钢最常用。当载荷大并且要求限制轴的外形、尺寸和质量，或耐磨性要求高时，一般采用合金钢。常用的合金钢有 20Cr、40Cr、40CrNi、20CrMnTi、40MnB 等。

发动机中的曲轴功用是承受连杆传来的力，并由此产生绕其本身轴线的力矩。要求曲轴用强度、冲击韧度和耐磨性均较高的材料制造。中、小功率内燃机曲轴最常见的材料是 45 钢、40Cr、45Mn2 等。曲轴加工工艺路线：下料—锻造—退火—粗加工（留调质余量）—调质—精加工（留磨削余量）—表面淬火、低温回火—精磨。轴颈和曲柄销表面中频感应加热淬火，硬化层较深，可达 3～4.5mm。

3. 汽车弹簧材料

汽车弹簧的主要作用是：缓冲和减振，如汽车、拖拉机、火车中使用的悬架弹簧；复原和去除外力后自动恢复到原来位置，如汽车发动机中的气门弹簧。

汽车中的钢板弹簧用于缓冲和吸振，工作过程中承受很大的交变应力和冲击载荷作用，需具有高的屈服强度和疲劳强度，一般选用 65Mn、60Si2Mn 钢制造。中型或重型汽车钢板弹簧用 50CrMn、55SiMnVB 钢，重型载货汽车板弹簧用 55SiMnMoV、55SiMnVNB 钢制造。

内燃机气门弹簧是一种压缩弹簧，其作用是在凸轮、摇臂或挺杆的联合作用下，使气门打开和关闭。其承受应力不大，一般采用淬透性较好、晶粒细小、有一定耐热性的 50CrVA 钢制造。

4. 汽缸体、缸套和缸盖

汽缸体工作时承受较大的机械负荷和复杂的热负荷，要求制作材料具有足够的强度和刚度，形变量小，保证尺寸稳定，且有良好的铸造性。缸体常用材料有灰铸铁和铝合金两种。铝合金密度小，但刚度差，强度低，价格贵，所以除了减轻质量外，一般均用灰铸铁作为缸体材料。

缸套内壁与活塞间在工作过程中具有一定的压力和高速相对运动，且直接承受燃气的冲刷，使缸套受到强烈的摩擦，造成磨损。常用的缸套材料为耐磨合金铸铁，主要有高磷铸铁、硼铸铁、合金铸铁等。

缸盖主要用来封闭汽缸构成燃烧室，承受高温、高压、机械负荷和热负荷作用。缸盖材料常选用导热性好、高温机械强度高、能承受反复热应力、铸造性良好的灰铸铁、合金铸铁、铝合金。

5. 活塞、活塞销和活塞环

活塞在工作中受周期性变化的高温、高压燃气的作用，并要做高速往复运动，产生很大的惯性负载。活塞传力给连杆时还要承受交变的侧应力，工作环境十分苛刻。这就要求活塞材料具有足够的刚度、强度和耐磨性，还要求外硬内韧、表面耐磨，同时具有较高的疲劳强度和冲击韧度。

活塞销材料一般用 20 低碳钢或 20Cr、18CrMnTi 等低碳合金钢。

活塞环材料应耐磨性好、易磨合、韧性好，具有良好的耐热性和易加工性。常用的材料有灰铸铁或在灰铸铁基础上加一定量的铜、铬、钼、钨等元素的合金铸铁。

6. 连杆

连杆工作中除承受燃气压力外还承受纵向和横向的惯力，既受交变的拉压应力，又受弯曲应力。连杆材料一般选用 45 钢、40Cr 或 40MnB 等调质钢。

7. 气门

气门工作时承受较高的机械负荷和热负荷，尤其是排气门，工作温度高达 650 ~ 850℃。气门材料应选用耐热、耐蚀、耐磨的材料，进、排气门工作条件不同，材料的选择也不同。进气门一般可选用 40Cr、35CrMo、38CrSi、42Mn2V 等合金钢制造；排气门则选用高铬耐热钢制造，常采用 4Cr10Si2Mo、4Cr14Ni14W2Mo。

8. 车身、纵梁和挡板

车身、纵梁和挡板均为汽车零件中的冲压件。新能源汽车冷冲压零件采用的材料有钢板和钢带，常用的是钢板，包括热轧钢板和冷轧钢板，如 08、20、25 和 16Mn 钢板等。

了解常用金属材料在新能源汽车中的应用任务工单

学生信息

班级：

姓名：

学号：

任务目标

1. 掌握碳素钢的分类、牌号及用途。
2. 掌握合金钢的分类、牌号及用途。
3. 掌握铸铁的分类、牌号及用途。
4. 具有对汽车典型零件进行选材的能力。

理论知识学习

1. 常存元素对钢性能的影响。

(1)锰。

(2)硅。

(3)硫。

(4)磷。

2. 碳素钢的分类。

按含碳量分为低碳钢、中碳钢和高碳钢;按硫、磷含量分为普通碳素钢、优质碳素钢和高级优质碳素钢;按用途分为碳素结构钢、碳素工具钢和碳素铸钢;按脱氧方式分为沸腾钢、镇静钢、半镇静钢和特殊镇静钢。

3. 碳素钢的牌号及用途。

(1)普通碳素结构钢:可用于制造焊、铆、螺栓连接的一般工程构件和不重要的一般机械零件。

(2)优质碳素结构钢:常用来制造较重要的机械零件,如汽车中的凸轮轴、离合器分离杠杆等大部分零件。

(3)碳素工具钢:用于制作刃具、量具、模具等。

(4)铸钢:用于形状复杂且韧性、强度要求较高的零件,也常用于韧性、强度要求较高的大型零件。

4. 合金钢的分类。

按合金元素含量分为低合金钢、中合金钢和高合金钢;按用途分为合金结构钢、合金工具钢和特殊性能钢。

5. 合金钢的牌号及用途。

(1)合金结构钢:用来制造各种重要的工程构件和各种重要机械零件。

(2)合金工具钢。

(3)特殊性能钢:指具有特殊物理、化学或力学性能的合金钢。

6. 铸铁的分类。

白口铸铁和灰口铸铁。

7. 铸铁的牌号及用途。

(1)白口铸铁;主要用于一些具有高硬度和耐磨性要求的零件。

(2)灰铸铁:广泛用于制造形状复杂但力学性能要求不高的箱体、叉架、壳体类零件,还适用于承受压应力且有减振要求的零件。

(3)球墨铸铁:制造一些形状复杂、性能要求较高的零件。

(4)蠕墨铸铁:广泛应用于工业生产中,如 RuT380、RuT420 主要用于制造汽车制动鼓、活塞环、汽缸套、制动盘等;RuT340 可用于制造汽车制动鼓、飞轮、汽缸盖等;RuT260 可制造汽车、拖拉机的某些底盘零件等。

(5)可锻铸铁:仅对形状复杂,批量很大的薄壁小件,因不宜用球墨铸铁,才采用可锻铸铁。

实践操作

1. 汽车齿轮材料的选材有哪些?

续上表

2. 汽车曲轴材料的选材有哪些？   3. 汽缸体材料的选材有哪些？   **总结与反思** 1. 本次任务的主要收获是什么？   2. 在学习过程中遇到了哪些困难？如何解决的？   3. 对未来学习的建议与期望。

任务二　了解有色金属材料在新能源汽车中的应用

任务导入

在新能源汽车制造中，除了钢铁等黑色金属外，有色金属因其独特的性能也发挥着重要作用。本任务将重点学习铝及铝合金、铜及铜合金的特点及其在新能源汽车上的应用。通过本任务的学习，应能掌握如何根据轻量化、耐腐蚀、耐磨等需求选择合适的材料，例如铝合金用于车身减重，铜合金用于电气部件等。本任务旨在进一步理解多样化材料在汽车工业中的应用，为后续汽车关键零部件的材料选择与设计奠定基础。

任务目标

1. 掌握铝及铝合金的分类、性能特点。
2. 掌握铜及铜合金的分类、性能特点。
3. 熟悉铝、铜及其合金在新能源汽车上的应用。

一般有色金属材料是指铝、铜、镁、锌、钛等金属及其合金。与黑色金属材料（如钢铁）相比，有色金属产量低、价格高，但其具有许多特殊的物理、化学和力学性能，因而成为现代工业中不可缺少的材料。有色金属材料种类繁多，在工业中应用比较广的是铝、铜及其合金。

一、铝及铝合金

铝及其合金在工业上的重要性仅次于钢，尤其在电力、航空、航天、汽车、机车和车辆等领域及日常生活用品中得到广泛的应用。

1. 工业纯铝

工业上使用的纯铝，其纯度为99% ~99.99%。银白色，熔点为660℃。铝是目前工业中用量最大的有色金属。铝的密度小，仅为2.7g/cm^3，大约是铁密度的1/3，是一种轻型金属。

铝具有面心立方晶格，无同素异晶转变。铝的导电、导热性好，仅次于金、银和铜，且价格较低，资源丰富。铝在空气中有良好的抗蚀性，由于铝和氧亲和力强，在大气中铝极易在表面生成一层致密的氧化膜 Al_2O_3，阻止了铝的进一步氧化。铝强度低（σ_b = 80 ~ 100MPa）、硬度小（25 ~ 35HBW），塑性好（δ = 35% ~ 40%），具有良好的加工性能和焊接性能。影响纯铝性能的主要因素是其所含的杂质，随着 Si、Cu、Zn 等杂质含量的增加，纯铝的性能将下降。

工业纯铝分铸造纯铝和变形铝两种。铸造纯铝牌号由“Z”和铝的化学元素符号及表示纯铝质量分数的数字组成。例如，ZAl99.5 表示 Al 的质量分数为99.5%的铸造纯铝。变形铝采用4 位字符牌号命名，即用“1 × × ×”表示。牌号的最后两位数字表示铝的质量分数后面的两位数字，牌号第二位的字母表示原始纯铝的改型情况，如果字母为 A，则表示原始纯铝，若为其他字母，则表示为原始纯铝的改型。例如：1A30 表示铝的质量分数为 99.30% 的原始纯铝。工业纯铝在汽车上主要用于制作空气压缩机垫圈、排气阀垫片、汽车铭牌等。

2. 铝合金

铝合金在汽车上的应用

纯铝强度低，不宜制作承受重载荷的结构件，当铝中加入一定量的合金元素（如硅、铜、锰等），可制成强度高的铝合金。铝合金密度小，热导性好，比强高（单位质量的强度高），若经过冷热加工或热处理，还可进一步提高强度。

（1）铝合金的分类。

按铝合金的成分和工艺特点，可将铝合金分为变形铝合金及铸造铝合金两大类。

①变形铝合金。当加热至高温时能形成单相固溶体组织，塑性较高，适于压力加工的铝合金，称为加工铝合金，又称变形铝合金。其中不可热处理强化的变形铝合金主要有防锈铝合金；可热处理强化的变形铝合金主要有硬铝、超硬铝和锻铝合金。

防锈铝合金：主要是 Al-Mn 系合金和 Al-Mg 系合金，其优点是强度比纯铝高，有良好的耐蚀性，塑性和焊接性，但切削加工性较差。常用于制造各种高耐蚀性的薄板容器和防锈蒙皮等。典型牌号有 5A05 和 3A21 等。

硬铝合金：属 Al-Cu-Mg 系合金。这类合金既可通过热处理（时效处理）强化来获得较高的强度和硬度，还可以进行变形强化。通过淬火其强度可达 420MPa，但其耐蚀性差。硬铝合金典型牌号是 2A01 和 2A11，主要用于航空工业中，如制造飞机构架、叶片和螺旋桨等。

超硬铝合金：属 Al-Cu-Mg-Zn 系合金，并含有少量的 Cr 和 Mn。超硬铝合金时效强化效果好，具有很高的强度和硬度，切削性能良好，但耐蚀性较差。超硬铝合金典型牌号有 7A04，主要用于制造飞机上的主要受力部件，如大梁桁架、加强框和起落架等。

锻铝合金：属 Al-Cu-Mg-Si 系合金，元素种类多，但含量少，因而合金的热塑性好，适于锻造，故称“锻铝”。锻铝通过固溶处理和人工时效来强化。典型牌号是 2A05 和 2A07，主要用于制造外形复杂的锻件和模锻件。

②铸造铝合金。含有共晶组织，液态流动性较高，适于铸造的铝合金，称为铸造铝合金。

根据加入元素的不同，铸造铝合金分为 Al-Si 系、Al-Cu 系、Al-Mg 系及 Al-Zn 系 4 类。其中 Al-Si 系合金是工业中应用最为广泛的铸造铝合金。

铸造铝合金的代号由“ZL”（“铸铝”汉字拼音首字母）加顺序号组成。顺序号的 3 位数字中，第一位数字为合金系列，1 表示 Al-Si 系，2 表示 Al-Cu 系，3 表示 Al-Mg 系，4 表示 Al-Zn 系；后两位数字为合金的顺序号，顺序号不同，其化学成分也不同。牌号后面加“A”表示优质。例如：ZL201 表示 1 号铝铜系铸造铝合金，ZL107A 表示 7 号铝硅系优质铸造铝合金。

a. 铝硅合金：Al-Si 系铝合金又称硅铝明。其中，ZL102 称为简单硅铝明，其 Si 的质量分数为 11% ~13%，密度小、铸造性、抗蚀性、耐热性和焊接性都较好，但强度低，只适用于制造形状复杂但对强度要求不高的铸件，如仪表壳体等。

若在 ZL102 中加入适当的合金元素如 Cu，Mg，Mn 和 Ni 等，称为特殊硅铝明，经淬火时效或变质处理后强度显著地提高。由于特殊硅铝明具有良好的铸造性和较高的抗蚀性及足够的强度，在工业上应用十分广泛。例如：ZL108 和 ZL109 是常用的铸造铝活塞的材料。

b. 铝铜合金：Al-Cu 合金的强度较高，耐热性好，但铸造性能较差，有热裂和疏松倾向，耐蚀性较差。

c. 铝镁合金：Al-Mg 合金（ZL30l 和 ZL302）强度高，比重小，有良好的耐蚀性，但铸造性能差，耐热性低，多用于制造承受冲击载荷、在腐蚀性介质中工作的零件，如舰船配件和氨用泵体等。

d. 铝锌合金：Al-Zn 合金（ZL401 和 ZL402）价格便宜，铸造性能优良，经变质处理和时效处理后强度较高，但抗蚀性差，热裂倾向大，常用于制造汽车，拖拉机的发动机零件及形状复杂的仪器零件，也可用于制造日用品。

铸造铝合金在汽车上的应用见表 6-1。

铸造铝合金在汽车上的应用 表 6-1

牌号	应用举例	
	车型	零件名称
ZL103	CA1093	风扇、离合器壳体、前盖等
ZL104	CA1093	汽缸盖罩、机油滤清器底座、转子罩、外罩及过滤法兰等
ZL105	CA1093/EQ1092	发动机活塞

铸造铝合金的铸件，由于形状较复杂，组织粗糙，化合物粗大，并有严重的偏析，因此它的热处理与变形铝合金相比，淬火温度应高一些，加热保温时间要长一些，以使粗大析出物完全溶解并使固溶体成分均匀化。淬火一般用水冷却，并多采用人工时效。

（2）热处理特点。

提高铝合金强度的主要途径有以下四种。

①固溶强化。在纯铝中加入合金元素，形成铝基固溶体，产生晶格畸变，阻碍位错的运动，起到固溶强化的作用，可使其强度提高。形成无限固溶体或高浓度的固溶体型合金时，不仅能获得高的强度，而且还能获得优良的塑性与良好的压力加工性能。Al-Cu，Al-Mg，Al-Si，

Al-Zn 和 Al-Mn 等二元合金一般都能形成有限固溶体。

②时效强化。将适于热处理的合金加热到固态溶解度线以上某一温度，获得单相固溶体 α，然后水冷（淬火）获得过饱和固溶体 α 称为固溶处理。这种过饱和固溶体是不稳定的，在室温放置或在低于固溶线某一温度下加热时，其强度和硬度随时间延长而增高，塑性、韧性降低，这个过程称为时效。时效过程中使铝合金的强度、硬度增高的现象称为时效强化。室温下进行的时效称为自然时效，加热条件下进行的时效称为人工时效。

③细晶强化。铝合金在浇注前进行变质处理，即在浇注前向合金液中加入变质剂，可有效地细化晶粒，从而提高合金强度，称为细晶强化。对于变形铝合金，常用的变质剂有 Ti，B，Nb 及 Zr 等元素，它们所起的作用就是形成外来晶核，细化铝的晶粒。对于铸造铝合金（如硅铝明），若在浇注前加入一定量的变质剂（常用钠盐混合物：2/3NaF + 1/3NaCl），可以增加结晶核心，得到细小均匀的组织，显著地提高合金的强度和塑性。

④过剩相强化。如果铝中加入合金元素的数量超过了极限溶解度，则在固溶处理加热时，就有一部分不能溶入固溶体的第二相出现，称为过剩相。这些过剩相通常是硬而脆的金属化合物，它们在合金中阻碍位错运动，使铝合金强度、硬度提高，这称为过剩相强化。在生产中常常采用这种方式来强化铸造铝合金和耐热铝合金。但若过剩相太多，则会使强度降低，合金变脆。

二、铜及铜合金

1. 纯铜

工业用纯铜，含铜量高于 99.5%，通常呈紫红色，故常称为紫铜。纯铜密度为 $8.96g/cm^3$，熔点为 1083℃。铜具有面心立方晶格，具有良好的导电性、导热性及耐大气腐蚀性，是抗磁性金属。它广泛用于电工导体、导热及防磁器械等。

铜及铜合金在汽车上的应用

纯铜强度低（$\sigma_b = 230 \sim 240MPa$）、硬度小（40 ~ 50HBW）、塑性好（$\delta = 45\% \sim 70\%$），可进行冷变形强化，但塑性下降显著。纯铜的焊接性能较良好。工业纯铜中含有 Sn、Bi、O、S、P 等杂质，微量的杂质元素对铜的力学性能和物理性能影响很大。如 Si、P、As 等会显著降低纯铜的导电性；Pb、Bi 与铜会形成低熔点的共晶体（Cu + Pb）或（Cu + Bi），共晶温度分别为 326℃和 270℃，共晶体分布在晶界上，在进行压力加工时（820 ~ 860℃），晶界易熔化，使工件开裂产生“热脆性”；O 和 S 能与铜形成脆性化合物 Cu_2O 和 Cu_2S，使铜的塑性降低，冷加工时易开裂，使铜产生“冷脆性”。

工业纯铜的代号有 T1、T2、T3、T4 四个牌号，序号越大，纯度越低。无氧铜含氧量低于 0.003%，牌号有 Tu1 和 Tu2 等，主要用于电真空器件。

2. 铜合金

纯铜的强度低，不适于制作结构件，为此常加入适量的合金元素制成铜合金。

铜合金按加入的合金元素不同，可分为黄铜、青铜和白铜。在机械生产中普遍使用的铜合金是黄铜和青铜。

(1) 黄铜。

黄铜是以锌为主要合金元素的铜合金。按其化学成分的不同，分为普通黄铜和特殊黄铜两种。

①普通黄铜。其是以锌和铜组成的合金。普通黄铜的牌号由字母“H”加数字（表示铜平

均质量的百分数)组成。例如:H70 表示铜的平均质量分数为 70%,其余为锌。锌加入铜中不但能使强度增高,也能使塑性增高。当锌含量增加到 30% ~32% 时,塑性最高。当锌含量增至 40% ~42% 时,塑性下降而强度最高。当锌含量超过 45% 以后,黄铜的强度会急剧下降,且塑性太差,已无使用价值。

普通黄铜的力学性能、工艺性和耐蚀性都较好,应用较为广泛。典型牌号为 H96,主要用于制造冷凝器、散热片及冷冲和冷挤零件等。

②特殊黄铜。在普通黄铜基础上加入其他合金元素的铜合金,称为特殊黄铜。特殊黄铜的牌号仍以"H"开头,后跟添加元素的化学符号及数字,数字依次表示铜含量和加入元素的含量。铸造用黄铜的牌号前面还加字母"Z"。例如:HPb59-1 表示加入铅的特殊黄铜,其中铜含量为 59%,铅含量为 1%,其余为锌。常加入的合金元素有 Pb、Al、Mn、Sn、Fe、Ni 和 Si 等。这些元素的加入都能提高黄铜的强度。其中,Al、Mn、Sn、Ni 还能提高黄铜的抗蚀性和耐磨性。特殊黄铜可分为压力加工和铸造用两种,前者加入合金元素较少,使之能溶入固溶体中,以保证较高的塑性;后者为了提高强度和铸造性能,可以加入较多的合金元素。

特殊黄铜的典型牌号是 HP59-1,主要用于制造各种结构零件,如销、螺钉、螺母、衬套和热圈等。

黄铜在新能源汽车上的应用见表 6-2。

黄铜在汽车上的应用 表 6-2

牌号	应用举例	
	车型	零件名称
H90	CA1093	排气管密封圈外壳、水箱体、冷却管、暖风散热器散热管
H68	CA1093	上下水箱、水箱夹片、水箱体主片、暖风散热器主片
H62	CA1093	进出水管、加水口座及支承、水箱盖、曲轴箱通风管及通风阀
HPb59-1	EQ1092	制动阀阀座
	CA1093	曲轴箱通风阀阀座
HSn90-1	EQ1092	转向节衬套、行星齿轮及半轴支承垫圈

(2)青铜。

青铜原指铜锡合金,又叫锡青铜。但目前已将含铝、硅、铍和锰等的铜合金都包括在青铜内,统称为无锡青铜。

①锡青铜。以锡为主加元素的铜合金称锡青铜。按生产方式的不同分,锡青铜可分为压力加工锡青铜和铸造锡青铜两类。

a. 压力加工锡青铜含锡量一般小于 10%,适于冷热压力加工。这类合金经变形强化后,强度、硬度提高,但塑性有所下降。其典型牌号是 ZCuSn5Pb5Zn5,主要用于仪表上耐磨、耐蚀零件,弹性零件及滑动轴承、轴套等。

b. 铸造锡青铜中铜的质量分数为 10% ~14%,这个成分范围内的合金结晶凝固后体积收缩很小(<1%),有利于获得尺寸接近铸型的铸件。但由于其结晶温度范围宽,合金流动性差,易形成疏松,铸件致密性差,再加上结晶时偏析严重而强度降低,故锡青铜只宜于用来生产强度和密封性要求不高、形状复杂的铸件。其典型牌号 ZCuSn10Zn2,主要用于制造阀、泵

壳、齿轮和涡轮等零件。

②无锡青铜。无锡青铜是指不含锡的青铜，常用的有铝青铜、铍青铜、铅青铜、锰青铜和硅青铜等。

铝青铜是无锡青铜中应用最广泛的一种，其强度高、耐磨性好，且受冲击时不产生火花。铸造时，由于流动性好，可获得致密的铸件。铝青铜典型牌号是 ZCuAl9Mn2，常用来制造齿轮、摩擦片和涡轮等要求高强度、高耐磨性的零件。

(3)白铜。

白铜是以镍为主要添加元素的铜合金，呈银白色，有金属光泽，故名白铜。铜镍之间彼此可无限固溶，从而形成连续固溶体。当把镍熔入纯铜里，含量超过 16% 时，产生的合金色泽就变得洁白如银，镍含量越高，颜色越白。但毕竟与铜融合，只要镍含量比例不超过 70%，肉眼都会看到铜的黄色。通常白铜中镍的含量一般为 25%。

纯铜中加镍能显著提高强度、耐蚀性、硬度、电阻和热电性。因此白铜较其他铜合金的机械性能、物理性能都异常良好，延展性好、硬度高、色泽美观、耐腐蚀，被广泛用于造船、石油化工、电器、仪表、医疗器械、日用品、工艺品等领域，并且是重要的电阻及热电偶合金。白铜的缺点是主要添加元素镍属于稀缺的战略物资，价格比较昂贵。

镍白铜主要用于晶体振荡元件外壳、晶体壳体、电位器用滑动片、医疗器械、建筑材料等。

了解有色金属材料在新能源汽车中的应用任务工单

学生信息

班级：

姓名：

学号：

任务目标

1. 掌握铝及铝合金的特点。

2. 掌握铜及铜合金的特点。

3. 熟悉铝、铜及其合金在汽车上的应用。

理论知识学习

1. 铝及铝合金。

工业纯铝：在汽车上主要用于制作空气压缩机垫圈、排气阀垫片、汽车铭牌等。

铝合金分为变形铝合金及铸造铝合金两大类。

①变形铝合金：防锈铝合金常用于制造各种高耐蚀性的薄板容器和防锈蒙皮等；硬铝合金主要用于航空工业中，如制造飞机构架、叶片和螺旋桨等；超硬铝合金主要用于制造飞机上的主要受力部件，如大梁桁架、加强框和起落架等；锻铝合金主要用于制造外形复杂的锻件和模锻件。

②铸造铝合金：铝硅合金只适用于制造形状复杂但对强度要求不高的铸件；铝镁合金多用于制造承受冲击载荷、在腐蚀性介质中工作的零件；铝锌合金常用于制造汽车，拖拉机的发动机零件及形状复杂的仪器零件，也可用于制造日用品。

2. 铜及铜合金。

(1)纯铜广泛用于电工导体、导热及防磁器械等。

(2)铜合金普遍使用的是黄铜和青铜。

①黄铜：普通黄铜主要用于制造冷凝器、散热片及冷冲和冷挤零件等；特殊黄铜主要用于制造各种结构零件。

②青铜：压力加工锡青铜主要用于仪表上耐磨、耐蚀零件，弹性零件及滑动轴承、轴套等；铸造锡青铜只宜于用来生产强度和密封性要求不高、形状复杂的铸件；无锡青铜常用来制造齿轮、摩擦片和涡轮等要求高强度、高耐磨性的零件。

实践操作

1. 结合车辆技术手册，识别汽车零部件采用的有色金属材料有哪些，并分析性能特点。

2. 奥迪 Q 系列主流配置多采用铝合金轮毂，高性能版本配备碳纤维复合材料轮毂，结合车辆技术手册，分析性能特点。

总结与反思

1. 本次任务的主要收获是什么？

2. 在学习过程中遇到了哪些困难？如何解决的？

3. 对未来学习的建议与期望。

任务三　了解非金属材料在新能源汽车中的应用

任务导入

在全球倡导环保与可持续发展的大环境下，新能源汽车发展迅猛。新能源汽车的非金属材料种类繁多，它们各自扮演着不可或缺的角色。从车身的外壳到内部的线束，从隔热材料到密封件，非金属材料的身影无处不在且作用关键，这些材料不仅影响着新能源汽车的性能、安全性和舒适性，还直接关系到新能源汽车的环保性和经济性。本任务将聚焦新能源汽车非金属材料，并探究复合材料。通过本任务的学习，需要了解常用非金属材料的性能特点、应用，掌握纤维增强复合材料等新型非金属材料的性能优势，为后续的学习研究筑牢基础。

任务目标

1. 掌握非金属材料的发展趋势。
2. 了解常用非金属材料种类、特性和应用。

一、新能源汽车非金属材料概述

随着全球对环境保护和可持续发展的日益重视，新能源汽车作为减少碳排放、缓解能源危机的重要手段，得到了快速发展。在新能源汽车的制造过程中，非金属材料的应用占据了举足轻重的地位。这些非金属材料以其独特的性能优势，不仅满足了新能源汽车对轻量化、高强度、耐腐蚀等方面的需求，还促进了新能源汽车技术的创新和发展。

1. 非金属材料的重要性

新能源汽车的非金属材料主要包括高分子材料、陶瓷材料和复合材料等。这些材料具有轻质、耐腐蚀等优良特性，能够满足新能源汽车在极端工况下的使用要求。同时，非金属材料还具有良好的可加工性和可设计性，能够根据新能源汽车的具体需求进行定制和优化。

2. 非金属材料的发展趋势

随着新能源汽车技术的不断发展，非金属材料也在不断创新和进步。未来，非金属材料将朝着更高的强度、更好的耐热性、更低的成本等方向发展。同时，随着生物基、可降解等环保材料的不断研发和应用，非金属材料在新能源汽车中的环保性将得到进一步提升。此外，随着智能制造和数字化技术的发展，非金属材料在新能源汽车设计和制造过程中将实现更高的自动化和智能化水平。这些发展趋势将有助于推动新能源汽车技术的持续创新和发展。

二、新能源汽车常用非金属材料的种类及特点

非金属材料在汽车上的应用

1. 有机高分子材料

根据其性质及用途，有机高分子材料主要有塑料、橡胶及胶粘剂等。

(1)塑料。

塑料是应用最广的有机高分子材料,也是最主要的工程化学材料之一。塑料的主要成分是合成树脂,此外还包括填料或增强材料、增塑剂、固化剂、润滑剂、稳定剂、着色剂及阻燃剂等。合成树脂为各种单体通过聚合反应形成的高聚物。树脂在一定的温度、压力下可软化并塑造成形,它决定了塑料的基本属性,并起到粘结剂的作用。其他的添加剂是为了弥补或改进塑料的某些性能。例如,填料(木粉、碎布和纤维等)主要起增强和改善的作用,其用量可达20% ~50%。

塑料的密度一般只有1.0~2.0g/cm^3,大约为钢的1/6、铝的1/2,这对减轻车辆、飞机、船舶等运输工具的质量意义十分重大。绝大多数塑料具有良好的电绝缘性和较小的介电损耗,因此,它是理想的电绝缘材料。大部分塑料摩擦因数低,有自润滑能力,可在湿摩擦和干摩擦条件下才有效工作。大部分塑料都可以直接采用注塑或挤压成形工艺,无须切削加工,可提高生产率,降低成本。塑料的不足之处是强度、硬度较低,耐热性差,易老化等。

①塑料在电池系统中的应用。

a. 蓄电池包外壳。

大多数蓄电池包外壳都是由聚碳酸酯(PC)、聚丙烯(PP)、碳纤维增强塑料(CFRP)材料组成。蓄电池包需要轻量化以提升续航里程,同时需具备高强度和阻燃性。PC和PP具备抗冲击性,CFRP则通过复合材料实现高强度-重量比。

b. 电池隔膜。

隔膜是锂离子电池的核心部件,需具备耐高温和离子导通性。聚酰亚胺(PI)耐高温性能优异,聚乙烯(PE)成本低且化学稳定性高。

c. 绝缘与密封材料。

一般采用聚氨酯(PU)、硅胶。它们应用于电池组间的绝缘垫片和密封胶,能有效防止短路和液体泄漏,同时吸收振动。

②车身与结构件。

a. 轻量化车身材料。

一般有玻璃纤维增强塑料(GFRP)、聚酰胺(PA,尼龙)。目的是替代金属减轻重量,例如车门、车顶、底盘结构件。GFRP的强度接近钢材,重量却轻50%以上。

b. 外饰件。

一般用丙烯腈-丁二烯-苯乙烯共聚物(ABS)、聚甲基丙烯酸甲酯(PMMA)等材料。它们用于保险杠、格栅、后视镜外壳等需耐候性和抗冲击性。ABS易于成型,PMMA(亚克力)用于透明灯罩。

塑料在新能源汽车上的常见应用见表6-3。

塑料在新能源汽车上的常见应用 表6-3

名称	符号	应用举例
聚乙烯	PE	车厢内饰件、油箱、挡泥板、转向盘、发动机舱罩、空气导管等
聚氯乙烯	PVC	转向盘、坐垫套、车门内板、仪表板、操纵杆盖板等。占车用塑料的20% ~30%
聚丙烯	PP	接线板、转向盘、保险杠、风扇罩、散热器栅格、灯罩、电线覆皮等
聚氨酯树脂	PU	仪表盘、转向盘、车门扶手、遮阳板、密封条、头枕等

续上表

名称	符号	应用举例
ABS 树脂	ABS	仪表盘、控制箱、灯壳、挡泥板、变速杆、散热器护栅等
有机玻璃	PMMA	灯罩、油杯、镜片、遮阳板、标牌、油标等
聚酰胺(尼龙)	PA	冷却风扇、滤网、把手、钢板弹簧销衬套、散热器副油箱等
聚甲醛	POM	各种阀门、转向器衬套、万向节轴承、各种手柄及门销等
酚醛塑料	PF	制动衬片、离合器摩擦片、分电器盖等
聚碳酸酯	PC	保险杠、刻度板、壳体、水泵叶轮等

(2)橡胶。

橡胶与塑料的不同之处是橡胶在室温下处于高弹状态。工业橡胶的主要成分是生胶。生胶具有很高的弹性,但生胶分子链间相互作用力很弱,强度低,易产生永久变形。此外,生胶的稳定性差,如会发黏、变硬、溶于某些溶剂等。因此,工业橡胶中还必须加入各种配合剂。

橡胶的性能有两个显著特点:一是高弹性能,即受外力作用而发生的变形是可逆弹性变形,外力去除后,只需要 1/1000s 便可恢复到原来的状态;二是强度,即经硫化处理和炭黑增强后,其抗拉强度达 25 ~ 35MPa,并具有良好的耐磨性。

橡胶在新能源汽车上的常见应用见表 6-4。

橡胶在新能源汽车上的常见应用 表 6-4

名称	符号	应用举例
通用橡胶	天然(NR)	轮胎、胶带、胶管等
	丁苯(SBR)	轮胎、通用制品、胶板、胶带等
	顺丁(BR)	电线包皮、减振器、内胎、橡胶弹簧等
	氯丁(CR)	胶管、胶带、汽车门窗嵌条、密封件等
	异戊(IR)	胶管、胶带等
	丁基(JIR)	内胎、防震件、防水胎等
特种橡胶	聚氨酯(UR)	耐油胶管、垫圈、实心轮胎、耐磨制品等
	硅橡胶(Q)	耐高、低温件及绝缘件等
	氟橡胶(FPM)	耐腐蚀件、高真空件、高密封件等
	丙烯酸酯(ACM)	油封、皮碗、火花塞护套等

(3)胶粘剂

①胶粘剂的分类。

粘结剂是用来粘合电极的一种材料。它的作用是将电极的活性物质、导电剂和集流体连接起来,形成一个整体,从而降低电极的内阻,提高电池的电化学性能。胶粘剂在锂电池中的用量很少,占电池成本的比例也不到 1%,但它的作用却不可或缺,是制备锂电池电极的必备材料之一。目前,锂电池正极和负极最常用的胶粘剂分别是 PVDF(聚偏氟乙烯)和 SBR(丁苯橡胶)。

PVDF 是一种高分子材料,具有优异的耐热性、耐腐蚀性、耐老化性和机械强度,是锂电池正极的主流粘结剂。但是,PVDF 也有一些缺点,比如价格昂贵、溶剂有毒、对电池的容量和循环性能有一定的影响。因此,目前有些企业正在开发新型的水性粘结剂,以替代 PVDF,降低成本和对环境的影响，提高电池的性能。水性粘结剂主要适用于磷酸铁锂电池，例如 PTFE（聚四氟乙烯）、PAA（聚丙烯酸）、PVA（聚乙烯醇）等，预计未来有较大的市场空间。

SBR 是一种合成橡胶，具有良好的柔韧性、粘结性和耐水性，是锂电池负极的主流粘结剂。SBR 通常和 CMC（羧甲基纤维素）一起使用，形成一种复合粘结剂，能够提高电池的循环寿命和安全性。目前，锂电池负极的粘结剂主要依赖于日本和欧美的进口，价格较高，国内的粘结剂企业正在努力提高产品的质量和性能，实现国产替代。另外，随着硅基负极的发展，PAA（聚丙烯酸）也成为一种新型的粘结剂，它能够有效地抑制硅的体积膨胀，延长电池的寿命。

新能源汽车用的 CTP 结构蓄电池包，在设计上省去或大幅省去中间模组部件，转而使用大量胶来连接固定电芯。这些胶类的应用主要有两大需求点：第一类为结构胶，应用于受力结构件胶结场合，是能承受较大动载荷、静载荷并能长期使用的胶粘剂，代替螺栓、铆钉或焊接等形式用来接合金属、塑料、玻璃、木材等的结构部件，属于长时间经受大载荷、而性能仍可信赖的胶粘剂，即以结构粘结为主，兼顾一定的导热作用；第二类为导热胶，主要用于完成电芯与电芯之间，以及电芯与液冷管之间的热传导，胶的具体使用形式包括垫片、灌封、填充等，即以导热粘结为主，胶粘剂应用的目的是将电芯工作时产生的热量导出到外部的散热部件，实现热管理的部分功能作用，兼顾结构粘结要求。导热胶用于电芯之间的使用如图 6-1 所示。

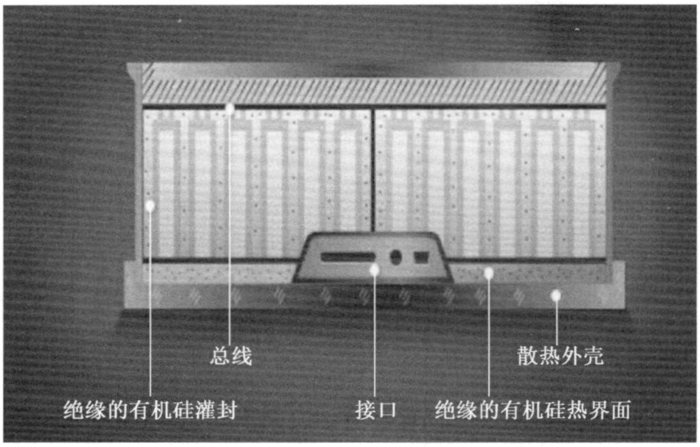

■ 图 6-1 蓄电池包内导热胶的使用

a. 结构胶。

结构胶具有将电芯与 PACK 壳体可靠连接、固定的作用，用于代替原来模组结构的机械连接，对于强度、柔韧性、耐老化、阻燃绝缘和导热性都提出了较高的性能要求。

动力蓄电池包结构胶主要有聚氨酯结构胶、丙烯酸结构胶、硅胶、环氧结构胶、UV 胶和耐高温热熔胶，根据其不同的特点分别应用于不同的场景。对于不同类型的结构胶，评价其粘结性能的具体指标有三点：接头的强度、破坏形式（内聚破坏是最理想形式，达到接头处材料最大强度）和胶的断裂伸长率（反映胶体弹性）。

b. 导热胶。

导热胶主要由树脂基体（环氧树脂、有机硅和聚氨酯等）和导热填料［提高导热性，有氮化铝（AlN）、氮化硼（BN）、氮化硅（Si_3N_4）、氧化铝（Al_2O_3）、氧化镁（MgO）和氧化锌（ZnO）等］组成。电池包在 CTP 发展趋势下，电池厂商对导热胶需求量大且有不断降本需求，同时减少结构件的设计也对用胶产生较高强度(大于10MPa)的粘结固定需求,因此在粘结强度、经济成本上占优势的聚氨酯导热结构胶成为主流导热用胶选择。

由于蓄电池电芯的最佳工作温度带较窄(20～40℃),在CTP结构下,导热胶在电芯之间、电芯与液冷板之间实现均衡散热,从而使得电芯温度和电芯间的温差下降1～2℃,将极大有利于蓄电池热管理系统。

②胶结剂的作用。

a. 为动力蓄电池提供防护效果。

b. 实现安全可靠的轻量化设计。

c. 热管理。

d. 帮助蓄电池应对更复杂的使用环境。

③胶粘剂的应用。

a. 电芯与电芯之间的粘结——结构粘结基材。

要求:粘结定位,导热,与PET膜和铝板粘结性好。

产品推荐:双组分聚氨酯结构胶,单组分有机硅胶,双组分硅胶。

b. 导电片与模组壳体的粘结基材。

要求:粘结定位,耐温-40℃～85℃,快速定位。

产品推荐:双组分丙烯酸结构胶、耐高温热熔胶。

c. 电芯灌封。

要求:导热,固定电芯,减振,阻燃,增加安全性,低密度。

产品推荐:双组分导热硅胶。

d. 圆柱形电池底部的粘结固定应用:线束隔离板,焊点位置。

要求:阻燃,低气味,对铜/铝/PVC/PP/硅胶材料无腐蚀性,尽可能快速固化。

产品推荐:阻燃黄胶,UV胶,环氧保护胶。

e. 圆柱电池支架固定。

要求:耐老化性能优异,柔韧性能好。

产品推荐:丙烯酸结构胶。

f. 底板与电芯之间的导热。

要求:环保,具有触变性,导热性好,室温下能快速凝固。

产品推荐:导热环氧结构胶,双组分丙烯酸结构胶。

g. 电池的螺纹锁固。

要求:能满足要求的振动、机械冲击、跌落、翻转、模拟碰撞等测试。

产品推荐:厌氧螺纹锁固胶。

h. 铭牌粘结基材(大部分是铝合金和表面经过处理的钢铁件)。

要求:耐振动,胶层有韧性,初粘力强,胶粘剂具有一定的触变性,对基材粘结力好。

产品推荐:丙烯酸结构胶、低温固化环氧胶。

2. 陶瓷材料

陶瓷是各种无机非金属材料中最重要、最具代表性的一大类。

传统陶瓷(也称普通陶瓷)是以天然的硅酸盐矿物质(高岭土、长石和石英等)为原材料配制成的。传统陶瓷质地坚硬,有良好的抗氧化性、耐蚀性和绝缘性,能耐一定高温。它成本低、生产工艺简单,广泛应用于日用、电气、化工、建筑等部门,如装饰瓷、餐具、绝缘子、耐蚀容器、管道、设备等。

新型陶瓷(也称特种陶瓷)是以化工原料(氧化物、氮化物、碳化物等)经配料、成形、烧结而成。它可分为氧化物陶瓷、氮化物陶瓷、碳化物陶瓷、硼化物陶瓷等。它们的用途非常广,如氧化铝陶瓷广泛用于制造高速切削工具、量规、高温炉零件、空压机泵零件、内燃机火花塞等;氮化硼陶瓷可用来制作金属切削刀具,适用于高硬度金属材料(调质、淬火钢)的精加工、高强度钢和耐热钢的精加工、有色金属低粗糙加工等;碳化硅陶瓷可用来制造工作温度高达1500℃的零件,如火箭喷嘴、热电偶套管、高温电炉零件等及各种泵的密封圈等。

金属陶瓷是把金属的热稳定性和韧性与陶瓷的硬度、耐火度、耐蚀性综合起来而形成的具有高强度、高韧性、高耐蚀及高温强度的新型材料。在新能源汽车领域,陶瓷材料凭借高绝缘、耐热和轻量化特性逐渐发挥关键作用。氮化硅(Si_3N_4)作为电机轴承滚珠避免电腐蚀,同时用作 IGBT/SiC 模块的覆铜基板实现高效散热;氧化铝(Al_2O_3)凭借卓越绝缘性封装高压直流继电器触点,防止电弧引发自燃;氧化锆(ZrO_2)则用于氧传感器及高性能陶瓷制动盘表层,保障高温稳定性;碳化硅(SiC)功率器件直接提升电控效率,延长续航 5% ~10%。这些材料共同支撑新能源汽车的安全、效能与轻量化发展,陶瓷材料未来在固态电池和高压平台中的应用将进一步深化。

3. 复合材料

由两种或两种以上物理性质和化学性质不同的物质,经人工合成的材料称为复合材料。它不仅具有各组成材料的优点,而且还可获得单一材料不具备的优越的综合性能。

日常所见的人工复合材料有很多,如钢筋混凝土就是用钢筋与石子、沙子、水泥等制成的复合材料,汽车轮胎是由人造纤维与橡胶复合而成的材料。

(1)复合材料的性能特点。

①比强度和比模量高。比强度(强度/密度)和比模量(弹性/密度)是衡量汽车材料承载能力的重要指标。复合材料的比强度和比模量比金属材料高得多,如碳纤维—环氧树脂复合材料的比强度是钢的 7 倍,比模量是钢的 5.6 倍。因此,将复合材料用于要求强度高、质量轻的动力设备可大大提高动力设备的效率。由复合材料制成的汽车的质量与使用钢材制造的汽车相比要轻 1/3 ~1/2,这对提高整车动力性能、降低油耗、增加负载非常有益。

②抗疲劳性能好。多数金属的疲劳极限是抗拉强度的 40% ~50%,而碳纤维增强复合材料的疲劳极限则是抗拉强度的 70% ~80%。这是由于纤维复合材料特别是纤维树脂复合材料对缺口、应力集中的敏感性弱,而且纤维和基体能够阻止与改变裂纹的扩展方向,因此复合材料具有较高的抗疲劳性能。

③耐高温性能好。由于复合材料增强纤维的熔点均很高,一般都在 2000℃以上,而且在高温条件下仍然能保持较高的高温强度,因此用它们增强的复合材料具有较高的高温强度和弹性模量,特别是金属基复合材料更显出其优越性。例如,铝合金在 400℃时的弹性模量接近于零,强度值也从 500MPa 降至 30 ~50MPa;而碳纤维或硼纤维增强的铝材,在 400℃时的强度和弹性模量可保持接近室温的水平。

④减振性能好。许多机器和设备(如汽车、动力机械等)的振动问题十分突出,而复合材

料的减振性能好。原因是纤维增强复合材料的比模量大,自振频率高,可避免产生共振而引起的早期破坏。另外,纤维与界面吸振能力强,故振动阻尼性好,即使发生振动也会很快衰减。

除以上几点外,许多复合材料都有良好的断裂安全性、化学稳定性、减摩性、隔热性及良好的成型工艺等性能。

复合材料也有其不足之处,如伸长率较小,抗冲击性较低,横向拉伸和层间抗剪强度较低,尤其生产成本比其他工程材料高得多。但是,复合材料具有上述优越的特性,因此在航空航天等国民经济及尖端科学技术方面还是有着较为广泛的应用。

(2)复合材料的分类。

复合材料的分类方法很多,按其结构特点可分为以下三类。

①纤维增强复合材料。

玻璃纤维增强复合材料是以玻璃纤维及其制品为增强剂,以树脂为粘结剂制成的,俗称玻璃钢。以尼龙、聚烯烃类、聚苯乙烯类等热塑性树脂为粘结剂制成的热塑性玻璃钢,具有较高的力学、耐热和抗老化性能,工艺性能也好。此类复合材料达到或超过了某些金属的强度,可用来制造轴承、齿轮、仪表盘、壳体、叶片等零件。

碳纤维增强复合材料是以碳纤维或其织物为增强剂,以树脂、金属、陶瓷等为粘结剂制成的。目前有碳纤维树脂、碳纤维碳、碳纤维金属、碳纤维陶瓷复合材料等。其中以碳纤维树脂复合材料应用最为广泛。

②层合复合材料。

层合复合材料是由两层或两层以上的不同性质的材料结合而成且达到增强目的的材料。层合复合材料的承载能力比单一塑料提高了20倍,导热系数提高了50倍,线胀系数降低了75%,从而改善了尺寸的稳定性。层合复合材料常用作无油润滑轴承,此外还可制作机床导轨、衬套和垫片等。

③颗粒复合材料。

颗粒复合材料是由一种或多种颗粒均匀分布在基体材料内而制成的。颗粒主要起增强作用。

常见的颗粒复合材料有以下两类:

a. 颗粒与树脂复合。如塑料中加颗粒状填料,橡胶用炭黑增强等。

b. 陶瓷粒与金属复合。典型的有色金属基陶瓷颗粒复合材料等。

(3)复合材料在新能源汽车中的应用。

目前,新能源汽车上常用的复合材料主要有纤维增强复合材料(Fiber-Reinforced Polymer, FRP)、金属基复合材料(Metal Matrix Composites, MMC)、陶瓷基复合材料(Ceramic Matrix Composites, CMC)等。

①FRP。FRP因其具有强度高、质量小、耐腐蚀、加工性好及可制造A级表面汽车外覆盖件等特点,而被广泛用于新能源汽车车身部件。FRP是今后取代金属材料制造新能源汽车主要覆盖件及受力构件的最有前途的轻量化材料之一。通常,FRP是指玻璃纤维和热固性树脂的复合材料,但是,增强用的纤维除玻璃纤维外,还有碳纤维和高强度纤维,基体树脂根据使用要求可用环氧树脂、酚醛树脂和不饱和聚酯等。

a. 片状模塑料(Sheet Molding Compound,SMC)。玻璃纤维增强不饱和聚酯片状模压塑料基复合材料(Sheet Molding Compound,SMC),属于热固性FRP,是一种新型的制造车身件的复合材料。SMC作为车身材料的优点是:在产品设计上具有较高的灵活性与自由度;强度较高;可实现零部件整体化;尺寸稳定;外观漂亮,易于涂装;电绝缘性好;冲击性能好,能在-40℃下使用;热变形温度和耐老化性能均高于普通热塑性材料,使用寿命在15年以上。SMC材料在加热的模具中可以流动,因此便于制造带有筋板或局部凸起的不等厚的大型车身覆盖件。另外,高强度的SMC和普通的SMC还可以混合使用。例如,用SMC材料层叠热压成型的车门,外表层用光洁性好的SMCR-30,中间层用高强度型,内层用美观的SMCC30/R20以及着色低收缩型SMC。

b. 玻璃纤维毡增强热塑料性塑料(Glass Mat Reinforced Thermoplastic,GMT)。这种材料属于热塑性FRP,与一般采用手糊成型、模压成型的FRP不同,GMT以热塑性树脂为基体(常用聚丙烯),除上述常用加工方式以外,还可采用冲压成型的加工方式。这种片材适合制作保险杠或平板构件。用湿法生产的GMT片材在加热后,纤维的流动性好,可以模压出带金属嵌件或密度不同的构件。GMT片材适宜制作新能源汽车车门、蓄电池壳体、仪表盘骨架、座椅骨架等部件。

②MMC。

a. 纤维增强金属基复合材料(FRM)。

FRM的优点为比强度高、比刚性高,制成同等强度的零件可使重量下降;耐磨性和耐热性能提高;热传导和电导性优良。因而,FRM在新能源汽车上用来制造活塞环、连杆、汽缸体、活塞销等。

b. 颗粒、晶须增强金属基复合材料。颗粒及晶须增强金属基复合材料所采用的增强材料为碳化硅、碳化硼、氧化铝颗粒或晶须。其中,以碳化硅为主。汽车工业上应用的碳化硅颗粒铝合金基复合材料发展最快,它的强度比中碳钢好,与钛合金相近而又比铝合金略高,其耐磨性也比铝合金和钛合金好,密度只有钢的1/3,与铝相近,在新能源汽车上用来制造发动机活塞、喷油嘴部件和制动装置等。

③CMC。

CMC具有高强度、高弹性模量、低密度、耐高温、高的耐磨性和良好的韧性,目前已用于高速切削工具和内燃机部件上。汽车工业的研究重点是用陶瓷复合材料替代金属制造发动机的零(部)件以至整机,因为用陶瓷材料可以提高热效率,无须水冷,而且比硬质合金的重量轻得多。例如,采用氮化硅陶瓷复合材料制造的发动机涡轮增压器的重量比镍基热合金涡轮增压器的重量减轻34%,起动到104r/min所需的时间缩短了36%。

4. 摩擦材料

摩擦材料是新能源汽车上的消耗材料之一,主要起到传递动力、制动减速、停车制动等作用。它是汽车制动系统与行车系统的重要组成部分。采用摩擦材料制造的汽车零部件主要包括汽车制动摩擦片、汽车离合器摩擦片和手制动摩擦片等。

新能源汽车用摩擦材料的性能要求如下。

①有足够高而稳定的摩擦系数。摩擦系数是摩擦材料的一个最为主要的技术指标,受温度、压力、速度或表面状态、摩擦环境等的影响。

②有良好的耐磨性。这是衡量摩擦材料使用寿命的一个重要指标。良好的耐磨性使摩

擦对偶的磨损降低。

③有较好的物理性能和力学性能。摩擦材料具有较好的物理性能和力学性能，除满足摩擦材料在加工过程中的要求外，还要满足使用中的强度要求，以保持良好的使用性能。通常包含的指标有冲击韧度、抗压强度、抗剪强度、导热系数和耐热性等。

④不产生过大的噪声。新能源汽车制动噪声的产生因素很复杂，一般就摩擦材料而言，低模量、低摩擦系数不易产生过大的噪声。

5. 涂装材料

涂装材料即涂料，是一种涂覆在物体（被保护和被装饰对象）表面并能形成牢固附着的连续薄膜的配套性工程材料。它是起保护、装饰作用的一类精细化工业产品。汽车涂料是指各种类型汽车在制造过程中涂装线上使用的涂料及汽车维修时使用的修补材料。汽车涂料由于品种多，用量大，涂层性能要求高，涂装工艺特殊，因此已经发展成为一种专用涂料。

以环氧树脂为主要基材的涂料需求越来越大，它已成为粉末涂料业发展最快的品种。从20世纪70年代开始，发达国家对汽车生产有机溶剂的排放制定了严格的控制指标。为减轻挥发性有机物的排放量，20世纪80年代末开始采用水性涂料，20世纪90年代开始应用粉末涂料。以环氧树脂为代表的粉末涂料研发历史已有20多年，但由于汽车涂料要求高耐候性、高耐腐蚀性、高耐磨性，以及耐热、保光、保色等高性能并需要卓越的装饰性，开发研究有相当的难度，因此，粉末涂料开始仅用于排气管隔热件、制动零部件等，直到20世纪90年代末逐渐应用于铝合金轮毂、车身装饰件等。21世纪初期开始应用于汽车外观面漆，后因效率问题，使用率一度衰退。目前，粉末涂料在新能源汽车上的应用主要集中于功能性涂层（如蓄电池包外壳、驱动电机外壳），限于技术、成本等因素，作为汽车底漆、面漆使用还未得到普及。

6. 车身漆面修补材料

随着中国汽车保有量的不断增多，汽车喷涂及划痕修补工作也日益重要。在汽车划痕修复美容中，除了要应对汽车制造厂日新月异的技术革新与改造外，还要满足客户对修补质量不断提高的要求。

（1）新能源汽车涂料成膜机理。

涂料由液态或粉末状变成固态，在被涂物表面形成均匀的薄膜，这一过程称为涂装。新能源汽车涂装分为电泳涂装、静电喷涂和压缩空气喷涂等几种类型。新车通常在全自动生产线上完成底漆的电泳涂装工序。为了达到厚度均匀、趋于完美的涂装效果，新车面漆通常采用静电喷涂。而汽车修补涂装则使用压缩空气进行喷涂，涂膜的质量在很大程度上取决于操作者的熟练程度和技术水平。

液态涂料靠溶剂挥发、氧化、聚合等物理或化学作用成膜；粉末涂料靠熔融、缩合、聚合等物理或化学作用成膜。

（2）修补用漆的分类。

①按面漆的类型分类，目前新能源汽车常用的修补用漆有以下三种。

a. 挥发性面漆类。挥发性面漆类主要是硝基外用磁漆和改性热塑性丙烯酸树脂漆类，后者性能较佳。

b. 双组分低温烤漆。双组分低温烤漆常用的是双组分丙烯酸树脂漆，还有氨基类双组分低温烘烤型涂料。

c. 水性修补漆类。以水为分散介质，VOC 含量 $<420g/L$（远低于国标限值），无毒无刺激气味；色彩还原度高达 95% 以上，耐紫外线性能优异（氙灯老化测试 $\Delta E<2$）。

4S 店及授权维修中心（如比亚迪合作阿克苏诺贝尔、巴斯夫等品牌），需专用喷枪及 80℃ 烘烤设备。

②按涂料颜色分类，目前新能源汽车常用的修补用漆有以下三种。

a. 实色漆。目前新能源汽车修补涂料的实色漆有两种，即挥发型和双组分型。基于涂装效果和效率等方面综合考虑，绝大部分场合都选择使用双组分低温烘烤类，因为前者虽然省去了固化剂（一般用量为面漆料的 1/2），但喷涂时需多喷涂 1 ~ 2 层，并且其漆面光亮度较差，还需经常打蜡抛光。

b. 底色漆。底色漆是目前使用最广泛的修补面漆，因为它容易操作。底色漆喷涂后“指触干燥”时间很短，一般在喷涂后静置 10 ~ 20min，即可对漆膜做重新填补砂眼（用漆灰）和打磨等处理，以及进行套色（如在车身上喷涂彩色饰条）时的放线和贴防涂胶纸带等工作。目前，绝大部分新能源汽车的漆面都是金属漆面，对这类车进行修补时，只能采用底色漆来处理。此外，目前不少实色漆面新能源汽车在制造时就采用了底色漆双膜涂装技术，而且绝大部分涂料生产厂家都开发出了实色漆采用底色双膜涂装的配方技术，极大地提高了实色漆汽车的漆面亮丽效果。至于珍珠色、玛瑙色的面漆，需采用打底色——珍珠漆或玛瑙漆或清烘漆这种“三膜”涂装技术，工序复杂，而漆膜最后展现的是一种颜色效果。此类漆面对于高级汽车的修补较难操作，汽车美容工作者需谨慎行事。

c. 清烘漆。清烘漆自身不具有色彩，是一种透明的罩光用面漆涂料。其喷涂方法与双组分实色面漆相同。

了解非金属材料在新能源汽车中的应用任务工单

学生信息

班级：

姓名：

学号：

任务目标

1. 掌握非金属材料的发展趋势。

2. 了解常用非金属材料种类、特性和应用。

理论知识学习

1. 新能源汽车非金属材料种类。

主要包括高分子材料、复合材料和陶瓷材料等。

2. 新能源汽车非金属材料的应用。

(1)复合材料：纤维增强复合材料广泛用于汽车车身部件；纤维增强金属基复合材料用来制造活塞环、连杆、汽缸体、活塞销等；颗粒、晶须增强金属基复合材料在汽车上用来制造发动机活塞、喷油嘴部件、制动装置等；陶瓷基复合材料用于高速切削工具和内燃机部件上。

(2)摩擦材料：采用摩擦材料制造的汽车零部件主要包括汽车制动摩擦片、汽车离合器摩擦片和手制动摩擦片等。

(3)涂装材料：汽车车身采用干粉态或浆液态粉末涂料涂装，它们或作为底漆、单层涂料，或作为罩光面漆，目前主要有环氧聚酯混合型、聚酯型、聚氯酯型和丙烯酸型等。

(4)车身漆面修补材料。

实践操作

结合车辆技术手册，识别新能源汽车采用的非金属材料有哪些，并分析其性能特点。

总结与反思

1. 本次任务的主要收获是什么？

2. 在学习过程中遇到了哪些困难？如何解决的？

3. 对未来学习的建议与期望。

任务四 了解新能源汽车储能材料的关键性能指标

任务导入

储能材料是新能源电池高效、安全运行的核心基础。本任务聚焦铝塑膜、导电剂、铝箔/铜箔及锂电蓝膜四大关键材料，剖析其核心性能指标及对电池性能的影响。通过对本任务的学习，应能了解各类材料的功能定位与结构特性（如铝塑膜的阻隔性、导电剂的导电网络构建原理）；学习其制备工艺与质量要求（如铝箔的达因值控制）；重点掌握材料性能优化的技术路径（如碳纳米管替代炭黑的导电性提升策略）及国产化突破方向。通过理论与案例结合，强化从材料设计到应用落地的系统性思维，为未来参与新能源技术研发与产业升级奠定基础。

任务目标

1. 理解新能源汽车储能材料的关键性能指标及其对电池性能的影响。
2. 了解主要储能材料的制备工艺及质量优化方法。
3. 了解储能材料的技术发展趋势与国产化突破路径。

储能电池是指能够储存和释放能量的电池。它是电化学储能的主要形式，也是新能源领域的重要支撑。储能电池有多种类型，比如我们常见的锂离子电池、铅蓄电池、钠硫电池、液流电池等，它们各有各的优缺点，适用于不同的场景。储能电池的发展，离不开各种材料的支持。从电极到隔膜，从集流体到封装，每一种材料都对电池的性能和安全有着重要的影响。

储能材料是指能够以化学能或电化学能的形式，可逆地储存和释放能量的一类功能材料，是构成新能源汽车中储能电池的核心和基础。下面主要介绍四种用于储能电池的关键储能材料，进一步了解新能源汽车产业中储能材料的发展现状。

一、铝塑复合膜

铝塑复合膜（简称铝塑膜）主要是由 ON/Al/CPP（外层尼龙层/中间铝箔层/内层热封层）构成的复合材料，层与层之间通过黏合剂进行结合。铝塑膜是软包装锂电池封装的关键材料之一，以防止水分和氧气的侵入，防止电解液的泄漏，防止电池的短路和爆炸，起到保护内部电芯材料的作用，在阻隔性、冷冲压成型性、耐穿刺性、化学稳定性和绝缘性方面有严格要求。相比圆柱和方形铝壳，软包电池在能量密度、安全性和灵活度上具备明显优势，并已经广泛应用到 3C 消费类、新能源汽车和储能领域。铝塑膜的要求非常高，它要既轻又薄，还要有很强的阻隔性和绝缘性，并能够适应电池的形状和尺寸，同时要有一定的强度和韧性，能够抵抗外力的刺穿和撕裂。可以说，铝塑膜是电池的第一道防线，也是电池的“面子”。铝塑膜的结构示意如图 6-2 所示。

铝塑膜的制造技术非常复杂，需要多层复合和涂层，涉及多种材料和工艺。目前，全球铝塑膜的市场和技术被日韩等少数企业所垄断。其中，日本的 DNP 是行业的领导者，占据了全球约 50% 的市场份额。我国的铝塑膜企业起步较晚，技术水平和产品质量还有一定的差距，主要用于低端的锂电池,高端的锂电池还需要依赖进口的铝塑膜。不过,随着我国企业的不断努力和创新,铝塑膜的性能和稳定性也在逐步提高,有望实现部分替代。

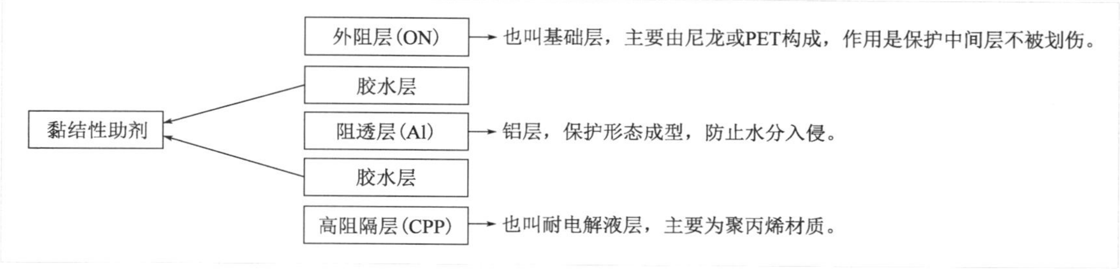

■ 图6-2 铝塑膜的结构示意

铝塑膜的市场需求量很大,随着锂电池的广泛应用,尤其是固态电池的兴起,预计未来几年铝塑膜的需求量将持续增长。根据有关数据测算,2025 年全球铝塑膜的需求量有望达到 6.9 亿 m^2。这对于铝塑膜的生产企业来说,是一个巨大的商机,也是一个挑战。

目前市场上常规铝塑膜的厚度一般分为 88μm、113μm 和 153μm 三种规格。其中,86μm 和 113μm 两种规格用于消费类电子产品;153μm 用于新能源汽车动力蓄电池和工业储能领域。

1. 铝塑膜的制备

铝塑膜的制备工艺主要有干法和热法两种。

干法工艺是铝和聚丙烯用黏合剂黏结后直接压合而成;热法工艺是铝和聚丙烯之间用 MPP 黏结着,在缓慢升温升压中热压合而成。

使用干法工艺制备的铝塑膜的主要优势有冲深成型效果好,外观一致性好,不易出现针孔、鱼眼、杂质等不良现象,但其耐电解液性较差。

热法工艺可以提高 Al 层与 PP 层之间的黏附力,使内表层防电解液溶胀脱落能力大大提升,但是这种特殊处理的 MPP 需要较高的温度将其熔化才能起到黏结作用,冷却后,因与 PP 的收缩系数存在较大差异,很容易出现向内卷曲的情况。

锂电池按照电芯外壳的材质可分为软包和硬壳两大类。其中,硬壳锂电池以钢壳或铝壳封装,按内部正负极片的排列方式又可分为圆柱形和方形;软包锂电池则采用铝塑复合膜封装。不同封装材质的电池各有优劣,与硬壳电池相比,软包锂电池质量轻、内阻小、设计灵活,在安全性、可循环性和能量密度上更具优势。

表 6-5 所示为锂电池电芯封装材料。

锂电池电芯封装材料 表 6-5

类型	优点	缺点
圆柱	工艺成熟、良品率高;一致性好,便于整车成型	重量重;电池管理要求高,电芯内部热量难以释放,存在安全问题
方形	重量轻,抗冲击性好,较安全	型号多,工艺难统一;能量密度不如软包电池
软包	轻薄,内阻小;能量密度高,循环性好,安全	成本高;一致性差;易漏液

2. 铝塑膜性能要求

铝塑膜是锂电池材料中技术难度最大、壁垒最高的环节,超过隔膜、正极、负极和电解液。为保证软包锂电池能长时间稳定运行,铝塑膜需要极高的阻隔性、良好的冷冲压成型性、耐穿刺性、耐电解液腐蚀性和绝缘性等，使其对原材料和生产工艺都有着苛刻的要求。铝塑膜的性能要求见表6-6。

铝塑膜性能要求 表6-6

项目	要求
极高的阻隔性	需要包裹在电池外部，用于阻隔水汽和氧气，防止进入电池内部产生化学反应，要求比普通铝塑膜的阻隔性高10000倍
耐穿刺性	聚合物锂电池芯周边有铜、铝网毛刺，在抽真空收缩时，聚合物锂电池芯周边的毛刺会猛刺内膜，可能刺穿内膜直至铝箔，电芯内的氢氟酸将直通铝箔造成点状腐蚀，改变电解液的组成，严重时将铝箔腐蚀穿而漏液，同时会造成短路，导致电池报废
耐电解液稳定性	有机溶剂通常会溶胀溶解、吸收软包装材料，铝塑膜需要具有良好的电解液稳定性，否则会破坏复合层间黏结效果，影响电化学性能
耐高温、绝缘性强	在170℃和3kg/cm^{2}左右的压力下热封时，内膜中如果没有耐高温的绝缘层存在，金属电极常常被压到包装铝箔上，造成短路
良好的冷冲压成型性	要求冲压成型性能优良，便于生产成型，并保障密封性

3. 发展趋势

随着下游产业需求量上升，国产替代化进程加速，未来行业市场空间将进一步拓展。

(1)动力领域需求增长，将带动铝塑膜行业的发展。

从行业发展看来，动力领域是铝塑膜企业争夺的“重地”。由于消费电子市场的软包电池渗透率已经很高，但使用国产铝塑膜的比例还不高，市场相对稳定，新的驱动力还是在新能源汽车动力蓄电池上。随着新能源汽车补贴政策与能量密度及高续驶能力挂钩，软包电池因为能量密度高、安全性能好等优势，而受到越来越多车企的欢迎，动力软包电池作为未来铝塑膜的驱动核心，市场容量将在未来进一步扩大，将带动铝塑膜行业的不断发展。

(2)打破技术垄断，铝塑膜国产化趋势明显。

目前，我国铝塑膜产品主要应用于3C数码产品，随着近年来3C数码终端需求减弱的影响，国产铝塑膜产品重心将进一步由3C数码电池领域向动力蓄电池领域转移，这主要原因是动力蓄电池用铝塑膜是铝塑膜行业最大增量市场。但是由于铝塑膜产品技术壁垒较高，导致高端3C消费电子铝塑膜和动力软包电池铝塑膜所用的原材料仍然由国外企业提供，高端产品依赖进口程度较高，由此可见，铝塑膜国产化替代空间广阔且需求迫切。新能源汽车产业的快速发展，直接带动了作为核心动力来源的锂电池需求激增。然而，高端铝塑膜(特别是应用于动力蓄电池和储能领域的产品)目前仍高度依赖进口，导致国内电池企业成本压力显著，并面临供应链安全风险。双重压力下，国内铝塑膜企业正持续加大研发投入，聚焦突破关键工艺(如干法/热法复合技术、耐电解液腐蚀、高阻隔性材料应用)与原材料瓶颈。目前，部分领先国产铝塑膜产品在核心性能指标(如阻隔性、耐电解液性、冲深成型性)上已逐步接近或达到动力电池应用要求，并陆续进入下游头部电池厂商的验证导入阶段。叠加下游动力及储能领域对铝塑膜的旺盛需求持续释放，未来几年铝塑膜国产化替代进程有望显著提速。

二、导电剂

导电剂是锂电池关键辅材，涂覆于正极材料和负极材料。它的作用是提高电极的导电性，增强电流和电压，提高电池的容量和功率。在极片制作时会加入一定量的导电剂，用于增加电子和锂离子的导电性，通过在活性物质表面形成导电网络加快电子传输速率，同时可吸收和保持电解液，为锂离子提供更多电解质界面，从而提高蓄电池充电效率和延长蓄电池使用寿命。目前主流导电剂有导电炭黑、碳纳米管和石墨烯三类。球面导电炭黑的接触面积小，导电性能弱于其他两种；管状碳纳米管导电性优异，但价格高；片状石墨烯由于形状原因对于电流正向流通会有一定的阻碍。

炭黑是一种传统的导电剂，具有成本低、稳定性好、导电性强的特点，是锂电池中最常用的导电剂之一。但是，炭黑也有一些缺点，比如比表面积小、结构松散、容易脱落、对电池的能量密度和循环性能有一定的影响。因此，目前有些企业正在开发新型的导电剂，以替代或减少炭黑的使用，提高电池的性能和安全性。目前，全球炭黑的市场需求量很大，随着锂电池的广泛应用，尤其是储能电池的发展，预计未来几年炭黑的需求量将持续增长。根据有关数据测算，2025 年全球炭黑的需求量有望达到 5.84 万 t，市场规模将超过 100 亿元。

碳纳米管是一种新型的导电剂，具有结构均匀、比表面积大、导电性高、导热性好、机械强度高的特点，是锂电池中最有潜力的导电剂之一。碳纳米管能够有效地改善电极的结构和性能，增强电极和集流体的接触，减少蓄电池的极化，提高蓄电池的容量和功率，延长蓄电池的寿命。目前，碳纳米管的市场需求量还不大，但随着技术的进步和成本的降低，预计未来几年碳纳米管的需求量将迅速增长。根据有关数据预测，碳纳米管的市场增长主要以新能源汽车的高速增长及渗透率提升为核心增长点，预计 2025 年需求量将超过 2.5 万 t，市场规模将接近 300 亿元。

选择导电剂的因素：导电性、添加量和成本。

新型导电剂较传统炭黑的优点如下。

(1)性能优势。

阻抗越低，导电性越好，碳纳米管阻抗仅约为炭黑的 1/2，低阻抗同时能改善极化，循环性能更优异。

(2)添加量小。

传统炭黑导电剂添加量约为正极材料重量的 3%，而碳纳米管、石墨烯等新型导电剂添加量降至 0.8% ~1.5%，低添加量可为正极活性物质节约空间，从而提高能量密度。

(3)单价较高。

单位锂电池添加碳纳米管的价格为导电炭黑 SP 价格的 4.4 ~8.2 倍，综合考虑性能和成本，产业链现多采用新型传统复合导电浆料，如 SP + 碳纳米管、碳纳米管 + 石墨烯、SP + 碳纳米管 + 石墨烯等。

磷酸铁锂电池较三元电池能量密度要求低，可接受导电炭黑添加量多。导电剂添加量越多，会挤占电池内部锂离子含量，从而影响电池的能量密度。现有全球动力蓄电池企业乘用车电池中，三元电池平均能量密度超 250W · h/kg。相比之下，磷酸铁锂电池能量密度不超过 190W · h/kg。导电炭黑添加量为正极材料的 3%，碳纳米管添加量不超过正极材料的 1%，对能量密度要求低的磷酸铁锂电池比三元电池对导电炭黑接纳度更高。导电炭黑符合磷酸铁锂电池低成本特性。磷酸铁锂电池本身导电性比三元电池差，因此需添加更多的导电剂。从成本来看，导电炭黑更符合磷酸铁锂电池低成本特性，在磷酸铁锂电池市场更占优势。

碳管优异性能更匹配高镍三元电池。高镍三元电池的导电性比低中镍三元电池导电性更差，但高镍三元电池在能量密度上要求更高，所以只增加添加量无法同时兼顾导电性和能量密度。因此，产业链通常会迭代性能更高端的碳管浆料来适配高镍三元电池。在高镍三元电池市场中，炭黑替代碳管难度大。

三、铝箔和铜箔

铝箔和铜箔是锂电池的集流体，也就是电极的载体，它们的作用是传导电极的电流，连接电池的正负极，形成电路。通常，锂电池的正极集流体用铝箔，负极集流体用铜箔，这是因为铝和铜都具有良好的导电性和延展性，能够适应电极的形变，同时也能够抵抗电解液的腐蚀。铝箔和铜箔对锂电池的性能和安全有着重要的影响，它们的厚度、纯度、表面处理等都会影响电池的内阻、容量、功率、循环寿命等指标。

铝箔和铜箔的生产技术相对成熟，目前国内外都有多家企业生产，但是国内的产品质量和稳定性还有待提高，主要用于低端的锂电池，高端的锂电池还需要依赖进口的铝箔和铜箔。随着国内企业的技术进步和创新，国产铝箔和铜箔的性能和稳定性也在逐步提高，有望实现部分替代。根据相关数据预测，2025 年中国锂电池用铝箔和铜箔的需求量分别将达到 23 万 t 和 18 万 t，市场规模将超过 300 亿元。

1. 电池铝箔在新能源电池中的应用

合金铝板带产品主要被应用于锂电池的结构件（含电芯外壳、盖板、防爆片、软连接、极耳、PACK 箱体等）；铝箔产品主要被应用于锂电池的正极集流体用铝箔，以及消费锂电池正极集流体铝箔和软包锂电池的封装材料——铝塑复合膜用铝箔。

新能源汽车动力蓄电池的基本组成部分包括正极、负极、电解质和隔膜。其中，正极是电池中存储电荷的组件，电池铝箔就是正极中的一部分；负极是电池中产生电荷的组件；电解质是正负极之间的介质，用于传递离子；隔膜则是用来隔离正极和负极的材料，以防止它们直接接触。除了以上基本组成部分外，新能源电池结构还包括电池壳体、电池管理系统等。由于铝箔具有良好的导电性能，所以通常被涂布上三元材料、磷酸铁锂材料等作为锂电池的正极集流体。铝箔在锂离子电池中的成本占比为 1.5% ~2.0%。而在以储能为主要方向的钠离子电池中，由于钠不会与铝发生反应，故正负极集流体均可采用铝箔，从而提高了铝箔在钠电池中的用量，其成本占比基本能达到 5.0% 左右。

新能源汽车动力蓄电池根据其使用的不同正极材料可分为三元电池、磷酸铁锂电池、钠离子电池等，同时根据不同的用途基本可分为动力类、储能类和 3C 类电池，根据不同的形状基本可分为方形、圆柱形和软包电池。不同类型电池所用的铝箔厚度规格和数量略有不同。

2. 电池铝箔的质量要求

电池铝箔是所有类型的铝箔中质量要求最高的品类之一，其技术标准极为严格，尤其是动力蓄电池用铝箔，需满足接近零缺陷的要求。归纳其质量要求，主要有以下五个方面。

（1）表面质量。

首先是表面润湿张力，即液体表面相邻两部分之间、单位长度内互相牵引的力。表面润湿张力的大小通俗被称作“达因值”，准确名称是“表面张力系数”。表面润湿张力是电池铝箔最为重要的技术指标之一,它会影响与涂层的黏合质量,特别是影响涂炭箔的涂层牢固度。达因值偏低时,会发生铝箔与黏合材料黏结不牢、漏涂等缺陷。通常情况下,铝箔表面达因值要达到30dyn/mm以上,有些要求高的涂碳产品,甚至要达到33dyn/mm。达因值偏低通常被判定为表面残油量偏高,要想达到高的达因值,除了控制轧制工序的带油量外,还可以通过电晕、烘烤等手段来实现。其次,铝箔表面洁净度是另一个重要指标。铝箔表面不得有黑油线、脏油点、线条、辊印、色差等缺陷,这些缺陷都会影响电池厂涂布工艺的质量和后期碾压的效果。

(2)板形质量。

板形质量主要指产品的平直度,通常用两个数值来衡量,一是在线轧制过程中,板型仪自动控制所达到的 I 值,必须在 $\pm 8I$ 范围内;另一个数值就是离线张力检测中,规定长度下产品的下塌量,对此不同的厂家不同的用途要求有差别,一般下塌量要求在8mm之内。

(3)面密度和端面质量。

面密度指的是铝箔厚度的均匀性,在要求的公差范围之内尽量向正偏差或者负偏差一个方面偏离,减少电池缠绕或者叠片时对电芯形状的影响。铝箔端面质量最重要的是对毛刺和锯齿裂口的要求,无论是保证电池的安全性还是在涂布后碾压过程中避免断带,要求都是极其严格的。

(4)针孔要求。

电池铝箔厚度从原来较为常用的15～20μm,在较短时间内下降到了现在的10～13μm,针孔问题造成的不良影响就逐步显现出来,它会造成极片在辊压过程中断带,特别是极片留白区的针孔影响最大。但头部电池厂不但不会因为铝箔厚度的减薄而降低对针孔数量和直径的要求,反而要求更高,理论上针孔的数量越少,直径越小越好。但是无论热轧产品还是铸轧产品,基于目前铝液熔体质量的技术水平和控制能力,对电池铝箔的针孔要求已经基本达到极限了。

(5)力学性能。

除了厚度在逐渐减薄,电池铝箔的发展方向是高强度、高延伸率。电池铝箔之所以需要提高强度和延伸率,目的是在减少铝箔厚度的基础上,能够满足碾压时高压实能量密度的要求。目前市场上,强度大于190MPa,延伸率大于2.5%的电池铝箔产品已经非常普遍,但是做到230MPa以上强度,并且延伸率达到一个较高水平,对于铝箔生产厂而言就具有一定的难度。目前,华北铝业的高强度、高延伸电池铝箔产品已经达到了相当高的一个水平,在行业里起着绝对的引领作用。

3. 未来发展趋势

我国是世界上最大的锂离子动力蓄电池生产基地,以宁德时代和比亚迪为龙头代表的动力蓄电池厂商继续发挥电池技术研发和产业集群优势,推动动力蓄电池装机量实现突破式增长。同时,我国未来将在固态锂电池、钠离子电池等领域超前实现产业化,不断拓展新能源汽车动力蓄电池商用领域应用空间和场景,有望在锂离子电池之后继续突破形成大规模产业。此外,以韩国LG和SK为主的国外电池厂在中国各个地区的布局也在逐步增加。这些都需要电池铝箔生产厂家快速增加新的产能,以满足其不断增长的需求。

四、锂电蓝膜

锂电蓝膜,也叫隔离膜、防黏膜、保护膜等,是用来包覆锂电池的一种材料。它的作用是防止电池的正负极之间的直接接触，造成短路和爆炸，同时也能够防止电池的表面被划伤和污染，提高电池的外观和安全性。锂电蓝膜的要求也很高，它要有良好的隔离性和黏结性，能够紧贴电池的表面；同时也要有一定的强度和韧性，能够抵抗电池的挤压和撕裂。锂电蓝膜的颜色有多种，比如红、绿、蓝、白、黑等，其中蓝色最为常见，因此被称为锂电蓝膜。锂电蓝膜分为单面离型膜和双面离型膜，在动力蓄电池中使用的通常为蓝膜。蓝膜的厚度小，仅在 0.015 ~ 0.20mm 间，在生产过程中容易出现划痕、破损、褶皱等缺陷，这些缺陷有的会影响产品外观，有的甚至会对产品功能造成损害，如图 6-3、图 6-4 所示。

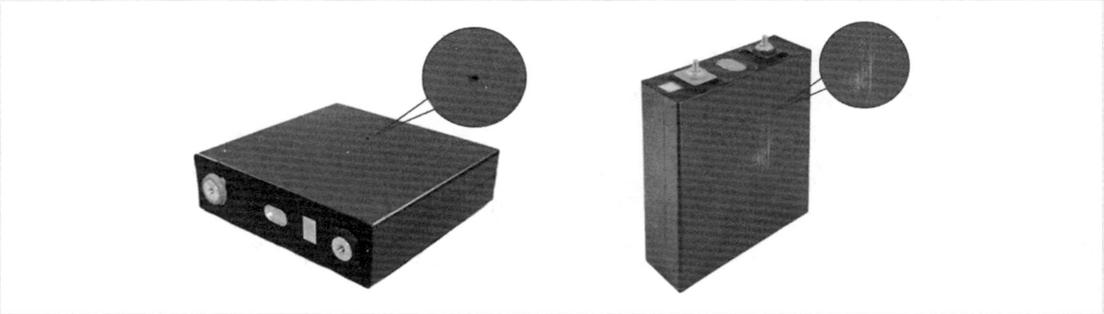

■ 图 6-3　锂电蓝膜表面的缺陷及划痕

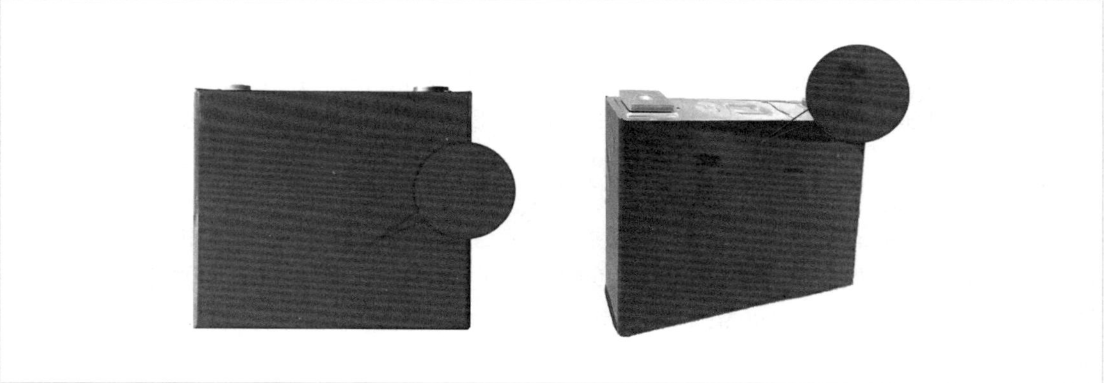

■ 图 6-4　锂电蓝膜表面凹陷及凸起

1. 检测难点

(1)蓝膜本身的光学特性致使许多缺陷特征不明显，传统算法过漏检率极高；

(2)缺陷种类极多且部分缺陷种类样本难以收集；

(3)部分缺陷 2D 方法不可检，必须通过 3D 相机获取其深度信息，采用 2D + 3D 方法才可有效检出；

(4)产线节奏较快，去掉机械结构动作时间后，留给软件检测时间较短，对算法效率要求高。

2. 解决方案

AI 视觉检测以深度学习算法为核心，最大的不同之处在于，它不再通过精心编程的算法来搜索特定特征，而是训练深度学习系统内的神经网络，通过学习各零部件的形态特征，建立包含零(部)件特征的深度学习模型,快速定位识别不同组件,完成检测。

(1)锂电池蓝膜表面缺陷检测

检测目标:识别蓝膜表面所有异常(含划痕/凹坑/凸起/脏污/气泡等)。

技术方案:高分辨率线扫相机(12K 像素)配合 LED 同轴光源;AI 分类算法:对缺陷自动分类(准确率≥99.5%)。

判定标准:致命缺陷(如贯穿性损伤):零容忍,立即剔除;轻微缺陷(直径<0.2mm):允许单面≤3 处。

(2)锂电池蓝膜表面划痕检测

特征识别:形态:线性痕迹(长度>1mm,宽度>10μm);成因:分切刀具磨损或卷材摩擦。

检测精度:最小识别宽度:5μm(相当于头发丝的 1/15);深度检测:激光位移传感器(精度±0.1μm)。

处理措施:纵向划痕>3mm,标记为 B 级品(降级使用);横向划痕,直接报废(影响拉伸强度)。

(3)锂电池蓝膜表面凹坑检测

关键参数:直径范围:0.1mm~2mm;深度阈值:>15μm,即判定不合格(影响绝缘性)。

技术原理:结构光三维成像:投射光栅条纹,通过形变重建凹坑 3D 模型。

(4)锂电池蓝膜表面凸起检测

类型:

①颗粒凸起。

成因:粉尘污染。

危害性:刺穿隔膜风险。

②胶粒凸起。

成因:涂胶不均。

危害性:导致电池短路。

③气泡凸起。

成因:复合工艺缺陷。

危害性:降低绝缘强度。

检测方法:背光透射成像:凸起区域显示阴影(灵敏度 0.05mm);压力传感:辊压通过时压力峰值>2N 即报警。

3. 锂电蓝膜的发展

第一代蓝膜胶带主要用于各类铝壳电池 PACK 与电池组的包裹,如动力蓄电池组装绝缘保护和固定,圆柱/方形动力蓄电池组捆绑,起到绝缘和固定保护等作用。产品常规结构为 PET 基材+胶层+离型膜层,具有耐高压击穿、耐穿刺、抗拉强度好的特点。

第一代蓝膜胶带具有以下特点:

(1)直接贴合、操作方便与洁净度高。

(2)黏着力强,服帖性好,不起翘。

(3)性价比高。

(4)具有绝缘特性,符合电气性能要求。

第二代蓝膜具有更高性能的蓝膜胶黏剂需求,即贴合前可先涂布再经 UV 照射启动,经适当条件熟化后贴合。

第二代蓝膜胶带具有以下特点。

(1)初始黏着力佳,服帖不起泡。

(2)启动后贴合对 3003 铝合金具有高剪切力与拉拔力。

(3)UVA 有氧固化启动,无臭氧产生。

(4)可调整激活功率及能量,符合客户设备要求。

(5)兼具压敏胶便利性与结构胶的黏着强度。

锂电蓝膜的制造技术比较复杂,需要多层复合和涂层,涉及多种材料和工艺。目前,锂电蓝膜的市场和技术主要由日本和韩国的企业所掌握。其中,日本的日东电工、日本胶粘、日本三菱化学等是行业的领导者,占据了全球的大部分市场份额。国内的锂电蓝膜企业起步较晚,技术水平和产品质量还有一定的差距,主要用于低端的锂电池,高端的锂电池还需要依赖进口的锂电蓝膜。不过,随着国内企业的不断努力和创新,国产锂电蓝膜的性能和稳定性也在逐步提高,有望实现部分替代。

了解新能源汽车储能材料的关键性能指标任务工单

学生信息

班级：

姓名：

学号：

任务目标

1. 掌握新能源汽车储能材料的发展现状。

2. 掌握四种关键材料的特性、应用、优势和不足。

3. 了解四种关键材料的工艺特点。

理论知识学习

1. 铝塑膜。

(1)铝塑膜的制备工艺：主要有干法和热法两种。

(2)性能要求：需要极高的阻隔性、良好的冷冲压成型性、耐穿刺性、耐电解液腐蚀性和绝缘性等。

2. 导电剂。

炭黑是传统的导电剂，具有成本低、稳定性好、导电性强的特点；碳纳米管是一种新型的导电剂，具有结构均匀、比表面积大、导电性高、导热性好、机械强度高的特点。

3. 铝箔及铜箔。

铝箔和铜箔是锂电池的集流体，也就是电极的载体，传导电极的电流，连接电池的正负极，形成电路。

电池铝箔在新能源电池中的应用：合金铝板带产品主要被应用于动力锂电池的结构件(含电芯外壳、盖板、防爆片、软连接、极耳、PACK 箱体等)；铝箔产品主要被应用于新能源锂电池的正极集流体用铝箔，以及消费锂电池正极集流体铝箔和软包锂电池的封装材料——铝塑复合膜用铝箔。

4. 锂电蓝膜。

锂电蓝膜防止电池的正负极之间的直接接触，造成短路和爆炸，同时也能够防止电池的表面被划伤和污染，提高电池的外观美观度和安全性。

实践操作

结合车辆技术手册，分析三种不同型号铝塑膜的结构组成、材料特性以及在锂电池包装中的作用。

总结与反思

1. 本次任务的主要收获是什么？

2. 在学习过程中遇到了哪些困难？如何解决的？

3. 对未来学习的建议与期望。

任务五　了解新能源汽车钕铁硼永磁材料的应用

任务导入

在新能源汽车中，永磁材料具有重要地位。钕铁硼永磁材料作为新能源汽车高效能驱动的核心基础，其性能与应用直接影响车辆动力效率与轻量化水平。本任务聚焦钕铁硼材料的特性、工艺分类及其在新能源汽车中的多场景应用，涵盖驱动电机、微型电机等关键部件。通过本任务的学习，需要了解钕铁硼的高磁能积、内禀矫顽力等核心性能优势及其对电机功率密度的提升作用；学习烧结、粘结、热压三类工艺的差异及适配场景（如驱动电机选用高性能烧结材料）；重点掌握钕铁硼在新能源汽车中的具体应用逻辑（如EPS电机轻量化需求与热压钕铁硼的匹配性）及市场增长趋势。通过案例分析与技术对比，培养从材料选型到应用创新的系统性思维，为参与新能源汽车技术研发奠定基础。

任务目标

1. 掌握钕铁硼永磁材料的定义和核心性能优势。
2. 了解钕铁硼永磁材料的分类及发展。
3. 了解钕铁硼永磁材料在新能源汽车中的应用。

一、钕铁硼永磁材料的定义和优势

1. 钕铁硼永磁材料的定义

目前应用的永磁材料主要经历了金属永磁、铁氧体和稀土永磁三个阶段。其中，稀土永磁材料是目前磁性最好、发展最快的永磁材料。稀土永磁材料是指稀土元素RE（钸Sm、钕Nd、钐Sm）和过渡族金属元素TM（铁Fe、钴Co）形成的合金经一定的工艺制成的永磁材料，是对相关产品性能、效率提升较为明显的重要基础材料，在战略性新兴产业中应用量较大，目前也已成为稀土新材料中最大的消费领域。

钕铁硼（Nd-Fe-B）是稀土铁系永磁材料的典型代表，所谓永磁材料，就是“永久吸铁石”。钕铁硼（Nd-Fe-B）是目前世界上磁能积最高的永磁材料，被誉为“现代永磁之王”。这也意味着产生相同的磁通量，钕铁硼材料的体积最小。钕铁硼于1982年发明于日本住友特种金属材料和美国通用汽车公司，于1983年实现工业化批量生产。

钕铁硼永磁材料是以金属间化合物$Nd_2Fe_{14}B$为基础的稀土永磁材料，主要成分为铁（63.9%～68.7%）、钕（29%～32.5%）及硼（1.1%～1.2%），当Nd原子和Fe原子分别被不同的RE原子和其他金属原子所取代，可发展成多种成分不同、磁性能不同的RE-Fe-B系永磁材料。在适当的温度、湿度且无强外磁场、辐射和其他影响磁性能因素的环境下，钕铁硼永磁材料的磁体性能不会产生较大损失。

2. 钕铁硼永磁材料的优势

磁性材料的最重要指标是最大磁能积、内禀矫顽力和剩磁，如表6-7所示。高磁能积、高内禀矫顽力和高剩磁代表要实现相同磁力所需磁性材料的体积更小、质量更轻,磁体的抗退磁能力更强,使用效率更高。此外,最高使用温度和居里温度用来衡量磁体的抗温性特征,磁体的最高使用温度和居里温度越高,磁体性能越稳定。在目前稀土永磁材料中,钕铁硼具有体积小、质量轻、磁性强等特点,由于原料易得、价格便宜的优点,发展极为迅速。

磁性材料重要指标 表 6-7

材料种类	最大磁能积 $(BH)_{max}$ (MGOe)	内禀矫顽力 H_{cj} (kOe)	剩磁 Br(kGs)	居里温度 T_c (℃)	最高使用温度 T_m (℃)	抗氧化性和腐蚀性能	价格
$SmCo_5$	15 ~ 24	15 ~ 30	8.5 ~ 10.5	740	250	好	贵
Sm_2Co_{17}	22 ~ 32	6.9 ~ 21	10 ~ 11.4	926	550	好	贵
烧结钕铁硼	30 ~ 52	11 ~ 40	11 ~ 15.2	310	230	差	中等
粘结钕铁硼	3 ~ 13	7 ~ 18	6 ~ 8	350	160	好	中等
热压钕铁硼	15 ~ 42	10 ~ 25	12 ~ 14	—	—	好	中等

二、钕铁硼永磁材料的分类及发展

1. 钕铁硼永磁材料的分类

按照制造工艺的不同,钕铁硼永磁材料可分为烧结钕铁硼、粘结钕铁硼和热压钕铁硼三类,其在性能和应用上各具特色,如表6-8 所示。其中,烧结钕铁硼是目前产量最高、应用最广泛的稀土永磁材料,占比约超过 90%,大部分中国钕铁硼磁材制造商主要生产烧结钕铁硼磁材;相对于烧结钕铁硼,粘结钕铁硼的磁性能及机械强度弱,用量较小,所占市场份额不到 10%;热压钕铁硼目前仅少数公司掌握了生产工艺,专利壁垒和制作成本高,总产量比较小。根据中国稀土行业协会统计数据,2023 年烧结钕铁硼毛坯产量约 25 万 t,粘结钕铁硼产量约 0.8 万 t。

钕铁硼永磁材料性能 表 6-8

类型	工艺	原料	制造周期	磁性能	产业化	产量	产品形状	优点	应用领域
烧结钕铁硼	采用粉末冶金工艺,熔炼后制成粉末,并在磁场中压制成压坯,压坯在气体或真空中烧结成型	稀土、铁、硼铁	长	高	高	95%	方块、瓦片、圆环	高磁能积、高矫顽力、高工作温度	汽车、工业电机、消费电子、清洁能源、航空航天
粘结钕铁硼	粘结剂与钕铁硼永磁粉末混合制成磁性可塑性粒料,再通过各种可塑性材料的成型工艺制成	MQ 或 HDDR 粉	短	高	高	3%	圆环	工艺简单、造价低廉、体积小、精度高、磁场均匀稳定	办公室自动化设备、电装机械、视听设备、仪器仪表和小型电动机
热压钕铁硼	通过热挤压、热变形工艺制成	MQ 粉	短	中	低	2%	方片,薄壁圆环	致密度高、取向度高、耐蚀性好、矫顽力高	汽车 EPS 电机

2. 烧结钕铁硼的分类及应用

根据《烧结钕铁硼永磁材料》(GB/T 13560—2017),烧结钕铁硼永磁材料按照矫顽力高低划分,分为底矫顽力(N)、中等矫顽力(M)、高矫顽力(H)、特高矫顽力(SH)、超高矫顽力(UH)、极高矫顽力(EH)、至高矫顽力(TH)七大类,如表6-9所示。根据行业惯例,内禀矫顽力和最大磁能积之和大于60的烧结钕铁硼永磁材料属于高性能钕铁硼永磁材料,见表6-9。

烧结钕铁硼永磁材料产品系列表 表6-9

牌号	最大磁能积 $(BH)_{max}$ (MGOe)	内禀矫顽力 H_{cj} (kOe)	磁感矫顽力 H_{cb} (kOe)	矫顽力分类	剩磁 Br (kGs)	最高使用温度 T_m (℃)	主要应用领域
N系列	33~55	≥11	10.5~10.8	低	11.8~14.5	80	MRI、音响家电系列产品
M系列	33~53	≥13	10.8~13.0	中等	11.8~14.2	100	VCM、磁选机、消费电子等
H系列	31~51	≥16	10.6~13.0	高	11.4~13.9	120	线性电机、微型电机、传感器
SH系列	31~49	≥20	10.5~12.8	超高	11.4~13.7	150	风力发电机、工业电机等
UH系列	28~46	≥24	9.5~12.5	特高	10.8~13.3	180	汽车电机、空调压缩机等
EH系列	26~43	≥29	9.5~12.2	极高	10.5~12.5	200	混合动力电动汽车、电磁阀门、传感器等
TH系列	26~39	≥33	9.5~11.6	至高	11.5~12.2	230	

一般来说,高性能钕铁硼永磁材料应用于各种型号电机、压缩机、传感器,包括传统汽车EPS、新能源汽车驱动电机、风力发电、变频家电、节能电机等。而在这些领域中,电机、压缩机或是传感器中使用的永磁材料性能要求较高,是铁氧体和钐钴磁体无法替代的。

2015年《国家重点支持的高新技术领域》提出,将稀土永磁体制造技术、高技术领域用稀土材料制备及应用技术等列入国家重点支持的高新技术领域;2017年,《增强制造业核心竞争力三年行动计划(2018—2020年)》中提出要重点发展高端稀土功能材料。

3. 钕铁硼永磁材料的发展

(1)起步阶段。

早在19世纪末和20世纪初,多位物理学家对磁性的研究为现代磁学奠定了基础。而到了20世纪50年代,钕铁硼永磁材料的发现和利用才真正开始。1951年,美国GE公司成功研制出第一个烧结钕铁硼永磁体。随后,日本日立也在1954年研制成功烧结钕铁硼永磁体。英国在1957年开始采用黏结法制造高性能的烧结钕铁硼磁性材料。1959年,在美国召开的国际会议上,这种新型稀土功能材料被正式命名为"nextrom-ndfeb",即第二代稀土永磁。

此后,全球各国都竞相发展这一新的强磁性材料。我国于1958年开始开发这类新型强磁性材料,并在1958—1962年间试制出四种牌号的烧结钕铁硼产品。从1964年开始,我国实现了小批量生产,并将钕铁硼永磁材料应用于国防工业和国民经济的各个领域。

20世纪60—70年代,钕铁硼永磁材料的研究开始起步。这个阶段主要是对钕铁硼永磁材料的基本性能进行研究和探索。

(2)发展阶段。

1983 年,日本住友特殊金属公司和美国通用汽车公司各自研制成功钕铁硼(Nd-Fe-B)永磁,这是第三代稀土永磁材料。钕铁硼永磁体以其体积小、质量轻和磁性强的特点,成为迄今为止性能价格比最佳的磁体。自此,钕铁硼永磁材料得到了广泛应用,特别是在电子计算机磁盘驱动器和光盘等领域。

20 世纪 80—90 年代,钕铁硼永磁材料的发展进入了一个快速发展的阶段。这个阶段主要是对钕铁硼永磁材料的制备工艺进行研究和改进,提高了材料的性能和质量。

(3)成熟阶段。

进入 21 世纪后,钕铁硼永磁材料的发展更是日新月异。随着稀土永磁材料的研究和应用不断深入,钕铁硼永磁体的产量持续增长,其在现代机械中的应用也越来越广泛,涉及消费电子、节能家居、工业智能、新能源汽车等多个领域。

目前,我国已经成为全球最大的钕铁硼永磁材料生产国和出口国之一。同时,随着新能源汽车、节能家电、节能电梯、机器人等智能装备、无人机等消费电子领域需求的持续扩张,叠加"双碳"政策的有力支撑,钕铁硼永磁材料市场前景广阔。

21 世纪初至今,钕铁硼永磁材料的发展进入了一个成熟阶段。这个阶段主要是对钕铁硼永磁材料的应用领域进行拓展和深化,提高了材料的附加值和市场竞争力。

随着科技的不断进步和市场需求的不断增加,钕铁硼永磁材料的发展前景非常广阔。未来,钕铁硼永磁材料将继续向高性能、高附加值、高可靠性的方向发展,同时也将不断拓展应用领域,为人类社会的发展做出更大的贡献。

三、钕铁硼永磁材料的应用

永磁材料作为当今信息社会的两大物质支柱之一,广泛地应用于新能源汽车技术、计算机技术、信息技术、航空航天技术、通信技术、办公自动化技术、家电技术与人体健康和保健技术等。永磁材料的人均消费量已经成为一个国家文明与发达程度的标志之一。

1. 在新能源汽车中的应用

(1)在新能源汽车驱动电机中的应用。

新能源汽车主要包括混合动力电动汽车和纯电动汽车,高性能钕铁硼永磁材料主要应用于新能源汽车驱动电机。

适合新能源汽车的驱动电机主要有永磁同步电机、直流电机、交流异步电机和开关磁阻电机四大类,如表 6-10 所示。其中,由于永磁同步电机具有宽调速范围、功率密度高、体积小、效率高等优点,成为主流电机。

四种驱动电机性能对比 表 6-10

项目类别	直流电机	交流感应电机（交流异步电机）	永磁同步电机	开关磁阻电机
功率密度方面	较低	中	高	较高
过载能力/%	200	300 ~ 500	300	300 ~ 500
峰值效率/%	85 ~ 89	94 ~ 95	95 ~ 97	90

续上表

项目类别	直流电机	交流感应电机（交流异步电机）	永磁同步电机	开关磁阻电机
负荷效率/%	80～87	90～92	85～97	78～86
功率因数/%	—	82～85	90～93	60～65
最高转速/($r \cdot min^{-1}$)	3500～6000	12000～20000	3500～10000	>1500
可靠性方面	一般	较好	优良	较好
结构坚固性方面	较差	较好	一般	优良
质量及外形尺寸	大、重	中、中	小、轻	小、轻
成本	高	低	高	低于感应电机
优点	因具有较为宽广的恒功率范围，启动性能好，调速性能优良，拉制系统简单，技术已经成熟	效率高、成本低、结构简单、坚固可靠	体积较小、质量轻、转矩大且效率高、功率密度大、能耗小于20%	结构简单、效率高（>85%）、成本低、可靠性强、调速好
缺点	效率低、维护困难、转速低、质量重、体积大	质量重、体积大、功率密度低	成本高	运行噪声大、振动大、控制困难

在永磁同步电机中，永磁体用来提供永久磁场。由于钕铁硼永磁体具有高磁能积、高内禀矫顽力、高剩磁的特点，有效提高电机的功率密度和转矩密度，因此广泛应用于永磁电机转子中。

预计到2025年全球新能源汽车产量为1800万辆，单辆纯电、混动汽车对高性能钕铁硼的需求量为4.2/2.4kg，预计2025年全球高性能钕铁硼的需求量将达到71424吨，如表6-11。

新能源汽车驱动电机对钕铁硼的需求量 表6-11

指标	2019	2020	2021	2022	2023	2024	2025
纯电动汽车产量（万辆）	162.8	234.0	340.7	452.9	750.2	980.0	1320.0
混合动力汽车产量（万辆）	57.2	89.2	99.6	124.7	210.5	320.0	480.0
单位消耗钕铁硼							
纯电动汽车（kg/辆）	6.0	5.8	5.5	5.2	4.8	4.5	4.2
混合动力汽车（kg/辆）	3.0	2.9	2.8	2.7	2.6	2.5	2.4
全球钕铁硼需求量（t）	11484	16717	23429	30915	42522	58500	71424

（2）在新能源汽车微型电机中的应用。

新能源汽车除了驱动电机，其余车上的电机都是微型电机。现在汽车追求舒适性和自动操纵性，微型电机已成为现在汽车不可缺少的部件。天窗电机、刮水器电机、水泵电机、空调电机、ABS电机、EPS电机等汽车部件都有用到微电机，而这些微型电机的永磁体也应用钕铁硼。

微型电机对磁性要求较低，目前以铁氧体为主，但应用钕铁硼的电机效率提高8%～50%、电耗降低10%、质量减少50%以上，已成为未来微型电机发展趋势。

EPS（电动助力转向系统）是除驱动电机外，使用永磁体最多的零（部）件（0.25kg/辆）。

EPS 中助力微电机为永磁电机,它对性能、质量和体积的要求较高,因此 EPS 中的永磁材料主要为高性能烧结或热压钕铁硼磁体。

(3)在新能源汽车车载扬声器中的应用。

车载扬声器也是钕铁硼永磁体可应用于新能源汽车的一个场景。

车载扬声器主要由 T 铁、永磁体、音圈和振膜几个关键部件组成。

永磁体的性能对扬声器音质有直接影响:永磁体磁通量密度越高,扬声器的灵敏度越高,瞬态越好。通俗地讲就是扬声器容易出声,声音干脆且不拖泥带水。

市场上的扬声器永磁体主要有铝镍钴、铁氧体和钕铁硼三类。钕铁硼的磁性能要远远优于铝镍钴和铁氧体,是目前扬声器上使用最多的磁体,尤其是高端扬声器。其优点是同等磁通量下其体积小,功率大,频率范围宽,目前 HiFi(高保真)耳机基本上用此类磁体;其缺点是因为含有稀土元素,所以材料价格较高。

(4)在新能源汽车传感器中的应用。

汽车上各种传感器也是钕铁硼永磁体可应用于新能源汽车的一个场景。

应用永磁体的传感器主要有距离传感器、制动传感器、安全带传感器等,它们主要应用霍尔传感器。

霍尔传感器可将力、位移、速度、角速度、转数、转速以及工作状态发生变化的时间等转变成电信号来进行检测和控制。

在霍尔传感器中,永磁体用于产生磁场使霍尔元件产生偏移电流,从而产生电动势。

随着霍尔传感器发展呈现微型化、集成化,其永磁体选用偏向于选用磁性能好、体积小的钕铁硼永磁体。

2. 在其他领域的应用

(1)在计算机工业中的应用。

硬、软磁盘和光盘驱动器都需要用到钕铁硼磁体。每年用于计算机驱动器的磁体达 4000t,几乎占钕铁硼销量的一半。

(2)在磁共振成像仪(Magnetic Resonance Imaging,MRI)上的应用。

磁共振成像仪是利用人体的氢原子核在外加磁场及扫描场作用下发生共振成像,可诊断初期肿瘤等病变。

随着新能源汽车市场的不断发展,对永磁材料的需求也在持续增长。为了满足市场需求,永磁材料生产企业不断加大研发投入,提高产品性能和质量,同时降低成本。此外,一些企业还在探索新型永磁材料的研发和应用,以进一步提高新能源汽车的性能和竞争力。

了解新能源汽车钕铁硼永磁材料的应用任务工单

学生信息

班级：

姓名：

学号：

任务目标

1. 钕铁硼永磁材料的定义和优势。

2. 钕铁硼永磁材料的分类及发展。

3. 钕铁硼永磁材料的应用。

理论知识学习

1. 钕铁硼永磁材料。

(1)定义：它是稀土铁系永磁材料的典型代表，是以金属间化合物 $Nd_2Fe_{14}B$ 为基础的稀土永磁材料。

(2)优势：在适当的温度、湿度且无强外磁场、辐射和其他影响磁性能因素的环境下，钕铁硼永磁材料的磁体性能不会产生较大损失。

2. 钕铁硼永磁材料的分类。

分类：烧结钕铁硼、黏结钕铁硼和热压钕铁硼三类。

3. 钕铁硼永磁材料的应用。

(1)在新能源汽车中的应用。

(2)在新能源汽车微型电机中的应用。

(3)在新能源汽车车载扬声器中的应用。

(4)在新能源汽车传感器中的应用。

4. 在其他领域上的应用。

(1)在计算机工业中的应用。

(2)在 MRI 上的应用。

实践操作

以特斯拉 Model 3 为例，分析驱动电机中钕铁硼永磁材料的应用对整车性能的影响。

总结与反思

1. 本次任务的主要收获是什么？

2. 在学习过程中遇到了哪些困难？如何解决的？

3. 对未来学习的建议与期望。

任务六　了解新能源汽车车身一体化压铸技术

任务导入

随着全球新能源汽车产业的爆发式增长,车身轻量化、成本控制与生产效率提升成为车企竞争的核心焦点。在这一背景下,新能源汽车车身一体化压铸技术凭借其颠覆性创新,正在重塑传统汽车制造模式。该技术通过超高压压铸工艺将数百个车身零部件集成一体成型,显著降低车身质量与制造成本,同时缩短生产周期。东风汽车全球最大吨位一体化压铸工厂的投产,更是标志着中国在高端智造领域迈入"万吨级"技术新阶段,带动上游模具、合金材料及下游整车装备全产业链升级。本任务将学习车身一体化压铸技术的基本原理、实际应用及未来发展趋势等相关知识。

任务目标

1. 技术原理与产业价值分析。
2. 材料创新与工艺优化研究。
3. 产业链协同与市场格局评估。
4. 技术"瓶颈"与可持续发展路径。
5. 未来趋势与战略建议。

一、一体化压铸技术概述

1. 技术定义与原理

一体化压铸技术是一种先进的轻量化车身制造技术,通过将多个零件一次性压铸成一个整体,以实现质量减轻、结构强化和装配简化。该技术起源于航空领域,后被广泛应用于汽车、电子产品等制造行业。在汽车领域,一体化压铸技术主要用于车身结构件的生产,如发动机舱罩、门槛梁、电池壳等。技术原理方面,一体化压铸过程主要包括熔化、浇注、压铸、冷却、脱模和后处理等环节。首先,将金属合金熔化成液态;其次将其注入到预先设计好的模具中。在模具内部,液态金属在高压作用下迅速冷却凝固,形成所需形状的产品。最后,通过脱模设备将压铸件从模具中取出,并进行必要的表面处理和后续加工,以满足最终产品的使用要求。

一体化压铸技术的核心在于其独特的成型原理。与传统冲压、焊接等制造工艺相比,一体化压铸能够实现复杂结构的整体成型,从而大幅减少零件数量和装配步骤。在成型过程中,金属液在模具型腔内流动,受到压力作用,形成均匀的冷却速度,保证产品具有良好的力学性能和尺寸精度。此外,一体化压铸技术还可以实现不同材质的复合成型,如将金属与塑料、纤维等材料结合,以满足多样化、个性化的产品需求。随着材料科学和制造技术的不断发展,一体化压铸技术的应用领域不断拓宽。目前,该技术已广泛应用于汽车、电子、航空航天、精密仪器等行业,成为现代制造业中不可或缺的重要技术之一。在汽车领域,一体化压铸技术有助于实现轻量化车身,降低能耗,提高燃油效率,从而满足日益严格的环保要求。同时,该技术还有助于提高汽车的安全性能,降低维修成本,提升市场竞争力。

2. 技术发展历程

一体化压铸技术的起源可以追溯到20世纪50年代的航空工业，当时主要用于制造飞机的某些关键部件。随着航空技术的进步，对轻质高强度材料的需求日益增长，一体化压铸技术因其能够制造出复杂结构的高强度结构件而受到重视。这一时期，技术主要集中在金属合金的熔化、模具设计和压铸工艺的优化上。

进入20世纪70年代，随着汽车工业的快速发展，一体化压铸技术开始向汽车领域拓展。最初，该技术主要应用于制造汽车发动机舱罩、门槛梁等非关键结构件。随着材料科学和模具技术的进步，一体化压铸技术逐渐能够制造出更复杂、尺寸精度更高的车身结构件。这一时期，技术发展主要体现在材料性能的提升和模具设计的创新上。

21世纪以来，随着全球汽车产业的转型升级，一体化压铸技术得到了迅速发展。特别是在新能源汽车的推动下，该技术在汽车领域的应用范围不断扩大，从车身结构件扩展到电池壳、底盘等关键部件。同时，随着智能制造和3D打印技术的融合，一体化压铸技术开始向智能化、数字化方向发展，为汽车轻量化、智能化提供了强有力的技术支持。

3. 技术优势与应用领域

一体化压铸技术具有显著的技术优势，首先在于其能够实现复杂结构的整体成型，减少零件数量和装配步骤，从而简化生产流程，降低制造成本。此外，该技术能够制造出高强度、高刚性的车身结构件，提高汽车的碰撞安全性。在材料方面，一体化压铸技术能够适应多种金属合金，满足不同应用场景的需求。

应用领域方面，一体化压铸技术已广泛应用于汽车、电子产品、航空航天、精密仪器等多个行业。在汽车领域，该技术主要用于制造车身结构件、底盘部件、动力系统部件等，有助于实现汽车轻量化，提高燃油效率和降低排放。在电子产品领域，一体化压铸技术被用于制造手机、电脑等设备的金属外壳，提供良好的散热和保护性能。航空航天领域则利用该技术制造飞机的某些关键部件，如发动机外壳、机翼等。

随着技术的不断进步，一体化压铸技术的应用领域还在持续拓展。例如，在新能源领域，一体化压铸技术被用于制造电动汽车的电池壳，提高电池的安全性；在医疗领域，该技术可用于制造精密医疗器械的外壳，确保产品的可靠性和耐用性。总之，一体化压铸技术凭借其独特的优势，正逐渐成为推动现代制造业发展的重要技术之一。

二、全球一体化压铸市场分析

1. 市场规模与增长趋势

近年来，随着全球汽车产业的持续增长，一体化压铸市场规模逐年扩大。市场的快速增长主要得益于汽车轻量化需求的增加，以及新能源汽车市场的迅速扩张。

在增长趋势方面，一体化压铸市场呈现出明显的地域差异。欧美市场作为汽车产业的发源地，一直占据着全球一体化压铸市场的主导地位。随着亚洲尤其是中国市场的崛起，亚太地区已成为一体化压铸市场增长最快的地区。此外，随着新能源汽车在全球范围内的普及，一体化压铸市场在全球范围内也呈现出快速增长的态势。

从行业细分市场来看，汽车行业的一体化压铸市场规模最大，且增长最为迅速。随着汽车制造商对轻量化、节能环保的重视,以及新能源汽车的普及,车身结构件和底盘部件等的一体化压铸需求将持续增长。此外,随着技术的不断进步和成本的降低,一体化压铸技术在其他领域的应用也将逐步扩大,如电子产品、航空航天、医疗器械等,这些领域的市场增长也将为一体化压铸市场带来新的增长动力。

2. 市场竞争格局

全球一体化压铸市场竞争格局呈现出多元化的特点,市场参与者包括大型跨国公司、区域领先企业以及新兴的创新型企业。其中,跨国企业如德国的奥迪、宝马、大众集团,以及美国的通用汽车等公司,凭借其强大的品牌影响力和技术实力,在全球市场中占据重要地位。这些企业通常拥有先进的生产线和技术研发能力,能够在高端市场占据一定份额。

在区域市场上,亚洲尤其是中国的本土企业逐渐崭露头角。中国的吉利、比亚迪、长安等汽车制造商,以及压铸设备制造商如华域汽车、立中集团等,通过技术创新和成本控制,正在逐步扩大市场份额。这些企业通常专注于特定领域,如汽车结构件或电池壳,通过专业化的发展策略,在全球市场中形成了自己的竞争优势。

同时,市场竞争也催生了技术创新和合作。一些新兴企业专注于开发新型压铸材料、优化压铸工艺,以及提供定制化的解决方案。这些企业在某些细分市场中可能尚未占据主导地位,但通过快速的技术迭代和市场响应能力,它们正在成为推动市场发展的重要力量。此外,行业内的合作与并购也在不断发生,企业通过战略联盟和资本运作,以增强自身的市场竞争力。整体来看,一体化压铸市场的竞争格局将更加多元化,且竞争将更加激烈。

3. 地区分布与进出口情况

在地区分布方面,一体化压铸市场呈现出明显的地域集中趋势。欧美市场,尤其是德国、法国、意大利等欧洲国家,凭借其深厚的工业基础和先进的技术水平,一直占据着全球市场的主导地位。美国和日本等亚洲国家也在该领域有着较强的竞争力。近年来,随着亚洲市场的快速发展,尤其是中国市场的崛起,亚太地区的一体化压铸市场规模迅速扩大,成为全球增长最快的区域。

在进出口情况方面,一体化压铸产品的进出口贸易呈现出复杂多变的特点。一方面,欧美等发达国家和地区拥有成熟的压铸技术和产业链,这些地区的一体化压铸产品主要出口到发展中国家和地区。另一方面,亚洲市场尤其是中国,作为全球最大的汽车生产和消费市场,对一体化压铸产品的需求不断增长,同时也成为全球一体化压铸产品的主要进口国。此外,一些新兴市场国家如印度、巴西等,也在逐步增加一体化压铸产品的进口。

进出口贸易的地理分布也反映了全球一体化压铸市场的发展态势。例如,中国不仅是一体化压铸产品的主要进口国,同时也是出口国。中国的一体化压铸企业通过“走出去”战略,在海外市场建立了生产基地,促进了产品的全球贸易。同时,随着全球供应链的优化和整合,一体化压铸产品的国际贸易将更加紧密地联系各国市场,推动全球一体化压铸市场的持续增长。

三、技术“瓶颈”与可持续发展路径

1. 材料性能与工艺适配性

高强度铝合金的局限性:传统压铸铝合金(如 ADC 12)屈服强度仅约 220MPa,难以满足车身结构件(需 300MPa 以上)的要求。需开发新型高强韧合金,但面临流动性下降、热裂倾向增加的问题。

材料各向异性:压铸件冷却速率差异导致晶粒尺寸分布不均(表层细晶区约 10μm,芯部粗晶区可达 100μm),力学性能波动超过 15%。

热处理难题:一体化压铸件尺寸大(如后底板达 2m×1.5m),常规 T6 处理[①]易导致变形超差(翘曲量 >2mm/m),需开发非热处理强化合金或新型控形工艺。

2. 超大型压铸设备与模具

压铸机能力限制:如生产特斯拉 Model Y 后底板的 Giga Press 锁模力达 6000t,压射速度需大于 5m/s,超大型设备能耗高达 800kW·h/件,且维修成本年增 30%。

模具寿命与精度:压铸温度 700℃时,H13 模具钢寿命仅 5 万~8 万模次,表面氮化层在 5000 模次后出现热疲劳裂纹,导致尺寸偏差累积(±0.5mm/m)。

流道设计复杂度:多腔体薄壁件(壁厚 2.5~3mm)填充需在 0.1s 内完成,但流道前沿温度下降速率大于 50℃/s,易引发冷隔缺陷。

3. 缺陷控制与检测技术

孔隙率控制:压铸件内部气孔率需小于 1%,但实际生产常达 2%~3%,采用真空压铸(真空度小于 50mbar[②])可将孔隙率降至 0.5%,但设备成本增加 40%。

实时监测缺失:传统 X 射线监测耗时 30min/件,难以在线应用。亟须开发基于声发射或热成像的实时缺陷识别系统(精度需达 99.9%)。

4. 维修与回收经济性

维修成本悖论:一体化结构碰撞损伤后维修成本比传统结构高 3~5 倍,保险公司拒保风险增加。需开发局部热拆解技术(激光加热至 300℃分离胶黏剂)。

材料回收率低:传统破碎分选技术对 Al-Si 合金回收纯度仅 85%~90%,需推广电解精炼技术(纯度达 99.5%),但该技术能耗高达 15kW·h/kg。

5. 材料创新

开发非热处理合金:如 Al-Mg-Sc 系合金,通过 Sc 微合金化(添加 0.2%~0.4%)实现铸态屈服强度 280MPa,延伸率 10% 以上。

复合材料的应用:碳纤维增强铝基复合材料(CF/Al)局部补强,成本控制在 50 美元/kg 以内时可减重 30%。

6. 工艺优化

超真空压铸(V-HPDC):真空度提升至 10mbar 以下,配合模温精确控制(±3℃),使孔隙率小于 0.2%。

梯度压铸技术:通过多段压射(0.5m/s 低速充型 +5m/s 高速增压)平衡流动性与卷气风险。

数字孪生应用:构建多物理场耦合仿真模型(精度误差小于 5%),缩短模具开发周期至

---

① T6 处理是一种针对铝合金的热处理工艺,主要包括固溶热处理和人工时效两个阶段。其广泛应用于变形铝合金和铸造铝合金,以提高材料的力学性能和稳定性。

② 1bar = 0.1MPa。

30 天。

7. 循环经济模式

闭环回收体系:建立区域化回收中心,采用激光光谱分选(识别精度 99%)+固态电解(能耗小于 8kW·h/kg),使再生铝占比提升至 50%。

模块化可拆卸设计:预留电磁铆接点(间距 100mm),实现局部更换而非整体报废。

8. 产业链协同

设备轻量化设计:采用预应力框架结构,使 6000t 压铸机质量从 550t 降至 400t,能耗降低 25%。

标准化联盟建设:推动压铸接口标准(如定位孔公差 ±0.1mm)、材料数据库共享,降低二次开发成本 30%。

9. 政策引导

碳积分激励:将一体化压铸减重效果(每千克减重对应 0.5 积分)纳入双积分考核。

绿色金融支持:对采用再生铝比例大于 30% 的企业提供 LPR-1% 的专项贷款。

了解新能源汽车车身一体化压铸技术任务工单

学生信息

班级：

姓名：

学号：

任务目标

1. 掌握新能源汽车车身一体化压铸技术的基本原理和工艺流程。
2. 了解一体化压铸技术在新能源汽车制造中的优势和应用现状。
3. 熟悉一体化压铸设备的基本操作和安全规范。
4. 能够识别和解决一体化压铸过程中常见的质量问题。
5. 分析一体化压铸技术对新能源汽车轻量化和成本控制的影响。

理论知识学习

1. 一体化压铸技术概述。

(1)定义:将传统多个零部件通过高压铸造一次成型为单一大型部件的制造技术。

(2)发展背景:特斯拉率先应用,推动新能源汽车制造工艺革新。

(3)技术特点:高效率、高精度、轻量化和低成本。

2. 技术原理与优势。

(1)材料科学:铝合金材料特性及其在压铸中的应用。

(2)工艺优势:减少零部件数量(从 70 + 减少到 1 ~2 个)、减轻质量、提高车身刚性。

(3)经济效益:降低装配成本、减少生产线占地面积。

3. 关键设备与技术参数。

(1)超大型压铸机(6000t 以上)的结构和工作原理。

(2)模具设计与制造要求。

(3)工艺参数:压力、温度和速度的控制要点。

4. 质量控制要点。

(1)常见缺陷类型:气孔、缩松和冷隔等。

(2)检测方法:X 射线检测、超声波检测等。

(3)过程控制:SPC 统计过程控制方法。

实践操作

1. 操作压铸机前准备。

2. 操作压铸机的标准流程。

3. 抽检产品质量并记录数据。

- 安全注意事项

必须穿戴全套防护装备(耐热手套、面罩、防护服等)。

禁止在设备运行时进行模具调整。

紧急情况立即按下急停按钮。

熔融金属操作区域保持干燥,防止爆炸。

总结与反思

1. 本次任务的主要收获是什么?

2. 在学习过程中遇到了哪些困难? 如何解决的?

3. 对未来学习的建议与期望。

练 习 题

一、填空题

1. 钢的常存元素中 Si、Mn 属于________元素,S、P 属于________元素。
2. 碳素钢按含碳量可分为________、________、________。
3. 合金钢按用途可分为________、________、________。
4. 根据碳的存在形式,铸铁可分为________、________。
5. 新能源汽车车身采用铝合金主要为实现________目标,从而降低能耗、提升续航里程。
6. 铝合金因良好的________性能,常被用于电池包壳体,以适应电池周边潮湿环境。
7. 新能源汽车驱动电机的绕组多采用________铜合金,以满足高导电率和耐温性需求。
8. 高压线束的导体材料需具备优异的________性能,铜合金因该特性成为核心选择。
9. 新能源汽车电池包的外壳常采用________塑料(如 PP、ABS 改性材料),需同时满足轻量化和阻燃性要求。
10. 车内高压部件的绝缘保护套多使用________塑料,以防止高压电泄漏引发安全问题。
11. 电池包的密封件常采用________橡胶,因其耐高低温、耐化学腐蚀,可有效阻挡水汽和电解液渗透。
12. 新能源汽车底盘的减震衬套多使用________橡胶,以降低电机高频振动带来的噪音。
13. 电池模组与壳体的固定常依赖________粘结剂,既保证结构强度,又避免金属连接带来的重量增加。
14. 电池包内部的________粘结剂可辅助热量传导,将电芯工作时产生的热量传递至冷却系统。
15. 碳纤维复合材料因________(性能指标)高于金属,被用于新能源汽车车身框架,实现轻量化与高强度兼顾。
16. 新能源汽车的电池盖板可能采用________复合材料,以满足隔音、隔热和抗冲击的综合需求。

二、概念理解

1. FRP:
2. SMC:
3. MMC:
4. CMC:

三、选择题

1. 新能源汽车制动摩擦材料需要具备(　　)特性来应对再生制动系统。

A. 高摩擦系数且稳定　　B. 低摩擦系数

C. 高硬度　　D. 高弹性

2. 以下材料不是新能源汽车常用的摩擦材料基体的是(　　)。

A. 酚醛树脂　　B. 橡胶

C. 金属陶瓷　　D. 石膏

3. 在新能源汽车的制动片中,添加纤维材料的主要目的是(　　)。

A. 降低成本　　B. 增加摩擦系数

C. 增强材料的强度和稳定性　　D. 改变材料颜色

4. 新能源汽车车身漆面修补时,对于小面积划痕,优先选用(　　)。

A. 整喷修补漆　　B. 点修补漆

C. 补漆笔　　D. 贴纸

5. 以下材料是新能源汽车水性漆修补时常用的固化剂的是(　　)。

A. 异氰酸酯　　B. 过氧化物

C. 氨基树脂　　D. 环氧树脂

6. 新能源汽车车身漆面修补材料应具备(　　)性能,以适应车辆轻量化的需求。

A. 低密度　　B. 高硬度

C. 高弹性　　D. 高光泽度

7. 新能源汽车铝塑膜的最内层材料通常是(　　)。

A. 铝箔　　B. 尼龙

C. 聚丙烯(PP)　　D. 聚对苯二甲酸乙二醇酯(PET)

8. 铝塑膜中铝箔的主要作用是(　　)。

A. 提供柔韧性　　B. 提高机械强度

C. 阻隔水分和氧气　　D. 改善外观

9. 以下性能对于新能源汽车铝塑膜材料的安全性至关重要的是(　　)。

A. 抗穿刺性　　B. 耐腐蚀性

C. 光学性能　　D. 摩擦系数

10. 新能源汽车电机中使用钕铁硼永磁材料的主要原因是(　　)。

A. 价格低廉　　B. 具有高剩磁和高矫顽力

C. 易于加工　　D. 耐腐蚀性强

四、简答题

1. MMC 在新能源汽车应用中的性能优势。

2. CMC 在新能源汽车应用中的性能优势。

3. 新能源汽车摩擦材料与传统燃油汽车摩擦材料的主要区别。

4. 新能源汽车摩擦材料中添加陶瓷颗粒的作用。

5. 新能源汽车车身漆面修补材料与传统燃油汽车漆面修补材料的区别。

6. 新能源汽车铝塑膜材料需要具备的主要性能及其原因。

7. 钕铁硼永磁材料在新能源汽车应用中的优势。

8. 钢中常存杂质有哪些？他对钢的性能有何影响？

9. 试分析汽车轴类材料和齿轮材料该如何选材？

10. 变形铝合金和铸造铝合金是如何区分的？

11. 指出下列材料牌号的含义：Q235A，60Si2Mn，9SiCr，GCr2W8，3Cr2W8，W18Cr4V，1Cr18Ni9，HT200，QT600-3，KTH300-06。

工匠精神

工匠精神是一种沉静精神，它是一种对事业心平气和与专注的心境。工匠们远离喧嚣与浮躁，在宁静中沉淀自己的技艺，以沉稳的心态面对工作中的种种，对专业有着深度的思考和沉淀。注重心境，心无杂念，专心致志，并且有禅心，潜心于自己的专业领域，沉静笃行。

用“中国芯”赋能新能源汽车——肖进春

肖进春是常德力元新材料有限责任公司高级工程师，获全国五一劳动奖章等荣誉，有25项发明专利授权，参与多项科研获国家级和省级科技进步奖。

在肖进春手中，泡沫、海绵变成生产新能源电池关键材料“泡沫镍”和“海绵基材”。常德力元以开发生产新型能源材料为主，1998年肖进春入职，20多年来一直从事电池材料相关工作。

动力蓄电池是新能源汽车的核心，肖进春想造出自主研发的“中国芯”。刚接触电池产业，他和团队苦研镀镍工艺，实现连续化带状泡沫镍量产。为降低消耗和能耗，他研发穿透式电沉积技术，节约资源和用电，引领绿色发展。

动力蓄电池海绵曾被欧美、日本垄断，肖进春团队经三年研究攻克难题，让常德力元掌握此技术。他带领团队让微观海绵易切割，实现关键基体平切海绵规模化应用，打破欧美日技术垄断，推动海绵基材国产化，拓展海外市场。

20多年来，肖进春扎根一线，带领团队克服困难解决技术难题，推动行业进步，完成科技成果转化。面对困境，他安慰团队，带领大家拆卸组装旧设备，最终组装实验线成功。

肖进春在实践中推动节能与新能源汽车关键材料国产化。他表示，希望用专业技能探索新技术，提高产品质量和效率，培养年轻工人成为高技能人才，为高质量发展助力。

参 考 文 献

[1] 胡胜,向应军,李精明.汽车机械制图[M].北京:机械工业出版社,2019.
[2] 程联社,齐焕敏,张先贞.汽车机械制图[M].北京:航空工业出版社,2024.
[3] 杨小刚,柴彬堂,曹静.汽车机械制图[M].北京:机械工业出版社,2019.
[4] 孙杰.汽车机械基础[M].北京:机械工业出版社,2020.
[5] 凤勇.汽车机械基础[M].北京:人民交通出版社股份有限公司,2015.
[6] 王芳.汽车机械基础[M].北京:机械工业出版社,2017.
[7] 邓文英,郭晓鹏,邢忠文.金属工艺学[M].北京:高等教育出版社,2017.
[8] 陈云,彭兆.金属工艺学[M].北京:机械工业出版社,2022.
[9] 袁志钟,戴起勋.金属材料学[M].北京:化学工业出版社,2019.